내가 뽑은 원픽! 최신 출제경향에 맞춘 최고의 수험서

2025 임상심리사 실기

초단기완성

이은주 편저

2급

PROFILE
저자약력

편저자 이은주

現) 구성커뮤니케이션즈(주) 대표
現) 구성아카데미 대표강사
現) 구성심리상담센터 본점 대표 원장
중앙대학교 사범대학졸업
중앙대학교 일반대학원 임상심리학 전공
경기대학교 일반대학원 범죄심리학 전공 / 심리학 박사
경기대학교 진성애교양대학 겸임교수
범죄심리전문가
정신건강임상심리사 1급
여성심리사 1급

e-mail ceo@gusung.co.kr

머리말 / PREFACE

본 저자는 임상심리학을 전공하고 심리평가와 심리치료를 해온 지 올해로 24년이 됩니다. 임상심리사로서의 길이 제가 가는 길 중에서 가장 가고 싶은 길, 가장 의미 있고 가치로운 길, 가장 마음에 드는 길이었습니다. 앞으로도 그럴 거라 확신합니다.

본 임상심리사 2급 실기시험 대비 교재가 임상심리 전문가가 되는 초석이 되기를 희망합니다.

임상심리사란 임상심리학적 전문지식을 활용하여 심리평가와 심리치료를 전문적으로 수행해 내는 사람입니다. 임상심리사의 역할의 주된 업무는 정신건강에 문제를 겪고 있는 내담자 및 환자들에게 심리검사를 포함한 면담 그리고 행동관찰을 통해 정신건강상태에 대한 정확한 진단 및 구체적 제언을 해주는 일을 합니다.

1급은 임상심리학적 서비스 업무의 전반에 대한 전문적인 지식과 기술을 숙지하고 있는 고급 전문인력으로 정의하고 있습니다.

2급은 임상실무에서 1급 임상심리사의 업무를 보조하는 역할을 합니다. 1급 임상심리사와 마찬가지로 임상심리사의 업무를 수행하는 데 필요한 기초적 지식과 기술을 숙지하고 있는 전문인력으로서 관련 기관에서 문제의 심도가 다소 가벼운, 좀 더 일반적인 문제영역에 대한 심리검사·심리상담·심리재활·심리교육 활동을 수행합니다.

임상심리사는 신경정신과가 있는 의원 및 병원 그리고 종합병원에서 근무를 합니다. 뿐만 아니라, 심리상담센터, 재활시설, 사회복지센터, 기업체와 학교 군부대 등 여러 분야에서 심리평가뿐만 아니라 심리치료 전문가로 활동이 가능합니다. 이에 4차 산업혁명 시대에 차별화되면서 최고의 전문직이 임상심리전문가가 아닐까 합니다!

『2025 임상심리사 2급 초단기완성』만의 차별화 포인트는 다음과 같습니다.

1. **자격증 한 번에 따기!** 한국산업인력관리공단에서 발표한 임상심리사 2급 필기 및 실기 출제기준을 정확히 반영하여 합격을 도와드리고자 구성했습니다.

2. **핵심이론!** 필기과목인 심리학개론, 임상심리, 심리검사, 심리상담, 이상심리, 실기과목인 기초심리평가, 기초심리상담, 심리치료, 임상심리의 자문·교육·재활 등 과목별 핵심이론 중심으로 구성했습니다.

3. **기출문제 수록!** 2021년~2024년 기출문제 정답 및 해설을 수록함으로써, 실전 준비를 돕도록 구성했습니다.

4. **단원문제와 모의고사 수록!** 각 과목별 단원문제와 모의고사 구성으로 충분히 문제를 많이 풀면서 공부하실 수 있도록 구성했습니다. 문제를 풀다가 오답이 나올 경우 그 오답에 대해 정확하게 다시 검토를 해야 하기에 해설을 충분히 달아놓았습니다.

2025 임상심리사 2급 필기 및 실기 대비 수험서가 출간될 수 있도록 성심껏 애써주신 예문에듀의 편집부에 깊은 감사드립니다. 거친 제 원고를 깔끔하게 정리해준 딸 채원이에게도 감사함을 전하고 싶습니다.

본서와 함께 올해 꼭 임상심리전문가가 되시는 첫걸음인 산업인력관리공단 임상심리사 2급에 꼭 합격하시길 간절히 바랍니다.

감사합니다. 늘 선생님들의 날 되시길 바라며…

이은주 드림

가이드 / GUIDE

시험명

임상심리사 2급(Clinical Psychology Practitioner)

수행직무

국민의 심리적 건강과 적응을 위해 기초적인 심리평가, 심리검사, 심리치료상담, 심리재활 및 심리교육 등의 업무를 주로 수행, 임상심리사 1급의 업무 보조

시험정보

- **시행처&시행기관 :** 한국산업인력공단
- **시험수수료 :** 필기(19,400원), 실기(20,800원)
- **응시자격 :** 임상심리와 관련하여 1년 이상 실습수련을 받은 자 또는 2년 이상 실무에 종사한 자로서 대학졸업자 및 졸업예정자 등

과목구성

구분	시험과목	검정방법	시험시간	합격기준
실기	임상실무 (기초심리평가, 기초심리상담, 심리치료, 임상심리의 자문 · 교육 · 재활)	서술형, 단답형	3시간	60점 이상

2025년 시험일정

구분	필기 원서 접수	필기시험	필기 합격자 (예정자) 발표	실기 원서 접수	실기시험	최종 합격자 발표
정기 1회	01.13~01.16	02.07~03.04	03.12	03.24~03.27	04.19~05.09	06.13
정기 2회	04.14~04.17	05.10~05.30	06.11	06.23~06.26	07.19~08.06	09.12
정기 3회	07.21~07.24	08.09~09.01	09.10	09.22~09.25	11.01~11.21	12.24

※ 원서접수시간은 원서접수 첫날 10:00부터 마지막 날 18:00까지임
※ 필기시험 합격예정자 및 최종합격자 발표시간은 해당 발표일 09:00임
※ 시험일정은 불가피한 사정에 의하여 변경될 수 있으므로 자세한 내용은 큐넷 홈페이지(www.q-net.or.kr)를 참고하시기 바랍니다.

검정 현황

구분	실기		
	응시	합격	합격률(%)
2023	7,521	2,965	39.4
2022	6,792	2,054	30.2
2021	6,461	2,614	40.5
2020	6,081	1,220	20.1
2019	5,858	1,375	23.5
2018	6,189	1,141	18.4
2017	6,196	1,063	17.2
2016	5,810	1,327	22.8
2015	5,330	826	15.5
2014	3,367	476	14.1
2013	2,136	770	36
2012	1,201	345	28.7
2011	1,037	177	17.1
2010	1,013	363	35.8
2009	814	28	3.4
2008	640	178	27.8
2007	490	311	63.5
2006	293	80	27.3
2005	209	77	36.8
2004	210	48	22.9
2003	328	73	22.3

학습비법

임상심리사 2급 실기시험의 합격 요건은 100점 만점에 60점 이상으로, 18~20문항의 필답형 문제를 3시간 동안 해결·완성해야 합니다. 각 과목에 대한 출제기준을 명확하게 이해하고 다음의 과목별 합격비법을 참고하여 학습하면, 필답형에 대한 두려움을 극복하고 합격할 수 있을 것입니다.

[기초심리평가]

필기시험에서는 다양한 심리검사 도구의 특징을 묻는 문제가 출제되며 보다 광범위한 학습이 요구되지만, 실기시험에서는 웩슬러 지능검사와 다면적 인성검사(MMPI-2), 로샤검사, 신경심리검사와 같은 핵심적인 검사들에 대한 세부적인 이해를 전제로 하는 문제가 출제됩니다. 특히 각 소검사 점수 그리고 하위척도의 결과가 피검자의 문제 증상과 어떻게 연관되는지, 하위척도 간의 관계를 고려하여 어떠한 진단이 가능한지, 이를 어떻게 해석해야 하는지 등을 꾸준히 학습할 필요가 있습니다.

기초심리평가 영역은 심리검사 및 심리평가의 내용을 주된 소재로 하지만, 실제 실기시험에서는 단순히 심리검사나 심리평가의 특징적 내용만을 다루는 것이 아니라 사례 제시형 문제를 통해 피검자의 문제 증상과 심리검사 결과를 제시하여 그에 대한 적절한 진단 및 치료적 제언을 기술하는 방식의 문제가 자주 출제되고 있습니다.

최근 〈보기〉의 사례를 제시하여 연구절차상의 문제점 및 대안을 기술하는 문제가 반복해 출제된 바 있습니다. 이는 조사방법론의 이론에 해당하며, 과거 신뢰도 및 타당도, 표준화 검사의 기본 개념을 묻는 문제에서 벗어나 더 전문적인 해석이 가능한지를 다루는 것입니다.

심리평가의 기본적인 내용은 거의 매해 출제되고 있는 문제로, 특히 심리평가의 목적, 임상심리사에게 요구되는 자질, 심리평가(특히 종합심리검사) 보고서의 구성 형식에 관한 내용은 반드시 숙지해야 합니다.

[기초심리상담]

기초심리상담은 다양한 상담 이론과 개념을 실제 상담 상황에서 적절히 활용할 수 있는지를 평가합니다. 필기시험에서 학습한 상담이론을 확실히 이해 및 복습하고, 실기 기출문제와 모의고사 유형을 풀어보면서 실전 감각을 익혀야 합니다. 해당 과목에 대한 능력은 추후 상담현장에서 활용되며, 훌륭한 심리치료사의 기본입니다.

[심리치료]

심리치료는 심리상담의 이론을 치료 장면에서 재해석하여 다룰 수 있는지와 실제로 치료 효과가 있는 치료 과정을 다루는 것이 가능한지를 평가합니다. 다양한 치료 이론의 개념과 특징, 실제 적용 및 다양한 정신장애(DSM-5) 등을 다루기 때문에 가장 난이도가 높은 부분입니다. DSM-5의 진단명과 진단기준을 정확하게 이해하고 있어야 합니다.

[자문 / 교육 / 재활]

이 과목은 개념 자체가 어렵지는 않으므로, 교재에 실린 자료를 충분히 이해하여 기술할 수 있으면 됩니다.

이해를 먼저! 암기는 나중에!

"마음을 알아가는 학문 심리학" 임상심리사는 마음을 진단하고 치료하는 매력적인 직업입니다. 이를 위해서는 먼저 내 마음챙김이 중요합니다. 내가 선한 마음을 지니고 선한 행동을 하고 있는지 늘 관찰하시면서, 매력적인 임상심리사로 비상하시길 바랍니다.

임상심리사 2급 합격 수기

CLINICAL PSYCHOLOGIST

국가전문자격인 임상심리사 2급 시험에 합격한 것도 기쁜 일인데, 이렇게 합격 수기를 쓸 수 있는 기회가 저에게 주어진 데 대해 너무 감사하고 기쁘게 생각합니다.

질문 1. 임상심리사 2급 자격증에 도전하게 된 이유는 무엇인가요?

저는 심리상담사가 되기 위해 공부를 하다 보니, 심리검사를 통해 심리 상태를 과학적으로 접근할 수 있다는 것을 배운 후, 내담자의 심리상태를 더 정확하게 파악하고 진단하기 위해서는 Full-Battery(MMPI-2, K-WAIS, K-WISC, TCI, BGT, SCT, HTP, 로샤, TAT 등) 검사를 능숙하게 진행하고 해석할 수 있는 임상심리사 자격증이 필요하다는 것을 알게 되었습니다. 또한 일선의 취업 현장에서도 임상심리사 자격을 보유하는 것이 더 유용하다는 것을 알고서 임상심리사 2급 자격증에 도전하게 되었습니다.

질문 2. 임상심리사 시험의 난이도는 어떠한가요?

제가 경험한 임상심리사 2급 시험은 그렇게 어렵게 느껴지지 않았습니다. 아마도 시험 공부를 충실히 준비하신 분이라면 충분히 합격할 수 있는 수준이었다고 생각합니다.

질문 3. 어떤 교재를 선택하여 공부하셨나요?

처음 임상심리사를 준비할 때는 어떤 교재로 공부를 하고 준비를 해야 하나 하는 막연한 생각을 했습니다. 그러다 인터넷으로 이것저것 서칭을 하다 보니 구성아카데미에서 하는 임상심리사 2급 필기와 실기 과정이 좋아 보여 등록하게 되었고, 또 구성아카데미에서 이은주 원장님이 펴낸 「임상심리사 2급 초단기완성」 교재를 제공하여 그것으로 열심히 공부하게 된 것이 좋은 결과가 나오게 된 것이라고 생각합니다.

질문 4. 학습 전략은 어떻게 구성하셨나요?

우선 임상심리사 실기시험에 대한 공부를 병행하며 필기시험 공부를 해 나갔습니다. 교재의 내용에 있는 이론적 내용들을 먼저 공부하고, 게재되어 있는 예상문제들과 기출문제들에 대해 일차로 답을 보지 않은 상태로 셀프 시험을 보아 점수가 어느 정도 나오는지를 확인했습니다. 그 후 미흡한 과목이나 챕터에 대해서는 복습을 하고, 2차로 셀프 시험을 본 다음 개선된 점수상황을 점검하여 미흡한 과목이나 챕터를 집중 공부하였습니다. 최종 셀프 시험을 보고 1차 및 2차 점수 대비 상승 폭을 점검하며 자신감을 키우고, 시험이 다가온 날부터는 마지막 셀프 시험에서도 틀린 문항들에 대해 반복 학습을 하였습니다. 이때, 1, 2차 셀프 시험의 평균 점수에 0.95를 곱하면 정식 시험에서 자신이 획득할 점수가 된다고 예측하였는데, 실제로 저의 최종 시험 점수도 비슷하게 나왔습니다. 이러한 전략을 통해 70대 중반의 평균 점수로 여유있게 합격을 했습니다.

질문 5. 임상심리사를 준비하는 수험생 분들께 꼭 하시고 싶은 말씀이 있나요?

저도 처음에 혼자서 준비하려다 보니 신경 쓸 일도 많고, 복잡한 응시 과정이나 과목별 교재 선정 등에서 우왕좌왕했었습니다. 그러던 중 구성아카데미의 솔루션 과정인 '임상심리사 2급 필기와 실기 준비반'에 등록을 하여 매달 정기적으로 우수한 교수님들의 지도와 강의를 수강하면서 체계적으로 공부하고 준비한 것이 큰 도움이 되었습니다. 덕분에 쉽게 시험에 합격할 수 있었습니다. 현재는 한국상담학회 전문상담사 2급에도 합격을 하고, 구성심리상담센터에서 1년간의 수련 과정을 진행하고 있습니다. 이처럼 여러 가지로 상담사 관련 자격증을 획득하는 데 구성아카데미가 통합적인 시스템이 마련되어 효과적인 과정을 제공하고 있어, 자격증 취득을 준비하시는 수험생 분들께 큰 힘이 될 것임을 이번 기회에 전하고 싶습니다.

구성아카데미 임상심리사 2급 수련 및 상담심리사 수련 졸업생
윤판기 선생님(임상심리사 2급 시험 합격)

코로나 시대를 살면서 점점 사람들과의 모임을 단절해야 하는 기분이 들면서 하루하루 힘들어하는 주변 지인들을 보며, 내가 어떤 방법으로 지인들의 마음을 치유해줄 수 있을지 고민하던 시기에 우연히 임상심리사에 관해 접하게 되었고, 홈페이지 검색 중 구성아카데미를 알게 되었습니다. 구성아카데미 홈페이지의 프로그램 북을 보고, 문의 전화를 걸어 친절한 안내를 받은 후 구성아카데미에 등록 절차를 진행하게 되었습니다. 이후 무료로 제공되는 주경야독의 필기 기출문제와 구성의 산공 임상 기출문제(해설 포함)를 보며 열심히 노력한 끝에 과목당 2~3개씩만 틀리고 높은 점수로 필기합격을 했습니다.

"시작이 반이다."라는 말이 있듯이, 무엇이든 도전하고자 하는 용기만 있다면 좋은 결과가 반드시 따라오리라 믿고 있습니다. 남은 실기도 열심히 준비해 꼭 합격하겠습니다.

수련생 하미연

차례 / CONTENTS

PART 01 기초심리평가

- CHAPTER 01 | 기초심리평가 개요 … 12
- CHAPTER 02 | 행동평가 … 19
- CHAPTER 03 | 지능검사 … 21
- CHAPTER 04 | 성격검사 … 30
- CHAPTER 05 | 투사검사 … 62
- CHAPTER 06 | 신경심리검사 … 85
- CHAPTER 07 | 기타검사 … 91

PART 02 기초심리상담

- CHAPTER 01 | 기초심리상담 개요 … 98
- CHAPTER 02 | 상담관계 형성과 윤리 … 108
- CHAPTER 03 | 내담자 심리적 특성 평가 … 116
- CHAPTER 04 | 상담 목표와 계획 수립 … 118
- CHAPTER 05 | 상담 진행과 슈퍼비전 … 123

PART 03 심리치료

- CHAPTER 01 | 심리치료 개요 … 138
- CHAPTER 02 | 치료관계 형성 … 144
- CHAPTER 03 | 정신분석치료 … 146
- CHAPTER 04 | 인지행동치료 … 155
- CHAPTER 05 | 가족치료 … 161
- CHAPTER 06 | 아동지도법 적용을 통한 치료 … 166
- CHAPTER 07 | 위기 및 스트레스 관리 … 172
- CHAPTER 08 | 기타 심리치료 … 179

PART 04 자문, 교육, 재활

- CHAPTER 01 | 자문, 교육, 재활 개요 … 186
- CHAPTER 02 | 심리자문 … 191
- CHAPTER 03 | 심리교육 및 재활 … 193

PART 05 최신기출복원문제

- CHAPTER 01 | 2024년 1회 기출복원문제 … 198
- CHAPTER 02 | 2024년 2회 기출복원문제 … 208
- CHAPTER 03 | 2024년 3회 기출복원문제 … 219
- CHAPTER 04 | 2023년 1회 기출복원문제 … 229
- CHAPTER 05 | 2023년 2회 기출복원문제 … 244
- CHAPTER 06 | 2023년 3회 기출복원문제 … 254
- CHAPTER 07 | 2022년 1회 기출복원문제 … 268
- CHAPTER 08 | 2022년 3회 기출복원문제 … 280
- CHAPTER 09 | 2021년 1회 기출복원문제 … 300
- CHAPTER 10 | 2021년 3회 기출복원문제 … 313

PART 06 실전모의고사

- CHAPTER 01 | 제1회 실전모의고사 … 328
- CHAPTER 02 | 제2회 실전모의고사 … 338
- CHAPTER 03 | 제1회 실전모의고사 정답 및 해설 … 348
- CHAPTER 04 | 제2회 실전모의고사 정답 및 해설 … 356

PART 01

기초심리평가

CHAPTER 01	기초심리평가 개요
CHAPTER 02	행동평가
CHAPTER 03	지능검사
CHAPTER 04	성격검사
CHAPTER 05	투사검사
CHAPTER 06	신경심리검사
CHAPTER 07	기타검사

CHAPTER 01 | 기초심리평가 개요

TOPIC. 1 심리평가 기초이론

1. 심리평가의 의의
① 개인의 심리적 특성을 이해하기 위한 일련의 전문적인 과정으로서 심리검사, 면담, 행동관찰 등 여러 가지 방법에 의해 이루어진다.
② 심리검사 수행이 주요한 기본 요소이지만 그 외에도 면담, 자연적 상황이나 체계적 상황에서의 행동관찰, 기타 다양한 기록 등을 포함한다.
③ 다양한 평가 결과를 종합하여 최종적으로 해석을 내리는 복잡하고 전문적인 과정이라고 볼 수 있다.
④ 과정 : 의뢰된 문제 분석 → 적절한 평가 절차와 심리검사 결정 → 검사 시행, 채점 → 심리검사 결과 해석 → 그 외 다른 자료와 종합하여 심리평가를 의뢰한 기관 및 유관 전문가 또는 피검사자에게 결과를 효율적으로 전달

| + 이해더하기 |

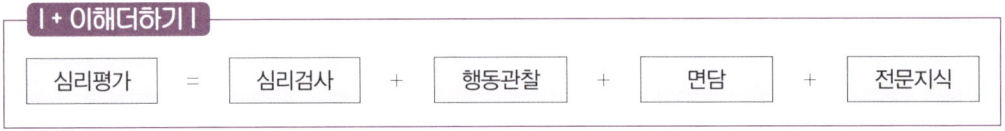

2. 심리평가의 기본 철학
① 심리평가는 일종의 임상실험이라고 비유할 수 있는 만큼 철저하게 전문적인 작업이어야 한다. 심리평가는 한 번의 시행을 통하여 개인에 대한 다양한 정보를 객관적·심층적으로 제공할 수 있다는 장점을 지니고 있으나, 이러한 심리평가의 장점이 온전하게 발휘될 수 있으려면 심리평가의 실시, 채점, 해석 과정이 전문적으로 이루어져야 한다.
② 심리평가를 시행하는 전문가는 평가 대상자가 검사자와 마찬가지로 존엄한 인간임을 항상 자각하고 있어야 한다. 그리고 심리평가의 목적이 한 인간의 복잡한 심리적 체계를 이해하고, 보다 건강하고 행복한 삶을 살아갈 수 있도록 돕고자 하는 것임을 잊지 말아야 한다. 따라서 심리평가 결과는 피검자를 돕기 위한 목적에만 한정하여 사용되어야 한다는 점을 명심하여야 한다.
③ 심리평가의 결과는 충분한 검토를 거쳤다 하더라도 때로는 현실이 아닌 하나의 가설일 수 있으며 이러한 가설의 타당성에 의문이 제기될 수 있음을 인정해야 한다. 따라서 검사자는 항상 자신의 평가에 대해 스스로 의문을 제시하면서 현실을 바탕으로 진정한 해답을 발견하려는 겸허한 자세를 지녀야 한다.
④ 임상심리사는 심리평가가 하나의 가설일 수 있음을 명심하면서 이를 극복하기 위해 해석의 타당성을 제공해 줄 수 있는 연구를 지속해 나가야 한다.

3. 심리검사의 정의

① 심리적 현상에서의 개인차를 비교하고 개인의 전체적, 인격적, 행동적 측면을 이해하기 위한 심리학적 측정 과정이다.
② "심리검사란 두 사람 이상의 행동을 비교하는 체계적 과정이다.", "행동의 표본을 표준화된 방식으로 측정하는 기법이다.", "심리검사는 개인의 대표적인 행동 표본을 심리학적 방식으로 측정하는 것이다."

| + 이해더하기 |

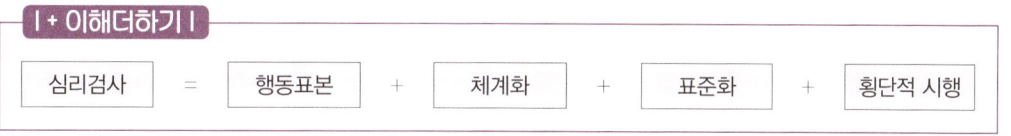

4. 심리검사의 목적

① 개요 : 심리검사의 목적은 개인 내, 개인 간 비교를 통하여 개인의 행동이나 성격을 이해하고 이를 바탕으로 하여 개인의 문제해결에 도움을 주고자 하는 것으로 기술될 수 있다. 이러한 심리검사는 심리적 장애의 해결을 위한 치료 개입과 전략을 계획하고 수행하는 기초 과정으로 볼 수 있다.
② 심리검사의 세부 목적
　㉠ 임상적 진단을 명료화하고 세분화한다.
　㉡ 증상과 문제의 심각도를 구체화한다.
　㉢ 피검자의 자아 강도를 평가한다.
　㉣ 인지적 기능을 측정한다.
　㉤ 적절한 치료 유형을 제시한다.
　㉥ 치료 전략을 기술한다.
　㉦ 피검자를 치료적 관계로 유도한다. 즉, 피검자 자신이 그의 자아 강도와 문제 영역을 인식하도록 돕는다.
　㉧ 치료적 반응을 검토하고 치료 효과를 평가한다.

5. 심리검사 선택 시 고려할 사항

① 이론적 지향 : 검사 항목이 구성개념의 이론적 기술 내용과 부합하는가?
② 실제적 고려 사항 : 수검자의 독해력을 요하는 검사인 경우, 수검자는 검사가 요구하는 독해력 수준을 갖추고 있는가?
③ 표준화 : 표준화 연구에 사용되었던 표집 수가 적당한가? 특별 하위 집단 규준이 있는가? 검사 지시가 표준화된 검사 실시를 얼마나 적절하게 따르고 있는가?
④ 신뢰도 : 심리적 특성의 상대적 안정성, 신뢰도를 측정하는 방법, 검사 형식은 신뢰도에 어떤 의미를 갖고 있는가?
⑤ 타당도 : 검사를 이용하려는 목적과 맥락에 맞게 정확한 측정을 해 주는가?

TOPIC. 2 심리평가 실제

1. 심리검사 실시 및 활용 절차

① 집단표준화검사 실시 및 활용

표준화검사 계획 수립 결재
↓
검사 실시
↓
검사결과 해석과 활용 교사 연수
↓
학급별 검사 결과 설명
↓
상담을 요하는 학생 선정
↓
상담 실시

② 개별검사 실시 절차

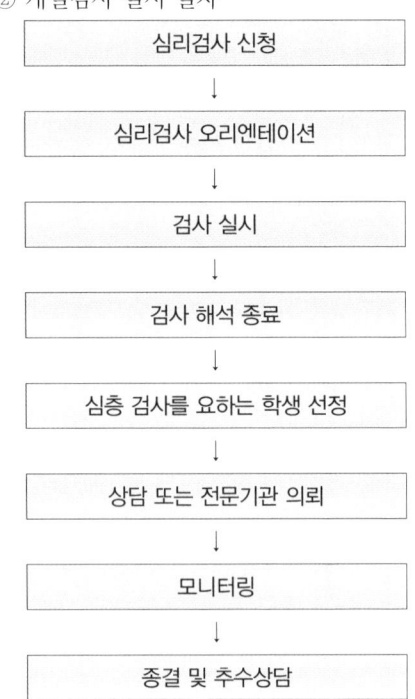

2. 상담과 검사에 관한 규범

① 심리검사에 대한 상담자의 태도
  ㉠ 상담에 사용되는 여러 종류의 검사가 갖고 있는 장점과 한계를 모두 알아야 하며, 측정된 행동에서 발견할 수 있는 심리학적 설명과 검사의 심리측정학적 특성에 대하여 이해해야 한다.
  ㉡ 상담자들은 서로 다른 배경을 가지고 있는 내담자에게 어떤 검사를 적용하고 어떻게 실시 · 해석할 것인지에 대해 공부할 필요가 있다.
  ㉢ 내담자가 자기 이해와 자기 결정을 하는 데 도움을 주기 위해서 상담과 검사를 종합할 수 있는 능력을 갖추어야 한다.
  ㉣ 새롭게 제작, 출판되는 검사에 관한 정보를 재빨리 입수하여 적용할 줄 알아야 한다.

② 한국심리학회 검사 사용 규정
  ㉠ 검사를 선택하는 데 있어서, 검사자는 사용하려는 검사의 타당도와 신뢰도에 대해 충분히 검토해야 한다.
  ㉡ 검사를 실시하는 데 있어서, 검사자는 검사에 임하는 피검자의 정서 상태를 잘 이해하고 검사가 어떤 목적으로 실시되며 검사가 실시되어 어떤 이득이 있는지를 충분히 설명하여야 한다.
  ㉢ 검사의 채점에 있어서, 검사 사용자는 전문적인 자격과 경험을 갖춘 사람으로 검사 요강에 제시된 표준화된 채점 절차를 주의 깊게 따라야 한다.
  ㉣ 검사 실시자는 일정 기준 이상의 전문성을 유지하고 자신이 실시한 검사 결과에 대해 책임을 져야 하며 자신의 능력과 기술의 한계를 알고 있어야 한다.
  ㉤ 검사자는 개인의 사생활 문제를 적절히 다루기 위해 검사의 적절성에 대해 피검자에게 충분히 설명한 후 피검자의 동의를 얻는 것이 필요하고, 검사 과정에서 피검자로부터 얻은 정보에 대한 비밀을 보장할 의무가 있다.

③ 심리검사 해석의 일반 원칙
  ㉠ 대부분 간접적인 측정 방법을 사용하기 때문에 실제와는 상당한 차이가 있다는 점을 유의한다.
  ㉡ 간접적인 측정 방법의 사용이 현재로서는 가장 신뢰성이 있는 것이라는 사실을 받아들이고, 검사 결과를 가볍게 보지 않아야 한다.
  ㉢ 검사가 갖는 한계로서 지필검사의 단점을 고려해야 한다. 예컨대 학업 성취도가 높은 학생의 경우는 적성 검사의 거의 모든 영역에서 높은 적성을 보이지만 학업 성취도가 낮은 학생의 경우 거의 모든 영역에서 낮은 적성을 보이는데, 이것은 바로 검사 문항의 이해 부족으로 나타난 결과라고 할 수 있다.
  ㉣ 표준화된 검사의 결과를 해석할 때에는 피검자의 검사 결과와 실제 생활을 관찰한 결과 간 일치되는 부분을 먼저 찾아내는 것이 필요하다.
  ㉤ 각종 검사들의 결과는 피검자를 이해하기 위한 수단일 뿐 피검자를 규정짓는 판결이 아니라는 점을 명심해야 한다.

④ 검사 결과 해석 시 주의사항
  ㉠ 검사 해석의 첫 단계는 매뉴얼을 알고 이해하는 것이다. 매뉴얼은 검사가 이용될 수 있는 한계와 더불어 결과 해석을 위한 제안들에 관한 정보를 제공해 준다.
  ㉡ 내담자가 받은 검사의 목적과 제한점, 장점들을 검토해 보는 것이 중요하다.

ⓒ 백분위나 표준 점수가 해석에 포함된다면, 이런 것들과 함께 검사가 채점되는 과정이 설명되어야 한다.
ⓔ 결과는 확실성이나 구체적 예언보다는 가능성의 관점에서 제시되어야 한다.
ⓜ 내담자의 이해를 증가시키는 것이 강조되어야 하며, 내담자가 스스로 해석을 할 수 있도록 격려해야 한다.
ⓗ 검사 결과는 내담자의 이용 가능한 다른 정보들과 관련되어서 제시되어야 한다.
ⓢ 상담자는 내담자가 검사 해석의 내용을 이해하는지 확인해야 하며, 내담자가 그 정보에 대한 반응을 표현할 수 있도록 격려해야 한다.
ⓞ 검사 결과로 나타난 장점과 약점 모두 객관적으로 검토되어야 한다.

⑤ 검사 해석 상담 시 주의사항
㉠ 내담자가 검사 결과를 이해하고 이용할 수 있는 능력이 있다는 것을 보여주고, 내담자가 이미 가지고 있는 정보에 검사 자료를 추가하는 것이 중요하다는 것을 강조한다.
㉡ 해석 시작 전 내담자가 해당 검사를 어떻게 지각하는지 물어 그것을 제대로 이해하고 있는지 확인하는 것이 해석 과정에서 매우 유용하다.
㉢ 논의될 검사가 어떤 것인가를 내담자에게 상기시키고 검사의 결과를 논의하는 것이 좋다.
㉣ 검사의 결과를 내담자의 과거, 현재, 미래 등의 정보와의 관계 속에서 논의하고, 과거의 정보와 현재의 검사 결과들을 현재의 의사결정 및 미래의 더 장기적인 계획과 관련시켜야 한다.
㉤ 전문적인 용어를 피하고 이해하기 쉬운 용어로 검사의 목적을 제시해야 한다.
㉥ 언어적인 해석과 함께 결과의 도식적인 제시를 병행하여 내담자가 더 쉽게 이해할 수 있게 해야 한다.
㉦ 내담자의 검사 결과를 지나치게 규정짓는 것을 피해야 한다.
㉧ 면접이 끝날 무렵 전체 면접의 결과를 내담자가 직접 요약하도록 한다. 요약 후 불일치나 오해하는 점들을 논의하기 위해 충분한 시간을 가지며, 면접에서 내담자가 유쾌한 정보를 얻지 못했다 할지라도 긍정적인 지적으로 끝마무리를 하도록 시도한다.

3. 심리평가의 분류

① 검사 실시 방식에 따른 분류
㉠ 속도검사와 역량검사 : 실시 시간 기준

속도검사 (speed test)	• 시간제한을 두는 검사로 보통 쉬운 문제로 구성된다. • 문항의 난이도는 쉬운 편이지만 문항수가 많고, 주어진 시간이 제한되어 있어서 시간 안에 다 풀 수 없게 구성되어 있다. • 제한된 시간 내에 수행 능력을 측정하는 것으로 문제해결력보다는 숙련도를 측정하는 검사이다.
역량검사 (power test)	• 어려운 문제들로 구성되며, 사실상 시간제한이 없어서 숙련도보다는 궁극적인 문제해결력을 측정하는 검사이다. • 시간이 부족해서 못 푸는 것이 아니라 문제의 답을 몰라서 못 푸는 문제들로 구성되어 있다. 예 수학경시대회 문제

ⓒ 개인검사와 집단검사 : 한 번에 실시할 수 있는 수검자의 수

개인검사	• 검사할 때 한 사람씩 해야 하는 검사이다. ⓐ 웩슬러 지능검사(K-WAIS), 로샤검사, 주제통각검사(TAT) 등 • 피검사자의 특수한 조건을 고려하여 검사를 보다 타당하게 실시할 수 있으며, 피검사자의 검사 수행에 관한 임상적 자료를 얻을 수 있으므로 결과 해석에 보다 적절하고 풍부한 자료를 제공할 수 있다. • 임상적 관찰을 위해서 검사 실시자의 많은 훈련과 전문적 배경이 필요하다.
집단검사	• 한 번에 여러 명에게 실시할 수 있는 검사이다. ⓐ 미네소타 다면적 인성검사(MMPI), 켈리포니아 심리검사(CPI), 미 육군 알파검사(Army-α)와 베타검사(Army-β) 등 - Army-α : 장교 훈련에 적합한 지원자를 가려 내거나 정신적 능력이 떨어지는 군인들을 가려 제대시키는 데 사용한 검사 - Army-β : 영어를 잘 읽지 못하는 사람들에게도 실시할 수 있도록 그림을 많이 추가한 검사 • 집단검사는 선다형 검사이며 보통 컴퓨터로 한꺼번에 객관적으로 채점한다. • 집단용 지능검사도 있으나 신뢰도, 타당도, 표준화 같은 기술적인 수준에서 충분치 않다는 평가를 받는다.

ⓒ 지필검사와 수행검사 : 검사 도구에 따른 구분

지필검사 (paper-pencil test)	• 종이에 인쇄된 문항에 연필로 응답하는 방식이다. • 물리적 조건이나 신체행동이 필요하지 않다. ⓐ 운전면허시험의 필기시험, 각종 자기보고 항목표와 질문지 및 검사(K-WAIS의 바꿔쓰기, 문장완성검사, MMPI, CPI 등)
수행검사 (performance test)	• 수검자가 대상이나 도구를 직접 다루어야 하는 검사이다. • 주로 일상생활과 유사한 상황에서 직접 행동해 보도록 하는 방식을 말한다. ⓐ 운전면허시험의 주행시험, 한국판 웩슬러 지능검사의 차례맞추기, 모양맞추기 등

② 내용에 따른 분류

인지적 검사 (cognitive test)	• 인지능력을 평가하기 위한 검사로 문항의 정답이 있고 시간제한이 엄격하다. ⓐ 지능검사, 적성검사, 성취도검사 등 • 인간 자체가 아닌 일부 능력만을 측정하는 것으로 능력검사라고도 한다. • 수검자가 자신의 능력을 최대한 발휘할 것을 요구하기 때문에 '극대수행검사'라고도 한다.
정서적 검사 (affective test)	• 인간의 인지능력 이외에 정서, 동기, 흥미, 태도, 가치 등을 측정하는 검사이다. • 인지적 검사와는 달리 정답이 없기 때문에 '검사'라고 부르기보다는 '목록' 또는 '항목표'라고 부른다. 다만 한국은 구분 없이 '검사'로 사용한다. ⓐ MMPI는 미네소타 다면적 인성검사라고 부르지만, 원명은 'Minnesota Multiphase Personality Inventory'로서 검사라는 용어를 사용하지 않고 있다. • 수검자가 자신이 가장 습관적으로 하는 행동을 선택하도록 한다는 면에서 '습관적 수행검사'라고도 한다. • 응답시간을 제한하지 않는 것이 일반적이다.

③ 도구의 구조화 여부에 따른 분류

객관적 검사 (objective test)	• 과제가 구조화되어 있고, 채점 방식이 표준화되어 있으며, 해석의 규준이 제시되어 있는 검사이다. • 검사 실시와 해석이 간편하고, 검사의 신뢰도 및 타당도가 검증되어 있으며 검사자 변인이나 검사 상황 변인의 영향을 적게 받으므로 개인 간 비교가 객관적으로 제시될 수 있다는 장점이 있다. • 방어가 가능하고, 무의식적 자료를 찾아낼 수 없으며 사회적으로 바람직한 방향으로 표출되기 쉽고, 대답의 일관성(반응경향성)이 있다는 것이 단점이다. ◎ 지능검사 : WISC, WAIS, WPPSI, 성격검사 : MMPI, MBTI, 흥미검사 : 직업흥미검사, 학습흥미검사, 적성검사 등
투사적 검사 (projective test)	• 정답이 없어서 생각나는 대로 표현하므로 개인의 독특성을 최대한 이끌어 낼 수 있는 비구조화된 검사이다. • 장점으로는 방어가 불가능하며 독창적 반응이 유출되고 무의식적 자료 도출이 가능하다는 점이 있다. • 해석이 어렵고 신뢰도, 타당도의 검증이 어렵다는 점이 단점이다. ◎ Rorschach 검사, TAT, CAT, DAP, HTP, BGT, SCT 등

CHAPTER 02 | 행동평가

TOPIC. 1 행동평가 개요

1. 정의
관찰되고 측정될 수 있는 행동을 사전에 미리 계획하여 사건을 기록하는 것을 말한다. 예를 들면 섭식장애의 경우 하루에 먹는 칼로리 양, 지각하는 학생의 경우 일주일간의 지각 횟수 등을 기록하는 것이다. 이때 반응 기간과 행동의 정도(관찰자에 의해 평정된)도 기록한다.

2. 행동평가의 의의
행동관찰은 내담자의 호소 문제와 직접적으로 관련될 수 있다는 장점이 있다. 상담의 목표를 관찰할 수 있는 행동으로 설정하고, 행동관찰을 통해 상담 효과를 평가하기도 한다.

TOPIC. 2 행동평가

1. 신체적 특성
① 실제로 문제를 호소하는 내담자들 중 많은 경우 스트레스나 정신적 갈등·고충 등으로 신체적 증상을 함께 호소한다.
② 내담자의 증상이나 심리적 상태를 임상적으로 파악하는 심리도구에도 신체화 증상이 포함되어 있다.
③ 라자루스(Lazarus)의 다중양식 상담이론에서는 내담자의 행동에 영향을 끼칠 수 있는 신체적 불편이나 질병, 건강 정도, 향정신성 약물 사용 여부에 대한 파악이 포함되어 있다. 다중양식 치료에서는 내담자의 문제를 BASIC ID에 의거해서 평가한다.
④ 청소년 내담자인 경우 신체적 발달 정도가 내담자의 성격, 정서, 사회적 발달과 밀접하게 연관되어 있다.

2. 정서적 특성
① 내담자의 상태나 증상을 파악하기 위해 진단되는 중요한 특성이다.
② 상담자가 파악하는 정서적 특성으로는 정서적 안정성, 자신의 감정과 생각을 있는 그대로 느낄 수 있는 내면인식능력·감정조절능력·정서적 자율성, 성격에 대한 인식과 만족도 등이 포함된다.
③ 청소년 내담자의 경우 정체감 발달 수준, 정체감의 통합성과 안정성 등이 함께 고려되어야 한다.

3. 인지적 특성

내담자의 인지적 발달 단계, 사고 수준, 지적 능력, 문제해결능력, 인지 과정의 합리성, 비합리적 사고 등은 내담자의 부적응 행동이나 문제의 이해 및 해결에 중요한 단서를 제공한다.

4. 환경적 특성

가정, 친구, 친척, 학교, 직장, 종교기관, 기타 지역사회뿐만 아니라 간접적인 형태로 영향을 미치는 거주 환경 및 지역사회 환경, 문화·종교적 환경도 특성으로 고려될 수 있다.

5. 사회적 특성

내담자의 타인에 대한 민감성이나 배려, 대인관계 기술, 책임성, 사회적 관계의 조정능력, 사회적 지지 체제, 내담자의 인간관계·사회적 관계·상황 등은 내담자를 이해하는 데 중요한 정보가 된다.

CHAPTER 03 | 지능검사

TOPIC. 1 지능의 기초개념

1. 지능의 개념
지능은 여러 가지의 형태로 나타날 수 있으며, 하나의 특별한 능력이 아니라 통합적이고 전반적인 속성, 즉 목적을 가지고 행동하고, 합리적으로 생각하고, 자신의 환경을 효율적으로 다룰 수 있는 개인의 능력을 말한다(Wechsler).

2. 지능의 분류
① Thorndike
  ㉠ 추상적 지능 : 언어나 수 등의 상징적 기호를 처리하는 능력
  ㉡ 구체적(실제적) 지능 : 동작에 의해서 사물을 조작하는 능력
  ㉢ 사회적 지능 : 사람을 이해하거나 협력하는 능력
② Catell
  ㉠ 유동성 지능 : 교육이나 경험에서 비교적 독립된 신경생리적 기능과 우연적 학습의 영향이 합성된다.
  ㉡ 결정성 지능 : 경험의 응집체로서 문화적 순응의 한 형태를 형성한다.

3. 지능의 특성
① 추상적 사고를 수행하는 능력
② 환경에 적응하는 것을 학습한 것 또는 그 학습능력
③ 생활에서 비교적 새로운 장면에 대한 적응 능력
④ 아는 능력과 소유하고 있는 지식
⑤ 본능적인 적응을 금지하는 능력, 금지된 본능적 적응을 상상으로 경험된 시행착오를 통해 재정의하는 능력, 사회적 동물로서의 개인에 알맞도록 수정된 본능적 적응을 행동으로 실현시키는 의지력
⑥ 능력을 획득하는 능력
⑦ 경험에 의한 학습능력 또는 이해능력

TOPIC. 2 지능검사의 실시

1. 지능검사 지침 및 주의사항
① 피검자에게 지능검사임을 알려주되, 검사의 실시 목적이 지능의 평가에 있지 않고 피검자의 문제 해결에 도움이 될 수 있는 자료를 얻는 데 있음을 강조한다.
② 피검자의 능력을 최대로 발휘할 수 있는 분위기에서 시행될 수 있어야 한다. 적절히 반응을 격려하거나 안심시키면서 진행하도록 한다.
③ 피검자가 한 번에 검사를 마칠 수 없는 경우는 피검자의 상황에 따라야 한다. 시간제한이 없는 검사에서는 피검자가 응답할 수 있을 때까지 충분한 시간 여유를 주어야 한다.
④ 피검자의 반응을 기록할 때는 항상 피검자가 한 말을 그대로 기록하도록 한다.
⑤ 모호하거나 이상하게 응답되는 문항은 다시 질문하여 확인하여야 한다. 검사 채점은 실시 요강의 채점 안내에 제시된 기준에 따른다.
⑥ 개인용 지능검사라는 특성을 살려 피검자의 행동 특성을 잘 관찰하도록 한다.

2. 지능검사의 절차
① Wechsler 지능검사는 총 11개의 소검사로 구성되어 있는데, 언어성 소검사 6개, 동작성 소검사 5개로 구분된다.
② 언어성 소검사
  ㉠ 기본 지식(information)
  ㉡ 숫자 외우기(digit span)
  ㉢ 어휘(vocabulary)
  ㉣ 산수(arithmetic)
  ㉤ 이해(comprehension)
  ㉥ 공통성(similarities)
③ 동작성 소검사
  ㉠ 빠진 곳 찾기(picture completion)
  ㉡ 차례 맞추기(picture arrangement)
  ㉢ 토막 짜기(block design)
  ㉣ 모양 맞추기(object assembly)

> **Ⅰ+ 이해더하기Ⅰ**
>
> 검사를 실시하는 방법은 각 소검사에 따라서 다르다. 각 소검사마다 실시 요강에서 제시하고 있는 표준화 절차를 철저하게 지키는 것이 매우 중요한데, 검사자는 세부적인 절차들을 잘 숙지하여서 실제로 검사를 시행할 때는 검사 요강을 보지 않고 자동적으로 수행할 수 있을 정도까지 표준화된 절차에 익숙해져 있어야 한다.

3. 지능검사의 기본적 해석

① 해석 시 유의사항
  ㉠ 개인반응행동에 관한 관찰이 중요하다.
  ㉡ 지능검사는 한 문화권 내에서 개인이 학습했던 내용을 측정한다.
  ㉢ 지능검사 결과를 일반적인 상황에 일반화시킬 때는 신중하게 검토되어야 한다.
  ㉣ 지능검사 결과는 관찰된 행동, 과거력 등 개인에 관해 알려진 정보, 다른 검사 결과들을 종합하여 해석을 내릴 때 가장 유용하다.

② 양적 분석
  ㉠ 검사 결과 얻어진 수치들을 기준으로 분석해 나가는 것이다. 양적 분석을 통해서 우선 피검자의 현재지능을 파악할 수 있으며, 병전지능의 파악도 가능하다.
  ㉡ 현재지능의 파악
    • 언어성 지능, 동작성 지능, 전체지능지수, 백분위, 표준측정 오차범위를 밝히는 방식으로 기술한다.
    • 언어성과 동작성 지능 간 점수 차이가 유의한 수준일 경우 언어성, 동작성 지능 각각에 대해 지능수준, 백분위, 오차범위를 기술해 주어야 한다.
  ㉢ 병전지능의 파악
    • 병전지능은 원래의 지능 수준을 말하는 것이다.
    • 지능검사를 시행한 후 피검자의 본래의 병전지능을 추정하여 현재의 지능 수준과의 차이를 계산한다.
    • 병전지능(잠재지능) 추정의 기준이 되는 소검사 : 어휘, 기본상식, 토막 짜기
    • 피검자의 현재지능이 15점 이상 저하되어 있다면 현재 피검자에 유의미한 지능저하가 있는 것으로 추정할 수 있다.
  ㉣ 언어성 IQ와 동작성 IQ 비교 : 실시 요강에 연령별로 15%와 5% 유의도 수준에서 요구되는 언어성과 동작성 IQ 점수의 최소 점수차가 제시되어 있다.
  ㉤ 소검사 점수분산 분석
    • 각 소검사 점수가 다른 소검사들의 경향으로부터 이탈한 정도를 비교해 보는 것이다.
    • 어휘 분산 : 어휘문제 점수를 중심으로 다른 소검사 점수들이 이 기준에서 얼마나 이탈되어 있는가를 보는 것이다.
    • 평균치 분산 : 언어성 소검사들은 언어성 소검사들의 평균에서, 동작성 소검사들은 동작성 소검사들의 평균에서 얼마나 이탈되어 있는지를 보는 것이다.
    • 변형된 평균치 분산 : 지나치게 높거나 낮은 한두 개의 소검사는 제외하고 평균을 낸 뒤 그 수치를 기준으로 다른 소검사들의 이탈 정도를 보는 것이다.

[15% 또는 5% 신뢰수준에서 유의하기 위한 언어성 IQ와 동작성 IQ의 차이점]

유의도 수준	연령							평균
	16~17	18~19	20~24	25~34	35~44	45~54	55~64	
15%	12.59	11.83	10.58	8.64	7.48	7.16	7.48	9.39
5%	17.14	16.10	14.40	11.76	10.18	9.75	10.18	12.78

(출처 : 임상심리학회 편, K-WAIS 실시 요강, 1992)

4. 질적 분석

① 반응내용, 반응 방식, 언어적 표현 방식, 검사 행동 방식 등을 기초로 하여 개인의 독특한 심리적 특성을 알아보고자 하는 것이다.

② 양적 분석에서 놓칠 수 있는 개인의 성격적인 특징이나 심리적인 상태 등에 대해 더욱 세부적인 정보를 얻을 수 있다.

③ 질적 분석에서 고려되어야 할 반응

  ㉠ 곤란도 분석 방식
  ㉡ 드물거나 기괴한 내용의 대답
  ㉢ 부연설명을 계속하거나 강박적으로 여러 가지 응답을 나열하는 경우
  ㉣ 지나치게 구체화된 반응 방식
  ㉤ 정서적인 응답을 하는 경우
  ㉥ 반항적인 내용의 응답을 하는 경우
  ㉦ '공통성' 문제에서 계속 차이점을 말하거나 '공통점이 없다'는 식으로 문제를 부정하는 경우
  ㉧ '산수' 문제에서 하나의 숫자를 대는 것이 아니라 '6개에서 7개'라는 식으로 근접한 대답을 하는 경우
  ㉨ '차례 맞추기'에서 카드의 순서는 올바르게 맞추었지만, 내용을 제대로 설명하지 못하는 경우

5. 지능검사에서 나타나는 진단별 반응 특징

① 강박장애

  ㉠ 전체 지능지수가 110 이상이다.
  ㉡ 주지화로 인해 상식 · 어휘문제 점수인 이해 소검사 점수는 낮다. 이는 판단능력 장애로 인한 것이 아니라 회의적 경향으로 인해 이해 점수가 낮다.
  ㉢ 언어성 지능>동작성 지능 : 강박적인 주지화 경향을 반영한다.

② 기질적 뇌손상(organic brain syndrome)

  ㉠ 토막 짜기, 바꿔쓰기, 차례 맞추기, 모양 맞추기 점수가 낮다.
  ㉡ 숫자 외우기 소검사에서 '바로 따라 외우기'와 '거꾸로 따라 외우기' 점수 간에 큰 차이를 보인다.

ⓒ 공통성문제 점수 낮음 : 개념적 사고의 손상을 나타낸다.
　　　ⓔ 어휘, 상식, 이해 소검사의 점수는 비교적 유지되어 있다.
　③ 반사회성 성격 장애
　　　㉠ 언어성 지능<동작성 지능 : 동작성 지능은 '우수'나 '최우수' 수준인 반면 언어성 지능은 보통 '상' 수준을 넘는 경우가 드물다.
　　　ⓒ 소검사 간 분산이 심한 편이다.
　　　ⓒ 사회적 상황에 대한 예민성을 보인다.
　　　ⓔ 바꿔 쓰기, 차례 맞추기 점수는 높고, 개념 형성 점수는 낮다.
　　　ⓜ 되는 대로 노력 없이 아무렇게나 대답한다.
　　　ⓗ 비사회적 규준을 보인다.
　　　ⓢ 지나친 관념화, 주지화, 현학적인 경향을 보일 수 있다.
　④ 불안장애
　　　㉠ 숫자 외우기, 산수, 바꿔 쓰기, 차례 맞추기 점수가 낮다.
　　　ⓒ 사고의 와해나 혼란은 없다.
　⑤ 우울증
　　　㉠ 언어성 지능>동작성 지능
　　　ⓒ 쉽게 포기하는 경향이 있으며, 지구력이 부족하다.
　　　ⓒ 전반적으로 반응이 느리다.
　　　ⓔ 언어성 검사 중에서는 공통성 점수가 낮다. 빠진 곳 찾기를 제외한 다른 동작성 소검사에서 낮은 점수를 보인다.
　　　ⓜ 질적인 면에서 정교화나 언어표현의 유창성 등이 부족하다.
　　　ⓗ 자신에 대해 비판적이다.
　　　ⓢ 사고의 와해는 없다.
　⑥ 정신증
　　　㉠ 상식, 어휘 소검사를 중심으로 극단적인 분산 : 지적 기능의 심한 불균형이 나타난다.
　　　ⓒ 언어성 기능>동작성 기능(14점 이상) : 동작성 지능이 장애의 영향을 더 많이 받는다.
　　　ⓒ 쉬운 문항에서 잦은 실패를 보이며 문항을 잘못 이해한다.
　　　ⓔ 이해 문제, 차례 맞추기 점수가 낮음 : 사회적 적응 능력의 손상을 시사한다.
　　　ⓜ 공통성 저하, 상식·어휘 상승(과잉 일반화, 잘 보존된 기억력, 그러나 손상된 추상적 사고 능력) 등의 모습을 보인다.
　　　ⓗ 빠진 곳 찾기, 산수문제 점수가 낮음 : 주의 집중에 어려움을 보인다.
　　　ⓢ 토막 짜기 점수가 낮다.
　　　ⓞ 개별적인 문항의 반응, 특히 차례 맞추기, 공통성, 어휘 소검사에서의 반응을 질적으로 분석하는 것이 진단적 평가에 매우 중요 : 전형적인 와해(비논리성, 연상장애, 조리가 없음, 부적절성, 괴이한 언어 표현)가 나타날 수 있다.
　　　ⓩ 숫자 외우기는 유지됨 : 즉각적 기억 손상 없음 → 불안이 적거나 없다.

⑦ 히스테리성 성격 장애
  ㉠ 쉬운 문항에서 실패를 보인다. 특히 산수 소검사에서 쉽게 포기하는 경향이 있다.
  ㉡ 상식 문제에 비해 이해 문제 점수가 높고 토막 짜기, 차례 맞추기 점수가 높다.
  ㉢ 도덕적인 반응 내용을 보인다.
  ㉣ 사고의 와해 징후는 없다.

TOPIC. 3 WAIS-IV

1. WAIS-IV의 특징

① 검사규준 개정
  ㉠ 시범 문항과 예시 문항을 추가하고 지시문의 난이도를 낮춤
  ㉡ 핵심 검사만 실시한 경우 검사 시간 단축
  ㉢ 운동기능, 청력, 시간 가산점 등 가외 변인의 영향이 덜 반영되도록 함
  ㉣ 경도 인지장애, 경계선 지능 등 특수 집단에 대한 연구 보완

② 주요 변경사항 및 특징
  ㉠ 언어성 IQ와 동작성 IQ 산출 방식 폐기
  ㉡ 전체 IQ와 네 가지 합성 점수에 근거한 해석
  ㉢ WAIS-Ⅲ의 네 가지 지표 유지
  ㉣ '지각적 조직화 지표'의 명칭을 '지각적 추리 지표'로 변경
  ㉤ 부가적 지표로 일반적인 능력 지표 추가

구분	핵심검사	보충검사
언어이해지표(VCI)	공통성, 어휘, 지식	이해
지각적추리지표(PRI)	토막, 행렬 추리, 퍼즐	빠진 곳 찾기, 무게 비교
작업기억지표(WMI)	숫자, 산수	순서화
처리속도지표(PSI)	동형 찾기, 기호 쓰기	지우기

  ㉥ 합성 점수 측정을 강화하기 위해 일부 소검사 추가 및 폐지
  ㉦ 총 15개 소검사로 구성 : 핵심검사(10개) + 보충검사(5개)
  ㉧ 행렬 추리, 퍼즐, 순서화, 무게 비교, 지우기 등 5개의 소검사 추가
  ㉨ 차례, 모양 폐지
  ㉩ 토막 짜기, 숫자, 순서화 소검사에 대해 과정 점수 추가

2. WAIS 체계의 소검사 항목 비교

소검사	약어	설명	WAIS-IV (K-WAIS-IV)	WAIS-III
토막 짜기 (block design)	BD	제한 시간 내에 흰색과 빨간색으로 이루어진 토막을 사용하여 제시된 모형이나 그림과 똑같은 형태를 만드는 과제	핵심검사 (지각추리지표)	동작성 기본검사
공통성 (similarities)	SI	제시된 두 단어에 대해 유사점을 설명하는 과제	핵심검사 (언어이해지표)	언어성 기본검사
숫자 (digit span)	DS	검사자가 읽어 준 일련의 숫자를 동일한 순서로 따라 하는 과제(바로 따라 하기)와 역순으로 따라 하는 과제(거꾸로 따라 하기)	핵심검사 (작업기억지표)	언어성 기본검사
행렬 추리 (matrix reasoning)	MR	불완전한 행렬을 보고 제시된 행렬의 빠진 부분을 다섯 개의 반응 선택지에서 고르는 과제	핵심검사 (지각추리지표)	동작성 기본검사
어휘 (vocabulary)	VC	그림 문항에서는 시각적으로 제시된 사물의 이름을 말하고, 말하기 문항에서는 검사자가 들려주는 단어의 뜻을 설명하는 과제	핵심검사 (언어이해지표)	언어성 기본검사
산수 (arithmetic)	AR	제한 시간 내에 일련의 산수 문제를 암산으로 푸는 과제	핵심검사 (작업기억지표)	언어성 기본검사
동형 찾기 (symbol search)	SS	제한 시간 내에 표적 기호와 동일한 기호를 보기에서 찾아내는 과제	핵심검사 (처리속도지표)	동작성 기본검사
퍼즐 (visual puzzles)	VP	제한 시간 내에 완성된 퍼즐을 보고 보기의 항목들 중 그 퍼즐을 재구성할 수 있는 세 개의 반응을 찾아내는 과제	핵심검사 (지각추리지표)	-
지식 (information)	IN	광범위한 일반 지식에 관한 질문에 응답하는 과제	핵심검사 (언어이해지표)	언어성 기본검사
기호 쓰기 (coding)	CD	제한 시간 내에 숫자에 대응되는 기호를 빈칸에 그리는 과제	핵심검사 (처리속도지표)	동작성 기본검사
순서화 (letter-number sequencing)	LN	검사자가 읽어주는 일련의 숫자와 글자를 듣고 숫자는 오름차순으로, 글자는 한글 어순대로 회상하는 과제	보충검사 (작업기억지표)	언어성 기본검사
무게 비교 (figure weight)	FW	제한 시간 내에 균형이 맞지 않는 양팔 저울 그림을 보고, 보기 중 균형을 맞출 수 있는 추를 찾아내는 과제	보충검사 (지각추리지표)	-
이해 (comprehension)	CO	제시된 질문에 대해 일반적인 원칙과 사회적 상황에 관해 자신이 이해하고 있는 바에 기초해 답하는 과제	보충검사 (언어이해지표)	언어성 기본검사
지우기 (cancellation)	CA	무선으로 배열된 그림과 일렬로 배열된 그림을 훑어보며 제한 시간 내에 표적 자극과 동일한 모양들을 찾아 표시하는 과제	보충검사 (처리속도지표)	-
빠진 곳 찾기 (picture completion)	PCm	중요한 부분이 빠져 있는 그림을 보고 그 빠진 부분을 제한 시간 내에 찾아내는 과제	보충검사 (지각추리지표)	동작성 기본검사

소검사	약어	설명		
차례 맞추기 (picture arrangement)	PA	해당 사항 없음	–	동작성 기본검사
모양 맞추기 (object assembly)	OA	해당 사항 없음	–	동작성 기본검사

3. WISC-IV의 소검사 구성 및 설명

소검사	약어	설명	WAIS-III	K-WAIS-IV
토막 짜기 (block design)	BD	제한 시간 내에 흰색과 빨간색으로 이루어진 토막을 사용하여 제시된 모형이나 그림과 똑같은 형태를 만드는 과제	동작성(POI) 기본 소검사	PRI 표준 소검사
공통성 (similarities)	SI	제시된 두 단어에 대해 유사점을 설명하는 과제	언어성(VCI) 기본 소검사	VCI 표준 소검사
숫자 (digit span)	DS	검사자가 읽어 준 일련의 숫자를 동일한 순서로 따라 하는 과제(바로 따라 하기)와 역순으로 따라 하는 과제(거꾸로 따라 하기)	언어성(FDI) 기본 소검사	WMI 표준 소검사
공통 그림 찾기 (picture concepts)	PCn	제시된 두 줄 또는 세 줄의 그림에서 공통 특성으로 묶일 수 있는 그림을 각 줄에서 하나씩 고르는 과제	–	PRI 표준 소검사
기호 쓰기 (coding)	CD	제한 시간 내에 숫자에 대응되는 기호를 빈칸에 그리는 과제	동작성(PSI) 기본 소검사	PSI 표준 소검사
어휘 (vocabulary)	VC	그림 문항에서는 시각적으로 제시된 사물의 이름을 말하고, 말하기 문항에서는 검사자가 들려주는 단어의 뜻을 설명하는 과제	언어성(VCI) 기본 소검사	VCI 표준 소검사
순차 연결 (letter-number sequencing)	LN	검사자가 읽어주는 일련의 숫자와 글자를 듣고 숫자는 오름차순으로, 글자는 한글 어순대로 회상하는 과제		WMI 표준 소검사
행렬 추리 (matrix reasoning)	MR	불완전한 행렬을 보고 제시된 행렬의 빠진 부분을 다섯 개의 반응 선택지에서 고르는 과제	–	PRI 표준 소검사
이해 (comprehension)	CO	제시된 질문에 대해 일반적인 원칙과 사회적 상황에 관해 자신이 이해하고 있는 바에 기초해 답하는 과제	언어성(VCI) 기본 소검사	VCI 표준 소검사
동형 찾기 (symbol search)	SS	제한 시간 내에 표적 기호와 동일한 기호를 보기에서 찾아내는 과제	동작성(PSI) 기본 소검사	PSI 표준 소검사
빠진 곳 찾기 (picture completion)	PCm	중요한 부분이 빠져 있는 그림을 보고 그 빠진 부분을 제한 시간 내에 찾아내는 과제	동작성(POI) 기본 소검사	PRI 보충 소검사
선택 (cancellation)	CA	무선으로 배열된 그림과 일렬로 배열된 그림을 훑어보며 제한 시간 내에 표적 자극과 동일한 모양들을 찾아 표시하는 과제	–	PSI 보충 소검사
지식 (information)	IN	광범위한 일반 지식에 관한 질문에 응답하는 과제	언어성(VCI) 기본 소검사	VCI 보충 소검사

산수 (arithmetic)	AR	제한 시간 내에 일련의 산수 문제를 암산으로 푸는 과제	언어성(FDI) 기본 소검사	WMI 보충 소검사
단어 추리 (word reasoning)	WR	일련의 단서에서 공통된 개념을 찾아내고 이를 단어로 말하는 과제	–	VCI 보충 소검사

CHAPTER 04 | 성격검사

TOPIC. 1 다면적 인성검사 II

1. 다면적 인성검사 II(MMPI-2)
① 개념
- ㉠ 세계적으로 가장 널리 쓰이고 있으며 가장 많이 연구되어 있는 객관적 성격검사이다. 현재의 심리 상태, 스트레스의 정도, 적응의 수준 등을 파악해 보다 심층적인 성격의 분석을 도모하는 표준화된 심리검사이다.
- ㉡ 오늘날 MMPI는 45개 나라에서 115종류 이상의 번역판이 출판되었고, 12,000가지 이상의 관련 연구 논문이나 저서가 발표되어 있다.
- ㉢ 질문지형 성격검사임에도 불구하고 상당히 투사법적 함축(projective implication)을 띤 문항을 포함하고 있다.

② 내용
- ㉠ 주요 비정상적 행동의 종류를 측정하는 10가지 임상척도(Hs, D, Hy, Pd, Mf, Pa, Pt, Sc, Ma, Si)와 그 사람의 검사태도를 측정하는 4개의 타당척도(알 수 없다, L, F, K)로 구성되어 있다.
- ㉡ 타당척도는 피검사자가 얼마나 정확하게 검사를 실시했었는지에 대한 검사태도를 평가할 수 있다.

2. 다면적 인성검사의 이론적 배경과 목적
① 이론적 배경
- ㉠ 세계적으로 가장 널리 쓰이고 가장 많이 연구되어 있는 객관적 성격검사인 MMPI는 질문지형 성격 검사지만 문항들은 투사법적인 함축성을 띠고 있고, 550문항 중에서 16개 문항 각각은 한 번 더 중복해서 질문하도록 되어 있다(총 566개 문항).
- ㉡ MMPI의 1차 기능은 정신과적 진단과 분류를 위한 것이며 일반적인 성격 특성을 측정하는 것이 아니다.

② 목적
- ㉠ 본래 MMPI는 1940년대 미국 미네소타 대학의 심리학자인 Stark Hathaway와 정신과 의사인 Jovian Mckinley에 의하여 비정상적인 행동을 객관적으로 측정하기 위한 수단으로 만들어졌다.
- ㉡ 정신과적 진단을 분류하고, 개인의 인성 특징의 비정상성 혹은 징후를 평가하여 상담 및 정신치료에 기여하며, 비정상적이고 불건전한 방향으로 진전될 가능성을 미리 찾아내 예방 및 지도책을 도모하기 위해 사용된다.

3. 다면적 인성검사의 구성 및 특징

① 구성

㉠ MMPI는 질문형 성격검사임에도 상당히 투사법적 함축성을 띤 550개의 문항으로 구성되어 있다.

㉡ 총 14개의 척도로 구성되어 있으며 이는 주요 비정상 행동의 종류를 측정하는 10가지 임상척도와 그 사람의 검사태도를 측정하는 4가지 타당척도로 구분된다.

척도명	기호	약자	문항수
타당성척도			
모르겠다		?	
L척도		L	15문항
F척도		F	64문항
K척도		K	30문항
임상척도			
건강염려증	1	HS	33문항
우울증	2	D	60문항
히스테리	3	HY	60문항
반사회성	4	PD	50문항
남성특성-여성특성	5	MF	60문항
편집증	6	PA	40문항
강박증	7	PT	40문항
정신분열증	8	SC	78문항
경조증	9	MA	46문항
사회적 내향성	10	Si	70문항

㉢ MMPI 실시에 있어 문항수가 너무 많고 방대하여 시간이 많이 걸린다는 문제점들이 제기되었기 때문에 단축형 MMPI에 대한 관심과 연구가 꾸준히 있어 왔다. 현재 임상장면에서는 383문항형이 단축형으로서 가장 널리 사용되고 있다.

② 특징

㉠ MMPI는 질문지형 성격검사임에도 상당히 투사법적 함축(projective implication)을 띤 550개의 문항을 포함하고 있다.

㉡ MMPI는 주요 비정상 행동의 종류를 측정하는 10가지 임상척도와 그 사람의 검사태도를 측정하는 4가지 타당척도로 구성되어 있다. 이 타당척도는 피검자의 검사태도를 평가할 수 있다.

㉢ MMPI의 문항 선정과 척도 구성은 철저한 경험적 접근을 통하여 만들어졌다. 그리고 이것을 국내의 상황에 맞게 다시 재표준화하였다.

㉣ MMPI는 피검자의 심리적 상태 및 정상으로부터의 이탈을 매우 신뢰성 있고 타당하게 반영해 준다.

㉤ 진단을 목적으로 하는 병원 중심의 임상척도뿐 아니라 일반인의 적응이나 성격 특성을 이해할 수 있는 특수내용척도가 있어 정상인의 적응과 성격을 예측·이해하는 데 효율성이 높다.

4. 다면적 인성검사의 장점 및 단점, 유의사항

① 장점
  ㉠ 검사 실시의 간편성 : 그 시행과 채점, 해석이 간편하며, 시행 시간도 비교적 짧다.
  ㉡ 검사의 신뢰도 및 타당도 : 신뢰도와 타당도의 검증이 이루어지고 있으므로 검사의 신뢰도와 타당도가 높다.
  ㉢ 객관성의 증대 : 검사자 변인이나 검사 상황 변인에 영향을 덜 받고, 개인 간 비교 또한 객관적으로 제시될 수 있으므로 객관성이 보장된다.

② 단점
  ㉠ 검사 실시의 상황적 조건의 중요성을 과소평가할 수 있다.
  ㉡ 검사 지시 과정을 소홀히 할 수 있다.
  ㉢ 올바르게 실시할 수 없는 사람에게 검사를 맡기는 경우도 있다.

③ 검사 시 유의사항
  ㉠ 심리치료 장면에서 MMPI를 사용할 경우 치료자에게는 내담자의 정신건강 정도를 파악하고 그에 맞게 치료의 전략을 세우는 데 도움이 될 수 있다.
  ㉡ 내담자들은 주로 가정이나 학교, 직장에 다니면서 일시적인 스트레스나 대인관계에 문제가 있다고 생각될 때 성격검사를 신청하게 된다. 이런 경우 검사자가 MMPI가 의미하는 바가 무엇인지를 확실히 안다면 정신과 약물을 필요로 하는 경우와 상담이나 심리치료가 필요한 경우를 구분할 수 있을 것이며, 적절한 치료를 받을 수 있도록 도와줄 수 있을 것이다.
  ㉢ MMPI는 정신과적 진단을 목적으로 정신병리를 알아보기 위한 대표적인 객관적 검사이다. 그러나 MMPI 검사 하나만으로 피검사자의 모든 것을 알 수 있는 만능의 검사는 아니다. 즉 검사자는 MMPI의 정확한 해석을 위해서 광범위한 임상적 경험과 진단적 면접 및 다른 심리검사 자료를 함께 참고할 필요가 있다.

TOPIC. 2 MMPI의 해석

1. MMPI 해석 방식

① MMPI의 해석은 형태해석과 내용에 근거한 해석으로 이루어지는데, 보통 MMPI에서는 형태해석이 더 중요하게 여겨진다.

② 형태해석
  ㉠ 임상척도 간 상관관계나 임상증후군 간 중복 때문에 피검자의 MMPI 결과는 몇 개의 척도가 동시에 하나의 형태를 이루면서 상승하는 경향이 있다(예 척도 6과 척도 8이 함께 상승한 경우 편집증을 의심해 볼 수 있음).
  ㉡ MMPI 프로파일에서 공통 형태를 보이는 피검자들은 문제와 증후, 성격 특징에 있어서 서로 유사하다는 점이 알려지면서 MMPI의 형태적 해석이 선호되고 있다.

③ 내용에 근거한 해석 : 요인 분석적 접근, 내용 분석에 대한 논리적 접근, 내용해석에 대한 '결정문항' 접근 등이 있다.

2. MMPI의 해석 전략

① 주요 내용
  ㉠ MMPI는 피검자에 대한 가설을 제공할 뿐, 피검자에 대한 확실하고 완전한 해석을 제공하는 것이 아니다. 그러므로 그 해석 과정에서 검사자는 해석 내용을 신중하게 다루어야 한다.
  ㉡ 일반적 소요 시간인 1시간 혹은 1시간 30분보다 길게 소요된다면 운동지연이나 혼란을 나타낸다고 볼 수 있으며, 지나치게 짧은 시간은 무성의한 혹은 충동적 응답이라 볼 수 있다.
② 검사수행의 태도
  ㉠ 검사수행의 태도는 일차적으로 척도 L, F, K의 점수를 기초로 검토되는데, 무응답척도(?)가 높은 경우는 피검자가 우유부단함이나 양가적인 점을 감추고자 할 때 나타나며, L척도가 높은 경우는 피검자가 자신이 가진 사소한 단점마저 부인하는 경우이다.
  ㉡ F척도가 높은 경우는 피검자가 이탈된 방향의 태도나 행동을 보인다는 것을 나타낸다. 반면 낮은 경우는 일반인보다 이탈된 행동이나 태도를 더 적게 인정하고 있음을 나타내며, 지나치게 방어적이라는 것을 의미한다. K척도는 부적절함을 부정하는 척도를 말한다.
  ㉢ 일반적으로 자기 자신을 지나치게 호의적으로 나타내고자 하는 경우는 L, K점수가 높고 F점수가 낮은 V자형 프로파일을 보이는 반면, 지나치게 자기 비판적이거나 자신의 문제를 과장하는 태도를 취하고 이러한 목적으로 검사를 이용하고자 하는 경우는 타당도 척도가 역 V자형 프로파일을 보이게 된다.

TOPIC. 3 MMPI의 타당도 척도와 해석

1. 무응답 척도

① 답하지 않았거나 모두에 답한 문항들의 총합
② 빠뜨린 문항들은 정상적 방향으로 응답한 것으로 간주함
③ "답하지 못하는 것인가?, 답하지 않으려는 것인가?"

2. L척도

① 개요
  ㉠ 자신을 좋은 사람으로 나타내 보이려는 다소 고의적이고도 부정직한 시도를 측정하려는 척도
  ㉡ 이상적인 근거에 의해 선별된 15개의 문항들로 구성
  ㉢ 양심적인 사람들에게서만 발견되는 태도나 측정

② 점수별 해석

T점수	해석
44 이하	• 모든 문항을 '그렇다'로 답하는 반응 태도가 있을 수 있음 • 인간의 일반적인 약점(도덕적 혹은 사회적)을 인정할 수 있는 능력이 있음 • 비교적 독립적이고 자기신뢰감이 높음 • 대체로 교육수준이 높은 정상적인 사람 • 자신을 극히 병적으로 보는 환자
45~59	• 사소한 사회적 약점을 적절히 부인하거나 인정할 줄 앎 • 호감을 주는 자아상을 창조하려 시도하는 세련된 환자
60~69	• 보통보다 다소 더 사회 순응성이 높고 도덕적으로 조심성이 많은 정상인 • 부인 방어를 잘 쓰는 환자
70 이상	• 가장 보편적인 인간의 약점도 부인하려 하며 자기의 가치나 도덕성을 비현실적으로 그리고 경직되게 강조함 • 자기의 통제가 매우 강하고 자기 행동의 동기가 무엇인지 통찰력이 부족하거나 결여되어 있음 • 매우 세속적이고 사회적 순응성이 강함 • 인사선발과 같은 상황에서 과도하게 좋은 인상을 주려고 애쓰는 세련되지 못한 정상인 • 스트레스에 대한 인내력이 약하고 사고의 독창성이 없으며 문제 해결에서 유연하지 못하고 자신의 행동이 다른 사람에게 어떤 결과를 주는지 알지 못함 • 매우 방어적이고 특히 부인이나 억압 방어가 강한 환자(주로 히스테리성 장애나 신체화 장애) 혹은 정신과 입원 환자로서 모든 임상척도가 70T 이하로 낮으면 혼란된 정신증 환자일 수 있음

3. F척도

① 개요
  ㉠ 비전형적인 방법으로 응답하는 사람들을 탐색하기 위해 64개 문항으로 구성
  ㉡ F척도가 높을수록 문제 영역이 많고 정도가 심함

② 점수별 해석

T점수	해석
50 이하	• 비교적 스트레스를 느끼지 않는 정상인 • 사회적 순응도가 높음 • 심한 정신병리를 부인하려 함
50~64	• 어떤 특별한 영역에 문제가 있을 수 있음(가정 문제, 종교 문제, 건강 문제, 70T 이상의 임상척도가 있으면 그것이 나타내는 문제에 적응되어 별로 걱정하지 않는 상태) • 외견상 잘 나타나지 않는 정신병 환자
65~79	• 보통과는 매우 다른 사회적, 정치적 혹은 종교적 사고방식을 가지고 있는 사람 • 자아정체 문제로 고민하고 있는 청소년 • 정신증적 장애 및 행동장애, 심한 신경증, 현실검증력의 장애
80 이상	• 무효(혹은 무작위) 프로파일 : 고의적 · 문맹 · 비협조적 • 심하게 혼란된 정신병적 환자 혹은 두뇌손상 환자 • 극도로 불안하고 도움을 원하는 경우 • 자아정체 위기를 겪고 있는 청소년 • 그 사람이 겪고 있는 정신병리의 심한 정도를 반영함 • 사고장애, 판단력장애, 사회적 회피 및 언어 감소 등 • 고의적으로 병을 가장하거나, 보통과는 매우 다르게 보이려 하는 사람(청소년)

4. K척도

① 개요
  ㉠ 정신적인 장애를 식별하기 위해 경험적으로 선택된 30개의 문항으로 구성
  ㉡ 피검자의 유형에 따라 방어성의 정도를 해석
  ㉢ 성격적 통합성과 건강한 적응에 대한 정도

② 점수별 해석
  ㉠ 정상인

T점수	해석
45 이하	• 스스로 자기 문제를 해결할 능력이 부족함을 인정하고 있는 상태. 정신병리의 유무를 감별할 필요가 있음 • 스트레스를 겪고 있는 대학생(F>boT)
46~55	• 자기노출과 자기보호 간에(혹은 자기평가와 비판 간에) 적절한 균형을 유지하고 있는 사람 • 사회경제적 수준이 낮거나 교육 정도가 낮은 사람
70 이상	• 방어적 성질을 띤 적절성 혹은 적응력의 외형 강조 • 타인들과의 깊은 정서적 친근성을 두려워하며 감정 표현을 잘 못하고 수줍어함. 유연성이 부족하고 경직되어 있으며 타인의 비정상적인 행동이나 태도에 대해서도 용인하지 않으려 함 • 검사 이유나 목적 혹은 비밀 보장에 관한 설명이 부족한 검사 지시 상황에서 자기노출에 다소 조심성이 많은 방어적인 대학생 • 여자의 경우는 남자보다 자신을 더 엄하게 심판하므로 방어적 태도보다는 효율성을 반영할 수 있음

  ㉡ 정신과적 장애가 있는 환자들

T점수	해석
35 이하	• 자신의 단점을 과장하거나 자신에 관하여 나쁜 점을 강조하고자 함 • 심한 정서적 장애를 가지고 있는 것처럼 문제를 조작했거나 강조함
36~45	• 공개적으로 인정하는 심한 정신적 장애를 가지고 있음(F>bot) • 제한된 성격적 자질과 강한 자기불만을 가지고 있으나 자신의 상태를 향상시킬 만한 대인관계 기술이나 능력이 결여되어 있음 • 자신의 행동이나 동기에 대한 통찰력이 결여되어 있고 타인의 동기에 대하여 의심이 많음 • Masochistic confessor • 교육 수준이 낮은 환자의 경우 중증도의 장애를 나타내나, 수준이 높은 환자는 심한 장애와 자아력 및 방어기제의 약화를 나타냄
46~59	• 자기노출과 자기보호 간에 적절한 균형을 유지하고 있는 환자 • 심리적인 치료를 원하고 견딜 수 있는 충분한 성격적 자질을 가지고 있음 • 교육 수준이 높은 환자인 경우 중증도의 장애가 예상됨 • 심리적 치료의 예후는 양호함
70 이상	• 외견상 적절함과 통제력을 과시하려 무척 노력하며 자신이 가지고 있는 어떠한 문제나 약점도 인정하려 하지 않음 • 자신의 문제에 대한 이해나 정서적 통찰이 심히 결여되어 있고 평가도 거부함 • 환자 역할을 거부하고 극단적으로 방어적이며. 프로파일에서 그의 문제성을 식별하기 곤란함 • 임상척도들이 낮아질 수 있음 • 임상척도들이 동시에 크게 상승하여 있는 경우는 심한 정신적 장애가 있으나 본인은 그것을 알지 못하고 있는 상태임

5. 임상척도 중요

① 건강염려증

㉠ 개요
- 호소하는 신체적 증상의 수와 다른 사람을 조정하는 데 사용되고 있지 않은가를 측정하는 33개 문항으로 구성
- 불안이나 집착은 원칙적으로 정신병적 상태보다는 신체 기능에 대한 신경증적 걱정을 의미
- 척도 1이 높은 사람
  - T점수 45 이하
  - 타인에게 요구 사항이 많고 의존적
  - 자기의 건강에 대한 병적인 관심을 나타냄
  - 우울증과 관련
- 척도 1이 낮은 사람
  - T점수 45 이하
  - 건강염려증적인 고통을 부인하는 것을 특징으로 하는 하나의 이질적 집단

㉡ 점수별 해석 : 건강염려증의 상승 수준별 해석

T점수	해석
44 이하	• 모호한 신체적 증상이나 건강에 대한 걱정을 부인하는 사람 • 보건직에 종사하는 사람이나 건강염려증 환자의 가족이나 병을 나약함과 동일시하여 부정적으로 생각하는 사람 • 기민하고 낙천적이며, 통찰력 있고 효율적임
45~55	보통 범위에 속하는 신체적 증상을 호소함
56~65	• 실제로 신체적 질환이나 장애가 있는 사람, 미성숙하고 고집 세고 의욕이 약함 • 자신 및 타인의 신체적 건강에 대하여 건설적인 관심을 가지고 있는 정상인. 조심성 있고 사려 깊고 진실하며 양심적임
66 이상	• 자신에게 어떤 신체적 병이 있다고 생각하거나, 같은 병을 이용하여 다른 사람을 조종하고 지배하려 함 • 모호한 신체적 증상에 과도하게 집착하고, 불평이 많고 냉소적이며 요구사항이 많고 부정적·비판적임 • 심리적 및 신체적 치료에 대한 예후가 불량함. 여하한 해결책에 대해서도 거부적임

② 우울증

㉠ 개요
- 우울증상을 측정하기 위한 60개 문항으로 구성
- 비관, 슬픔의 정도를 나타내는 기분 척도
- 신경증적 혹은 내면성 우울증보다는 반응성 혹은 외인성 우울증을 측정
- 내적으로 우울, 외적으론 명랑, 내적 비관을 잘 드러냄
- 척도 2가 높은 사람(T점수 65 이상) : 대체로 우울증적 증상을 나타내는 사람
- 척도 2가 낮은 사람(T점수 45 이하) : 능동적이고 기민하며 활동적이고 다양한 일에서 효율적인 사람

ⓛ 점수별 해석 : 우울증의 상승 수준별 해석

T점수	해석
40 이하	• 사교적이고 낙관적이며 기민한 사람. 사고나 행동이 자유로움 • 이 같은 행동들이 그 사람의 환경과 상황에 적절할 것(특히 근래에 사고가 있었을 때)
41~59	경력과 열의가 균형을 이룬 생활 태도나 행동
60~69	• 자신이나 어떤 일에 대하여 불만이 있으나 이 같은 상태를 우울한 것이라고 느끼지는 않으며, 오히려 상황에 적절할 수도 있음 • 자신에게 일어나는 일에 적절한 걱정을 나타내지 않거나 만성적인 우울한 생활에 적응된 상태 • 정상인일 경우, 현실적·객관적이며 사려 깊고 생각을 좋아함 • 스트레스하에서는 자신의 행동에 과도하게 비판적인 태도를 취하고, 죄책감에 잘 빠지며, 걱정과 불안을 나타냄 • 옳고 그른 것, 선과 악을 잘 따지고, 인성이나 그 의미에 대한 실존적 의문을 잘 가짐 • 대학 상담 의뢰자에서 가장 흔하며, 만성적 우울증이라기보다는 현실적으로 압박을 가하는 문제에 대한 반응을 나타냄 • 소척도 분석을 통하여 정확한 해석을 시도할 것
70 이상	• 인생이나 자신에 관하여 비관과 우울한 기분을 보이는 환자 • 자기 비하적, 현실 회피적, 죄의식, 우유부단, 걱정이 많음 • 점수가 높아질수록 운동지체, 극단적 무감각, 자기비하 등이 확산되고 망상적이 됨 • 다른 임상 척도를 검토하거나 환자 면담을 통하여 우울감의 원인을 파악해야 함

③ 히스테리

㉠ 개요
- 60개의 문항들 중 특정한 신체적 증상을 나타내는 문항과 심리적 혹은 정서적 문제도 가지고 있지 않다고 주장하는 것을 나타내는 문항으로 구성
- 히스테리증의 정도 및 경향을 진단
- 어떤 사건에 대한 부인의 양과 형태를 측정
- 척도 3이 높은 사람(T점수 70 이상) : 부인과 피암시성이 강하고 신체적 증상을 나타냄으로써 스트레스에 대처하거나 책임을 회피하려는 사람
- 척도 3이 낮은 사람(T점수 40 이하) : 대체로 일상생활에서 순응적이고 통속적이며 비모험적

㉡ 점수별 해석 : 히스테리의 상승 수준별 해석

T점수	해석
40 이하	• 냉소적이고 불신하며, 사회적으로 고립되어 있는 환자 • 세상에 냉혹하게 대처하며, 흥미 범위가 좁고 방어기제가 약함
41~59	• 히스테리 역동의 태도나 행동을 전형적으로 가지고 있는 환자 • 대부분의 정상인. 해석 불요
60~69	• 과다노출적, 외향적, 피정상적인 환자. 순박하고 자기중심적이며 여하한 문제도 부인함 • 인생의 긍정적인(낙관적인) 측면만 보려 하고, 불유쾌한 일들을 외면하려 함 • 대인관계에 대한 통찰력이 부족함 • 정서적이고 긍정적인 강점을 잘 나타냄
70 이상	• (60~69)의 1항이 더욱 상향, 피암시적임 • 스트레스하에서는 특수한 신체적 장애가 나타남 • 미성숙하고 요구가 많고 억압이 강함 • 단순하고 구체적인 문제 해결책을 요구하고 자기검토를 불원함 • 첫인상은 좋으나 심리적 치료는 어려움

④ 반사회성
　㉠ 개요
　　• 갈등에 대한 50개의 문항으로 구성
　　• 사회적 규범 무시
　　• 깊은 정서적 반응의 결핍
　　• 체험(경험)으로부터 학습하고 습득하는 능력 부족
　　• 반사회적 성격으로서 비사회적이며, 비도덕적 유형으로서 17~22세 사이의 젊은이들을 기준집단으로 사용하여 경험적으로 구성
　　• 척도 4가 높은 사람(T점수 65 이상) : 분노감, 충동성·정서적 피상성 및 예측 불능성 등 사회적으로 규범에 대하여 또는 권위적 대상에 대하여 거부적임
　　• 척도 4가 낮은 사람(T점수 40 이하) : 매우 통속적이고 순응적이며 권위에 대하여 순응적, 또한 수동적이고 복종적이며 비주장적임
　㉡ 점수별 해석 : 반사회성의 상승 수준별 해석

T점수	해석
40 이하	• 경직되고 통속적인 환자, 매우 지루하고 권태로운 생활도 잘 견딜 수 있음 • 남자들은 성에 대한 흥미가 적고 특히 이 척도가 가장 낮을 때 그러함
41~55	• 권위, 소외감 및 권태에 대하여 정상 범위에 속하는 불평을 하는 환자 • 권위적 대상에 대한 불안을 잘 나타내지 않고 사회현실을 그런대로 받아들임
56~64	• 사회적 문제나 현안에 대하여 진지하게 관심을 가지고 있는 환자 • 환경적 갈등에 대한 반응을 나타내고 있거나 혹은 습관적인 대인관계 및 사회적 갈등에 적응되어 있는 상태 • 갈등의 원인이 환경적인 것이라면 갈등이 해소된 후에는 점수가 정상 범위로 돌아와야 함 • 자기 주장을 잘하고 신체적 원기와 욕구를 잘 표현하는 정상인 • 새로운 상황에 쉽게 적응하고 선도적이며, 정력적·활동적임 • 모험적이고 솔직하며 진취적이나, 욕구가 좌절되면 공격적이고 사회적 부적응 행동을 보일 수 있음
65 이상	• 화나 있고 싸우고 있는 사람임. 주로 권위적 대상과 갈등을 겪고 있는 환자이며, 이 갈등은 행동으로 나타나기보다는 적대감이나 반항심으로 나타나고 있음 • 신뢰성이 결여되어 있고, 자기중심적이며, 무책임함. 경험에서 배울 줄 모르며 계획성이 없고 충동적임. 좌절 인내력이 낮음 • 사회적으로 호감을 주고 첫인상이 좋으나, 오래 사귀거나 스트레스를 받으면 반사회적 특성이 나타남

⑤ 남성특성 – 여성특성
　㉠ 개요
　　• 60개 문항으로 구성
　　• 직업 및 취미에 대한 관심, 심리적 및 종교적 취향, 능동성–수동성, 대인감수성 등을 측정
　　• 남성이 여성 특성을 나타내거나 여성이 남성 특성을 나타낼 때 비정상적으로 채점
　㉡ 척도 5가 높은 남자
　　• 남자로서 동성애를 하고 있거나 혹은 동성애적 관심
　　• 정형화된 남성적 흥미가 부족함

- 심미적이고 예술적인 흥미를 가지고 있음
- 대부분의 남자들보다 집안일을 돌보거나 육아 등에 참여한 경우가 더 많음

ⓒ 척도 5가 높은 여자
- 전통적인 여성적 역할의 거부
- 매우 공격적이고 불친절하며 경쟁적이고 지배적임
- 자유분방하고 자신만만하며 자발적임
- 모험심이 많음

ⓔ 척도 5가 낮은 남자
- 하는 일이나 취미나 기타 활동에서 거의 강박적으로 남성적 특성을 과시하려는 사람
- 남성적인 흥미를 항상 강조

ⓜ 점수별 해석 : 남성특성 – 여성특성의 상승 수준별 해석(여성)

T점수	해석
34 이하	• 전통적인 여성 역할에 과도하게 동일시하며, 허상에 가까운 여자일 가능성이 높음 • 수동적이고 수줍어하며 양보심이 많고 스스로 무력하다고 생각함 • 관계를 너무 염려한 나머지 대인관계에서 자기주장적 · 자기연민적이고, 불만이 많으며 잔소리가 심함
35~44	• 전통적인 여성적 취미나 활동에 관심이 많은 전형적인 여자 • 가정 밖에서의 활동에도 흥미가 많으나, 다소 수동적임
45~59	• 운동 및 기타 옥외활동을 좋아함 • 남성적인 취미를 가지고 있을 수도 있고 그렇지 않을 수도 있으나 여성적으로 보이는 것에는 크게 흥미가 없음
60 이상	• 이 범위에 속하는 여자는 흔치 않으므로 채점이나 환상과정에서의 오류를 확인할 것 • 전통적인 여성 역할에 합당한 행동이나 외모에는 분명히 흥미가 없음. 그것을 강요하면 불안해지거나 공격적이 됨 • 동성애적 행동은 나타나지 않음 • 공격적인 충동을 적절히 해소하는 데 어려움이 있음

⑥ 편집증
㉠ 개요
- 집착증, 의심증, 과민성 및 각종 망상의 정도와 징후를 측정하는 40개 문항으로 구성
- 자기의 능력이나 지능에 비하여 너무 높은 것을 그림
- 현재의 처지나 상황을 잘못 파악 및 해석함
- 대인관계에서 과민하고 부드럽지 못함

㉡ 척도 6이 높은 사람
- 의심이 많고 적대적이며 경계심이 많고 지나치게 민감함
- 논쟁을 좋아하며, 남을 탓하기 잘하는 사람
- 언쟁, 합리화, 편집성 성격 구조
- 매우 도덕적임
- 치료자와의 관계도 매우 어려움
- 대인관계에서 예민하고 정서적이며 합리적이고 생각이 분명함

ⓒ 척도 6이 낮은 사람
- 일반적으로 좋게 평가함
- 사회적으로 유능함
- 남을 쉽게 믿으며 균형적이고 관습적임
- 현명하고 사회적 흥미가 높음
- 생활상의 문제를 적절히 직면함
- 쉽게 속아 넘어감

ⓓ 척도 6의 평균
- 남자의 평균 점수 : 55점
- 여자의 평균 점수 : 56점

ⓔ 점수별 해석 : 편집증의 상승 수준별 해석

T점수	해석
44 이하	• 흥미 범위가 좁고 고집이 세고 회피적이며 경계심이 많고 불만이 많음 • 문제 해결 방식이 경직되어 있고 의심이 많으며 망상을 갖고 있을 수 있음 • T점수가 낮을수록 편집증적 증상이나 진단을 보임
45~59	• 과민하고 의심성이 많으나, 명백 문항을 피할 줄 아는 환자 • 정신증적 증상을 보이지는 않으나 편집형적 양상을 가지고 있으며, 타인의 생각에 예민하고 동기를 의식하며 분노가 많음
60~69	• 대인 관계에서 민감하며, 타인의 의견에 과도하게 반응하며 경계심과 의심이 많고 잘못된 일은 타인의 탓으로 돌림 • 비판에 과도하게 민감하고, 타인의 행동을 자신과 연관시킴 • 여성들은 슬프고 불안하며 현실도피적인 경향이 있고 감정 변화가 많음
70 이상	• 의심 많고 적대적이며 과도하게 민감한 환자. 점수가 높을수록 그것을 말로 표현하고 논쟁을 벌임 • 사고장애가 있을 수 있고, 피해망상이나 과대망상을 보이며 정신분열증이나 편집형 장애로 진단될 수 있음 • 투사와 외현화를 주된 방어기제로 사용함

⑦ 강박증
ⓐ 개요
- 신경증적 정신쇠약의 정도를 진단하기 위해 48개 문항으로 구성
- 오랫동안 지속되어 온 만성적 불안, 특성불안에서 나타나는 스트레스 성향을 측정함
- 심리적 고통이나 불안을 나타내는 지수
- 성격적인 불안을 나타냄

ⓑ 척도 7이 높은 사람
- 불안하고 긴장되고, 우유부단하고 주의집중이 안 됨
- 매우 사소한 일에도 걱정이 많으며 겁과 공포심이 많음
- 매우 내성적이며 강박적이고 마술적인 생각을 많이 하여 예식적인 행동을 잘함
- 명상을 좋아함
- 단정하고 꼼꼼하며 신뢰성은 있으나 문제 해결에 적절한 솜씨나 창의력이 부족함
- 형식적이며 수줍어하고 대인관계가 서투름

- 타인의 반응에 민감하여 센티멘털하고 친절함
- 신체적 기능에 대하여 극단적인 관심을 보임
- 피로감, 기진맥진한 상태, 불면증 등을 호소함

ⓒ 척도 7이 낮은 사람
- 대체로 매우 유능하고 잘 적응함
- 심한 공포나 불안을 가지고 있지 않고 자신만만함
- 일반적으로 안정감을 느끼는 사람
- 꾸준하고 성공지향적임
- 온화하고 명랑하며 우호적임
- 다양한 취미를 갖고 있으며 현실적이고 효율적임
- 적응력이 풍부하고 성공이나 지위 및 인정받는 것을 중요시함

ⓔ 점수별 해석 : 강박증의 상승 수준별 해석

T점수	해석
40 이하	• 불안이나 공포를 느끼지 않으며 인정되어 있고, 자신에 만족하고 있는 사람 • 성공지향적이고 유능하며 걱정이 없음 • 과거에 척도 7이 높았던 시점으로서 과잉 보상한 상태
41~59	비정상적인 불안이나 걱정 없이 자기 업무나 책임을 잘 수행하는 사람
60~69	• 자신의 책임을 정확하게 수행하며, 그렇지 못할 때에는 걱정이 많아짐 • 다소 강박적인 성격의 소유자이며, 쉬이 걱정하고 불안해지거나 우울해질 수 있음
70 이상	• 자타가 인정하는 심한 불안 상태를 보이며, 걱정이 많고 긴장되고 우유부단함 • 초조하고 주의집중이 안 됨 • 극단적으로 높을 때에는(T>80) 강박적인 사고와 초조가 너무 심하여 불안을 통제할 수 없음 • 매우 심한 죄책감과 더불어 우울증이 있을 수 있음 • 심리치료를 시행하기 전에 약물요법이 필요함

⑧ 정신분열증
ㄱ 개요
- 78문항으로 구성된 가장 큰 척도
- 척도만을 단독으로 해석하기에는 가장 어려운 척도(여러 가지 요인에 의하여 그 점수가 높아질 수 있기 때문)

ㄴ 척도 8이 높은 사람
- 냉담하고 무감동적이며 소원하고 사고와 의사소통에 곤란함
- 정신적 사고장애를 가지고 있을 수 있음
- 인간이라면 갖추어야 할 근본적인 무엇이 자신에게는 결여되어 있는 것 같고, 자신은 현재 살고 있는 가정이나 사회의 일부가 아닌 것처럼 느낌
- 실제적인 대인관계보다 백일몽이나 환상을 더 즐김
- 고립감 열등감 및 심한 자기불안감에 빠져 있음
- 사회적 접촉을 회피하고 혼자 있기를 좋아함

ⓒ 척도 8이 낮은 사람
- 순응적이고, 복종적이며, 권위에 대하여 지나치게 수용적인 태도를 보임
- 실용적인 현실주의자로서 이론적 혹은 철학적인 문제에 대해서는 별로 흥미가 없음
- 여러 가능성에 대하여 상상하는 일이 어려우며 그들처럼 인생을 지각하지 못하는 사람들을 이해하기도 어려움
- 어떤 문제를 이론적이거나 철학적인 방식으로 생각하는 사람을 이해할 수 없으며, 비창조적이고 경직되어 있고 짜여 있는 생활을 좋아함

ⓔ 점수별 해석 : 정신분열증의 상승 수준별 해석

T점수	해석
40 이하	• 관습적, 현실적이며, 이론적이거나 철학적인 문제에는 흥미가 없는 환자 • 상상력이 부족하고, 비창조적이며, 세상을 자기와 다르게 지각하는 사람을 이해할 수 없음
41~59	• 정신병적 과정에 적응된 만성 정신분열증환자 • 정상인
60~69	• 보통 사람들과는 생각하는 바가 좀 다른 사람들 • 창조적, 진위적, 혹은 분열성과 유사한 과정의 환자 • 현상이나 증상을 통하여 현실을 회피하려 함 • 내적 갈등이 많은 대학생, 학업 성적이 불량한 청소년 • 함께 상승한 다른 임상척도를 검토할 것
70~89	• 환경으로부터 소외감과 유리감을 느끼는 환자 • 대개는 정신분열증이나 때로는 환경적 혹은 심리적 스트레스에 기인할 수 있음 • 점수가 높아질수록 비논리적이며, 주의 집중과 판단력의 장애 및 사고장애를 보임 • 때로는 항정신약물을 필요로 함
90 이상	• 급성적이며 심한 환경적 스트레스에 처해 있는 불만이 심한 환자 • 자아정체 위기를 맞고 있는 사람 • 대개 정신분열증은 아님

⑨ 경조증
ⓐ 개요
- 정신적 에너지를 측정하는 46개 문항으로 구성
- 경조증의 정도를 측정함
- 사고와 행동의 과잉, 지나친 정서적 흥분, 관념의 비약 등
- 열광적이며 과도한 낙천주의, 과잉 의욕
- 경우에 따라 사회적 전통을 무시하고 법률문제를 야기하는 것 등이 특징

ⓑ 척도 9가 높은 사람
- 3가지 특징 : 과잉활동성, 정서적 흥분성, 사고의 비약
- 환자 : 충동적, 경쟁적, 말이 많음, 자기도취적, 사회적 관계에서 피상적 행동 통제에 문제, 대체로 기분이 좋으나 때로 화를 잘 내는 성질을 가짐

ⓒ 척도 9가 낮은 사람
- 대체로 좋게 기술되고 있음
- 신뢰성 있고 성숙되어 있으며 양심적으로 믿음직스러움

- 문제 해결 방식이 실제적이고 합리적이나 자신감이 부족함
- 남들이 보기에 겸손하고 진지하며 조용함
- 감정 억제가 심한 경향이 있고 사회적 활동에 별로 참여하지 않으려는 경우가 많음
- 극단적으로 낮은 점수(CT>1)를 보이는 사람들은 무감동적이고 기운이 없으며 의욕이 없고 비활동적이며 때로는 만성적인 피로감과 공허함을 호소함

ⓔ 점수별 해석 : 경조증의 상승 수준별 해석

T점수	해석
40 이하	• 활력 및 활동수준이 낮은 환자. 그 원인은 우울증일 수도 있고 혹은 피로나 일시적인 병에 기인할 수도 있음 • 극단적으로 낮을 경우(CT>35)에는 척도 2의 상승에 관계없이 우울증을 의미함 • 나이 많은 정상인(40~50T)
41~59	• 정상적인 활동 수준을 보이는 환자 • 정상적인 대학생 및 청소년(55~59T)
60~69	• 활동적이고, 외향적이며, 정력적인 환자. 활동성에 대한 외적 제약을 받으면 안절부절못하고 겉으로 불안감을 표현함 • 대학생, 특히 대학원생에서는 자기 계획을 수행할 수 있는 정렬을 나타내는 것으로서 바람직한 현상임
70 이상	• 과잉활동, 정서적 불안정성, 사고 비약을 보이는 환자 • 대체적으로 기분이 향상되어 있으나 폭발적인 분노를 표현함 • 충동적이며, 만족의 지연이 곤란함. 자기도취적, 과대망상적이며, 점수가 높을수록 조광적임 • 계획은 많으나 완성하는 일은 적으며, 환상적임 • 바쁘게 움직이지 못하면 우울해짐

⑩ 사회적 내향성

㉠ 개요
- 개인의 사회적 접촉 회피, 대인관계의 기피, 비사회성 등의 성격 요인을 측정하는 70문항으로 구성
- 그 사람이 혼자 있는 것을 좋아하는가?(척도 0이 높을 때) 아니면 다른사람들과 함께 있는 것을 좋아하는가?(척도 0이 낮을 때)

㉡ 척도 0이 높은 사람
- 사회적으로 내향적임
- 수줍어하며 현실회피적임
- 혼자 있거나 몇몇 가까운 친구들하고만 있을 때 편하게 느낌
- 여러 가지 사회적 활동에 참여하는 것은 싫어함

㉢ 척도 0이 낮은 사람
- 외향적이고 사고적임
- 사람을 좋아하고 다양한 사람들과 잘 어울림
- 여러 사회적 활동에 참여함
- 사람들 앞에 나서기를 좋아하고 의사표현에 적극적
- 정력적이며 권위나 지위에 관심이 많음

- 경제적인 상황을 찾아다님
- 충동 억제에 문제가 있어서 만족을 지연할 줄 모르며 정서적인 통제가 부족함

② 점수별 해석 : 사회적 내향성의 상승 수준별 해석

T점수	해석
40 이하	• 외향적이며, 사람들과 함께 있는 것을 좋아하고, 그것이 편한 환자 • 극단적으로 낮을 경우(T>35) 대인관계가 피상적이고 참된 깊이가 없음 • 청소년 및 대학생들은 이 범위의 상단에 위치하는 것이 정상적임 • 혼자 있는 것이 어려움
41~59	외향적 행동이나 태도와 내향적 성향 간에 균형을 이루고 있는 환자
60~69	• 혼자 있거나 소수의 가까운 친구들하고만 있는 것을 더 좋아하는 환자 • 대인관계 형성의 능력은 있으나 일반적으로 안 하는 것을 더 좋아함 • 자율성, 독립성 및 자기실현이 가능한 정상인
70 이상	• 내향적이고 수줍어하며 사회적 상황에서 불안정해지는 환자 • 과민하며 때로는 의심성이 많음 • 도움을 줄 수 있는 친근한 사람들을 회피하고 사회적 접촉을 기피함으로써 그들의 문제를 더욱 악화시킬 수 있음 • 감정 발산의 가능성은 적은 반면에 영상이 많음

⑪ 검사별 척도 비교

구분	MMPI-2	NNPI-2-RF	MMPI-A
문항 수	567문항	338문항	478문항
규준 집단	(미국) 남자 1,138명, 여자 1,462명 (한국) 남자 651명, 여자 701명	(미국) 남자 1,138명, 여자 1,138명 (한국) 남자 651명, 여자 651명	(미국) 남자 805명, 여자 815명 (한국) 남자 775명, 여자 759명
T점수	전체 규준&성별 규준	전체 규준	성별 규준
K교정점수	Hs, Pd, Pt, Sc, Ma 척도에 K교정 적용, K교정 안한 T점수도 함께 제공	없음	임상척도에 K교정 적용하지 않음
타당척도	VRIN, TRIN, F, F(B), F(P), FBS, L, K, S	VRIN-r, TRIN-r, F-r, Fp-r, Fs, FBS-r, L-r, K-r	VRIN, TRIN, F, F1, F2, L, K
임상척도	10개(Hs, D, Hy, Pd, Mf, Pa, Pt, Sc, Ma, Si)	없음	10개(Hs, D, Hy, Pd, Mf, Pa, Pt, Sc, Ma, Si)
재구성 임상척도	9개(RCd, RC1, RC2, RC3, RC4, RC6, RC7, RC8, RC9)	9개(RCd, RC1, RC2, RC3, RC4, RC6, RC7, RC8, RC9) ※ MMPI-2와 동일함	없음
척도 구성	타당도 9개 임상척도 10개 임상 소척도 31개 재구성 임상척도 9개 성격병리 5요인척도 5개 내용척도 15개 내용 소척도 27개 보충척도 15개	타당도 8개 상위차원척도 3개 재구성 임상척도 9개 특정문제척도 23개 흥미척도 2개 성격병리 5요인척도 5개	타당도 7개 임상척도 10개 임상 소척도 31개 내용척도 15개 내용 소척도 31개 보충척도 6개

| 결정적 문항 및 척도 | Koss-Butcher critical item(6개 영역)
Lachar-Wrobel critical item(11개 영역) | 7개의 결정적 척도(SUI, HLP, AXY, RC6, RC8, SUB, AGG) | 청소년용 결정적 문항
(Forbey&Ben-Porath, 1998) |

TOPIC. 4 참고자료

1. 다면적 인성검사Ⅱ(MMPI-2) 척도

(출처 : 마음사랑)

Validity Scales 타당척도		
?	Cannot Say	무응답
VRIN	Variable Response Inconsistency	무선반응 비일관성
TRIN	True Response Inconsistency	고정반응 비일관성
F	Infrequency	비전형
F(B)	Back Infrequency	비전형(후반부)
F(P)	Infrequency Psychopathology	비전형(정신병리)
FBS	Symptom Validity	증상 타당도
L	Lie	부인
K	Correction	교정
S	Superlative Self-Presentation	과장된 자기제시

Clinical Scales 임상척도		
1Hs	Hypochondriasis	건강염려증
2D	Depression	우울증
3Hy	Hysteria	히스테리
4Pd	Psychopathic Deviate	반사회성
5Mf	Masculinity-Feminity	남성성-여성성
6Pa	Paranoia	편집증
7Pt	Psychasthenia	강박증
8Sc	Schizophrenia	정신분열증
9Ma	Hypomania	경조증
0Si	Social Introversion	내향성

RC(Restructured Clinical) Scales 재구성 임상척도

RCd	dem	Demoralization	의기소침
RC1	som	Somatic Complaints	신체증상 호소
RC2	lpe	Low Positive Emotions	낮은 긍정 정서
RC3	cyn	Cynicism	냉소적 태도
RC4	asb	Antisocial Behavior	반사회적 행동
RC6	per	Ideas of Persecution	피해의식
RC7	dne	Dyfunctional Negative Emotions	역기능적 부정 정서
RC8	abx	Aberrant Experiences	기태적 경험
RC9	hpm	Hypomanic Activation	경조증적 상태

PSY-5 Scales 성격병리 5요인척도

AGGR	Aggressiveness	공격성
PSYC	Psychoticism	정신증
DISC	Disconstraint	통제 결여
NEGE	Negative Emotionality/Neuroticism	부정적 정서성/신경증
INTR	Introversion/Low Positive Emotionality	내향성/낮은 긍정적 정서성

Clinical Subscales 임상 소척도

▶ Harris-Lingoes Subscales

D1	Subjective Depression	주관적 우울감
D2	Psychomotor Retardation	정신운동 지체
D3	Physical Malfunctioning	신체적 기능장애
D4	Mental Dullness	둔감성
D5	Brooding	깊은 근심
Hy1	Denial of Social Anxiety	사회적 불안의 부인
Hy2	Need for Affection	애정 욕구
Hy3	Lassitude-Malaise	권태-무기력
Hy4	Somatic Complaints	신체증상 호소
Hy5	Inhibition of Aggression	공격성의 억제
Pd1	Familial Discord	가정 불화
Pd2	Authority Problems	권위 불화
Pd3	Social Imperturbability	사회적 침착성
Pd4	Social Alienation	사회적 소외
Pd5	Self-Alienation	내적 소외

Pa1	Persecutory Ideas	피해의식
Pa2	Poignancy	예민성
Pa3	Naivete	순진성
Sc1	Social Alienation	사회적 소외
Sc2	Emotional Alienation	정서적 소외
Sc3	Lack of Ego Mastery – Cognitive	자아통합 결여 – 인지적
Sc4	Lack of Ego Mastery – Conative	자아통합 결여 – 동기적
Sc5	Lack of Ego Mastery – Defective Inhibition	자아통합 결여 – 억제부전
Sc6	Bizarre Sensory Experiences	기태적 감각 경험
Ma1	Amorality	비도덕성
Ma2	Psychomotor Acceleration	심신운동 항진
Ma3	Imperturbability	냉정함
Ma4	Ego Inflation	자아팽창

▶ Social Introversion Subscales

Si1	Shyness/Self-Consciousness	수줍음/자의식
Si2	Social Avoidance	사회적 회피
Si3	Alienation – Self and Others	내적/외적 소외

Content Scales 내용척도

ANX	Anxiety	불안
FRS	Fears	공포
OBS	Obsessiveness	강박성
DEP	Depression	우울
HEA	Health Concerns	건강염려
BIZ	Bizarre Mentation	기태적 정신상태
ANG	Anger	분노
CYN	Cynicism	냉소적 태도
ASP	Antisocial Practices	반사회적 특성
TPA	Type A	A 유형 행동
LSE	Low Self-Esteem	낮은 자존감
SOD	Social Discomfort	사회적 불편감
FAM	Family Problems	가정 문제
WRK	Work Interference	직업적 곤란
TRT	Negative Treatment Indicators	부정적 치료 지표

Content Component Scales 내용 소척도

FRS1	Generalized Fearfulness	일반화된 공포
FRS2	Multiple Fears	특정 공포
DEP1	Lack of Drive	동기 결여
DEP2	Dysphoria	기분 부전
DEP3	Self-Depreciation	자기 비하
DEP4	Suicidal Ideation	자살 사고
HEA1	Gastrointestinal Symptoms	소화기 증상
HEA2	Neurological Symptoms	신경학적 증상
HEA3	General Health Concerns	일반적인 건강염려
BIZ1	Psychotic Symptomatology	정신증적 증상
BIZ2	Schizotypal Characteristics	분열형 성격특성
ANG1	Explosive Behavior	폭발적 행동
ANG2	Irritability	성마름
CYN1	Misanthropic Beliefs	염세적 신념
CYN2	Interpersonal Suspiciousness	대인 의심
ASP1	Antisocial Attitudes	반사회적 태도
ASP2	Antisocial Behavior	반사회적 행동
TPA1	Impatience	조급함
TPA2	COmpetitive Drive	경쟁 욕구
LSE1	Self-Doubt	자기 회의
LSE2	Submissiveness	순종성
SOD1	Introversion	내향성
SOD2	Shyness	수줍음
FAM1	Family Discord	가정 불화
FAM2	Familial Alienation	가족 내 소외
TRT1	Low Motivation	낮은 동기
TRT2	Inability to Disclose	낮은 자기개방

Supplementary Scales 보충척도

▶ Broad Personality Characteristics

A	Anxiety	불안
R	Repression	억압
Es	Ego Strength	자아강도
Do	Dominance	지배성

Re	Social Responsibility	사회적 책임감
▶ Generalized Emotional Distress		
Mt	College Maladjustment	대학생활 부적응
PK	Post-Traumatic Stress Disorder	외상 후 스트레스 장애
MDS	Marital Distress	결혼생활 부적응
▶ Behavioral Dyscontrol		
Ho	Hostility	적대감
O-H	Overcontrolled-Hostility	적대감 과잉통제
MAC-R	MacAndrew Alcoholism-Revised	MacAndrew의 알코올 중독
AAS	Addiction Admission	중독 인정
APS	Addiction Potential	중독 가능성
▶ Gender Role		
GM	Masculine Gender Role	남성적 성역할
GF	Feminine Gender Role	여성적 성역할

2. 다면적 인성검사 II재구성판(MMPI-RF) 척도 요약

Validity Scales 타당척도

VRIN-r	Variable Response Inconsistency	무선반응 비일관성
TRIN-r	True Response Inconsistency	고정반응 비일관성
F-r	Infrequent Responses	비전형 반응
Fp-r	Infrequent Psychopathology Responses	비전형 정신병리 반응
Fs	Infrequent Somatic Responses	비전형 신체적 반응
FBS-r	Symptom Validity	증상 타당도
L-r	Uncommon Virtues	흔치 않은 도덕적 반응
K-r	Adjustment Validity	적응 타당도

Higher-Order(H-O) Scales 상위차원척도

EID	Emotional/Internalizing Dysfunction	정서적/내재화 문제
THD	Thought Dysfunction	사고 문제
BXD	Behavioral/Externalizing Dysfunction	행동적/외현화 문제

Restructured Clinical(RC) Scales 재구성 임상척도

RCd	Demoralization	의기소침
RC1	Somatic Complaints	신체증상 호소
RC2	Low Positive Emotions	낮은 긍정 정서

RC3	Cynicism	냉소적 태도
RC4	Antisocial Behavior	반사회적 행동
RC6	Ideas of Persecution	피해의식
RC7	Dysfunctional Negative Emotions	역기능적 부정 정서
RC8	Aberrant Experiences	기태적 경험
RC9	Hypomanic Activation	경조증적 상태

PSY-5 Scales 성격병리 5요인척도

AGGR-r	Aggressiveness-Revised	공격성
PSYC-r	Psychoticism-Revised	정신증
DISC-r	Disconstraint-Revised	통제 결여
NEGE-r	Negative Emotionality/Neuroticism-Revised	부정적 정서성/신경증
INTR-r	Introversion/Low Positive Emotionality-Revised	내향성/낮은 긍정적 정서성

Specific Problems(SP) Scales 특정문제척도

▶ Somatic/Cognitive Scales 신체/인지증상척도

MLS	Malaise	신체적 불편감
GIC	Gastrointestinal Complaints	소화기 증상 호소
HPC	Head Pain Complaints	두통 호소
NUC	Neurological Complaints	신경학적 증상 호소
COG	Cognitive Complaints	인지적 증상 호소

▶ Internalizing Scales 내재화척도

SUI	Suicidal/Death Ideation	자살/죽음 사고
HLP	Helplessness/Hopelessness	무력감/무망감
SFD	Self-Doubt	자기 회의
NFC	Inefficacy	효능감 결여
STW	Stress/Worry	스트레스/걱정
AXY	Anxiety	불안
ANP	Anger Proneness	분노 경향성
BRF	Behavior-Restricting Fears	행동 제약 공포
MSF	Multiple Specific Fears	다중 특정 공포

▶ Externalizing Scales 외현화척도

JCP	Juvenile Conduct Problems	청소년기 품행 문제
SUB	Substance Abuse	약물 남용
AGG	Aggression	공격 성향

| ACT | Activation | 흥분 성향 |

▶ Interpersonal Scales 대인관계척도

FML	Family Problems	가족 문제
IPP	Interpersonal Passivity	대인관계 수동성
SAV	Social Avoidance	사회적 회피
SHY	Disaffiliativeness	관계 단절

Interest Scales 흥미척도

| AES | Aesthetic-Literacy Interests | 심미적-문학적 흥미 |
| MEC | Mechanical-Physical Interests | 기계적-신체적 흥미 |

3. 다면적 인성검사-청소년용(MMPI-A) 척도 요약

Validity Scales 타당척도

?	Cannot Say	무응답
VRIN	Variable Response Inconsistency	무선반응 비일관성
TRIN	True Response Inconsistency	고정반응 비일관성
F1	Infrequency1	비전형1
F2	Infrequency2	비전형2
F	Infrequency	비전형
L	Lie	부인
K	Defensiveness	방어성

Clinical Scales 임상척도

1Hs	Hypochondriasis	건강염려증
2D	Depression	우울증
3Hy	Hysteria	히스테리
4Pd	Psychopathic Deviate	반사회성
5Mf	Masculinity-Feminity	남성성-여성성
6Pa	Paranoia	편집증
7Pt	Psychasthenia	강박증
8Sc	Schizophrenia	정신분열증
9Ma	Hypomania	경조증
0Si	Social Introversion	내향성

PSY-5 성격병리 5요인척도		
AGGR	Aggressiveness	공격성
PSYC	Psychoticism	정신증
DISC	Disconstraint	통제 결여
NEGE	Negative Emotionality/Neuroticism	부정적 정서성/신경증
INTR	Introversion/Low Positive Emotionality	내향성/낮은 긍정적 정서성

Clinical Subscales 임상 소척도

▶ Harris-Lingoes Subscales

D1	Subjective Depression	주관적 우울감
D2	Psychomotor Retardation	정신운동 지체
D3	Psysical Malfunctioning	신체적 기능장애
D4	Mental Dullness	둔감성
D5	Brooding	깊은 근심
Hy1	Denial of Social Anxiety	사회적 불안의 부인
Hy2	Need for Affection	애정 욕구
Hy3	Lassitude-Malaise	권태-무기력
Hy4	Somatic Complaints	신체증상 호소
Hy5	Inhibition of Aggression	공격성의 억제
Pd1	Familial Discord	가정 불화
Pd2	Authority Problems	권위 불화
Pd3	Social Imperturbability	사회적 침착성
Pd4	Social Alienation	사회적 소외
Pd5	Self-Alienation	내적 소외
Pa1	Persecutory Ideas	피해의식
Pa2	Poignancy	예민성
Pa3	Naivete	순진성
Sc1	Social Alienation	사회적 소외
Sc2	Emotional Alienation	정서적 소외
Sc3	Lack of Ego Mastery-Cognitive	자아통합 결여-인지적
Sc4	Lack of Ego Mastery-Conative	자아통합 결여-동기적
Sc5	Lack of Ego Mastery-Defective Inhibition	자아통합 결여-억제부전
Sc6	Bizarre Sensory Experience	기태적 감각 경험
Ma1	Amorality	비도덕성
Ma2	Psychomotor Acceleration	심신운동 항진

Ma3	Imperturbability	냉정함
Ma4	Ego Inflation	자아팽창
▶ Social Introversion Subscales		
Si1	Shyness/Self-Consciousness	수줍음/자의식
Si2	Social Avoidance	사회적 회피
Si3	Alienation-Self and Others	내적/외적 소외
Content Scales 내용척도		
A-anx	Anxiety	불안
A-obs	Obsessiveness	강박성
A-dep	Depression	우울
A-hea	Health Concerns	건강염려
A-aln	Alienation	소외
A-biz	Bizarre Mentation	기태적 정신상태
A-ang	Anger	분노
A-cyn	Cynicism	냉소적 태도
A-con	Conduct Problems	품행 문제
A-lse	Low Self-Esteem	낮은 자존감
A-las	Low Aspirations	낮은 포부
A-sod	Social Discomfort	사회적 불편감
A-fam	Family Problems	가정 문제
A-sch	School Problems	학교 문제
A-trt	Negative Treatment Indicators	부정적 치료 지표
Content Component Scales 내용 소척도		
A-dep1	Dysphoria	기분 부전
A-dep2	Self-Depreciation	자기 비하
A-dep3	Lack of Drive	동기 결여
A-dep4	Suicidal Ideation	자살 사고
A-hea1	Gastrointestinal Complaints	소화기 증상
A-hea2	Neurological Symptoms	신경학적 증상
A-hea3	General Health Concerns	일반적인 건강염려
A-aln1	Misunderstood	이해받지 못함
A-aln2	Social Isolation	사회적 소외
A-aln3	Interpersonal Skepticism	대인관계 회의

A-biz1	Psychotic Symptomatology	정신증적 증상
A-biz2	Paranoid Ideation	편집증적 사고
A-ang1	Explosive Behavior	폭발적 행동
A-ang2	Irritability	성마름
A-cyn1	Misanthropic Beliefs	염세적 신념
A-cyn2	Interpersonal Suspiciousness	대인 의심
A-con1	Acting-Out Behaviors	표출 행동
A-con2	Antisocial Attitudes	반사회적 태도
A-con3	Negative Peer Group Influences	또래집단의 부정적 영향
A-lse1	Self-Doubt	자기 회의
A-les2	Interpersonal Submissiveness	순종성
A-las1	Low Achievement Orientation	낮은 성취성
A-las2	Lack of Initiative	주도성 결여
A-sod1	Introversion	내향성
A-sod2	Shyness	수줍음
A-fam1	Familial Discord	가정 불화
A-fam2	Familial Alienation	가족 내 소외
A-sch1	School Conduct Problems	학교 품행 문제
A-sch2	Negative Attitudes	부정적 태도
A-trt1	Low Motivation	낮은 동기
A-trt2	Inability to Disclose	낮은 자기 개방

Supplementary Scales 보충척도

MAC-R	MacAndrew Alcoholism Scale-Revised	MacAndrew의 알코올 중독
ACK	Alcohol/Drug Problem Acknowledgment	알코올/약물 문제 인정
PRO	Alcohol/Drug Problem Proneness	알코올/약물 문제 가능성
IMM	Immaturity	미성숙
A	Anxiety	불안
R	Repression	억압

TOPIC. 5 기질 및 성격검사(TCI)

1. TCI의 의의
① 기질 및 성격검사(TCI ; Temperament and Character Inventory)는 워싱턴 대학교 교수인 클로닝거(Cloninger)의 심리생물학적 인성모델에 기초하여 개발되었다.
② 클로닝거의 심리생물학적 인성모델에서 기질(Temperament)과 성격(Character)은 인성(Personality)을 이루는 두 개의 큰 구조로 분리된다.
③ 요인분석 방법으로 제작된 기존의 성격검사들은 기질과 성격을 심리측정적으로 구분하지 못하는 한계를 가지고 있다.
④ 클로닝거의 모델은 심리학, 약리학, 생리학적 종단연구, 가계 연구 및 쌍생아 연구 등을 통해 인성요인들 중 타고난 기질과 함께 그 기질을 바탕으로 후천적으로 형성된 성격을 구분한다.

2. TCI의 특징
① TCI에서 기질은 자극에 대해 자동적으로 일어나는 정서적 반응 경향성으로서, 다분히 유전적이고 일생동안 비교적 안정적인 속성을 보인다.
② TCI에서 성격은 체험하는 것에 대한 개인적 해석을 통해 형성된 것으로서, 개인이 추구하는 가치와 목표, 자신을 어떤 사람으로 이해하고 동일시하는가를 포함하는 자기개념(Self-concept)과 연관된다.
③ TCI는 기질과 성격을 분리하여 인성발달에 영향을 미친 유전적 요인과 환경적 영향을 구분함으로써 인성발달 과정을 이해할 수 있도록 한다.
④ TCI는 아동용, 청소년용, 성인용 등 다양한 버전이 있으며, 한국판 TCI는 만 3세 이상의 유아에서부터 아동, 청소년, 성인에 이르기까지 전 연령대의 개인들에게 쉽게할 수 있는 검사군(TCI Family) 형태로 구성되어 있다.
⑤ 연령대에 따라 총 4가지 버전(JTCI 3-6 유아용, JTCI 7-11 아동용, JTCI 12-18 청소년용, TCI-RS 성인용)으로 구성되어 있으며, 이 4가지 버전은 모두 동일한 개념과 명칭을 지닌 척도 및 하위척도로 구성되어 있다.
⑥ 모든 버전은 동일하게 4개의 기질척도와 3개의 성격척도를 포함한 총 7개의 척도로 구성되어 있다.

3. TCI의 4가지 기질척도
① 자극 추구(NS ; Novelty Seeking)
  ㉠ 새로운 자극이나 보상 단서에 이끌려 행동이 활성화되는 유전적 성향과 연관된다. 특히 두뇌의 행동조절 시스템 중 행동활성화 시스템(BAS ; Behavioral Activation System)과 밀접한 관련이 있다.
  ㉡ 이 척도에서 높은 점수를 받은 사람은 충동적이고 호기심이 많으며, 신기한 것에 쉽게 이끌리고 빨리 흥분하는 경향이 있다. 반면, 낮은 점수를 받은 사람은 성미가 느리고 절제되어 있으며, 새로운 자극에 별다른 흥미가 없거나 오히려 저항적인 태도를 보이면서 익숙한 것을 더욱 편안하게 느낀다.

② 위험회피(HA ; Harm Avoidance)
  ㉠ 위험하거나 혐오스러운 자극에 대해 행동이 억제되고 위축되는 유전적 성향과 연관된다. 특히 두뇌의 행동조절 시스템 중 행동억제 시스템[BIS(Behavioral) 중 Inhibition System]과 밀접한 관련이 있다.
  ㉡ 이 척도에서 높은 점수를 받은 사람은 조심성이 많고 세심하며, 겁이 많고 잘 긴장하는 경향이 있다. 반면, 낮은 점수를 받은 사람은 매사 낙천적이고 걱정이 없으며, 자신감이 있고 역동적이다.
③ 사회적 민감성(RD ; Reward Dependence)
  ㉠ 사회적 보상 신호, 즉 타인의 표정 및 감정 등에 대해 강하게 반응하는 유전적 성향과 연관된다. 특히 두뇌의 행동조절 시스템 중 행동유지 시스템(BMS ; Behavioral Maintenance System)과 밀접한 관련이 있다.
  ㉡ 이 척도에서 높은 점수를 받은 사람은 감수성이 풍부하고 공감적이며, 타인에게 아주 헌신적이고 사회적 접촉을 좋아하는 경향이 있다. 반면, 낮은 점수를 받은 사람은 타인의 감정에 둔감하고 무관심하며, 혼자 있는 것에 만족하고 타인에게 자신의 감정을 잘 드러내지 않는다.
④ 인내력(P ; Persistence)
  ㉠ 지속적인 강화가 없더라도 한 번 보상된 행동을 일정 시간 동안 꾸준히 지속하려는 유전적 성향과 연관된다. 특히 두뇌의 행동조절 시스템 중 행동유지 시스템(BMS ; Behavioral Maintenance System)과 밀접한 관련이 있다.
  ㉡ 이 척도에서 높은 점수를 받은 사람은 근면하고 끈기가 있으며, 좌절이나 피로에도 불구하고 꾸준히 노력하는 경향이 있다. 반면, 낮은 점수를 받은 사람은 게으르고 비활동적이며, 일관성과 끈기가 부족하여 좌절이나 장애물에 부딪치면 쉽게 포기한다.

4. TCI의 3가지 성격척도

① 자율성(SD ; Self-Directedness)
  ㉠ 자신이 선택한 목표와 가치를 이루기 위해 자신의 행동을 상황에 맞게 통제, 조절, 적응시키는 능력과 연관된다.
  ㉡ 이 척도에서 높은 점수를 받은 사람은 성숙하고 책임감이 있으며, 목표지향적이고 건설적이면서 자존감이 높고 자신을 신뢰하는 경향이 있다. 반면, 낮은 점수를 받은 사람은 미성숙하고 책임감이 부족하며, 내적으로 조직화된 원칙이 결여되어 있으므로 의미 있는 목표를 설정 및 추구하는 데 어려움이 있다.
② 연대감(CO ; Cooperativeness)
  ㉠ 자기 자신을 사회의 통합적인 한 부분으로 지각할 수 있는 정도에 관한 것으로, 타인에 대한 수용능력 및 타인과 동일시하는 능력과 연관된다.
  ㉡ 이 척도에서 높은 점수를 받은 사람은 타인에게 관대하고 친절하고 협조적이며, 자신과 다른 성향을 가진 사람도 인정할 줄 알고 타인의 욕구나 선호를 존중하는 경향이 있다. 반면, 낮은 점수를 받은 사람은 타인에게 비판적·비협조적이고 자신의 이익을 추구하며, 자신과 다른 성향을 가진 사람에 대한 배려와 인내심이 적다.

③ 자기초월 (ST ; Self-Transcendence)
  ㉠ 자기 자신을 우주의 통합적인 한 부분으로 지각할 수 있는 정도에 관한 것으로, 우주만물과 자연을 수용하고 동일시하면서 이들과 일체감을 느낌으로써 도달하는 개인의 영성(Spirituality)과 연관된다.
  ㉡ 이 척도에서 높은 점수를 받은 사람은 정서적으로 집중된 상태에서 자기와 시간을 잊고 몰입하며, 모호함이나 불확실성을 잘 견디면서 창조적이고 독창적으로 자신의 활동을 충분히 즐기는 경향이 있다. 반면, 낮은 점수를 받은 사람은 현실적 · 세속적이고 상상력이 부족하며, 모호함이나 불확실성을 잘 견디지 못하면서 자신이 하는 일의 모든 것을 통제하려고 한다.

TOPIC. 6 아동 · 청소년행동평가척도(K-CBCL)

1. 아동 · 청소년 행동평가척도의 의의
① 아동 · 청소년 행동평가척도는 부모나 교사 등 아동 및 청소년의 행동에 대해 주위에서 관찰할 기회가 많은 성인의 보고를 토대로 평가하는 방법이다.
② 아동의 여러 가지 정서 및 행동상의 문제에 대한 역학적 조사도구로 사용되는 것은 물론 아동 및 청소년의 심리장애를 진단하기 위한 도구로도 사용된다.
③ 미국의 심리학자인 아켄바흐와 에델브락(Achenbach & Edelbrock)이 4~18세의 아동 및 청소년을 대상으로 사회적 적응, 정서 및 행동상의 문제 등을 평가하기 위해 '아동 · 청소년 행동평가척도(CBCL ; Child Behavior CheckList)'를 개발하였다.
④ 미국의 아동 · 청소년 행동평가척도를 우리나라에서 사용하기 적합하도록 번안하여 표준화한 것이 '한국형 아동 · 청소년 행동평가척도(K-CBCL ; Korean-Child Behavior CheckList)'이다. 한국형에서는 교육환경의 특수성으로 인해 18세 청소년을 제외하였으며, 한국 아동에게서 독특하게 나타나는 정서불안정 요인을 추가하였다.
⑤ 사회능력척도와 문제행동증후군척도로 구성되며, 사회능력척도의 경우 총 사회능력척도(Total Competence Scale)를 포함한 총 3개, 문제행동증후군척도의 경우 총 문제행동척도(Total Behavior Problems Scale)를 포함한 총 13개의 하위척도로 이루어져 있다.

2. 아동 · 청소년 행동평가척도의 특징
① 다수의 임상집단에 대한 자료에 대해 요인분석을 통한 경험적 방법으로써 임상척도를 구성하여 이를 토대로 행동평가 자료로 요약하도록 되어 있다.
② 광범위한 정상집단의 자료를 체계적으로 수집 · 분석하여 이를 규준으로 작성함으로써 아동 및 청소년 평가에 대한 중요한 지침을 제공한다.
③ 아동 및 청소년의 심리장애 원인과 그로 인한 문제행동 유형을 파악하는 것은 물론 사회능력에 대한 평가를 병행함으로써 예후를 예측하고 적절한 치료방법을 계획할 수 있도록 한다.

④ 경험에 의한 다축적 평가를 기초로 부모에 의한 평가뿐만 아니라 교사용 평가와 자기보고식 평가 등 다양한 상황 및 장면에서의 변인들에 대한 자료를 통합함으로써 보다 객관적인 평가가 이루어지도록 한다.
⑤ 경험적 연구의 축적으로 해석의 이론적 근거가 충분하며, 신뢰도와 타당도가 높다.
⑥ 비교적 간편하고 단시간 내에 수행할 수 있으며, 다수의 대상자를 상대로 적용할 수 있다.

3. 아동·청소년 행동평가척도의 구성

(1) 사회능력척도
① 사회성(Social) – 6문항
  ㉠ 부모, 형제, 또래친구 등과의 사회적 관계의 질을 평가한다.
  ㉡ 소속된 모임이나 단체의 수, 참여 수준, 친구와 어울리는 정도 등을 평가한다.
  ㉢ 가능한 점수 범위는 0~8점이다.
② 학업수행(School) – 7문항(초등학생은 6문항)
  ㉠ 국어, 영어, 산수(수학), 사회, 자연(과학)의 5개 과목을 '0~3'의 4점 척도로 평가한다.
  ㉡ 특수학급에 소속 여부나 휴학 여부 등을 평가한다.
  ㉢ 가능한 점수 범위는 0~5점이다.
③ 총 사회능력(Total Competence) – 13문항(12문항)
  ㉠ 사회성척도와 학업수행척도의 합에 해당하며, 사회능력 수준을 지수로 나타낸다.
  ㉡ 가능한 점수 범위는 0~13점이다.

(2) 문제행동증후군척도
① 사회성 위축(Withdrawn) – 9문항
  ㉠ '혼자 있기를 좋아한다, 수줍어한다' 등 사회적인 위축이나 소극적인 태도 등을 평가한다.
  ㉡ 가능한 점수 범위는 0~18점이다.
② 신체증상(Somatic Complaints) – 9문항
  ㉠ '어지럽다. 몸이 쑤시고 아프다' 등 의학적 증거 없이 신체증상으로 나타나는 정도를 평가한다.
  ㉡ 가능한 점수 범위는 0~18점이다.
③ 불안/우울(Anxious/Depressed) – 14문항
  ㉠ '외롭다고 불평한다, 나쁜 생각이나 행동을 하는 것에 대해 두려워한다' 등 정서적인 우울이나 과도한 걱정, 불안 수준 등을 평가한다.
  ㉡ 가능한 점수 범위는 0~28점이다.
④ 사회적 미성숙(Social Problems) – 8문항
  ㉠ '나이에 비해 어리게 행동한다. 어른들에게 과도하게 의지하는 경향이 있다' 등 발달상의 문제나 사회적 미성숙 정도 등을 평가한다.
  ㉡ 가능한 점수 범위는 0~16점이다.
⑤ 사고 문제(Thought Problems) – 7문항
  ㉠ 강박적 사고나 행동, 환각이나 환청 등 기이한 사고 및 행동을 평가한다.

ⓛ 가능한 점수 범위는 0~14점이다.
⑥ 주의집중 문제(Attention Problems) - 11문항
　　㉠ '집중력이 없고 장시간 주의를 기울이지 못한다, 가만히 있지 못하고 과도하게 움직인다' 등 주의집중력과 관련된 행동상의 문제를 평가한다.
　　ⓛ 가능한 점수 범위는 0~22점이다.
⑦ 비행(Delinquent Behavior) - 13문항
　　㉠ '불량한 친구와 어울린다, 거짓말을 하거나 남을 속인다, 가출을 한다' 등 비행행동 수준을 평가한다.
　　ⓛ 가능한 점수 범위는 0~26점이다.
⑧ 공격성(Aggressive Behavior) - 20문항
　　㉠ '말다툼이 잦다, 허풍과 자랑이 심하다, 남을 괴롭히고 못살게 군다' 등 공격적 성향 수준을 평가한다.
　　ⓛ 가능한 점수 범위는 0~40점이다.
⑨ 내현화 문제(Internalizing Problems) - 31문항
　　㉠ 소극적이고 위축된 행동, 신체증상 등 행동의 과도한 통제 및 내현화 정도를 평가한다.
　　ⓛ 위축, 신체증상, 불안/우울 하위척도의 합으로서, '문항 103'이 위축 및 불안/우울척도에 모두 포함되므로 제외한다.
　　ⓒ 가능한 점수 범위는 0~62점이다.
⑩ 외현화 문제(Externalizing Problems) - 33문항
　　㉠ 공격적인 행동이나 해를 가하는 행동, 다툼이나 싸움, 비행 등 행동의 무절제함 및 외현화 정도를 평가한다.
　　ⓛ 비행 및 공격성 하위척도의 합으로 이루어진다.
　　ⓒ 가능한 점수 범위는 0~66점이다.
⑪ 총 문제행동(Total Behavior Problems) - 119문항(117문항)
　　㉠ 전체 문제행동 문항을 합한 것으로서, 문제행동 수준을 지수로 나타낸다.
　　ⓛ 임상집단과 정상집단 간의 변별력이 매우 낮은 '문항 2(알레르기)'와 '문항 4(천식)'를 제외한다.
　　ⓒ 가능한 점수 범위는 0~234점이다.
⑫ 성 문제(Sex Problem) - 6문항
　　㉠ '자신의 성기를 과도하게 만진다, 성에 대한 생각에 몰두한다' 등 성 관련 문제 수준을 평가한다.
　　ⓛ 특수척도로서 4~11세의 아동에게만 적용한다.
　　ⓒ 가능한 점수 범위는 0~12점이다.
⑬ 정서불안정(Emotional Lability) - 10문항
　　㉠ '잘 운다, 화를 잘 낸다, 샘이 많다' 등 정서적 불안정 수준을 평가한다.
　　ⓛ 한국판에 추가된 특수척도로서, 6~11세의 아동에게만 적용된다.
　　ⓒ 가능한 점수 범위는 0~20점이다.

TOPIC. 7 한국아동인성평가척도(KPRC)

1. 의의 및 특징

① 아동의 발달상의 문제와 더불어 심리적 · 정서적 문제를 평가하기 위해 제작된 부모 보고형 검사이다.
② 임상장면에서 아동의 정신과적 문제를 선별 · 진단하고, 학교장면에서 심리적인 도움을 필요로 하는 아동을 조기에 발견하여 도움을 주는 것을 목적으로 고안되었다.
③ 자신의 문제를 드러내지 않으려는 성향을 가진 아동을 대상으로 문제의 핵심에 접근할 수 있도록 함으로써 그들의 전체적인 상에 대한 객관적인 근거를 제공한다.
④ 발달, 정서, 행동, 대인관계, 현실접촉의 영역에 있어서 현재의 위치를 표준점수로 나타냄으로써 의뢰의 적합성 여부, 중점적인 평가사항들에 대한 대략적인 진단적 윤곽을 제시하며, 향후 치료방향을 설정할 수 있도록 한다.
⑤ 아동용 인성검사(KPI-C ; Korean Personality Inventory for Children)의 문제점을 수정하여 2점 척도 대신 4점 척도를 사용하고 변별력 있는 문항을 추가하며, 사회관계척도를 보완하는 등 임상적 타당도와 유용성을 높였다.
⑥ 3개의 타당도 척도, 1개의 자아탄력성 척도, 그리고 10개의 임상척도로 구성되어 있다.

2. 척도의 구성

(1) 타당도 척도

척도	특징
검사 · 재검사척도 (T/R ; Test-Retest)	• 수검자가 각 문항에 대해 얼마나 주의를 기울여 일관성 있게 응답했는지를 측정한다. • 점수가 높을 경우 전반적으로 반응의 일관성이 부족함을 나타내고, 점수가 낮을 경우 일관성 있게 응답했음을 나타낸다.
L척도 (L ; Lie)	• 아동의 문제 행동을 부정하고 바람직한 방향으로 기술하려는 보호자의 방어적 태도를 측정한다. • 점수가 높을 경우 아동을 지나치게 긍정적으로 보는 것이며, 부족한 점이나 고쳐야 할 점 등을 간과하고 있다고 볼 수 있다.
F척도 (F ; Infrequency)	• 증상의 과장 혹은 무선반응 등 일탈적 태도를 가려내기 위한 것이다. • 점수가 높을 경우 생활습관과 태도, 생각, 말, 감정 및 행동, 또래관계, 가족 및 주변 환경 등의 영역 중 우려할 만한 문제가 있을 가능성이 있다.

(2) 자아탄력성 척도 및 임상척도

측정영역	척도	특징
자아탄력	자아탄력성 (ERS ; Ego-resilience)	• 여러 심리적 문제에 대한 아동의 대처 능력 혹은 적응잠재력을 측정한다. • 점수가 높을 경우 내적·외적 스트레스에 융통성이 있고 적절히 대처하는 능력이 있음을 나타낸다.
지적 발달	언어발달 (VDL ; Verbal Development)	• 언어능력에서의 발달상 지체 혹은 기능상 손상을 측정한다. • 점수가 높을 경우 언어발달이 또래에 비해 뒤쳐져 있음을 나타낸다.
지적 발달	운동발달 (PDL ; Physical Development)	• 정신운동기능이나 동작성기능에서의 발달상 지체 혹은 기능상 손상을 측정한다. • 점수가 높을 경우 운동발달이 또래에 비해 뒤쳐져 있음을 나타낸다.
정서	불안 (ANX ; Anxiety)	• 자연현상, 동물, 대인관계, 사회관계 등에서의 불안, 긴장, 두려움 등을 측정한다. • 점수가 높을 경우 아동의 불안이나 긴장 수준이 높음을 나타낸다.
정서	우울 (DEP ; Depression)	• 우울감, 자신감 결여, 활동성 저하, 흥미 감소, 가정 불화, 사회적 철수 등을 측정한다. • 점수가 높을 경우 아동에게 우울 관련 증상이 있을 수 있다.
정서	신체화 (SOM ; Somatic Concern)	• 전반적인 건강 상태, 다양한 신체 증상들을 측정한다. • 점수가 높을 경우 아동의 신체 증상이 신체 질병 혹은 심리적 스트레스와 연관되어 있음을 나타낸다.
행동	비행 (DLQ ; Delinquency)	• 반항, 불복종, 공격성, 적대감, 거짓말, 도벽 등 비행 혹은 품행상의 문제를 측정한다. • 점수가 높을 경우 아동에게 비행 혹은 품행상의 문제가 있을 수 있음을 나타낸다.
행동	과잉행동 (HPR ; Hyperactivity)	• 주의력 결핍 및 과잉행동장애(ADHD)의 핵심 증상인 주의력 결핍, 과잉행동, 충동성과 함께 그에 수반되는 학습 혹은 대인관계상 어려움을 측정한다. • 점수가 높을 경우 주의력 결핍 및 과잉행동장애의 진단 가능성이 높다.
대인관계	가족관계 (FAM ; Family Dysfunction)	• 가정 불화, 가정 내에서의 긴장, 부모 자녀 간의 관계, 부모의 자녀에 대한 무관심 등을 측정한다. • 점수가 높을 경우 가족관계에 이상이 있을 가능성이 높다.
대인관계	사회관계 (SOC ; Social Dysfunction)	• 또래 관계에서의 소외, 리더십과 자신감 부족, 대인관계에서의 불안, 인내력과 포용력의 제한 등을 측정한다. • 점수가 높을 경우 대인관계에 이상이 있을 가능성이 높다.
현실접촉	정신증 (PSY ; Psychoticism)	• 부적절하고 특이한 언행, 망상, 비현실감, 상동증적 행동 등 언어·사고·행동상의 특이함 혹은 현실접촉의 어려움을 측정한다. • 점수가 높을 경우 정서적 불안정, 사회기술 부족, 사회적 고립 혹은 철수, 부적절하고 특이한 행동상 문제가 있을 수 있음을 나타낸다.

CHAPTER 05 | 투사검사

TOPIC. 1 집/나무/사람 검사(HTP)

1. 이해
① 실시가 쉽고(종이와 연필만 있으면 가능) 시간이 많이 걸리지 않는다(보통 20~30분).
② 중간 채점이나 기호 채점의 절차를 거치지 않고 그림을 직접 해석할 수 있다.
③ 피검자의 투사를 직접 목격할 수 있으며 언어 표현이 어려운 사람, 즉 수줍거나 억압된 아동 또는 외국인이나 문맹자에게도 적용 가능하다.
④ 연령, 지능, 예술적 재능에 제한을 받지 않는다.
⑤ 환상에 시달리는 환자는 그것의 해소가 가능하며 때로는 치료적 효과도 가진다는 등의 장점을 가지고 있어 임상장면에서 널리 받아들여지고 있다.

2. 실시
① 준비물 : A4용지 4장(KFD까지 실시할 경우 5장), 필압 확인, 지우개, 초시계
② 검사에 대한 지시

> "지금부터 그림을 그려 봅시다. 잘 그리고 못 그리고는 상관없으니 자유롭게 그려 보세요."

㉠ 종이 한 장을 가로로 제시하며, "여기에 집을 그려 보세요."라고 말하고 그리는 시간을 측정
㉡ 집을 다 그리면 종이를 받고 두 번째 종이를 세로로 제시하며, "이번에는 나무를 그려 보세요."라고 말하고 그리는 시간을 측정
㉢ 나무 그림이 끝나면 세 번째 종이를 역시 세로로 제시하면서 "여기에 사람을 그려 보세요."라고 지시
  ※ 주의사항 : 사람을 다 그리고 나면 그림의 성별을 묻고 피검자가 응답한 성별과 함께 첫 번째 사람 그림이라는 점을 완성된 종이에 표시해 둔다.
㉣ 네 번째 종이를 세로로 제시하면서 방금 그린 그림의 반대 성을 그리도록 지시하고 시간을 측정
㉤ 검사 수행 시 피검자의 말과 행동을 관찰, 기록할 것
㉥ 다섯 번째 종이를 가로로 제시하면서 "가족이 무엇을 하고 있는 것을 그리세요."라고 지시

3. 질문단계

> "이 그림에 대한 당신의 느낌을 자유롭게 말씀해 보세요." 또는 "이 그림에 대한 이야기를 한번 만들어 보세요."

① 집
  ㉠ 누구의 집인가?
  ㉡ 무엇으로 만들어졌나?
  ㉢ 이 집에는 어떤 사람들이 사는가?
  ㉣ 이 집안의 분위기는 어떠한가?
  ㉤ (이해하기 힘든 부분에 대해) 이것은 무엇인가? 어떤 이유로 그렸는가?

② 나무
  ㉠ 몇 년 된 나무인가?
  ㉡ 나무가 건강한가?
  ㉢ 나무가 죽었는가, 살았는가? 죽었다면 언제 죽었는가?
  ㉣ 만약 이 나무가 사람처럼 감정이 있다면, 지금 이 나무의 기분은 어떠할 것인가?
  ㉤ 나무에게 소원이 있다면 무엇이 있을 것인가?
  ㉥ (이해하기 힘든 부분에 대해) 이것은 무엇인가? 어떤 이유로 그렸는가?

③ 사람
  ㉠ 남자인가, 여자인가?
  ㉡ 몇 살인가? 누구인가?
  ㉢ 이 사람은 무엇을 하고 있는가?
  ㉣ 어떤 인상을 주는가?
  ㉤ 이 사람의 일생에서 가장 좋았던 일은 무엇이었을 것 같은가? 가장 힘들었던 일은 무엇이었을 것 같은가?
  ㉥ 당신은 이 사람이 좋은가? 싫은가?
  ㉦ 당신이 그리고 싶은 대로 잘 그려졌는가? 어렵거나 잘 안 그려진 부분이 있는가?

4. 해석

> **| + 이해더하기 |**
>
> **해석 시 유의사항**
> - 그림검사 해석 시에는 구조적 요소와 내용적 요소 두 측면을 모두 고려해야 하며, 한 개의 사인(sign)만으로 해석의 결정적인 증거를 삼아서는 안 된다.
> - 이 검사가 피검자에 대한 많은 함축적인 정보를 주기는 하지만, 여기서의 결과만을 가지고 지나친 해석을 해서는 안 된다.

① 구조적/표현적 요소
  ㉠ 검사 시의 태도와 소요시간
    - 그림을 그리는 데 소요되는 시간이 지나치게 짧거나 지나치게 길 때 지시를 하고 나서 한참 동안 그리지 않는 경우 : 그 그림이 피검자에게 특별한 의미가 있으며 그 그림을 그리는 것에 대한 어떤 갈등이 있음을 의미
    - 그림 속의 어떤 부분을 계속 지우고 고쳐 그리는 경우 : 그 부분이나 그 부분이 상징하는 것에 대한 갈등을 나타내는 것
  ㉡ 순서
    - 남성상/여성상을 그린 순서와 그려진 모습을 비교
      - 다른 성을 먼저 그리는 경우 : 성역할 동일시에 갈등이 있거나 또는 현재 생활에서 특정 이성에 대한 비중이 큰 상태임을 시사함
      - 여성상은 크고 위협적으로 그린 반면, 남성상은 조그맣고 약하게 그린 남자 피검자는 여성을 위협적으로 지각하여 소극적이고 복종적인 태도로 대할 가능성이 있음
    - 그림을 그려 나가는 일반적인 순서에서 이탈된 경우 중요한 단서가 됨
      예 '발 → 머리 → 무릎 → 다리' 순으로 그리는 경우 : 사고장애
    - 욕구나 방어, 적응 등이 어떤 순서로 나타나는가를 알 수 있음
      예 그림 속 인물의 어깨를 좁게 그렸다가 다시 넓은 어깨로 고쳐 그린다면, 새로운 상황에 처했을 때 열등감으로 반응하나 곧 과장된 자신감으로 자기를 포장할 것이라고 가정해 볼 수 있음
  ㉢ 지우개 사용 : 과도한 지우개 사용은 불안정, 초조, 자신에 대한 불만, 불안, 신경증 등을 나타내며 특히 강박장애에서 자주 보이는 모습임
  ㉣ 위치
    - 용지의 정확히 중앙인 경우 : 불안정감, 완고성(특히 대인관계의 융통성 결여)
    - 용지의 왼쪽 : 충동적인 행동화 경향, 즉각적인 욕구충족 추구, 외향성, 자기중심적
    - 용지의 오른쪽 : 비교적 안정되고 통제된 행동, 욕구충족의 지연, 내향성, 환경의 변화에 민감
    - 용지의 아래쪽 : 불안정감, 부적절감, 우울경향, 아동의 경우는 신경증 경향성
    - 용지의 위쪽 : 욕구수준 높음. 또는 에너지 수준은 낮은데 과잉보상 방어를 함
    - 모퉁이(어느 쪽이든 관계없이) : 후퇴 경향

- 종이가 모자라서 그림이 완성되지 못한 경우
  - 뇌손상
  - 위쪽이 모자란 경우 : 환상의 과용
  - 아래쪽이 모자란 경우 : 과도한 억압, 혹은 폭발적 행동화 가능성
  - 왼쪽이 모자란 경우 : 미래에 대한 두려움에 고착, 강박적 행동의 가능성
  - 오른쪽이 모자란 경우 : 불쾌한 과거로부터 탈출하고 싶은 욕망

ⓜ 선의 강도
- 에너지 수준에 대한 지표
- 그림의 어떤 특정 영역을 진하게 그리는 경우는 그 부분에 대한 고착 또는 그 부분이 상징하는 것에 대한 억압이나 적대감을 나타냄
- 강한 선 : 자신감, 주장적, 독단적, 공격성, 분노감정, 기질적 뇌손상
- 흐린 선 : 우유부단, 겁 많은, 억제된 성격, 낮은 에너지 수준, 감정표현에 있어서 억제와 억압, 위축, R/O 우울증, R/O 만성 정신분열증
- 흐린 선의 아동 : 에너지 수준이 낮음, 억제적 성격, 강한 억압

ⓗ 크기
- 피검자의 자존감, 자기상, 자기확대의 욕구, 공상적 자아 등에 대한 단서
- 지나치게 큰 그림 : 공격적, 행동화 경향, 과장적 경향, R/O 조증상태, R/O 반사회적 성격, R/O 신체화, 아동일 경우 정상(만약 25cm를 넘는다면 정서 문제가 있을 가능성)
- 지나치게 작은 그림 : 열등감, 부적절감, 낮은 자존감, 불안, 위축, 과도한 자기억제, 수줍음, 퇴행적, 의존적 경향, 자아구조가 약하거나 자아강도가 낮음, 강박적 성향, R/O 우울증

ⓢ 그림의 선
- 선의 방향 : 수평선 강조(약함, 두려움, 자기방어적 경향, 여성성), 수직선 강조(남성적 주장성, 결단력, 과잉활동성), 곡선 강조(유연성, 관습을 좋아하지 않음), 경직된 직선 강조(경직성, 공격성, 억제적 경향)
- 선의 질 : 망설임 없이 확신에 찬 선(안정성, 일관성, 의욕적), 끊긴 곡선(우유부단, 의존적, 감정적 경향, 복종적), 들쭉날쭉한 선과 가장자리를 강조(공격성, 충동적 행동화 경향, 불안)
- 스케치된 선 : 불안정감, 정확함과 신중함에 대한 욕구, 우유부단, 청소년의 경우 나쁜 자아개념, 낮은 자기 확신, 갈등
- 떨리고 흔들리는 선 : R/O 지능지체, R/O 알코올 중독을 포함하는 기질적 상태, R/O 정신증
- 짧고 이어지지 않는 선 : 충동적, 흥분하기 쉬움, R/O 정신분열증

ⓞ 세부 묘사
- 필수 세부 묘사의 생략 : 심하게 퇴행된 환자, R/O 정신지체, 청소년(R/O 성격장애)
- 세부 묘사의 결여 : 불안, 철수, 부정적인 신체 심상, 적응이 어려운 아동, R/O 우울증, R/O 신체형 장애, R/O 지능지체
- 지나친 세부 묘사 또는 빈틈없는 묘사 : 강박증, 경직성, 불안, 과민, 행동화하게 될 것에 대한 두려움, R/O 정신분열증 초기, R/O 조증 상태
- 기괴한 세부 : R/O 정신증, 아동의 경우 심각하게 와해된 성격

> **l + 이해더하기 l**
>
> **필수적으로 그려야 하는 세부 요소**
> - '집' 그림에서는 최소한 문 하나, 창문 하나, 벽 하나, 지붕 하나를 포함해야 한다. '나무' 그림에서는 줄기와 가지가 포함되어야 하고, '사람' 그림에서는 머리, 몸, 두 다리, 두 팔, 두 눈, 코, 입, 두 귀 등이 포함되어야 한다.
> - 정상인은 그리려는 주제의 필수적인 세부 요소와 그에 더하여 몇몇 부가적인 세부를 그린다. 기본적인 부분을 생략하지 않으며 과도하게 세부에 집착하지도 않는다.

ⓩ 왜곡
- 대상을 일반적인 형태로 그리지 않고 왜곡된 형태로 그리는 것
- 심하지 않은 왜곡 : 불안
- 전반적인 왜곡
  - R/O 정신증, R/O 지능지체, R/O 기질적 손상
  - 청소년 : 부정적인 자기개념, 종종 심리적 혼란감이 동반됨
  - 아동 : 적응의 어려움, 학업 성취의 부족, 스트레스를 받고 있는 정상 아동

ⓩ 대칭
- 대칭의 결여 : 불안정, 부적절감, 부주의성, R/O 기질적 뇌손상, 아동의 경우 공공연한 분노
- 엄격한 양측 대칭 : 강박적인 정서통제, 억압과 주지화의 기제, 불안정감, 정서적으로 차갑고 거리를 둠, 통제가 불안정한 경직된 성격

ⓚ 투명화
- 현실적으로 볼 수 없는 대상의 내부를 보이는 것처럼 그리는 것
- 아동 : 정상
- 나이 든 아동 : 미성숙, 적응상의 문제, 기질적 뇌손상
- 청소년 : 나쁜 자기 개념, 적응 장애
- 성인 : 불안, 성적인 집착

ⓔ 동작의 묘사
- 그림에 재능 있는 아동 : 동작이 나타남
- 우울 상태 : 동작이 별로 없음
- 지능지체 : 동작이 거의 없음
- 정신증 : 동작이 별로 없거나 반대로 여러 가지 많은 동작이 나타나기도 함

ⓟ 기타 여러 가지의 투사적 요소
- 지시에 적절하게 반응할 수 없음 : 기질적 상태
- 고의적으로 그림 내용을 손상시키거나 격하시킴 : 공격적 반응 경향
- 그리기를 거부하거나 완성하지 않음 : 반항성
- 구름 : 불안
- 그림자 : 불안, 갈등
- 과도하게 크게 그려진 태양 : 특히 권위자와의 관계에서의 부적절감
- 주어진 종이의 방향을 돌림 : 반항성, 공격적 경향

ⓗ 정신증적 지표
- 그림에서 통합이 안 되는 것은 정서적 혼란 상태를 나타냄
- 정신증 환자의 그림 : 극히 지저분한 음영을 그려 놓는 경우, 환상적이고 기묘하고 괴이할 뿐만 아니라 무엇을 그렸는지 알 수 없기까지 함

② 내용적 요소
㉠ 집 : 피검자의 자기지각, 가정생활의 질, 혹은 가족 내에서의 자신에 대한 지각 반영
- 지붕
  - 지붕은 정신생활, 특히 공상 영역을 상징
  - 과도하게 큰 지붕 : 환상에 과몰입, 외부 대인접촉으로부터 철수
  - 일차원으로만 그려진 지붕 : 심리적 자원이 제한적임
- 벽
  - 벽은 피검자의 자아 강도에 대한 정보
  - 흐린 벽선 : 자아통제력이 약화되었다는 느낌을 반영함
  - 벽에서 수평선이 강조된 경우 : 환경적 압력에 취약함
- 문
  - 환경과의 직접적인 상호작용을 나타내는 부분, 피검자의 대인관계에 대한 태도를 보임
  - 문이 없음 : 심리적 접근을 허락하지 않는 경향, 철수 경향
  - 집, 창문의 크기에 비해 작은 문 : 환경과의 접촉을 꺼리는 경향
  - 열린 문 : 외부로부터 정서적 따뜻함을 받고자 하는 강렬한 욕망을 반영함
- 창문
  - 환경과 간접적인 접촉을 하는 매개체로, 인간의 '눈'과 같은 역할
  - 창문의 크기에 따라 외부 환경에의 예민성, 경계심, 방어 등에 대한 정보를 얻을 수 있음
  - 커튼이나 차양이 있는 경우 : 환경 접촉에 과도한 염려를 보임

㉡ 나무 : 자기 자신에 대한 무의식적이고 원시적인 자아개념의 투사와 관련, 피검자의 성격 구조의 위계적 갈등과 방어, 정신적 성숙도 및 환경에의 적응 정도를 나타냄
- 둥치(trunk)
  - 피검자의 자아 강도나 기본적인 심리적 힘, 심리적 발달에 대한 지표를 제공
  - 거대한 둥치 : 공격적 경향
  - 매우 가는 둥치에 큰 가지 구조 : 과도한 만족 추구 행동으로 불안정한 적응 상태에 있을 가능성
  - 긴 둥치에 작은 수관을 가지는 경우 : 아동이나 발달지체, 신경증적 퇴행
  - 둥치에 옹이를 그리는 것 : 외상적 경험
- 가지(branch)
  - 가지는 환경으로부터 만족을 구하고 타인과 접촉하며 성취를 향해 뻗어 나가는 피검자의 자원을 나타냄
  - 가지 구조가 원근에 따라 두껍고 얇게 유동성 있게 조화됐으며 둥치와 적절한 크기로 조화를 이루고 있는 형태가 가장 바람직함

- 밑으로 향한 가지 : 환경적 압력에 대처해 나갈 수 없다는 느낌
- 수관(crown)
  - 수관과 잎은 자신의 생산성에 대한 느낌이나 성취 욕구 등과 관련됨. 또한 수관은 내적 공상이나 사고의 영역으로 해석되기도 함
  - 납작한 모양의 수관 : 환경적 압력에 대한 느낌, 부적절감
  - 구름 같은 모양의 수관 : 공상을 적극적으로 하고 있거나 낮은 에너지 수준, 현실 부정
- 뿌리
  - 뿌리는 피검자의 성격적 안정성, 안전에 대한 욕구, 현실과의 접촉 정도를 알려줌
  - 뿌리를 과도하게 강조 : 현실접촉을 과도하게 강조하거나 염려하는 상태
  - 죽은 뿌리 : 현실과 접촉할 능력을 상실했다는 느낌
- 잎
  - 많은 잎을 그리는 것 : 생산적이고 효과적으로 보이고 싶은 욕구
  - 잎을 생략하는 것 : 내적 황폐나 자아 통합의 어려움을 시사
  - 떨어지고 있거나 떨어진 잎 : 자신의 능력이나 생산성에 대한 회의감

ⓒ 사람 : 자기상을 나타냄. 자화상이 될 수도 있고 이상적인 자아, 중요한 타인, 혹은 인간 일반을 어떻게 인지하고 있는지를 나타내기도 함

- 머리
  - 머리는 자아(self)의 자리이며, 지적·공상적 활동, 충동과 정서의 통제, 사회적 의사소통 등의 중추
  - 정상인은 대개 신체의 다른 부위보다 머리와 얼굴에 주의를 두어서 그리는 반면, 우울하거나 철수되어 있거나 신경증적인 문제가 있는 등의 부적응적인 사람들은 그렇지 않은 경향을 보임
  - 불균형하게 큰 머리 : 지적인 능력에 대한 관심, 지적 야심, 성취욕을 주로 시사
  - 작은 머리 : 지적·사회적 부적절감, 무능감, 열등감 등을 시사
- 얼굴
  - 얼굴은 개인적인 만족과 불만족을 전하고 상호 의사전달을 할 수 있는 중추
  - 이목구비를 생략하는 피검자 : 대인관계에서의 마찰이나 갈등이 있고 이 문제를 회피하거나 피상적으로 처리하려는 경향, 또한 과도한 경계심과 공격 충동이 있을 수도 있음
  - 이목구비는 강조하였지만 신체부위는 흐릿하게 그리는 경우 : 습관적으로 공상에 의존하는 경우이거나 또는 신체의 부위 및 기능에 대해 수치감이나 열등감이 있을 수도 있음

> **│+ 이해더하기 │**
>
> **얼굴 부위별 의미**
> - 입 : 관능적 만족의 원천이자 구강적 욕구와 공격성의 상징
> - 눈 : 외부 세계와의 접촉을 위한 가장 기본적인 기관
> - 귀 : 외부 환경과의 접촉수단으로, 청각적 정보의 수용 민감성과 관련있음
> - 머리카락 : 육체적 욕구와 관련이 있으며 간접적으로는 성적 에너지를 나타내는 것으로 생각됨. 지나치게 강조되는 경우는 공격성이나 주장성, 자기애적 경향과도 관련있음
> - 코 : 일차적으로는 성적 상징으로 생각되고 있으나, 주장성이나 공격성과도 관련있음
> - 목 : 신체(충동)와 머리(지적 통제)의 연결 부위로서의 의미

- 팔
  - 팔은 물리적 환경의 통제자로, 자아발달과 환경과의 접촉, 대인관계, 사회적 적응을 나타냄
  - 짧은 팔 : 환경과의 접촉이 제한되어 있다는 느낌이나 수동 의존성을 반영함
  - 긴 팔 : 환경을 통제하려는 시도, 성취욕, 획득욕, 자율성에 대한 욕구와 관련 있음
- 손
  - 흐릿하고 분명치 않은 손 : 사회적 접촉이나 생산활동에서 자신감 결여를 시사함
  - 극단적으로 큰 손 : 부적절감에 대한 보상이나 충동성
- 다리와 발
  - 신체를 유지하고 균형을 취하는 기능을 하며, 안정감이나 불안정감, 신체적·심리적 이동성과 관련 있음
  - 매우 긴 다리 : 자율성에 대한 갈구
  - 매우 짧은 다리 : 위축감과 비자율성 시사
- 인물에 대한 조망 : 정면을 바라보고 있는 모습이 일반적

| + 이해더하기 |

HTP 사례

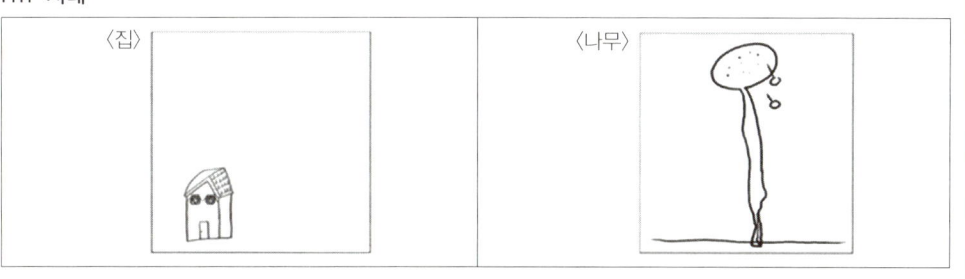

- 집 : "화목한 집이고 가족들이 살고 있다. (망설이다가) 저, 누나, 엄마만 산다. 이 집은 여자일 것 같고 창문은 십자가를 향하고 있다(커튼을 떼면 다 볼 수 있다고 말하면서 커튼을 그린다)."
- 나무 : "어린 나무는 크지만 건강하지 않을 것 같다. 어린 나무는 어릴 때부터 너무 많이 맞아서 말라 있고 나중에 이 나무는 의자가 될 것 같다. 씨가 말라서 죽을 것 같다."

TOPIC. 2 로샤검사

1. 이해

① 현재 임상에서 가장 널리 사용되는 대표적인 투사적 검사로 1921년 스위스 정신과 의사인 Hermann Rorschach가 개발하였다.
② 로샤검사는 개인 성격의 여러 차원들, 이를테면 인지, 정서, 자기상, 현실지각, 대인관계방식 등에 대한 종합적이고 다각적인 정보를 준다.
③ 엑스너(J. Exner)는 이 검사의 여러 검사방식과 해석체계를 통합하여 종합체계방식으로 발전시켰다.

④ 검사방법 : 종이의 한 면에 잉크를 놓고 반으로 접어 잉크반점을 만든 것을 검사자료로 제시하고, 피검자가 그 잉크반점을 무엇이라고 생각하는지 이야기하도록 하여 그의 성격을 평가한다.

2. 도구의 구성

① 검사도구는 잉크반점이 찍힌 10장의 카드(약 24.2cm × 16.9cm)로 구성되어 있다.
② 각 카드는 체계화되어 있지 않으며 불분명하고 정형화된 의미가 없는 것이 특징이다.
③ 10개의 카드 중 Ⅰ, Ⅳ, Ⅴ, Ⅵ, Ⅶ는 무채색카드이며, Ⅱ, Ⅲ는 검정색과 붉은색이 혼합되어 있고, Ⅷ, Ⅸ, Ⅹ는 여러 가지 색으로 구성되어 있다.

㉠ 카드 Ⅰ : 상당히 큰 검은색과 회색의 잉크 반점, 그리고 뚜렷이 구별되는 4군데의 백색 공간이 있음. 자세히 보면 큰 반점 밖에 작은 검은 점들이 보임. 큰 검은색과 회색 부분은 쉽게 가운데 영역과 양 옆 영역의 세 부분으로 나누어짐

㉡ 카드 Ⅱ : 처음으로 색깔(붉은색)이 나옴. 이 카드는 첫 번째 카드보다 좀 복잡함. 두 개의 큰 회색빛이 도는 검은 영역으로 구성되어 있으며 이것은 위와 아래에 세 개의 붉은 점에 연결되어 있음. 유채색과 무채색이 연결되어 있는 방식 때문에 피검자가 그것을 무시할 수 없다는 점을 기억해야 하며, 어떤 피검자들은 이 카드에 대해 혼란스러워 함

㉢ 카드 Ⅲ : 진한 검은색과 회색의 영역과 밝은 회색의 부분이 결합되어 있음. 두 영역 사이에는 분명하게 형성된 붉은 부분이 있고 그 위에는 두 개의 다른 붉은 부분이 있음. 첫 번째와 두 번째 카드와는 달리 이 반점의 형태는 분명하게 분리되어 있고 상당히 암시적임

㉣ 카드 Ⅳ : 네 번째 카드의 반점은 육중하며, 간결하고 형태도 분명함. 이 카드는 온통 검은색과 회색이며 상당히 그늘져 있음. 육중한 구조와 진한 그림자 때문에 어떤 사람에게는 무섭게 느껴짐

㉤ 카드 Ⅴ : 외곽선이 분명하고 온통 검은색이기 때문에 대부분의 피검자들에게 쉬운 과제. 그런 이유로 다른 카드로 힘들어했던 피검자들도 이 카드에 와서는 다시 회복할 기회를 얻게 됨

㉥ 카드 Ⅵ : 많은 사람들에 의해 성기의 상징으로 해석되기 때문에 '성' 카드로 알려져 있음. 이 카드에서 그림자 부분은 분명히 제시되고 다른 어떤 카드에서보다도 그림자의 사용이 두드러짐

㉦ 카드 Ⅶ : 전체의 반점은 가벼운 회색이며 아래의 가운데 부분에 아주 약한 더 진한 부분이 보임. 이 특질과 아래의 가운데 부분이 여성의 성기를 암시한다는 사실 때문에 이 카드는 어머니 카드로 불리기도 함

㉧ 카드 Ⅷ : 온전히 유채색으로만 만들어짐. 반점 무늬는 작고 분명하나 그 속에는 몇 가지 분명한 영역이 있음. 푸른색을 띤 회색 혹은 초록색을 띤 회색의 윗부분, 푸른색의 가운데 부분, 핑크색, 오렌지색의 아랫부분, 핑크색의 양 측면 부분 등. 핑크색의 측면 부분의 모양은 분명해서 거의 모든 사람이 움직이고 있는 동물로 지각함. 다른 영역들은 완전히 무시되지 않은 한 다양한 방식으로 지각됨

㉨ 카드 Ⅸ : 아홉 번째 카드는 크고 윤곽이 모호함. 분명히 구별될 정도의 작은 부분들이 없고 색상이 서로 교차됨. 반점의 구조, 혼합된 색상, 그림자 영역 때문에 어떤 피검자들은 전체를 사용하여 한 반응을 만들기가 어려우며, 또한 어떤 부분을 선택하여 반응을 만들기도 어려움. 이러한 이

유로 이 카드는 가장 빈번하게 거부되는 카드임
ⓩ 카드 X : 이 카드는 어떤 카드보다도 색이 다양하며 여러 가지 색이 여러 군데 산재해 있음. 그러므로 예술가의 팔레트 혹은 해저의 풍경이라고 말하지 않는 한 전체는 하나의 윤곽으로 파악하기는 어려움. 그런 이유로 다른 카드에서는 반응이 전혀 없는 피검자들도 이 카드에서는 부분을 선택하여 반응하는 일이 많음

> **| + 이해더하기 |**
>
> **로샤검사 카드의 구성**
>
> | | |
> |---|---|
> | 카드 Ⅰ | 날개가 달린 산 짐승(박쥐, 나비), 인간상으로 볼 때는 중앙부의 여성상, 골반 또는 다른 해부적 개념, 손, 새 새끼 |
> | 카드 Ⅱ | 인간 및 그 운동, 동물 및 그 운동, 곰, 개 등 |
> | 카드 Ⅲ | 인간, 의인의 인간, 인간의 운동, 인간의 성 |
> | 카드 Ⅳ | Sex Card(Father Card), 모피류, 동물의 머리, 괴물, 거인, 고릴라 |
> | 카드 Ⅴ | 나비, 박쥐 및 운동 동물의 머리 |
> | 카드 Ⅵ | 동물의 피질, 남근, 모피 |
> | 카드 Ⅶ | Sex Card(Mother Card), 인간 및 그 운동, 지도, 동물 및 그 운동 |
> | 카드 Ⅷ | 동물, 색칠한 나비, 해부도 |
> | 카드 Ⅸ | 마녀, 인두, 원자폭탄의 폭발(카드를 거꾸로 볼 때), 무궁화 |
> | 카드 Ⅹ | 화가의 파렛트, 해저경치, 가슴, 거미, 뱀 |

3. 실시절차

① 카드
  ㉠ 그림을 아래로 순서대로 정돈하여 편리한 장소에 피검자가 만질 수 없도록 배치
  ㉡ 피검자에게 제시할 때는 똑바로 제시
  ㉢ 카드는 연필 자국 같은 것이 없이 깨끗한지 확인할 것

② 소품 : 연필을 충분히 준비하고 질문 시에 사용할 반응영역 기록지(위치용지)도 쉽게 찾을 수 있는 곳에 놓는다.
③ 자리 잡기 : 나란히 앉고 앞에 작은 탁자를 둔다. 얼굴을 마주 보고 앉는 것은 피한다. 부지불식간에 비언어적으로 단서를 주어 반응을 억제하거나 반응을 유발할 수 있기 때문이다.
④ 피검자 준비시키기(로샤검사 소개하기) : 피검자가 검사를 받는 목적을 어느 정도 이해하는지를 확인하기 위해 짧은 면접을 할 필요가 있다. 검사에 대한 부정적 이해나 오해가 확인되면 검사의 전 절차를 개략적으로 설명해주어야 한다.

> **| + 이해더하기 |**
>
> **로샤검사의 소개**
>
> "이제부터 우리가 해야 될 검사는 '로샤'라는 검사입니다. 이것에 대해서 들어 본 적이 있거나 해 본 적이 있습니까?"
>
> - 없다고 하는 경우 → "이것은 잉크 반점으로 만든 검사입니다. 이제부터 여러 장의 카드들을 보여드릴 텐데, 이것이 무엇처럼 보이는지를 저에게 말씀해 주시면 됩니다."
> - 검사를 받아본 적이 있다고 하는 경우 → 언제, 어디서, 어떤 목적으로 검사를 받았었는지, 당시의 반응 내용을 기억하고 있는지를 물어보아야 한다. 당시의 반응 내용을 기억하고 있는 피검자라면, "굳이 그때의 반응과 똑같이 하려고 하신다거나 틀리게 하려고 하실 필요는 없습니다. 그때 어떤 반응을 하셨는지에 상관없이 지금 보이는 것을 말씀해 주시면 됩니다."라고 말해 둔다.

※ 검사자가 무엇보다도 주의해야 할 사항
- 피검자에게 '상상력'이나 '창의력' 검사를 하고 있다는 인상을 주어서는 안 된다.
- 카드의 잉크 반점들이 모호하다거나 구조화되지 않은 자극이라고 설명하지 말아야 한다. 단지 '잉크 반점으로 만든 검사이다'라고 말하는 것으로 충분하다.

⑤ 지시문
   ㉠ 첫 번째 카드를 제시하면서 "이것이 무엇으로 보입니까?" 또는 "이것이 무엇일까?"라고만 말한다(자유연상단계=연상단계).
      ※ 만약 피검자가 이러한 지시에 대해 "그건 데칼코마니처럼 보여요."라고 응답한다면 검사자는 다음과 같이 지시한다. "그래요. 이건 잉크로 만든 카드에요. 그것이 무엇처럼 보이는지를 말해주길 바라요."
   ㉡ 검사를 실시하는 방식은 별로 중요한 영향을 미치지 않는 것이므로 적당히 상황에 따라 다르게 처리해도 된다고 생각하기 쉽다. 그러나 지시가 달라짐에 따라 반응의 수는 물론 반응 내용이 달라질 수 있다는 점을 명심하고 반드시 표준 방식에 따라야 한다.
   ㉢ 피검자가 카드Ⅰ에서 단지 한 개의 반응만을 하는 경우 검사자는 카드Ⅰ에 한하여 다음과 같이 격려해준다. "좀 더 충분하게 보도록 합시다. 내 생각에는 당신이 좀 더 볼 수 있을 것 같군요."
      ※ 만약 피검자가 카드Ⅰ에서 2개 혹은 3개 반응을 하고 난 다음 "몇 개나 반응을 해야 합니까?"라고 묻는다면 "그건 당신에게 달려 있습니다."라고 응답한다.
   ㉣ 피검자가 카드Ⅰ이나 Ⅱ에서 아무것도 볼 수 없다고 거절한다면 적절한 관계 형성에 실패했거나 피검자가 검사 시행 방법을 이해하지 못한 경우이다. 이러한 상황에서는 검사를 무리하게 진행하는 것은 의미가 없다. 일단 검사를 중지하고 피검자와 함께 무엇이 문제인지를 검토해 보아야 한다.

ⓑ 때로는 피검자가 몇 개의 카드에 대해 적절하게 반응하다가 중간에 반응을 거부하는 경우가 있는데 이런 반응은 카드 Ⅵ, Ⅶ, Ⅸ에서 일어나기 쉽다. 이러한 경우 검사자는 다음과 같이 격려해준다. "충분히 보도록 합시다. 서두를 이유가 없습니다. 다른 사람들은 무엇이든지 발견할 수 있었습니다."

⑥ 질문다루기
　ⓐ 피검자가 검사 시작 후에 질문을 하면 간단하고, 정직하게, 그리고 비지시적으로 대답한다.
　ⓑ 예시
　　• "돌려봐도 되나요?" → "편한 대로 하십시오." 또는 "그건 당신이 마음대로 할 수 있습니다."
　　• "다른 사람들은 몇 개나 반응을 합니까?" → "대부분 한 개 이상의 반응을 합니다."
　　• "다른 사람들은 이것을 무엇이라고 봅니까?" → "사람들은 여러 종류의 반응을 합니다." 또는 "사람에 따라 다릅니다."
　　• "이 검사의 목적이 무엇입니까?" → 피검자가 검사를 받는 목적이나 상황에 따라서 적절하게 응답해 주도록 한다.
　　　- 상담 현장이라면 "당신의 문제를 보다 잘 이해할 수 있도록 하는 한 방법입니다."
　　　- 병원 상황이라면 "앞으로 치료 계획을 보다 잘 세우기 위해서 필요합니다."

⑦ 격려하기
　ⓐ 피검자가 첫 번째 카드에 대해 오직 한 가지 반응만 내놓을 때 → "천천히 살펴보고 다른 것을 찾아보세요. 틀림없이 다른 것을 찾을 수 있을 것입니다."
　ⓑ 만약 이미 두 개 이상의 반응을 해 놓고 "몇 개나 찾아야 합니까?" 하고 물으면 → "원하는 대로 하시면 됩니다."

⑧ 의도적으로 거절하는 피검자 다루기
　ⓐ 거부행동이 카드 Ⅰ이나 Ⅱ에서 일어났다면 그 이유는?
　　• 검사자와 피검자 간의 라포를 형성하지 못함(적절한 관계 형성에 실패)
　　• 피검자가 검사 시행 방법(목적)을 제대로 이해하지 못함
　ⓑ 대처법 : 검사를 중단하고 피검자와 함께 무엇이 문제인가를 검토해야 함
　ⓒ 피검자가 검사를 전혀 원하지 않을 경우도 있음

⑨ 반응 수가 너무 적을 때 : 어떤 경우에든 전체 14개 이하의 반응을 보였을 때는 해석을 시도하지 않는다.

┃+ 이해더하기 ┃

반응 수가 적을 경우

"자, 이제 당신은 어떻게 반응하는지를 알고 있지요. 그러나 문제가 있습니다. 당신은 검사로부터 무언가를 알아낼 수 있을 만큼 충분한 반응을 하지 않았습니다. 이제 다시 앞으로 가서 이번에는 더 많은 반응을 해보도록 합시다. 이미 반응했던 것을 반복해도 좋습니다. 그러나 이번에는 반응을 더 해 보도록 합시다."

⑩ 지나치게 반응 수가 많을 때
  ㉠ 카드 I에서 5개의 반응을 하고 난 다음에도 반응을 계속하려 한다면 피검자로부터 카드를 받으면서 다음과 같이 말한다. "자, 이제 다음 카드로 갑시다." 만약 피검자가 계속 5개 이상의 반응을 하려 한다면 계속 이런 방식으로 개입하여 반응을 5개로 제한한다.
  ㉡ 로샤검사를 실시함에 있어서 다른 검사보다 먼저 실시해야 할지 아니면 나중에 실시해야 할지를 결정해야 한다. 로샤검사가 매우 모호한 자극 특성을 지니고 있기 때문에 어떤 검사보다도 반응하기 어렵고 따라서 다른 검사를 실시할 경우 로샤검사 자체의 반응도 떨어질 뿐만 아니라 로샤검사 직후에 실시되는 다른 검사 반응에도 영향을 미치기 때문이다.

4. 반응 기록
① 각 반응은 말하는 대로 기록해야 한다.
② 기록할 때는 다른 사람들이 알아볼 수 있도록 써야 한다.
③ 시간을 미리 정하기보다는 각 피검자들에게 적당한 속도를 확인하는 것이 더 중요하다.

5. 탐색질문(질문단계)

> **| + 이해더하기 |**
>
> **질문 예시**
> "지금까지 10장의 카드에 대해서 잘 대답해 주셨습니다. 이제 카드를 다시 한 번 보면서 당신이 본 것을 저도 볼 수 있도록 말씀해 주시기 바랍니다. 제가 당신이 말했던 것을 그대로 읽으면 그것을 어디에서 그렇게 보았는지, 어떻게 해서 그렇게 보게 되었는지를 설명해 주십시오."

① 목적
  ㉠ 피검자의 반응을 정확히 기호화(코딩), 채점하기 위해서 탐색질문을 한다.
  ㉡ 이 단계에서의 주의점 : 새로운 반응을 이끌어 내려는 것이 아니라 이미 피검자가 응답한 내용을 정확하게 이해하고 채점할 수 있도록 질문해야 하기 때문에 어떤 암시나 유도를 피해야 한다.
② 속도 : 검사에 대한 반응을 하는 데는 통상 20분 정도 소요되는 데 반해 탐색을 하는 데는 보통 30분 이상 소요된다.
③ 설명 : 피검자에게 탐색이 왜 필요한지, 탐색활동이 어떤 활동인지를 잘 이해하도록 설명해 주는 일이 아주 중요하다.
④ 절차
  ㉠ 일단 시작하면 카드를 한 장씩 피검자에게 넘긴다. 그리고는 피검자가 답으로 말한 것을 그대로 되풀이하여 말한다. "조금 전에 당신은 이 카드를 보고 ~라고 말하셨습니다."
  ㉡ 피검자가 탐색활동에 대해 충분히 이해했다면 자기가 본 그림의 영역과 그 영역의 주요 특징을 이야기하게 된다.
  ㉢ 피검자가 탐색의 의미와 목적을 잘 이해하지 못한다는 증거를 보이면 탐색의 목적과 절차에 대해서 다시 알려 줄 필요가 있다.

　　　　예 "지금 우리가 왜 이 작업을 하는지를 다시 기억해 봅시다. 당신이 보았던 대로 저도 볼 수 있도록 당신이 도와주어야 합니다. 어디에서 그렇게 보았는지, 무엇이 그렇게 보도록 만들었는지를 저에게 말해주기 바랍니다."
　　　ⓔ 나이가 어린 피검자들은 반응위치를 말하는 데는 어려움이 없으나 무엇이 그렇게 보도록 만들었는지를 말하기는 어려워한다.
　　　　예 "그 이유를 모르겠어요. 그냥 그렇게 보였어요."
　⑤ 어떤 질문을 할 것인가?
　　　㉠ 반응 위치(어디에서 그렇게 보았는가)
　　　㉡ 반응 결정 요인(무엇 때문에 그렇게 보았는가)
　　　㉢ 반응 내용(무엇으로 보았는가)
　⑥ 핵심어를 중심으로 한 질문(결정적 단어에 대한 질문)
　　　㉠ 반응단계에서나 질문 초기 단계에서 자발적으로 응답한 결정요인에 관한 단서를 제공해주는 결정적 단어에 대해 질문하는 방식
　　　㉡ 핵심어 : 피검자가 밝히지는 않지만 어떤 결정자가 고려될 가능성을 시사하는 말
　　　　예 아름답다, 예쁘다와 같은 형용사가 대부분
　⑦ 부적절한 질문 : 직접적 질문, 유도질문, 기호화와 채점에 직접 관계가 없는 질문은 삼간다.
　⑧ 탐색질문 중의 저항
　　　㉠ 단호하면서 기술적으로 대처한다.
　　　㉡ 피검자가 자기가 말한 반응을 부인할 때 : "자 여기를 보세요. 제가 적어 둔 것 보이시지요? 천천히 생각해보세요."
　⑨ 어린 피검자에게 탐색질문을 하는 것 : 아동의 주의집중 폭이 심각하게 문제가 될 때는 한 카드의 반응이 끝날 때마다 탐색질문을 하는 것도 좋다.

6. 검사 실시 순서 : 자유연상단계 → 질문단계 → 한계음미단계

① 자유연상단계
　　첫 번째 카드를 제시하면서 "이제 몇 장의 잉크반점 카드를 보여드리겠습니다. 이 카드가 무엇으로 보이는지 말씀해 주십시오."
② 질문단계
　　"지금까지 10장의 카드에 대해서 잘 대답해 주셨습니다. 이제 카드를 다시 한 번 보면서 당신이 본 것을 저도 볼 수 있도록 말씀해 주시기 바랍니다. 제가 당신이 말했던 그대로 읽으면 그것을 어디에서 그렇게 보았는지, 어떻게 해서 그렇게 보게 되었는지를 설명해 주십시오"라고 말한 후, 카드를 한 장씩 피검자에게 주며 "조금 전에 당신은 이 카드를 보고 ~라고 말하였습니다"라고 피검자의 반응을 그대로 반복해준다.

③ 한계음미단계

질문단계를 마친 뒤 평범반응을 하지 않은 2~3개의 카드를 선택하여 이야기한다. "우리는 이제 검사를 끝냈지만 잠시 이 카드(손으로 카드를 건네주면서)를 보기로 하겠습니다. 어떤 사람들은 이 카드에서 박쥐(그 카드의 평범반응을 언급해준다)를 보기도 합니다. 당신은 이 카드에서 그런 종류의 것을 볼 수 있나요?"

7. 채점

① 반응 영역 : 피검자가 잉크반점의 어느 부분에 대해 반응을 했는가 하는 것이다.

기호	정의	기준
W	전체 반응 (Whole Response)	카드 반점의 전체가 반응에서 사용되었을 때
D	보통 부분 반응 (Common Detail Response)	흔히 사용되는 반점 영역을 사용하였을 때
Dd	드문 부분 반응 (Unusual Detail Response)	D 영역 이외에 잘 사용되지 않는 반점 영역을 사용하였을 때
S	공백 반응 (Space Response)	• 카드의 흰 공백 부분을 사용하였을 때 • 항상 다른 반응 영역의 기호와 같이 사용함 예 WS, DS, Dds

② 발달질 : 위치 부호에는 그 반응의 발달적 수준을 고려하여 또 다른 부호가 부여된다. 반응한 대상의 형태가 얼마나 구체적인가, 반응한 대상들 간의 관계는 어떤 식으로 지각되고 있는가에 따라서 채점이 달라진다.

기호	정의	기준
+	통합 반응 (Synthesized Response)	반응에 포함된 둘 이상의 대상이 서로 관련을 맺고 있고, 그중 적어도 하나는 분명한 형태가 있을 경우 예 카드 Ⅲ(물건을 들어 올리려는 사람들), 카드 Ⅳ(그루터기에 앉아 있는 거인)
o	보통 반응 (Ordinary Response)	단일 반점 영역이 형태를 가지고 있는 단일한 대상을 나타낼 경우 예 카드 Ⅰ(박쥐, 나비), 카드 Ⅱ(물개), 카드 Ⅷ(표범)
v/+	모호/통합 반응 (Response Vague/Synthesized)	반응에 포함된 둘 이상의 대상이 서로 관련을 맺고 있고, 그들이 모두 분명한 형태가 없는 경우 예 카드 Ⅶ(바다 위에 떠 있는 섬), 카드 Ⅸ(연기와 구름이 서로 섞이고 있음)
v	모호 반응 (Response Vague)	반응에서 형태를 가지고 있지 않은 단일 대상이 나타난 경우 예 카드 Ⅰ(밤의 무서움), 카드 Ⅱ(피), 카드 Ⅶ(연기)

③ 결정인(Determinants)
  ㉠ 피검사자가 반응내용을 결정하는 데 영향을 미친 반점의 특징적인 요인들
  ㉡ "이런 결정인이 영향을 미쳤느냐?"라는 식의 질문은 삼갈 것
  ㉢ 주의점 : 검사자의 생각에 틀림없이 그 결정인이 사용되었을 것으로 보이더라도 피검자가 자발적으로 보고한 것이 아니라면 기호화해서는 안 됨
  ㉣ 결정인의 7가지 범주 : 형태, 운동, 유채색, 무채색, 음영, 형태차원, 쌍반응과 반사반응

> **┃+ 이해더하기┃**
>
> **채점표**
>
> | 범주 | 기호 | 채점 기준 |
> |---|---|---|
> | 형태 | F | 형태 반응 : 전적으로 반점의 형태 특징을 근거로······. |
> | 운동 | M | 인간 운동 반응 : 인간의 움직임이나 동물 또는 가공적인······. |
> | | FM | 동물 운동 반응 : 피검자가 보고한 동물에서······. |
> | | m | 무생물 운동 반응 : 무생물 또는 감각이 없는 대상에······. |
> | 유채색 | C | 순수 색채 반응 : 전적으로 반점의 유채색에······. |
> | | CF | 색채–형태 반응 : 일차적으로는 반점의 색채가······. |
> | | FC | 형태–색채 반응 : 일차적으로는 형태가······. |
> | | Cn | 색채 명명 반응 : 반점의 색채를 명명한 경우로······. |
> | 무채색 | C' | 순수 무채색 반응 : 반점의 무채색, 즉 흰색, 검정색, 회색이······. |
> | | C'F | 무채색–형태 반응 : 일차적으로는 반점의 무채색이······. |
> | ···(하략)··· | | |

④ 형태질 : 피검자가 보고한 대상의 형태적 특징이 피검자가 사용한 영역과 얼마나 일치하는가를 평가하는 것 → 적합도 지표 → 피검자의 현실검증력이나 지각장애에 대한 중요한 지표

기호	정의	기준
+	우수하고 정교한 (superior overelaborated)	반점의 형태에 맞게 정확히 기술하였거나 형태 사용이 적절하여 반응의 질적 수준이 향상되었을 경우
o	보통의(ordinary)	일반적인 형태 특징을 분명하고 정확하게 사용한 반응
u	드문(unusual)	반응에 나온 대상의 형태와 반점의 형태가 잘 맞지는 않지만 어느 정도는 그렇게 볼 수 있는 반응
–	왜곡된(minus)	반응에 나온 대상의 형태와 반점의 형태가 전혀 맞지 않고 왜곡된 반응

⑤ 반응내용과 평범반응
  ㉠ 반응내용의 채점은 피검자가 보고한 대상이 어떤 범주에 드는가를 기호화하는 것
  ㉡ 피검자들에게서 흔히 나타나는 반응을 '평범반응'이라 부르고 따로 기호화함(13개)
⑥ 조직화 활동 : "자극을 어느 정도 조직화하여 응답했는가?" 조직화 활동은 숫자로 표시하고 Z점수라고 한다. 개별적인 Z점수는 의미가 없지만 반응빈도와 합계 점수는 피검사자가 자극을 조직하는 정도와 그 효율성을 나타낸다.
⑦ 특수 점수
  ㉠ "특이한 언어반응을 하고 있는가?"
  ㉡ 14가지 특별 점수 제시 : 특이한 언어반응(6개), 보존(반응반복)과 통합의 실패(2개), 특별한 내용(4개), 개인적 반응(개인화), 특별한 색깔(특수한 색채투사)

| + 이해더하기 |

반응 채점의 주요 원칙
① 피검자가 자유연상단계에서 자발적으로 응답한 반응만 채점한다. 따라서 질문단계에서 검사자의 질문을 받고 유도된 반응은 원칙적으로 채점되지 않는다. 그러나 질문단계에서 응답되었다 할지라도 검사자의 질문을 받지 않고 자발적으로 피검자가 응답한 경우라면 채점에 포함된다.
② 반응단계에서 나타난 모든 요소들이 빠짐없이 채점되어야 한다. 혼합반응에서처럼 피검자가 응답한 내용을 어느 부분도 빼놓지 않고 채점해야 된다는 점은 채점과정에서 주의해야 하는 중요한 원칙이다.

8. 구조적 요약 및 해석
① 채점이 완료되면, 이를 토대로 구조적 요약을 하게 된다.
② 구조적 요약의 단계
  ㉠ 반응기록지의 오른쪽에 채점해 둔 각 반응의 기호와 점수들을 점수계열지에 기록
  ㉡ 기록된 각 변인의 빈도들을 구조적 요약지의 상단부에 기록
  ㉢ 이를 토대로 반응 간의 비율, 백분율, 산출 점수들을 계산하여 구조적 요약지의 하단에 기록

9. 주의점 및 활용
① 주의점 : 초심자의 경우 반드시 표준화된 절차를 숙지하고 따라야 함은 물론, 해석에 있어서도 다양한 연구 결과나 경험 많은 임상가에 의하여 축적된 지식에 바탕을 두고 해 나가도록 해야 한다.
② 활용 : 우울이나 정신분열증, 강박증 등의 정신건강을 진단하거나 사고의 융통성, 생각의 특이성과 같은 인지사고기능검사, 감정조절방식, 애정욕구와 같은 정서 상태, 대인관계, 자아상을 확인하고자 실시된다.

TOPIC. 3 주제통각검사(TAT)

1. 주제통각검사 이해
① TAT(Thematic Apperception Test)는 대표적인 투사적 검사로 Murray의 욕구이론에 기초하여 Morgan과 Murray가 개발하였다.
  ㉠ 자아와 환경과의 관계를 평가해 주는 검사
  ㉡ 개인의 인격 가운데 주요 동기, 정서, 콤플렉스, 갈등 등 다양한 요소들을 나타냄
  ㉢ 특히 개인이 자각하지 못하는 억제된 요소들을 드러나게 함
② TAT의 기본적 가설
  ㉠ 우리가 외부 대상을 인지하는 과정에는 대상의 자극 내용만을 단순히 있는 그대로 지각하는 데 그치는 것이 아니라 그것을 지각하는 사람 나름대로 이해하고 주관적 해석을 하거나 또는 그것에 대해서 어떤 상상을 하면서 받아들이게 됨
  ㉡ 통각 : 우리가 대상을 인지하는 방식에는 대상의 자극 특성에 크게 의지하는 비교적 공통적인 요인이 작용하는 동시에, 자극 특성에 의존하지 않고 순수한 개인의 선행 경험에 의존하는 요인이 공존함. 이 두 가지가 결합, 작용하여 이해, 추측, 상상이라는 심리적 작용이 이루어지는 것을 의미함
  ㉢ 주제 : '실생활에서 생긴 일 같이'라는 의미가 포함됨. 즉 피검자의 이야기는 욕구와 압력의 관계, 생활체와 환경과의 상호의존적 관계에 의해서 생긴 것
③ TAT와 로샤검사와의 차이점

TAT	로샤검사
다양한 대인관계상의 역동적 측면을 파악	원초적인 욕구와 환상을 주로 도출
인물(사람)들이 등장하는 모호한 내용의 그림자극을 제시함	인물이 등장하지 않고 단지 잉크 반점이라는 추상적 자극을 제시함

2. 도구의 구성
① TAT는 흰색과 검은색으로 그림이 그려진 총 31장으로 구성되며 16번은 백지카드이다.
② 각 카드 뒷면에는 남자(M), 성인 여자(F), 소년(B), 소녀(G) 등의 구별이 표기되어 있으므로 피검자의 연령과 성에 따라 카드를 선정하도록 한다.
  ㉠ 남자와 소년 : BM(3BM, 6BM, 7BM, 8BM, 9BM, 17BM, 18BM)
  ㉡ 여자와 소녀 : GF(3GF, 6GF, 7GF, 8GF, 9GF, 17GF, 18GF)
  ㉢ 성인 남자 : M(12M)
  ㉣ 성인 여자 : F(12F)
  ㉤ 성인 남과 여 : MF(13MF)
  ㉥ 소년 : B(13B)
  ㉦ 소녀 : G(13G)

ⓞ 소년과 소녀 : BG(12BG)
  ㉱ 겸용 : 1, 2, 4, 5, 10, 11, 14, 15, 16, 19, 20
③ 이 중 11장은 모든 피검자에게 실시되고, 나머지 카드들은 성별과 연령에 따라 각각 9장씩 실시한다. 각 개인은 20장의 그림을 보게 된다.

| + 이해더하기 |

도판의 예시

〈도판 1〉   〈도판 13B〉

3. 실시

개인실시	• 지시문은 연령, 지능, 성격, 피검자의 상황에 맞추어 단어를 선택함 • 보통 "이 검사는 여러 검사 중의 하나인 그림을 보고 상상을 해서 이야기하는 검사입니다. 자유롭게 하세요."라는 말을 덧붙임 • 격려, 비지시적, 지나치게 길거나 산만한 경우를 제외하고는 검사 도중 아무 말도 하지 않는 것이 좋음
실시방법	• 1일 간격으로 매회 1시간 정도, 2회에 걸쳐 실시. 이때 회기 간 적어도 하루 정도의 간격이 있어야 함 • 1회는 도판 1에서 도판 10까지, 2회는 도판 11에서 20까지 나누어 실시 → 피험자의 피로도를 줄이고 반응의 효율성을 최대화. 필요에 따라 몇 장의 도판만을 골라서 시행할 수 있음 • 검사지시는 1회와 2회 내용이 차이가 있고, 피검자의 연령과 지능 수준에 따라서도 다소 차이가 있음
질문	• 피검자가 이야기를 다 완성한 후 하는 것이 가장 도움이 됨 • 질문은 자유연상의 과정으로 일반적으로 장소, 날짜, 인물의 적합한 이름이나 상세한 정보 등 피검자에 의해 주어진 모든 유용한 정보에 관한 자유연상이나 생각을 해보라고 함

4. 지시문

① 1회 검사 지시 내용

- 평균 지능을 가진 성인에게
"지금부터 당신에게 몇 장의 그림을 한 번에 한 장씩 보여주겠습니다. 그림을 보면서 극적인 이야기를 만들어 보십시오. 그림에 나타난 장면이 있기까지 어떤 일이 있었는지, 현재 무슨 일이 일어나고 있는지, 사람들은 무엇을 느끼고 있고 무엇을 생각하고 있는지를 이야기해 주십시오. 그리고 그 결과에 대해서도 이야기하시기 바랍니다. 생각이 떠오르는 대로 이야기해 주십시오. 자, 어떻게 하는 것인지 이해가 갑니까? 지금부터 10장의 그림을 보는 데 50분 정도 시간이 있으니 한 장에 약 5분 정도 이야기할 수 있습니다. 자, 여기 첫 번째 그림이 있습니다."
- 아동, 교육 수준이 낮은 성인, 정신과 환자에게
"이것은 이야기를 만드는 검사입니다. 여기 몇 장의 그림이 있는데 이것을 당신에게 주겠습니다. 각 그림을 보고 당신이 이야기를 꾸며 보도록 하십시오. 이 그림을 보면서 과거에는 무슨 일이 일어났는지, 그리고 현재는 어떤 일이 일어나고 있는지를 이야기해 주십시오. 사람들이 무엇을 느끼고 있고 무슨 생각을 하고 있는지를 이야기하고 앞으로는 어떻게 될 것인지를 이야기해 주십시오. 어떤 이야기이든지 자유롭게 만들 수 있습니다. 자, 어떻게 하는 것인지 이해가 갑니까? 그러면 여기에 첫 번째 그림이 있습니다. 그림 한 장에 5분 정도 시간을 쓸 수 있습니다. 그러면 당신이 할 수 있는지를 보기로 합시다."

② 2회 검사 지시 내용

- 평균 지능을 가진 성인에게
"오늘 검사 시행 방법은 상상을 좀 더 자유롭게 한다는 점 외에는 지난번 방법과 동일합니다. 첫 번째 10개 이야기들은 매우 훌륭했습니다. 그러나 그 이야기들은 일상적인 사실들에 국한되는 것이었습니다. 이제 상식적인 현실을 무시할 때 이 그림에서 무엇을 볼 수 있는지를 알아보기로 합시다. 신화나 동화, 우화에서처럼 상상력을 마음껏 발휘해 보시기 바랍니다. 자, 여기에 첫 번째 카드가 있습니다."
- 아동, 교육 수준이 낮은 성인, 정신과 환자에게
"오늘 몇 가지 그림을 더 보여주겠습니다. 이 그림들은 더 재미있고 더 좋은 그림들이기 때문에 이번에는 이야기하는 게 더 쉬울 것입니다. 지난번에 당신은 이야기를 매우 잘해주었습니다. 이제 몇 장 더 이야기할 수 있는지 알아보고자 합니다. 이번에는 이야기를 동화나 꿈과 같이 더 재미있게 꾸며보기를 바랍니다. 자, 여기에 첫 번째 그림이 있습니다.

③ 16번 백지카드 지시 내용

- "이 백지카드에 대해 당신이 무엇을 볼 수 있는지를 알아봅시다. 이 백지에서 어떤 그림을 상상해보고 그것을 자세하게 말해보십시오."
- 만약 피검자가 이 지시에 잘 따르지 못한다면 다음과 같이 지시한다. "당신의 눈을 감고 무엇인가를 상상해 보십시오."
- 피검자가 이 지시를 받고 상상을 말하면 다음과 같이 지시한다. "자, 이제 그것을 이야기로 꾸며 봅시다."

5. 욕구-압력 분석법

① 개인의 욕구(need)와 환경 압력(pressure) 사이의 상호작용 결과를 분석함으로써 개인의 심리적 상황을 평가하고자 하는 방식이다.

② 세부 방법

  ㉠ 주인공을 찾게 함 : 제일 먼저 주인공이 누구인지를 가려서 주인공의 주요 욕구를 분석해야 함
  - 제일 먼저 이야기에 등장하는 인물
  - 이야기 전체에서 피검자가 관심을 집중시키는 인물
  - 중요한 행동을 주동하는 입장에 있는 주요 인물
  - 이야기를 전환시키는 역할을 하는 인물
  - 다른 사람으로부터 행동을 강요받는 인물
  - 연령, 성, 기타 심리적 특징이 피검자와 유사한 인물

  ㉡ 환경의 압력을 분석 : 환경자극이 주인공에게 어떤 영향을 미치는지가 분석되고 환경자극의 특수한 내용이 분석됨
  - 인적 압력 : 착취, 친화, 공격, 인지, 존경, 지배 등의 압력
  - 환경적 압력 : 주변 사물이 주인공에게 영향을 미치고 있는지, 천재지변이나 자연적 위험, 사회적·이데올로기적 압력, 주변 환경의 불행 및 결핍 등의 압력
  - 내적 압력 : 죽음, 신체적 질병, 욕구좌절, 범법행위나 이로 인한 죄의식, 신체적, 심리적 지체, 수술, 열등감 등의 압력

  ㉢ 주인공의 반응에서 드러나는 욕구를 분석 : 주인공의 욕구는 다음과 같은 상황에서 일어남
  - 사물이나 상황에 대한 주인공의 활동에서 드러나는 욕구 : 성취욕구, 획득욕구, 인지욕구, 흥분욕구, 이해욕구 등
  - 다른 사람에 대한 주인공의 활동에서 드러나는 욕구 : 친화욕구, 공격욕구, 지배욕구, 양육욕구, 인정욕구, 거부욕구, 성욕구 등
  - 다른 사람에 의해 야기된 활동에 대한 주인공의 반응에서 드러나는 욕구 : 자율욕구, 비난회피욕구, 존경·복종욕구, 방어욕구, 은둔욕구 등

  ㉣ 주인공이 애착을 표현하고 있는 대상을 분석 : 반응 내용 가운데 주인공에게 긍정적이거나 부정적 감정을 일으키는 사물, 활동, 사람, 관념을 탐색
  - 부착대상 : 주인공의 마음속에 유쾌함이나 불쾌함의 감정을 일으키는 대상물
  - 긍정적 부착대상 : 주인공에게 유쾌한 감정을 일으키는 대상
  - 부정적 부착대상 : 주인공에게 부정적 감정을 일으키는 대상

  ㉤ 주인공의 내적인 심리상태를 분석 : 이야기 속에서 주인공이 경험하는 내적 심리적 상태가 행복한가, 갈등을 느끼는가, 비관적인가를 판단함

  ㉥ 주인공의 행동이 표현되는 방식을 분석 : 주인공이 환경적 힘에 자극되었거나 자극되고 있을 때 반응하는 행동방식을 검토함. 이를 통해 이야기에서 드러나는 피검자 성격의 어느 부분이 표출된 수준인지 혹은 내재된 수준인지 확인이 가능

  ㉦ 일의 결말을 분석 : 욕구와 압력관계에 의해 상황의 결말이 행복한가 불행한가, 성공적인가 실패인가, 또는 문제해결이 이루어지고 욕구충족적인가 아니면 갈등해결이 이루어지지 못하고 문제해결이 지연되는 상태인가 등에 주목

TOPIC. 4 문장완성검사

1. 이해
① SCT(Sentence Completion test)의 사용영역
  ㉠ 최초로 미완성 문장을 검사에 이용한 사람은 Ebbinghaus(1897)로, 그는 지능의 측정을 위하여 이 기법을 사용하였음
  ㉡ 문장완성검사를 성격영역에서 활용하기 시작한 개척자 중의 한 사람인 Tendler(1930)는 사고반응과 정서반응의 진단을 구별함. 정서영역을 측정하기 위한 검사는 정서반응을 직접 유발시키면서 자유로운 반응이 허용되고 피검자의 판단이나 선택을 피할 수 있어야 한다고 보았는데, 문장완성검사가 이런 규준을 충족시킬 수 있는 검사라고 제안하였음
  ㉢ Rohde(1946)는 청년기 문제를 다루거나 내담자의 욕구, 내적 갈등, 환상, 감정, 태도, 야망, 적응상의 어려움 등에 대해 파악하고자 할 때 문장완성검사가 적절하게 이용될 수 있다고 추천함. 이는 다수의 미완성 문장을 피검자가 자기 생각대로 완성하도록 하는 검사로, 단어연상 검사의 변형으로 발전된 것
② 장점
  ㉠ 단어연상검사에 비하여 문장완성검사는 문장에 나타난 감정적 색채나 문장의 맥락 등을 통해서 피검자의 태도, 피검자가 주의를 쏟고 있는 특정 대상이나 영역이 보다 잘 제시될 수 있음
  ㉡ 피검자에게 반응의 자유와 가변성을 허용할 수 있음

2. SSCT(The Sacks Sentence Completion Test)
① 현재 임상에서 가장 많이 사용되는 것으로 Joseph M. Sacks에 의해 개발되었다.
② 네 가지 대표적 영역

영역	내용	예시
가족영역	아버지, 어머니 및 가족에 대한 태도를 측정	• 어머니와 나는~ • 내가 바라기에 아버지는~ • 우리 가족이 나에 대해서~
성적영역	• 이성관계에 대한 태도를 포함 • 사회적인 개인으로서의 여성과 남성, 결혼, 성적 관계에 대하여 자신을 나타내도록 함	• 내 생각에 여자들은~ • 내가 성교를 했다면~
대인관계영역	• 친구와 지인, 권위자에 대한 태도를 포함 • 가족 외의 사람들에 대한 감정이나 자신에 대해 타인이 어떻게 느끼는지에 관한 피검자의 생각들을 표현하게 함	• 내가 없을 때 친구들은~ • 윗사람이 오는 것을 보면 나는~
자기개념영역	• 자신의 능력, 과거, 미래, 두려움, 죄책감, 목표 등에 대한 태도를 포함 • 이 영역에서 표현되는 태도들은 현재, 과거, 미래의 자기개념과 그가 바라는 미래의 자기상과 실제로 자기가 될 것 같다고 생각하는 모습에 대한 정보를 제공해 줌	• 무슨 일을 해서라도 잊고 싶은 것은~ • 내가 저지른 가장 큰 잘못은~ • 내가 믿고 있는 내 능력은~

③ 실시
　㉠ 개인과 집단 모두에게 실시될 수 있으며, 약 20분에서 40분 정도의 시간이 소요됨
　㉡ 검사지를 주면서 피검자에게 지시문을 읽어보도록 하고 질문이 있으면 하도록 함

> **| + 이해더하기 |**
>
> **지시문 설명 예시**
> "다음에 기술된 문항들은 뒷부분이 빠져 있습니다. 각 문장을 읽으면서 맨 먼저 떠오르는 생각을 뒷부분에 기록하여 문장이 되도록 완성하여 주십시오. 시간제한은 없으나 가능한 빨리하여 주십시오. 만약 이 문장을 완성할 수 없으면 표시를 해 두었다가 나중에 완성하도록 하십시오."

　㉢ 다음의 사항들을 일러준다.
　　• 답에는 정답, 오답이 없으며 생각나는 것을 쓰도록 할 것
　　• 글씨나 글짓기 시험이 아니므로, 글씨나 문장의 좋고 나쁨을 걱정하지 말 것
　　• 주어진 어구를 보고 제일 먼저 생각나는 것을 쓸 것
　　• 시간에는 제한이 없으나 너무 오래 생각하지 말고 빨리 쓰도록 할 것

④ 해석
　㉠ 해당 영역의 네 개의 반응들을 통합적으로 고려하여 이 영역에서 드러나는 피검자 태도에 대한 임상적인 인상을 구체화, 해석적 요약이 이루어짐
　㉡ 각 영역에 대해서 피검자가 보이는 손상의 정도에 따라 각각 0, 1, 2점으로 평가하고 그 수치를 통해 피검자에 대한 최종 평가를 하도록 함
　㉢ 가장 많이 손상된 태도를 보이는 영역에 대한 기술과 반응 내용에서 드러나는 태도들 간의 상호 관련성에 대한 기술이 가능해짐
　㉣ SSCT 자체의 반응을 단독으로 분석하는 것도 유용하지만, 다른 투사적 검사에서 얻어진 자료와의 비교를 통해서 피검자에 대한 더욱 풍부한 이해를 얻을 수 있음

CHAPTER 06 | 신경심리검사

> **TOPIC. 1** 신경심리검사 개요

1. 신경심리검사 및 신경심리평가의 의의
① 신경심리검사
  ㉠ 선천적 또는 후천적 뇌손상 및 뇌기능 장애를 진단하는 검사도구를 말한다.
  ㉡ 환자의 행동 변화를 야기하는 뇌손상과 그로 인한 신체적 · 인지적 기능상의 변화 등을 감별하기 위한 것이다. 즉, 환자의 행동 변화를 야기하는 뇌손상이 있는지, 손상이 있는 경우 어떤 기능영역에서 나타나는지, 나아가 그와 관련된 뇌병변의 위치가 어디인지 등을 판단하기 위한 진단적 목적으로 사용된다.
② 신경심리평가
  ㉠ 뇌손상 및 뇌기능 장애에 특화된 심리검사와 함께 신경심리 상태에 대한 과학적 · 체계적인 검사 및 환자의 행동장애에 대한 평가를 통해 인지기능의 손상여부를 판정하고 치료계획을 세우기 위한 과정이다.
  ㉡ 환자의 변화된 욕구와 능력, 심리상태에 부합하는 정확한 정보를 수집함으로써보다 적절한 프로그램과 치료 계획을 수립하도록 한다.

2. 신경심리검사(신경심리평가)의 목적
① 환자 상태의 예측(진단) : 신경심리검사는 환자에게서 나타난 뇌손상의 심각도를 알 수 있도록 하며, 뇌손상의 후유증을 예측할 수 있도록 한다. 특히 단층촬영(CT)이나 자기공명영상(MRI)과 같은 뇌영상기법에서 이상소견이 나타나지 않을 때 유용할 수 있다.
② 환자 관리 및 치료계획 수립 : 환자의 성격특성이나 인지상태 등에 대한 자세한 정보를 입수하여 신경학적 장애가 있는 환자들을 보다 세심하게 관리하며, 환자가 겪고 있는 심리적 변화가 그의 행동에 어떠한 영향을 미치는지를 파악함으로써 합리적인 치료계획을 세우도록 한다.
③ 재활 및 치료평가 : 환자의 현재 신경심리학적 상태에 대한 평가를 통해 환자의 변화된 욕구와 능력에 부합하는 적절한 재활 프로그램을 적용할 수 있도록 하며, 환자의 수행 실패에 대한 분석을 통해 어떤 치료기법이 유효한지 평가할 수 있도록 한다.
④ 연구 : 환자의 뇌기능과 행동의 연관성에 대한 연구를 가능하게 한다. 예를 들어, 환자의 유형에 따라 어떤 특정한 신경외과적 수술이 요구되는지, 향후 어떤 변화가 일어날 수 있는지 등을 연구하는 데 유용한 도구로 활용된다.

3. 신경심리검사의 두 가지 접근 전략

① 고정된 배터리 접근(Fixed Battery Approach) : 검사의 종류 및 절차가 미리 정해져 있는 경우로서, 검사자는 모든 환자에게 미리 정해진 검사 배터리를 실시하게 된다.
  ㉠ 장점
   - 거의 모든 뇌기능을 포괄하는 다양한 소검사들을 통해 광범위한 행동 스펙트럼에 대한 강점 및 약점을 평가할 수 있다.
   - 규준 정보를 이용할 수 있고 관련 연구가 확립되어 있는 경우가 많으므로 연구용으로 쉽게 활용할 수 있다.
   - 검사 전문 요원이 일정 기간의 전문적인 훈련을 통해 비교적 쉽게 실시할 수 있으며, 학생들이 배우기 쉽다.
  ㉡ 단점
   - 환자가 특정 영역에 문제가 없음에도 불구하고 단지 배터리에 해당 영역을 측정하는 검사가 포함되어 있으므로 불필요한 검사를 받게 되어 시간과 비용 면에서 비효율적이다.
   - 특정 검사 점수에 대한 근본적인 원인을 간과할 수 있으며, 환자의 특성이나 의뢰사유를 충분히 고려하지 않은 채 검사 배터리에만 의존할 수 있다.

② 가설 검증 접근(Hypothesis-testing Approach) : 고정된 배터리 접근에 비해 융통성이 있는 질적인 접근으로서, 임상가가 검사를 시작하기 전 혹은 평가를 하는 동안 환자에 대해 얻은 정보를 토대로 뇌손상의 원인 및 본질에 대한 가설을 세우며, 그 가설에 기초하여 검사를 선택한다.
  ㉠ 장점
   - 환자의 특성이나 의뢰 사유를 충분히 고려하여 개별 환자에게 적합한 검사를 선택적으로 실시할 수 있으며, 온전한 영역을 검사하는 데 시간을 허비하지 않는다.
   - 최종 검사 점수 자체보다는 검사를 수행하는 동안 관찰된 행동이나 환자가 보인 오류에 초점을 맞추고 검사 점수에 영향을 미치는 요인들을 고려함으로써 보다 질적인 평가가 가능하다.
  ㉡ 단점
   - 매우 제한된 영역에 관한 정보를 제공하며, 환자의 약점에 지나치게 초점을 맞추는 경향이 있다.
   - 환자마다 실시하는 검사의 종류가 달라지므로 검사자료를 연구에 활용하는 데 어려움이 있다.
   - 임상가의 전문성에 의존하므로 상당한 수준의 지식 및 경험, 전문적인 훈련이 필요하다.

4. 노인용 신경심리검사 배터리

① 서울신경심리검사(SNSB ; Seoul Neuropsychological Screening Battery)
  ㉠ 주의집중능력, 언어 및 관련 기능, 시공간 기능, 기억력, 전두엽 집행기능 등을 평가하는 다양한 하위검사들로 구성되어 있다.
  ㉡ 단시간 내에 치매를 선별하기 위한 검사도구로서 한국판 간이 정신상태 검사(K-MMSE), 수검자의 인지기능에 영향을 미칠 수 있는 정서적 상태를 평가하는 노인용 우울검사(GDS), 신체적 상태를 평가하는 바텔 일상생활활동(B-ADL), 수검자와 보호자의 보고를 토대로 치매의 심각도를 평가하는 임상치매척도(CDR) 등이 포함되어 있다.

㉢ 검사 실시에 대략 2시간 정도가 소요되며, 55~80세 노년층에 대한 규준을 제공한다.
② 한국판 치매평가검사(K-DRS-2 ; Korean-Dementia Rating Scale-2)
㉠ 치매 환자의 진단 및 경과 측정을 위해 개발된 치매평가검사(DRS-2)를 국내 실정에 맞도록 재표준화한 것이다.
㉡ 주의, 관리기능, 구성, 개념화, 기억 등을 측정하는 검사들로 구성되어 있다.
㉢ 검사 실시에 대략 30분~1시간 정도가 소요되며, 4개의 연령 수준(50~59세, 60~69세, 70~79세, 80~89세)과 4개의 학력 수준(문맹, 0~5세, 6~11세, 12년 이상)으로 세분화된 규준을 제공한다.
③ 한국판 세라드 치매진단검사(CERAD-K ; Korean Version of Consortium to Establish a Registry for Alzheimer's Disease)
㉠ CERAD는 알츠하이머병 환자의 진단 및 평가, 연구에 표준화된 평가도구 및 진단방법을 사용함으로써 연구자 간 협력 기반을 구축하고자 개발된 것이다.
㉡ 기억력, 지남력, 언어능력, 시공간 능력을 측정하는 검사들로 구성되어 있다.
㉢ 검사 실시에 대략 30분 정도의 비교적 짧은 시간이 소요되면서도 치매와 관련된 인지기능을 포괄적으로 측정하는 장점을 가지고 있다.

TOPIC. 2 신경심리검사 실제

1. 신경심리평가에서 다루어야 할 주요 평가영역 및 신경해부학적 특성

① 지능
㉠ 지적능력의 저하는 뇌손상의 결과로 인한 가장 일반적인 현상으로서, 특히 지능검사는 신경심리평가에 있어서 가장 많이 사용되는 도구이다.
㉡ 일반 성인들의 학업 및 직업 수행이나 정신과 환자들의 질병의 예후를 예측하는 데 유용하다.
㉢ 대표적인 검사 : 웩슬러지능검사(The Wechsler Scales), 라벤 진행성 색채 매트릭스(Raven's Progressive and Coloured Progressive Matrices) 등

② 기억과 학습능력
㉠ 기억장애는 유전적인 요인에서부터 신경학적 손상, 대사기능의 이상, 나아가 정서적·심리적 문제 등에 의해서도 야기되므로, 평가 시에 기억 곤란을 야기하는 근본적인 원인을 명확히 파악하는 것이 중요하다.
㉡ 단기기억은 전두엽의 여러 영역과 관련이 있으며, 장기기억은 내측 측두엽, 간뇌, 기저전뇌, 전두엽과 관련된 것으로 알려져 있다.
㉢ 대표적인 검사 : 웩슬러 기억척도(Wechsler Memory Scale), 캘리포니아 언어 학습검사(California Verbal Learning Test), 레이 청각언어학습검사(Rey Auditory Verbal Learning Test), 코시 토막두드리기 검사(Corsi's Block Tapping Test)

③ 언어기능
  ㉠ 신경학적 병변과 관련된 언어기능상의 이상은 실어증(Aphasia) 혹은 언어기능장애(Dysphasia)로 나타난다.
  ㉡ 언어기능은 뇌의 좌반구, 특히 외측구 주변 영역과 관련이 있다. 언어표현은 브로카(Broca) 영역, 언어이해는 베르니케(Wernicke) 영역과 관련이 있는 것으로 보고되고 있다.
  ㉢ 대표적인 검사 : 보스턴 진단용 실어증검사(Boston Diagnostic Aphasia Examination), 보스턴 이름대기검사(Boston Naming Test), 통제 단어 연상(Controlled Oral Word Association), 라이탄 실어증선별검사(Aphasia Screen Test) 등

④ 주의력과 정신처리속도
  ㉠ 주의력은 시공간적 지남력과 주의 전환, 각성 또는 지속적 주의, 선택적 또는 초점 주의 등의 세 가지 측면으로 구분된다.
  ㉡ 뇌간에서 피질에 이르는 망상활성체(RAS ; Reticular Activating System)가 각성 및 의식에 관여하는 것으로 알려져 있다. 특히 대상피질(Cingulate Cortex)은 입력 정보의 조절기능을 담당하며, 두정엽은 선택적 주의, 전두엽은 주의 자원을 배분하는 기능을 담당한다.
  ㉢ 대표적인 검사 : 선로잇기검사(Trial Making Test), 기호 숫자 양식검사(Symbol Digit Modalities Test), 스트룹 아동 색상 – 단어 검사(Stroop Color – Word Test) 등

⑤ 시각구성능력(시공간 기능)
  ㉠ 자극의 재구성을 위해서는 자극 부분들의 공간적 관계를 정확하게 지각하는 능력, 각 부분을 전체로 조직화하는 능력, 실제적인 운동능력 등이 필요하다.
  ㉡ 시공간적 지각능력의 손상은 구성장애 또는 구성실행증(Constructional Apraxia)을 초래한다. 구성장애는 1차원 및 2차원의 자극을 토대로 2차원 또는 3차원으로 된 대상이나 형태를 구성하는 능력에서 결함을 나타내는 장애로서, 특히 두정엽의 병변과 밀접한 관련이 있는 것으로 알려져 있다.
  ㉢ 대표적인 검사 : 벤더게슈탈트검사(Bender Gestalt Test), 레이 – 오스테리스 복합도형검사(Rey – Osterrieth Complex Figure Test), 벤톤 시각기억검사(The Benton Visual Retention Test), 웩슬러지능검사의 토막짜기와 모양 맞추기 소검사 등

⑥ 집행기능(실행기능 혹은 관리기능)
  ㉠ 집행기능은 개념형성 및 추론을 통해 문제를 해결하거나 계획하며, 상황에 부합하는 판단 및 적절한 행동을 하도록 하는 고차적인 기능이다.
  ㉡ 집행기능의 손상은 기초적인 인지기능이 보존되어 있더라도 사회적으로 적응적인 행동을 하는 데 어려움을 초래하는데, 특히 전두엽 및 전두엽 – 피질하부 순환경로상의 병변과 밀접한 관련이 있는 것으로 알려져 있다.
  ㉢ 대표적인 검사 : 위스콘신 카드분류검사(Wisconsin Card Sorting Test), 스트눕검사(Stroop Test), 선로잇기검사(Trail Making Test), 추적검사(Trail Making Test) 등

⑦ 성격 및 정서적 행동
　㉠ 성격 및 정서의 변화는 뇌손상의 직접적인 결과로 나타날 수도 있으나 신체적 기능저하나 사고경험, 환자의 병전 성격이나 정신과적 질병의 유무, 보상과 관련된 꾀병의 여부 등에 의한 것일 수도 있다.
　㉡ 자기 인식의 제한, 충동성, 경직성, 빈약한 사회적 인식 등은 전두엽 손상과 관련된 것으로 보고되고 있다.
　㉢ 대표적인 검사 : 간이정신진단검사-90(Symptom Checklist 90-Revised), 밀튼 임상다축성검사(Milton Clinical Multiaxial Inventory-Ⅲ), 미네소타 다면적인성검사(MMPI-2), 벡 우울척도(BDI ; Beck Depression Inventory) 등

2. 신경심리학에서 다루어야 할 장애

① 신경인지장애 또는 치매
　㉠ 신경인지장애(Neurocognitive Disorder)는 기존에 치매(Dementia)로 불린 DSM-5 분류 기준상의 장애범주로서, 알츠하이머병, 파킨슨병, 헌팅턴병을 비롯하여 외상성 뇌손상, 혈관 질환 등 다양한 병인의 결과인 만큼 신경학적, 정신과적, 신체적 상해 등의 평가 과정을 포함한다.
　㉡ 신경심리학적 평가는 이러한 장애로 인한 현재의 기능 상태와 특정 영역의 손상을 탐지하고 병전 능력 수준과의 비교를 통해 손상의 정도를 제시함으로써 이를 치료에 활용할 수 있도록 한다.

② 약물중독 또는 물질남용
　㉠ 약물중독이나 물질남용은 신경계에 손상을 입히는데, 보통 이와 같은 중독 혹은 남용은 정신과적 문제가 복합적으로 작용하고 있다. 따라서 정신과적 문제에 일차적인 초점이 맞춰지지만, 재활프로그램을 적용하는 경우 개개인의 신경심리학적 소견에 따라 실시되어야 효율적이다.
　㉡ 급성환자를 제외하고 중독의 영구적 후유증은 명확하지 않다. 이때 신경심리학적 평가가 그 미묘한 차이를 평가하는 데 유용하게 사용될 수 있다.

③ 뇌졸중
　㉠ 뇌졸중은 혈관의 이상으로 인해 뇌의 혈액 공급이 단절됨으로써 신경학적 증상이 나타나는 것이다. 뇌졸중은 광범위한 혈관 질환이므로 인지손상이 다양하게 나타날 수 있으며, 그 결과로 예상되는 인지손상의 특정한 형태가 존재하지 않는다.
　㉡ 신경심리학적 평가는 일차적인 진단도구로 사용되지는 않지만, 회복 속도 및 예후에 대한 평가, 인지기능의 현재 상태 평가 및 치료 후 효과와의 비교, 치료영역 결정 및 치료 종결 후 장기치료 계획 수립을 위한 기초자료 제공 등을 위해 실시된다.

④ 두부손상
　㉠ 두부 충격으로 인한 외상 중 폐쇄성 두부손상(Closed Head Injury)은 뇌의 구조식 변화를 야기하는 심한 두부손상과 달리 뇌에 광범위하고 산재성 형태의 확산성 축색손상을 일으키므로, 특징적인 장애 양상을 보이지 않는 것이 특징이다.
　㉡ 신경심리학적 평가는 주의력 감소, 새로운 학습이나 처음 시도하는 과제에 대한 정신적 속도 및 능력의 감소 등 완전한 기능 상실보다는 다양한 기능의 효율성 감소가 어느 정도 나타나는지를 알려준다.

⑤ 뇌전증(간질)
　㉠ 뇌전증은 급격히 일시적으로 나타나는 뇌세포들의 과도한 방전으로 인한 발작을 의미하는 것으로서, 심한 근육경련, 의식상실 등을 동반한다. 성인보다는 아동에게서 보다 많이 관찰되며, 특히 5세 이하의 아동과 사춘기 연령에서 발생 빈도가 높은 것으로 알려져 있다.
　㉡ 신경심리학적 평가는 발작의 발생 및 빈도 등 여러 요인이 복합적으로 작용하여 나타나는 뇌전증의 특징적 양상에 대해 보다 정확한 평가를 내릴 수 있도록 하며, 취학기의 학습과 수행에 관한 적절한 정보를 제공해 준다.

CHAPTER 07 | 기타검사

TOPIC. 1   홀랜드유형 직업적성검사(CAT)

1. CAT의 의의 및 특징

① 홀랜드(Holland)는 개인-환경 적합성 모형을 통해 직업심리학적 특성과 직업 환경의 심리적 특성을 결부시킴으로써, 개인의 행동이 그들의 성격에 부합하는 직업환경 특성들 간의 상호 작용에 의해 결정된다고 보았다.
② 개인의 성격은 그들의 직업적 선택을 통해 표현되며, 개인의 직업적 만족이나 안정, 성취, 적응 또한 그들의 성격과 직업 환경 간의 적절한 연결에 달려 있다고 본다.
③ CAT는 직무의 다양한 특성들을 탐색하고, 개인이 해당 직무를 수행할 수 있는 능력이 있는지를 판단함으로써 개인의 진로적성을 파악할 수 있도록 한다.
④ 직무의 실제 특성을 6가지 유형으로 분류하여 개인이 어느 유형에 속하는지, 개인이 선호하는 유형의 특징적 양상은 어떠한지, 그에 적합한 직업은 무엇인지 등을 제시한다.

2. CAT 직업분류체계의 기본가정

① 대부분의 사람 또는 문화는 '현실형(Realistic Type), 탐구형(Investigative Type), 예술형(Artistic Type), 사회형(Social Type), 진취형(Enterprising Type), 관습형(Conventional Type)'의 6가지 유형 또는 이 유형들의 조합에 의해 분류될 수 있다.
② 직업 환경도 6가지 유형 또는 이 유형들의 조합으로 분류될 수 있다.
③ 사람들은 자신의 능력과 기술을 발휘할 수 있는 환경, 자신의 태도와 가치를 표현할 수 있는 환경을 찾고자 한다.
④ 사람들의 행동은 자신의 직업 환경 및 특성, 자신의 성격 및 흥미 특성의 상호작용에 의해 결정된다.

3. CAT의 6가지 직업성격 유형

① 현실형(R ; Realistic Type)

일반적 특징	• 확실하고 현재적·실질적인 것을 지향한다. • 현장에서 수행하는 활동 혹은 직접 손이나 도구를 활용하는 활동을 선호한다. • 추상적 개념을 통해 자신의 생각을 표현하는 일이나 친밀한 대인관계를 요하는 일은 선호하지 않는다.
성격적 특징	• 신체적으로 강인하며, 안정적이고 인내심이 있다. • 평범하고 솔직하며, 정치적·경제적 측면에서 보수적인 양상을 보인다.
직업 활동 양상	• 일의 성과에 대한 구체적이고 신속한 활동을 통해 직무활동에 보람을 느낀다. • 기술직·토목직, 자동차 엔지니어, 비행기 조종사, 농부, 전기·기계기사 등이 적합하다.

② 탐구형(I ; Investigative Type)

일반적 특징	• 추상적인 문제나 애매한 상황에 대한 분석적이고 논리적인 탐구활동을 선호한다. • 새로운 지식이나 이론을 추구하는 학문적 활동을 선호한다. • 대인관계에 관심을 갖지 않으며 공동작업을 선호하지 않는다.
성격적 특징	• 자신의 지적인 능력에 자부심이 있다. • 새로운 정보에 관심을 가지며, 문제 해결보다는 문제 자체에 더 많은 관심을 가진다.
직업 활동 양상	• 복잡한 원리나 첨단 기술 등의 새로운 분야에 도전하여 내면적인 호기심을 충족시킴으로써 보람을 느낀다. • 화학자, 생물학자, 물리학자, 의료기술자, 인류학자, 지질학자, 디자인 기술자 등이 적합하다.

③ 예술형(A ; Artistic Type)

일반적 특징	• 어떤 것의 시비보다는 상징적·창조적인 것을 지향하는 문학, 미술, 연극 등의 문화 관련 활동 분야를 선호한다. • 직업 활동이 자신의 개인적 관심 분야와 밀접하게 연관된다. • 구조화된 상황이나 정서적으로 억압적인 상황을 선호하지 않는다.
성격적 특징	• 독립적 상황에서 자신의 내면 세계를 작품으로 표현하고자 한다. • 심미적 가치를 높이 평가하며, 예술적 방법으로 자신을 표현한다.
직업 활동 양상	• 새로운 것을 창조하거나 창의적인 이와 관계를 형성할 때 보람을 느낀다. • 문학가, 작곡가, 미술가, 무용가, 무대 감독, 디자이너, 인테리어 장식가 등이 적합하다.

④ 사회형(S ; Social Type)

일반적 특징	• 인간의 문제와 성장, 인간관계를 지향하고 사람과 직접 일하는 것을 좋아하며, 원만한 대인관계를 맺는다. • 타인을 교육·육성하는 일을 좋아하며, 개인적 이익을 추구하기보다는 타인을 돕는 활동을 선호한다. • 논리적·분석적 활동이나 인간의 가치가 배제된 경쟁적 활동은 선호하지 않는다.
성격적 특징	• 타인에 대해 협력적이고 친절하며 유머 감각과 재치를 지니고 있다. • 평화로운 인간관계를 선호하며, 타인의 복지에 관심을 가진다.
직업 활동 양상	• 동료들과 친밀한 관계를 형성하며, 상대의 능력에 대해 서로 신뢰를 보일 때 보람을 느낀다. • 사회사업가, 교사, 상담사, 간호사, 임상치료사, 언어치료사, 목회자 등이 적합하다.

⑤ 진취형(E ; Enterprising Type)

일반적 특징	• 정치적 · 경제적 도전에 대한 극복을 지향하며, 지휘와 권한을 통해 다른 사람을 이끌고 통제하는 활동을 선호한다. • 타인과 함께 일하는 것을 선호하며, 조직화된 환경에서 공동의 목표를 달성하고자 한다. • 추상적이고 애매한 상황에서 관찰적이고 상징적인 활동을 하는 것을 선호하지 않는다.
성격적 특징	• 다른 유형보다 자기 주장이 강하고, 지배적이며, 자기 확신이 강하다. • 자신감과 모험심이 강하며, 낙천적 · 논쟁적이다.
직업 활동 양상	• 조직 활동 내에서 적절한 권한 행사를 통해 조직의 목표를 달성할 때 보람을 느낀다. • 기업 실무자, 영업사원, 보험설계사, 정치가, 변호사, 판매원, 연출가 등이 적합하다.

⑥ 관습형(C ; Conventional Type)

일반적 특징	• 구조화된 상황에서 구체적 정보를 토대로 정확하고 세밀한 작업을 요하는 일을 선호한다. • 정확성을 요하는 활동, 회계 등과 같이 숫자를 다루는 활동을 선호한다. • 비구조화된 상황이나 창의성을 요하는 활동을 선호하지 않는다.
성격적 특징	• 보수적 · 안정적이며 성실하고 꼼꼼하다. • 자기 통제를 잘하며, 인내심을 가지고 주어진 일을 묵묵히 수행한다.
직업 활동 양상	• 자신의 기여에 의한 실질적인 성과가 조직의 목표 달성에 긍정적 결과를 가져올 때 보람을 느낀다. • 사무직 근로자, 경리사원, 프로그래머, 사서, 은행원, 회계사, 법무사, 세무사 등이 적합하다.

4. CAT의 직업성격 육각형 모델

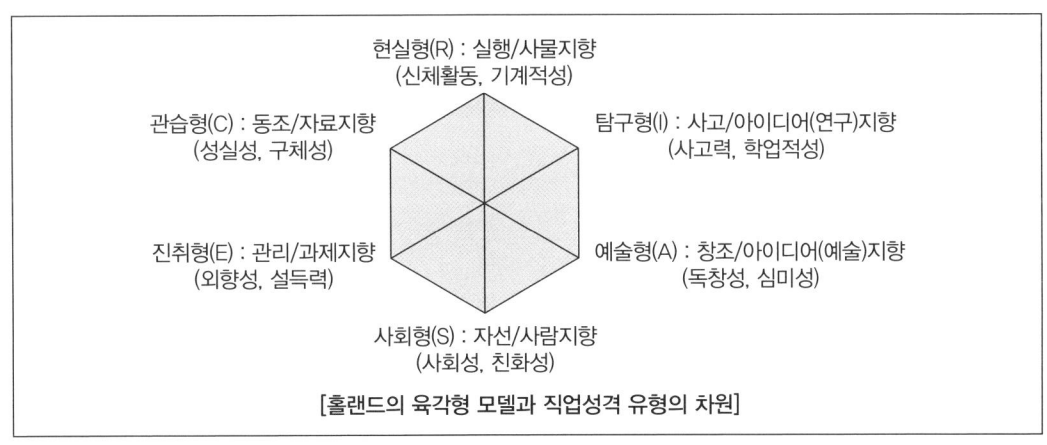

[홀랜드의 육각형 모델과 직업성격 유형의 차원]

TOPIC. 2 사회성숙도검사(SMS)

1. 의의 및 특징

① 돌(Doll)에 의해 고안된 바인랜드 사회성숙척도(Vineland Social Maturity Scale)를 김승국과 김옥기가 0~30세까지의 일반인 2,230명을 대상으로 표준화한 검사도구이다.
② 검사는 수검자를 잘 아는 부모, 부모가 없을 경우 형제, 자매 혹은 그를 잘 아는 친척이나 후견인과의 면접을 통해 시행된다. 특히 수검자가 자신에 관한 정보를 제공할 수 있을 정도로 성숙해 있다고 하더라도 직접 수검자를 면접 대상으로 하지 않는다.
③ 자조, 이동, 작업, 의사소통, 자기관리, 사회화 등 크게 6가지 영역에 대한 발달정도를 측정하며, 각 영역별로 적응행동의 표본이 된다고 할 수 있는 문항들로 구성되어 있다.
④ 적응 수준의 하위영역을 6가지 범주로 구분함으로써 각 영역에 따른 발달 수준을 평가할 수 있는 것은 물론, 수검자의 부적응적 문제와 관련하여 어떤 영역을 중심으로 적응능력을 발달시켜 나갈 수 있을지를 예측하고 계획을 수립하는 데 지표로 활용할 수 있다. 특히 사회적응능력 발달 수준을 평가하여 아동의 인지적 성숙도를 측정할 수 있다는 점에서, 장애 아동 및 비장애아동의 진단 및 치료목적으로 널리 활용되고 있다.
⑤ 각 문항은 수행이 완전한 경우에서부터 수행이 불완전하거나 불가능한 경우에 이르기까지 총 5단계의 판단 기준에 따르며, 이를 각각 '+', '+F', '+NO', '±', '-'로 표시한다.

+	부당한 강요나 인위적 유인 없이도 각 항목의 본질적 행동을 습관적으로 수행하는 경우 혹은 현재는 습관적으로 수행하고 있지 않으나 하려고 하면 쉽게 수행할 수 있는 경우
+F	검사 시에는 일시적 문제 혹은 특별한 제약으로 인해 각 항목의 행동을 성공적으로 수행하지 못했으나, 평상시에는 성공적으로 수행하는 경우
+NO	지금까지는 기회 부족으로 각 항목의 행동을 수행하지 못하였으나, 기회가 주어진다면 곧 성공적으로 수행 또는 습득할 수 있을 경우
±	각 항목의 행동을 가끔 하기는 하나 그 행동이 불안정할 경우, 즉 과도기적인 상태이거나 발현 중인 상태에 있을 경우
-	각 항목의 행동을 전혀 수행하지 못한 경우, 부당한 강요나 유인이 있을 때에만 수행하는 경우, 혹은 과거에 성공적으로 수행하였으나 현재는 비교적 항구적인 신체적·정신적 장애로 인해 수행하지 못할 경우

2. 측정 내용

① 자조 영역(SH ; Self-Help) : 자조 일반(SHG ; Self-Help General), 자조 식사(SHE ; Self-Help Eating), 자조 용의(SHD ; Self-Help Dressing)의 세 가지 영역을 통해 자조능력을 측정한다.
② 이동 영역(L ; Locomotion) : 기어다니는 능력부터 어디든지 혼자서 다닐 수 있는 능력까지를 측정한다.
③ 작업 영역(O ; Occupation) : 단순한 놀이에서부터 고도의 전문성을 요하는 작업에 이르기까지 다양한 능력을 측정한다.

④ 의사소통 영역(C ; Communication) : 동작, 음성, 문자 등을 매체로 수용능력 및 표현능력을 측정한다.
⑤ 자기관리 영역(SD ; Self-Direction) : 금전의 사용, 물건의 구매, 경제적 자립준비, 그 밖의 책임 있고 분별 있는 행동을 통해 독립성과 책임감을 측정한다.
⑥ 사회화 영역(S ; Socialization) : 사회적 활동, 사회적 책임, 현실적 사고 등을 측정한다.

TOPIC. 3 종합심리검사

1. 종합심리검사(Full Battery)의 의의
① 여러 종류의 검사를 하나의 세트로 묶어 사용하는 방식으로서, 배터리형으로 제작된 검사세트를 모두 실시하는 방법에 해당한다.
② 다양한 심리검사를 하나로 종합하여 수검자에 대한 보다 심층적인 임상면접과 체계적인 행동 관찰이 가능하다.
③ 수검자의 인지적 기능, 정서 상태, 성격적 특징, 대인관계 양식, 핵심갈등 영역, 심리적 자원 등에 대한 종합적인 평가가 이루어진다.
④ 일반적으로 지능검사를 포함하여 총 7종의 심리검사의 조합으로 이루어지며, 이를 통해 풍부하고 포괄적인 정보를 얻을 수 있다.
⑤ 검사상 필요에 따라 다른 검사를 추가하거나 일부 검사를 제외하는 등 융통성 있게 실시할 수 있다.

2. 종합심리검사를 실시하는 이유
① 개인 심리에 대한 전반적인 평가 : 개인의 복잡한 사고와 행동을 하나의 심리검사로 평가할 수 없으며, 개별적·단편적인 검사로 얻을 수 있는 정보는 지극히 제한되어 있다. 따라서 개인의 자아상, 인지, 정서, 대인관계, 스트레스에 대한 대응 등 다양한 정보를 종합적으로 수집함으로써 개인 심리의 전반적인 평가가 가능하다.
② 교차타당성 검증을 통한 정확도 향상 : 각각의 심리검사는 그 평가영역에 중첩되는 부분이 있으므로, 단일검사에서의 교차타당성 검증이 다른 검사 결과를 통해 이루어진다. 따라서 측정오차를 최소화하는 동시에 정확도를 향상시킬 수 있다.

3. 개별검사와 종합심리검사의 비교

개별검사	• 환자에 따라 적절한 검사를 특정적으로 선정하여 실시하는 방법에 해당한다. • 다른 불필요한 검사들을 제외하며, 필요한 검사에 대한 보다 집중적인 실행이 가능하다. • 자동화된 해석체계가 존재하지 않으므로 고도의 전문성을 가진 신경심리개별검사 전문가가 필요하다. • 환자의 검사 행동 및 결과의 종합을 통해 풍부한 정보를 제공한다. • 신경심리전문가를 훈련시키거나 모집하는 데 어려움이 있다.
종합심리검사	• 개별적 · 단편적인 검사에 의한 정보수집의 한계를 극복하여 종합적인 평가자료의 수집이 가능하다. • 자동화된 해석체계가 존재하므로 검사자의 채용을 촉진한다. • 환자의 병전 기능수준에 대한 평가와 함께 현재 기능수준에 대한 파악이 가능하다. • 임상적 평가 목적과 연구 목적이 함께 충족될 수 있다. • 자료가 광범위하거나 불충분하게 제공될 수 있으며, 시간과 비용이 많이 소요된다. • 최신의 신경심리학적 연구결과들을 반영하기 어렵다.

4. 종합심리검사 시 사용하는 검사 중 신경심리검사로서의 역할을 할 수 있는 주요 검사

① 웩슬러지능검사(KWAIS ; Wechsler Adult Intelligence Scale)
  ㉠ 지능검사는 신경심리검사가 개발되기 이전부터 인지기능의 손상을 평가하는 보편적인 도구로 널리 사용되어 왔다. 그 이유는 뇌손상의 결과로 나타나는 대표적인 손상이 일반적인 지적 능력이기 때문이다.
  ㉡ 지능검사 중 가장 보편적으로 사용되는 웩슬러지능검사는 인지기능의 기저 수준을 결정하는 데 매우 유용한 것으로 입증되어 왔다. 특히 병전 지능을 추정하는 데 널리 사용되고 있으며, 이는 법의학적 측면에서 법적 판단의 근거가 되기도 한다.

② 벤더게슈탈트 검사(BGT ; Bender Gestalt Test)
  ㉠ 형태심리학의 창시자인 베르타이머(Wertheimer)는 조직된 전체 혹은 구조화된 단위는 인간의 일차적 지각형태이며, 통합된 지각의 상실 혹은 왜곡된 지각은 여러 형태의 비정상적 · 정신병리적 징후일 수 있다고 보았다.
  ㉡ 벤더게슈탈트 검사는 수검자의 지각 과정을 분석하여 지각상의 오류나 통합 과정상의 오류를 파악하는 것은 물론 시각-운동기능도 평가할 수 있다는 점에서 특히 간편한 신경인지기능검사로서 매우 유용하게 사용되고 있다.

5. 종합심리검사에 지능검사가 포함되는 이유

① 개인의 신경학적 문제와 정신건강의학적 문제를 감별 · 진단하는 데 사용된다.
② 개인의 성격적 · 정서적 특징을 파악하는 데 사용된다.
③ 개인의 적응에 도움을 주는 강점은 물론 장애를 일으키는 약점을 파악하는 데 사용된다.
④ 개인의 인지적 특성은 물론 신체감각, 운동기능 등을 파악하는 데 사용된다.
⑤ 수검 과정에서의 직접적인 행동관찰을 통해 적응적 혹은 부적응적 행동 양상을 이해하는 자료로 사용된다.

PART 02

기초심리상담

- **CHAPTER 01** 기초심리상담 개요
- **CHAPTER 02** 상담관계 형성과 윤리
- **CHAPTER 03** 내담자 심리적 특성 평가
- **CHAPTER 04** 상담 목표와 계획 수립
- **CHAPTER 05** 상담 진행과 슈퍼비전

CHAPTER 01 | 기초심리상담 개요

TOPIC. 1 상담의 의미와 유형

1. 의미
① 내담자와 상담자 간에 수용적이고 구조화된 관계를 형성한다.
② 내담자와 상담자 관계 속에서 내담자가 자기 자신과 환경에 대해 의미 있는 이해를 증진하도록 함으로써 내담자 스스로가 효율적으로 의사결정을 하고, 여러 심리적인 특징을 긍정적인 방향으로 변화시키도록 조력하여 결과적으로 내담자의 성장과 발달을 촉진하는 심리적 조력 과정이다.

2. 유형
① 목적 : 발달과 성장상담, 예방상담, 문제해결상담 등
② 방법 : 대면상담, 매체상담 등
③ 형태 : 개인상담, 집단상담 등
④ 문제 내용 : 위기상담, 가족상담, 성상담, 성장상담, 진로상담, 물질남용과 중독상담, 학습상담, 정신건강상담 등
⑤ 내담자의 자발적 의사 유무 : 자발적 상담, 비자발적 상담

3. 주요 상담 형태
(1) 집단상담
① 의의 및 특징
   ㉠ 집단상담은 집단성원들로 하여금 자기 이해 및 자기 수용, 발달과업의 성취 등을 실현할 수 있도록 돕는 과정이다.
   ㉡ 집단성원 개개인 자체에 초점을 두어 그들의 실제적인 행동상의 변화를 이끌어내는 것을 목적으로 한다.
   ㉢ 집단성원들 간의 상호작용을 통해 개인의 부적응행동과 문제에 접근하며, 주로 개인적 정서적인 문제의 해결에 주력한다.
   ㉣ 과거 부정적 행동의 원인보다는 현재의 문제를 해결하는 데 관심을 기울인다.
   ㉤ 집단치료가 성격장애 등의 심각한 문제를 다루는 데 반해, 집단상담은 태도나 상황의 변화, 직업선택 등 비교적 쉬운 갈등을 다룬다.
   ㉥ 집단상담의 규모는 집단의 특성 및 상황에 따라 다르나 보통 5~15명 또는 6~12명 정도이며, 대체로 5~8명 정도가 적당한 것으로 알려져 있다.

② 집단 구성 시 고려사항
  ㉠ 집단성원(집단원) 구성
    • 집단의 구성원이 동질적인가 혹은 이질적인가 하는 것은 집단의 목표에 의해 결정된다.
    • 일반적으로 어떤 욕구와 목표를 가진 특정 집단의 경우 이질적인 사람들보다는 동질적인 사람들로 집단을 구성하는 것이 낫다. 특히 집단의 동질성은 집단의 응집력을 높이며, 그들의 삶의 위기에 대해 개방적이고 깊숙한 탐색을 할 수 있도록 한다.
  ㉡ 집단의 크기
    • 집단의 크기는 보통 집단성원들의 연령, 집단상담자의 경험 정도, 집단의 형태, 집단에서 탐색할 문제 등에 따라 달라질 수 있다.
    • 집단의 크기는 집단성원 간의 상호작용을 위한 충분한 기회를 제공해 주고 모든 집단성원들이 참여하여 '집단'이라는 느낌을 가질 수 있는 정도가 적당하다.
    • 예를 들어, 아동 대상 집단의 크기는 3~4명, 청소년 대상 집단의 크기는 6~8명이 적당하며, 매주 만나는 성인 집단의 경우 집단상담자 1명에 집단성원 8명이 이상적인 것으로 알려져 있다.
  ㉢ 회기의 빈도와 기간
    • 일반적으로 아동 및 청소년 대상 집단의 경우 비교적 짧은 시간 동안 자주 만나도록 하는 것이 주의력을 집중시키는 데 유리하다. 반면, 대학생 및 성인 대상 집단의 경우 매주 1회기 2시간 정도가 적당한데, 이는 집중적인 작업이 가능할만큼 충분한 동시에 지루하지 않을 정도의 시간이다.
    • 기본적인 기능이 뒤떨어지는 입원 환자 집단의 경우 매일 45분씩 만나는 것이 집중력을 유지시키는 데 유리한 반면, 기능 수준이 상대적으로 높은 입원 환자 집단의 경우 한 주에 여러 번 만나되, 한 회기의 길이를 90분 정도로 길게 잡는 것이 효과적이다.
  ㉣ 전체 집단회기의 길이
    • 대부분의 집단 프로그램은 시작할 때부터 종료 일자를 명시하므로, 집단성원들은 자신들이 참여하고 있는 프로그램의 시간적 한계에 대해 명확히 알게 된다.
    • 종료일이 정해진 집단은 집단성원들로 하여금 그들이 개인적인 목표를 달성할 수 있는 시간이 영원하지 않다는 것을 깨닫도록 한다.
    • 어떤 집단은 동일한 집단성원으로 여러 해 동안 진행되는데, 이러한 구조는 집단성원으로 하여금 문제 사항을 깊이 있게 다루도록 하며, 인생의 변화를 위한 도전을 돕는다.
  ㉤ 집단 실시 장소
    • 집단 실시 장소를 선정하는 데 있어서 중요한 것은 집단성원들의 사생활을 보호해야 한다는 점이다. 즉, 집단성원은 옆방에서 다른 사람들이 자신의 이야기를 듣지 않는다는 안도감을 가질 수 있어야 한다.
    • 혼란스러운 병실이나 강당은 바람직하지 않으며, 의자나 탁자 등으로 혼잡스럽지 않고 편안히 앉을 수 있는 집단상담실이 좋다. 특히 집단성원들이 둥글게 원형으로 앉는 배열이 효과적인데, 이는 모든 참여자들이 서로를 바라볼 수 있고 자유롭게 신체적인 접촉을 할 수 있기 때문이다.

- ⓑ 개방집단 대 폐쇄집단
  - 개방집단은 회원들의 변화로 인해 집단상담 진행 동안 몇몇 집단성원들이 나가고 새로운 집단성원들이 들어온다. 반면, 폐쇄집단은 일반적으로 시간적인 제한이 있는데, 새로운 회원을 받지 않은 채 집단이 끝날 때까지 원래의 집단성원들이 계속해서 집단에 남아있는 것을 원칙으로 한다.
  - 개방집단은 집단성원들의 변화를 통해 집단성원들을 자극시키는 장점이 있는 반면, 집단성원들 간 결속력이 약해질 수 있다는 단점도 있다. 특히 개방집단에서는 새로운 집단성원을 한 번에 한 명씩 받아들이는 것이 좋으며, 입회 면담 때 KEM 집단의 기본원칙에 대해 설명하는 것이 바람직하다.

③ 집단 상담의 형태
  - ㉠ 지도집단 또는 가이던스집단(Guidance Group)
    - 토론의 내용이 정의적이거나 심리적인 집단토의 장면으로 이루어지는 비교적 구조적인 형태의 집단상담이다.
    - 집단지도자(집단상담자)가 집단성원들의 개인적 요구나 관심사에 따라 교육적·직업적·사회적 정보들을 제공하는 것을 주된 목표로 한다.
  - ㉡ 상담집단(Counseling Group)
    - 상담집단은 지도집단과 달리 어떠한 주제나 문제보다는 사람에게 초점을 둔다.
    - 즉, 개인의 성장과 발달뿐만 아니라 성장에 방해요소를 제거시키거나 자기인식에 초점을 둔다.
    - 집단지도자는 집단성원들로 하여금 사적인 문제들을 편안하게 나눌 수 있도록 안정감과 신뢰감이 있는 집단분위기를 조성하는 데 주력한다.
  - ㉢ 치료집단(Therapy Group)
    - 제2차 세계대전 중 정신질환자의 치료를 담당할 전문가의 부족으로 발달하게 되었으며, 치료를 주된 목표로 한다.
    - 집단지도자는 전문적인 훈련을 받고 전문적인 기술을 습득한 사람으로서, 주로 정상적인 기능을 할 수 없는 환자들을 대상으로 집중적인 심리치료를 적용한다.
  - ㉣ 자조 집단(Self-Help Group)
    - 서로 유사한 문제나 공동의 관심사를 가진 사람들이 자발적으로 구성하여 각자의 경험을 공유하는 형태의 집단상담이다.
    - 개인이 각자 자신의 문제 상황에 대처할 수 있도록 하며, 자신에 대한 긍정적인 느낌과 함께 자신의 삶에 책임감을 가지도록 하는 것을 목표로 한다.
  - ㉤ 감수성집단 또는 감수성훈련집단(Sensitivity Group)
    - 집단의 목표는 심리사회적 문제나 정신적 장애의 해결보다는 집단성원들의 의식화 또는 일정한 훈련을 통한 효과에 있다.
    - 집단성원들로 하여금 자기 자신은 물론 타인에 대한 인식을 증진하도록 하며, 보다 효율적인 상호작용 패턴을 구축할 수 있도록 돕는다.

- ⓑ T 집단(Training Group)
  - 소집단을 통한 훈련이 프로그램의 핵심을 이루므로 '훈련집단'이라고 부르며, 실험실 교육 프로그램의 방법을 활용하므로 '실험실적 접근'이라고도 부른다.
  - 집단 활동을 관찰·분석·계획·평가하고 집단성원으로서의 역할을 학습하는 등의 보다 직접적인 경험을 통해 집단의 전반적인 과정에 대해 학습하며, 커뮤니케이션 및 피드백의 구체적인 행동 기술을 습득하는 것을 주된 목표로 한다.
- ⓢ 참만남집단 또는 대면집단(Encounter Group)
  - T집단의 한계를 보완하기 위한 것으로서, 동시대의 실존주의와 인도주의 사상을 도입한 것이다. 특히 개별성원들로 하여금 다른 사람과의 의미 있는 만남을 통해 인간관계 및 인간 실존에 대해 자각하도록 돕는다.
  - 개인의 성장과 함께 개인 간 의사소통 및 대인관계의 발전을 도모함으로써 궁극적으로 자아실현에 이를 수 있도록 하는 것을 1차적인 목표로 한다. 또한 개인의 성장 및 변화를 통해 그가 소속한 조직의 풍토를 변혁하는 것을 2차적인 목표로 한다.

④ 집단상담과 개별상담
  ㉠ 집단상담이 필요한 경우
  - 내담자가 여러 사람들을 보다 잘 이해하고, 다른 사람이 자기를 어떻게 보는지 알아야 할 필요성이 있는 경우
  - 내담자가 자신과 성격이나 생활배경 등이 다른 사람들에 대해 배려와 존경심을 습득할 필요성이 있는 경우
  - 내담자가 다른 사람과의 의사소통이나 대인관계 등 사회성 향상을 위한 기술을 습득할 필요성이 있는 경우
  - 내담자가 다른 사람과의 유대감, 소속감, 협동심을 향상할 필요가 있는 경우
  - 내담자가 자신의 관심사나 문제에 대한 다른 사람의 반응 및 조언을 필요로 하는 경우
  - 동료나 타인의 이해와 지지가 내담자의 행동 변화에 도움이 되리라고 판단되는 경우
  - 내담자가 자신의 문제에 대한 검토나 분석을 기피하거나 유보하기를 원하고, 자기노출에 대해 필요 이상의 위협을 느끼는 경우

  ㉡ 개별상담이 필요한 경우
  - 내담자가 처한 문제가 위급하고, 원인과 해결방법이 복잡하다고 판단되는 경우
  - 내담자 및 관련 인물들의 신상을 보호할 필요가 있는 경우
  - 내담자의 심리검사 결과를 해석해 주는 면담의 경우
  - 내담자가 집단에서 공개적으로 발언하는 것에 대해 심한 불안공포를 가지고 있는 경우
  - 내담자가 상담집단의 동료들로부터 수용될 수 없을 정도로 대인관계가 좋지 못한 경우
  - 내담자의 자기 자신에 대한 탐색 및 통찰력이 극히 제한되어 있는 경우
  - 내담자가 상담자나 다른 사람들에게서 주목과 인정을 강박적으로 요구할 것으로 판단되는 경우
  - 내담자가 폭행이나 비정상적인 성적 행동을 나타내 보일 가능성이 있는 경우

⑤ 장점
　㉠ 경제성
　　• 집단상담은 개인상담과 달리 한 명 혹은 소수의 상담자가 여러 내담자들에게 동시에 상담 서비스를 제공하므로 시간과 노력을 절약할 수 있다.
　　• 집단상담은 한정된 시간에 더욱 많은 내담자들을 상담할 수 있으므로 효율적(Efficient)이고, 비용이 적게 소요되므로 경제적(Economical)이며, 학교나 기업 또는 다양한 임상장면에서 널리 활용할 수 있으므로 실용적(Practical)이다.
　㉡ 다양한 자원 획득
　　• 집단상담은 여러 사람들과의 상호작용을 통해 서로 간의 사고, 행동, 생활양식 등을 탐색해 보는 기회를 가짐으로써 인간적 성장의 기틀을 마련할 수 있다.
　　• 연령, 배경, 사회경제적 지위, 문제 및 관심사 등이 서로 다른 성원들로 구성되는 경우, 폭 넓은 성격을 가진 사람들과의 접촉을 통해 다양한 피드백을 얻을 수 있다.
　㉢ 인간적 성장 환경 제공
　　• 개인의 자아(Ego)가 집단 속에서 성장하고 발전한다는 점에서, 집단은 자연스럽게 자아 성장을 위한 환경을 제공한다.
　　• 집단성원은 신뢰로운 관계 속에서 다른 성원들의 경험, 감정, 관심 등에 대해 알게 되어 간접 경험을 통한 학습을 하게 되며, 자기 자신에 대해 관찰해 봄으로써 자신에 대해 보다 심도 있게 탐색하고 이해할 수 있게 된다.
　㉣ 실생활의 축소판
　　• 그 집단은 실생활의 축소판으로서 지지적·수용적·양육적인 대리가족(Vicarious Family)을 제공한다.
　　• 집단성원들은 집단 참여를 통해 그동안 누적되었던 감정을 해소하고 자신의 입장과 처지에 대해 공감적 이해를 받게 되며, 이를 통해 기꺼이 변화를 시도하고자 하는 동기와 자신감을 얻게 된다. 이 과정에서 습득한 적응 능력과 기술을 자신의 실생활에 적용함으로써 더욱 생산적인 삶을 영위할 수 있게 된다.
　㉤ 문제 예방
　　• 집단성원들은 집단상담을 통해 잠재적인 문제가 악화되거나 발생하기 전에 그에 대한 사전 대처기술을 습득할 수 있다.
　　• 집단의 수용적·지지적인 환경은 집단성원들로 하여금 새로운 행동을 시도하는데 자신감을 불어넣어 주며, 발달상의 문제를 겪고 있는 사람에게 그것이 자신만의 문제가 아닌 보편적인 문제임을 깨닫도록 함으로써 심리적 고통으로부터의 해방감을 안겨 준다. 또한 집단에서의 소속감을 통해 외로움, 고립감, 무기력감 등 정서적인 문제들을 해소할 수 있도록 한다.
　㉥ 상담에 대한 긍정적 인식의 확대
　　• 집단상담은 상담에 대해 잘 알지 못하거나 막연하게 부정적인 인식을 가지고 있는 사람에게 집단 경험을 통해 긍정적인 인식을 가지도록 할 수 있다.
　　• 집단에 대한 긍정적인 인식을 가지게 된 사람은 필요한 경우 자연스럽게 상담서비스를 요청할 가능성이 그만큼 높아진다.

⑥ 단점
  ㉠ 비밀보장의 한계
    - 집단장면에서는 집단성원의 비밀보장(Confidentiality)에 한계가 있다. 따라서 집단상담자는 집단성원들에게 집단에서 노출된 다른 성원들의 사적인 정보에 대한 비밀유지의 중요성을 수시로 강조해야 한다.
    - 또래집단의 비밀보장 원칙은 다른 사람의 사적인 정보를 집단 밖으로 유출하는 행위는 물론 집단 회기 중에 나누었던 대화 내용을 집단 밖에서 언급하는 행위에도 적용된다.
    - 집단상담자는 집단 초기에 비밀보장의 한계를 설명해 줌으로써 집단성원들이 자기 개방을 할 때 적정한 한계를 설정하도록 도와야 한다.
  ㉡ 개인에 대한 관심 미약 : 집단상담은 한 두 사람의 집단상담자가 동시에 여러 명의 집단성원들을 상대하게 되므로, 개인상담에 비해 집단성원 개개인에 대해 주의를 기울여 그를 수용하고 이해하는 데 한계가 있다.

(2) 단기상담

① 의의 및 특징
  ㉠ 단기상담은 상담을 수행하는 기간이 비교적 짧은 상담으로서, 상담 시작에서부터 시간제한성에 직면한다.
  ㉡ 상담의 회기 수가 평균적으로 6~8회 정도에 불과하다.
  ㉢ 내담자의 성격구조나 생활상에 대한 전반적인 통찰 등의 포괄적인 목표가 아닌 내담자가 즉시 해결하기를 희망하는 현실중심의 목표에 초점을 둔다.
  ㉣ 내담자는 보통 문제발생 이전에 기능적인 생활을 해왔다.
  ㉤ 내담자는 구체적인 호소 문제를 가지고 있다.
  ㉥ 내담자에 대한 생애 발달적 접근을 통해 내담자의 심리사회적 발달단계 및 그 수준을 고려한다.
  ㉦ 문제 중심 접근방식이지만 문제의 원인에 초점을 두기보다는 내담자가 가진 자원 또는 강점에 중점을 둔다.
  ㉧ 내담자가 힘을 느끼는 영역이나 성공 경험 등 내담자가 가진 자원을 조기에 활용한다.
  ㉨ 상담자와 내담자의 능동적이고 적극적인 자세가 요구된다.
  ㉩ 단기상담은 본래 심하고 만성적인 문제에 적용하는 것이 효과적이지 못한 것으로 알려져 왔으나, 최근에는 장기상담만큼 효과적으로 적용될 수 있는 것으로 밝혀지고 있다.
  ㉪ 단기상담은 정신병이나 심각한 장애 등의 문제에는 적용할 수 없다.
  ㉫ 단기상담은 단 한 번으로 끝날 수도 있으나 필요한 경우 언제든 재상담이 이루어질 수 있다.
  ㉬ 단기상담은 상황에 따라 시간을 융통적으로 사용하며, 효과성 여부에 따라 상담의 길이나 간격 등을 변경하는 것이 바람직하다.
  ㉭ 단기상담은 장기상담에 비해 상대적으로 비용이 적게 들어간다.
② 단기상담에 적합한 내담자
  ㉠ 내담자가 비교적 건강하며 그 문제가 심각하지 않은 경우
  ㉡ 내담자가 자신의 경미한 문제에 대한 명확한 인식을 원하는 경우

ⓒ 내담자가 임신, 출산 등 발달과정상의 문제를 경험하는 경우
　　　ⓔ 내담자가 중요 인물의 상실로 인해 생활상의 적응을 필요로 하는 경우
　　　ⓜ 내담자가 급성적 상황으로 인해 정서적인 어려움을 겪는 경우
　　　ⓑ 내담자가 조직이나 기관의 구성원으로 소속되어 있는 경우
　③ 질문 요령
　　　㉠ 내담자가 왜 '지금' 상담을 받으려고 하는지를 물어본다.
　　　㉡ 상담 예약을 하고 나서 문제 해결에 진전이 있었는지를 물어본다.
　　　㉢ 상담이 성공했다면 이를 무엇으로 알 수 있는지를 물어본다.
　　　㉣ 다룰 문제를 정의할 때 구체적인 증상이나 행동용어를 사용한다.
　　　㉤ 내담자가 호소하는 것이 왜 문제가 되는지에 대해 알아본다.
　　　㉥ 호소문제가 여러 개일 경우 중요하거나 시급히 해결하여야 할 순서를 정하도록 한다.
　④ 과제 부여 요령
　　　㉠ 과제를 정할 때 내담자를 참여시킨다 : 과제는 내담자의 목표, 가치관, 능력, 흥미와 일치하여야 한다. 따라서 과제를 상담자가 일방적으로 정해서는 안 되며, 그 과정에 내담자를 참여시키는 것이 바람직하다.
　　　㉡ 과제는 내담자의 동기 수준에 부합해야 한다 : 자발적인 내담자에게는 행동을 변화시키거나 새로운 행동을 하도록 하는 과제가 적합한 반면, 비자발적인 내담자에게는 '생각해 보기', '관찰해 보기'와 같은 소극적인 과제가 적합하다.
　　　㉢ 과제는 실행 가능할 정도로 작고 구체적이어야 한다 : 상담자는 내담자에게 다음 상담 회기까지 확인할 수 있는 작은 변화를 생각하며, 실천 가능한 작은 과제를 제시하여야 한다.
　　　㉣ 과제 수행을 촉진하는 단서를 정해본다 : 내담자에게 과제를 잊지 않고 기억하려면 어떻게 해야 할지를 생각해 보도록 하며, 이를 위해 시간, 장소 등을 단서로 정한다.
　　　㉤ 과제 수행의 방해 요소를 생각해 본다 : 과제를 수행하는 데 방해가 될 만한 요소는 무엇인지 생각해 보고, 그것을 극복하는 데 도움이 될 만한 요소를 찾아 활용하도록 동기화시킨다.

(3) 단회상담

　① 의의 및 특징
　　　㉠ 단회상담 또는 단회기 상담은 상담의 가장 짧은 형태로서, 상담이 1회기로 종료되는 유형의 상담을 말한다.
　　　㉡ 실제적으로 전화상담, 심리검사의 해석상담, 진로 및 취업지도, 정보제공상담, 응급상담 등에서 빈번히 사용되고 있다.
　　　㉢ 상담이 단회로 끝나는 이유는 내담자가 자신의 심리적 문제에 대한 간단한 진단 및 조언을 요구하는 경우, 내담자가 연속상담에 거부감을 나타내는 경우, 내담자의 호소문제가 단회로 해소될 수 있는 경우, 상담자가 내담자의 문제를 전문적으로 다룰 수 없거나 그 밖의 다른 사유로 인해 다른 상담자에게 소개하는 경우 등이 있다.

ⓔ 전화상담은 대표적인 단회상담으로서 내담자는 즉석에서 당면문제에 대한 해결방안을 얻고자 기대하는 경향이 있다. 특히 방송전화상담의 경우 짧은 통화시간에 상담이 이루어지므로, 상담자의 전문적인 지식과 기술이 요구된다.
　　ⓜ 법률상담, 의료상담, 심리교육상담 등은 전문가의 의견을 묻는 자문의 방식으로 진행되며, 이와 같은 자문 목적의 상담은 대체로 단회로 이루어지는 경우가 많다.
　　ⓗ 심리검사의 해석상담은 각종 심리검사가 실시된 후 해당 결과를 해석하여 내담자에게 전달하는 것으로서, 일방적 전달모형·자문모형·상담모형의 방식으로 진행된다. 일반적으로 단순한 검사 결과의 전달이나 간단한 심리상담으로 전개된다는 점에서 단회상담인 경우가 대부분이지만, 내담자가 지속적인 상담치료를 원하는 경우 연속상담으로 발전하기도 한다.
　　ⓢ 자살위기, 극심한 스트레스의 체험, 급성 정신질환 또는 발작 등으로 인해 임박한 의사결정 상태에 놓이는 경우 응급상담이 이루어진다. 응급상담은 응급상태나 응급증상으로부터 벗어나도록 하는 것을 일차적인 목적으로 하므로 1회기인 경우가 대부분이다.
② 장점 및 단점
　ⓐ 장점
　　• 상담이 1회에 이루어질지라도 단기상담이나 장기상담에 비해 효율성이 높은 편이다.
　　• 내담자의 구체적인 문제에 대한 즉각적인 해결책이 마련되므로, 내담자의 상담에 대한 거부감을 줄여준다.
　　• 시간 및 비용의 소요가 덜 하며, 더 많은 내담자에게 상담의 기회를 제공할 수 있다.
　　• 상담관계의 지속에 따라 발생되는 내담자의 상담자에 대한 의존성을 효과적으로 방지한다.
　　• 장기적인 치료로 인한 부작용을 방지하는 한편, 스스로 해결할 수 있는 가능성을 높인다.
　ⓑ 단점
　　• 단회상담이 불가능한 내담자들도 있다.
　　• 시간제한으로 인해 상담이 다소 지시적인 양상으로 전개될 가능성이 있다.
　　• 짧은 시간 내에 내담자의 문제는 물론 그의 성격 및 상황까지 파악해야 하므로, 효과적인 상담을 위해 상담이론이나 기법에 대한 전문성이 요구된다.
　　• 사회복지기관이나 일반적인 전화상담의 경우와 같이 상담을 전공하지 않은 자원봉사자들에 의해 이루어지는 경우가 많으므로 전문성이 결여될 수 있다.

4. 기본 원리

① 개별화 : 개인차와 개인 욕구를 고려하여 적합한 상담 방법을 채택해 진행해야 한다.
② 의도적 감정 표현 : 감정 표현을 자유롭게 할 수 있는 분위기를 조성하고 내담자의 문제를 이해할 수 있도록 경청한다. 내담자의 감정을 자극하고 격려하도록 한다.
③ 통제된 정서 관여 : 상담자의 감정을 통제·조절하여 적당한 반응을 보이도록 한다.
④ 수용 : 내담자의 장단점과 바람직한 또는 바람직하지 않은 성격, 긍정적 감정 또는 부정적 감정, 건설적이거나 파괴적인 행동 등을 모두 그대로 수용해야 한다.
⑤ 비심판적 태도 : 내담자의 잘못을 심판하거나 내담자의 가치관을 비난하지 않아야 한다. 내담자의 행동에 대해 기준을 세워 수용 가능한 상황으로 발전시켜야 한다.

⑥ 비밀 보장
  ㉠ 정의 : 내담자 사적 정보를 타인에게 공개하지 않는 것이다.
  ㉡ 중요성 : 비밀 보장에 대한 확신이 있어야 내담자는 상담자를 신뢰하고 문제 해결을 위해 솔직하게 상담에 임하게 된다. 또한 상담 과정에서 내담자에게 피해가 발생해서는 안 된다.
  ㉢ 예외 : 내담자와 사회 안전 위협, 치명적인 전염성 질병, 법원 명령, 아동학대 또는 방치, 학교 상담(미성년자) 등

TOPIC. 2 상담자와 내담자

1. 상담자 윤리
키츠너가 제시한 윤리적 상담의 원칙은 자율성 존중, 선의, 무해성, 정의, 충실성이다.

2. 상담관계
상담관계를 형성하는 방법은 공감적 이해, 무조건적 긍정적 존중, 진실성, 전문성이 있다.

3. 상담 실제
① 접수면접
  ㉠ 접수면접자의 역할 : 막연한 기대를 하는 내담자에게 전문적인 능력과 기술을 지닌 사람이라는 인상을 심어 주는 것이 필요하다.
  ㉡ 접수면접 시 유의해야 할 사항
   • 내담자에게 희망을 불러일으키는 것이 요구된다.
   • 비밀이 보장됨을 확실히 이야기하고 비밀보장의 한계도 설명해야 한다.
   • 상담에 대한 기대를 평가하여야 하는데, 상담관계에 대한 잘못된 개념, 왜곡된 기대 등을 안내해줄 필요가 있다.
   • 기본적인 정보(가족관계, 사회경제적 수준, 이전에 받았던 상담 경험, 중요하게 호소하는 문제, 정서적인 강도, 인지적 기능, 대인관계 기술 등)를 수집한다.
   • 내담자가 상담실에 찾아오게 된 경위를 파악한다.
   • 행동적인 변화에 대한 동기를 파악한다.
② 상담 초기
  ㉠ 상담관계를 형성하고 구조화한다. 내담자의 문제를 이해하고 상담 목표를 설정한다.
  ㉡ 초기 단계에서 사용되는 상담 기법 : 관심 기울이기, 경청하기, 구체성, 재진술, 개방형 질문하기, 반영 예 "말씀이 빠르고 격앙된 것을 보니, 많이 속상하고 억울하게 느끼시는군요."
③ 상담 중기
  ㉠ 문제를 해결하는 단계로서 여러 가지 상담 기법을 사용한다.

- ⓛ 상담 중기의 과제
  - 저항의 처리 : 저항하는 경우 이에 대한 내용을 점검하고 처리하여 주어야 한다.
  - 구체적 탐색과 직면 : 문제에 대해 구체적인 탐색과 내담자의 불일치된 면이 나타나는 경우 이에 직면할 필요가 있다.
  - 다양한 기법을 활용하고 해결 대안의 발달을 촉진한다.
  - 내담자가 문제 해결을 위해 실천할 수 있는 동기를 조성해 나가야 한다.
  - 실천 과정을 유지하고 강화해 나가야 한다.
- ⓒ 상담 기법 : 심층적 공감, 피드백 주기, 직면, 즉시적 반응, 해석(재구조화), 대처질문

④ 종결
- ㉠ 종결의 준비 과정을 거쳐야 하며 점진적으로 내담자와 함께 정할 필요가 있다.
- ㉡ 내담자의 불안을 다루어 주어야 한다.
- ㉢ 상담을 통한 변화와 발전을 재음미하고 요약하며 종결에 따른 불안을 다뤄 주는 것이다.
- ㉣ 상담자를 향한 의존성을 극복할 수 있게 원조한다.
- ㉤ 상담자와 내담자의 상담관계가 상담 목표를 가지고 만난 일시적인 관계임을 상기시킬 필요가 있다.
- ㉥ 내담자를 격려해 주고 상담관계가 내담자에게 의미 있는 관계임을 확인시켜 주어야 한다.
- ㉦ 대처에 대한 면역력을 증대시킨다.
- ㉧ 상담 종결 후의 생활을 예견해 보고 대처 방안을 논의한다.
- ㉨ 증상 재발 시의 대처 방법을 강구한다.
- ㉩ 증상 재발 시 추가 만남에 대한 가능성을 제시한다.

⑤ 추수상담
- ㉠ 3개월이나 6개월 후의 만남(checkup)을 제안하는 것이 좋다.
- ㉡ 예약을 해 놓을 수도 있고, 필요하다면 내담자가 먼저 약속을 정할 수도 있다고 제안한다.
- ㉢ 예약을 했지만 필요 없다고 생각하면 전화로 약속을 취소해도 아무 문제가 없다고 말해 준다.
- ㉣ 만약 상담 성과에 내담자가 계속 시도하기로 한 상담 후 활동이 포함되어 있다면, 상담자는 그 계획이 성공했는가를 확인하기 위해 추수상담을 원할 수 있다.

CHAPTER 02 | 상담관계 형성과 윤리

TOPIC. 1 상담관계 형성

1. 의미
① 상담자와 내담자가 맺는 인간관계
② 상담자와 내담자 간의 지속적인 상호 작용을 통한 내담자의 긍정적인 변화를 위한 노력, 또는 상대방의 성장·발달·성숙·적응과 기능 향상의 목적을 가진 관계
③ 내담자로 하여금 자신의 내적 자원들을 활용하여 보다 의미 있는 삶을 살고, 잠재력을 실현하도록 도와주는 고유한 역동적 관계

2. 중요성
상담자와 내담자 간에 신뢰할 수 있는 관계가 형성되어야 내담자는 자신의 이야기를 방어 없이 하게 되므로 해결의 실마리를 찾기 쉽다.

3. 일반적 인간관계와 다른 4가지 특징
① 상담자는 내담자와 상담관계를 형성하게 하는 따뜻함과 내담자의 표현을 민감하게 알아차리고 반응해 주는 태도를 지닌다.
② 상담자는 내담자가 어떤 감정이라도 자유롭게 표현할 수 있도록 허용한다.
③ 자신의 감정을 상담자에게 표현할지 여부는 전적으로 내담자가 결정하지만, 상담자를 지배하거나 정해진 상담 시간 외의 시간을 무한정 사용할 수 없다.
④ 상담자는 내담자에게 어떤 종류의 압력을 가하거나 강요하지 않는다.

TOPIC. 2 상담관계 형성 방법

1. 공감하기
① 상담자가 내담자의 심리 속으로 들어가 상담자 자신의 감정처럼 느끼는 것이다.
② 언어적으로 공감을 전달하는 방법은 내담자를 이해하려는 마음을 보여 주고, 내담자가 중요하게 여기는 것에 대해 말하며, 내담자의 감정을 언급하고 내담자의 메시지에 함축된 심층적 감정을 이야기하는 것이다.

③ 비언어적으로 공감을 전달하는 방법은 편안한 눈 맞춤, 개방적인 자세, 편안하고 따뜻한 목소리와 표정 등 상담자의 자세를 통한 방법이다.
④ 공감적 이해 : 내담자의 입장과 시각에서 내담자의 감정·생각·경험·주관적 세계들을 이해하는 능력, 또는 내담자로 하여금 자신이 깊이 있게 정확히 이해받았다는 느낌이 들 수 있도록 상담자가 이해한 바를 정확하게 전달할 수 있는 능력을 말한다.

> **|+ 이해더하기 |**
>
> **내담자에게 공감을 표현하는 상담자의 대화법 예시**
> ① 내담자 : 나는 친구가 없어요. 학교에 가도 집에 가도 아무도 내게 관심이 없고 날 좋아해 주는 사람도 없으니….
>   상담자 : 네게 관심을 주는 사람이 아무도 없어서 무척 외롭고 소외감을 느끼는 것 같구나.
> ② 내담자 : 우리 부모님은 왜 그리 싸우시는지 모르겠어요. 집에 들어가고 싶은 마음이 내키지 않아요.
>   상담자 : 부모님이 사이좋게 지내면 집에 기분 좋게 들어갈 수 있겠다는 말이구나.
> ③ 내담자 : 미치겠어요. 똑같이 시험 쳐서 입사했는데 과장님은 하나 있는 여사원인 제가 당연히 청소하고 커피를 뽑아 와야 한다고 해요.
>   상담자 : 남자 사원과 동등하게 대하지 않고 그런 일을 하게 했으니 많이 속상하겠군요.
> ④ 내담자 : 저는 우리 가족을 볼 면목이 없습니다. 낮에는 회사 일로 정신이 없고 밤에는 컴퓨터를 배우러 학원에 가니 집에 오면 피곤해서 쓰러집니다. 그래서 가족 얼굴을 대할 시간이 없습니다.
>   상담자 : 최선을 다해 열심히 사시지만 가족과 함께하는 시간을 가지지 못해 식구들에게 미안하고 안타까운 마음이시군요.

2. 무조건적 긍정적 존중

① 내담자를 한 인간으로 존중하며 그의 감정·사고·행동을 평가하거나 판단하지 않고 있는 그대로 받아들이는 것을 말한다.
② 무조건적 긍정적 존중은 내담자를 위한 헌신, 비밀 보장, 비판단적 태도, 따뜻한 태도 등을 통해 구체화된다.
③ 상담자가 내담자를 인간적으로 존중하면 그를 위해 기꺼이 헌신하게 된다.
④ 내담자를 진정으로 존중할 때 상담자는 내담자의 비밀을 보장하게 된다.
⑤ 비난이나 반대의 태도 없이 내담자의 표현을 있는 그대로 받아들이는 것이다.
⑥ 상담자의 따뜻한 태도는 내담자에게 그에 대한 존중감을 전달할 수 있다.

3. 진실성(일치성)

① 정의
  ㉠ 상담자가 내담자와의 관계에서 순간순간 경험하는 자신의 감정이나 태도를 있는 그대로 솔직하게 표현하는 것을 말한다.
  ㉡ 상담자가 자신의 경험이나 감정을 왜곡해서 표현하지 않고, 자신의 전문성에 대해서도 허세를 부리지 않는 것이다.
  ㉢ 내담자에 대한 상담자의 정직하고 성실한 태도를 의미한다.

② 상담자가 고려해야 할 점
　　㉠ 상담자가 내담자에게 실재하는 대상으로 다가서기 위해서 자기 노출을 필요로 할 때도 있다.
　　㉡ 상담자가 진실한 것과 그가 모든 생각・의견, 내담자에 대한 감정 등을 충동적으로 개방하는 것과는 구별되어야 한다.
　　㉢ 상담자는 누구의 편도 들지 않는 것이 좋다.

4. 관심 기울이기(Attending)
① 상담자가 내담자의 이야기에 자신의 주의를 집중시키고 관심을 가지는 태도, 내담자를 대하는 상담자의 비언어적인 태도 등을 말한다.
② 상담자는 관심 기울이기(자연스러운 시선 접촉, 부드러운 표정, 온화한 말씨)를 통해 내담자와 상담관계를 형성해 나간다.

5. 전문성
① 상담자가 내담자의 문제를 해결하는 데 도움을 주리라고 내담자가 지각하는 것을 말한다.
② 상담자의 전문성을 내담자에게 전달하는 요소
　　㉠ 적절한 교육 수준 또는 졸업장, 전문화된 경험 및 훈련, 자격증 및 면허증, 나이, 지위, 근무하고 있는 상담소의 수준, 옷차림새, 이전 상담 경험의 성공 여부 및 이에 대한 평판, 남을 돕는 사람으로서 맡은 역할 등
　　㉡ 눈 맞춤, 앞으로 기울인 자세, 자연스럽고 적절한 언어를 사용한 핵심적 질문, 집중력, 말할 때의 자신감, 해석 능력, 구체화하는 능력 등

TOPIC. 3 　상담자 윤리

1. 상담자와 내담자의 상담관계에서 윤리문제에 대한 기본원칙 및 윤리적 지침(행동지침)
(1) 기본원칙
상담자는 내담자의 권리 및 상담자 자신의 상담에 대한 윤리관의 중요성을 충분히 인식하고 있어야 하며, 어떤 경우에도 내담자의 인간으로서의 가치는 존중받고 보호되어야 한다.

(2) 윤리적 지침(행동지침)
① 상담자는 자신이 어떠한 개인적 욕구를 가지고 있으며, 자신의 그와 같은 욕구가 내담자에게 어떠한 영향을 미치는지를 명확히 자각하고 있어야 한다.
② 상담자는 내담자의 복리에 대한 책임이 있으며, 내담자를 자신의 욕구충족을 위해 이용해서는 안 된다.
③ 상담자는 치료적 관계를 명백히 해칠 수 있는 내담자와의 어떠한 다른 관계(예 금전적 관계, 성적 관계 등)를 가져서는 안 된다.

④ 상담자는 내담자의 비밀을 보장해야 하며, 상담관계에 부정적인 영향을 미칠 수 있는 다른 문제들에 대해 알려 줄 책임이 있다.
⑤ 상담자는 자신의 태도, 가치관 등을 자각하고 있어야 하며, 그것이 상담관계 및 내담자에게 어떠한 영향을 미치는지를 인식하고 있어야 한다.
⑥ 상담자는 상담의 목표, 절차 등을 비롯하여 상담관계를 시작함으로써 내담자에게 닥칠지도 모르는 위험, 상담 결정을 내리기 전에 고려해야 할 요인들에 대해 미리 내담자에게 알려 주어야 한다.
⑦ 상담자는 자신이 제공할 수 있는 전문적인 도움의 한계를 명확히 알고 있어야 하며, 내담자에게 적절한 도움을 제공하기 어렵다고 판단하는 경우, 지도감독자의 도움을 받거나 내담자를 다른 상담자에게 의뢰해야 한다.
⑧ 상담자는 상담 과정에서 자신이 내담자에게 모델이 될 수 있음을 알아야 하며, 따라서 상담자 자신의 생활에서 내담자에게 영향을 미칠 수 있는 일이나 행동을 인식하고 있어야 한다.

2. 상담자, 심리상담자의 윤리원칙

① 자율성(Autonomy)
  ㉠ 상담자는 내담자의 자율성을 최대한 존중해 주어야 한다. 비록 내담자의 선택과 결정이 다소 잘못되었더라도 내담자의 자율적인 선택과 행동을 존중해 주어야 한다.
  ㉡ 다만, 자율성은 타인의 권리를 침해하지 않는 범위에서 자신의 행위를 결정할 수 있음을 말한다.
② 선행 또는 덕행(Beneficence)
  ㉠ 상담자는 내담자의 성장과 복지에 기여하여야 한다. 능력이 부족하거나 정직하지 못한 상담자는 오히려 내담자에게 해를 끼칠 수 있다.
  ㉡ 다만, 효과적인 상담을 한다는 명분하에 자율성의 원칙을 어겨서는 안 된다.
③ 무해성 또는 비해악성(Nonmaleficence)
  ㉠ 상담자는 내담자에게 피해를 끼쳐서도, 내담자가 타인에게 피해를 끼치는 것을 내버려 두어서도 안 된다.
  ㉡ 상담에서 내담자가 피해를 입게 되거나 내담자에 대한 잘못된 진단으로 문제가 생기는 것 등은 무해성의 원칙에 어긋나는 일이다.
④ 정의 및 공정성(Justice/Fairness)
  ㉠ 상담자는 내담자에게 차별적인 대우를 해서는 안 되며, 인종, 성별, 종교적 신념에 관계없이 내담자를 동등하게 대우해야 한다.
  ㉡ 정의롭다(혹은 공정하다)는 것은 상담자가 내담자에게 필요한 사회적 봉사를 적절하고 평등하게 해 준다는 의미이다.

⑤ 성실성 또는 충실성(Fidelity)
  ㉠ 상담자는 내담자를 상담할 때 신뢰를 바탕으로 성실히 임해야 한다. 여기서 성실은 곧 충실, 신뢰, 약속 이행 등을 의미한다.
  ㉡ 상담 약속 불이행이나 비밀보장 파기 등 상담 계약을 이행하지 않거나 허위로 하는 것은 성실성의 원칙에 어긋나는 일이다.

3. 상담심리사 윤리강령(출처 : 한국상담심리학회)
① 전문가로서의 태도
  ㉠ 전문적 능력
    • 상담심리사는 자신의 능력의 한계를 인정하고 교육과 수련, 경험 등에 의해 준비된 역량의 범위 안에서 전문적인 서비스와 교육을 제공한다.
    • 상담심리사는 자신이 가진 능력 이상의 것을 주장하거나 암시해서는 안 되며, 타인에 의해 능력이나 자격이 오도되었을 때에는 수정해야 할 의무가 있다.
    • 상담심리사는 문화, 신념, 종교, 인종, 성적 지향, 성별 정체성, 신체적 또는 정신적 특성에 대한 자신의 편견을 자각하고, 이를 극복하기 위해 노력해야 한다. 특히 위와 같은 편견이 상담 과정을 방해할 우려가 있을 경우 자문, 사례지도 및 상담을 요청해야 한다.
    • 상담심리사는 자신의 활동분야에 있어서 최신의 과학적이고 전문적인 정보와 지식을 유지하기 위해 지속적인 교육과 연수의 필요성을 인식하고 참여한다.
    • 상담심리사는 자신의 전문적 능력에 대해 정확히 인식하고 정기적으로 전문인으로서의 능력과 효율성에 대해 자기점검 및 평가를 해야 한다. 상담자로서 직무를 수행하는 데 방해가 되는 개인적 문제나 능력의 한계를 인식하게 될 경우 지도감독이나 전문적 자문을 받을 책무가 있다.
  ㉡ 성실성
    • 상담심리사는 자신의 신념체계, 가치, 제한점 등이 상담에 미칠 영향력을 자각해야 한다.
    • 상담심리사는 내담자에게 상담의 목표와 이점, 한계와 위험성, 상담료 지불방법 등을 명확히 알린다.
    • 상담심리사는 능력의 한계나 개인적인 문제로 내담자를 적절하게 도와줄 수 없을 때, 전문적 자문과 지원을 받는 등의 적절한 조치를 취한 뒤, 직무수행을 제한할지 아니면 완전히 중단할지 여부를 결정해야 한다.
    • 상담심리사는 내담자가 더 이상 도움을 필요로 하지 않거나, 상담을 지속하는 것이 더 이상 내담자에게 도움이 될 가능성이 없거나, 오히려 내담자에게 해가 될 것이 분명하다면 상담관계를 종결해야 한다. 내담자가 다른 전문가를 필요로 할 경우에는 적절한 과정을 거쳐 의뢰하거나 관련 정보를 제공한다.
    • 상담심리사는 개인의 이익을 위해 상담전문직의 가치와 품위를 훼손하는 행동을 해서는 안 된다.

② 사회적 책임
  ㉠ 사회와의 관계
    • 상담심리사는 사회의 윤리와 도덕기준을 존중하고, 사회공익과 상담분야의 발전을 위해 최선을 다한다.
    • 상담심리사는 필요 시 무료 혹은 저가의 보수로 자신의 전문성을 제공하는 사회적 공헌 활동에 참여한다.
    • 상담비용을 책정할 때 상담심리사들은 내담자의 재정상태를 고려하여야 한다. 이로 책정된 상담료가 내담자에게 적절하지 않을 때에는, 대안적 서비스를 받을 수 있도록 돕는다.
  ㉡ 고용 기관과의 관계
    • 상담심리사는 자신이 종사하는 기관의 목적과 방침에 공헌할 수 있는 활동을 할 책임이 있다. 기관의 목적과 방침이 상담자 윤리와 상충될 때에는 이를 해결하기 위해 노력해야 한다.
    • 상담심리사는 근무기관의 관리자 및 동료들과 상담업무, 비밀보장, 직무에 대한 책임, 공적 자료와 개인자료의 구별, 기록된 정보의 보관과 처분에 관하여 상호 협의해야 한다. 상호 협의한 관계자들은 협의 내용을 문서화하고 공유한다.
  ㉢ 상담 기관 운영자
    • 상담기관 운영자는 기관 내에서 이루어지는 제반 상담활동을 관리 감독함에 있어, 내담자의 권리와 복지를 최우선으로 고려해야 한다.
    • 상담기관 운영자는 상담심리사를 포함한 피고용인의 권리와 복지 보장 및 전문성 제고를 위해 최선의 노력을 다할 책임이 있다.
  ㉣ 다른 전문직과의 관계
    • 상담심리사는 함께 일하는 다른 전문적 집단의 특성을 존중하고, 상호 협력적 관계를 도모한다.
    • 상담심리사는 내담자가 다른 정신건강 전문가의 서비스를 받고 있음을 알게 되면, 내담자로 하여금 상담 사실을 그 전문가에게 알리도록 권유하고, 긍정적이고 협력적인 치료관계를 맺도록 노력한다.
    • 상담심리사는 내담자 의뢰나 소개와 관련한 비용을 수취하거나 요구하지 않는다.
③ 내담자의 복지와 권리에 대한 존중
  ㉠ 내담자 복지
    • 상담심리사의 일차적 책임은 내담자의 복지를 증진하고 존엄성을 존중하는 것이다.
    • 상담심리사는 내담자의 잠재력을 개발하여 건강한 삶을 영위하도록 도움을 주며, 어떤 방식으로도 해를 끼치지 않는다.
    • 상담심리사는 상담관계에서 오는 친밀성과 책임감을 인식해야 한다. 상담심리사의 개인적 욕구 충족을 위해서 내담자를 희생시켜서는 안 되며, 내담자로 하여금 의존적인 상담관계를 형성하지 않도록 노력해야 한다.
    • 상담심리사는 직업 문제와 관련하여 내담자의 능력, 일반적인 기질, 흥미, 적성, 욕구, 환경 등을 고려하면서 내담자와 함께 노력하지만, 내담자의 일자리를 찾아주거나 근무처를 정해줄 의무가 있는 것은 아니다.

ⓒ 내담자의 권리와 사전 동의
- 내담자는 상담 계획에 참여할 권리, 상담을 거부하거나 상담 개입 방식의 변화를 거부할 권리, 그러한 거부에 따른 결과에 대해 고지 받을 권리, 자신의 상담 관련 정보를 요청할 권리 등이 있다.
- 상담심리사는 상담을 시작할 때 내담자가 충분한 설명을 듣고 선택할 수 있도록 적절한 정보를 제공해야 하고, 상담자와 내담자 모두의 권리와 책임에 대해서 알려줄 의무가 있다. 이러한 사전 동의 절차는 상담 과정의 중요한 부분이며, 내담자와 논의하고 합의된 내용을 적절하게 문서화한다.

ⓒ 다양성 존중
- 상담심리사는 모든 인간의 기본적인 권리, 존엄성, 가치를 존중하며 성별, 장애, 나이, 성적 지향, 성별 정체성, 사회적 신분, 외모, 인종, 가족형태, 종교 등을 이유로 내담자를 차별하지 않는다.
- 상담심리사는 내담자의 다양한 문화적 배경을 이해하려고 적극적으로 시도해야 하며, 상담심리사 자신의 고유한 문화적 정체성이 상담 과정에 어떤 영향을 주는지 인식해야 한다.
- 상담심리사는 자신의 고유한 가치, 태도, 신념, 행위를 인식하고, 내담자에게 자신의 가치를 강요하지 않는다.

④ 상담관계
ⓐ 다중관계
- 상담심리사는 객관성과 전문적인 판단에 영향을 미칠 수 있는 다중관계는 피해야 한다. 가까운 친구나 친인척, 지인 등 사적인 관계가 있는 사람을 내담자 받아들이면 다중관계가 되므로, 다른 전문가에게 의뢰하여 도움을 준다. 의도하지 않게 다중관계가 시작된 경우에도 적절한 조치를 취해야 한다.
- 상담심리사는 상담할 때에 내담자와 상담 이외의 다른 관계가 있다면, 특히 자신이 내담자의 상사이거나 지도교수 혹은 평가를 해야 하는 입장에 놓인 경우라면 그 내담자를 다른 전문가에게 의뢰한다.
- 상담심리사는 내 담자와 상담실 밖에서 연애 관계나 기타 사적인 관계(소셜미디어나 다른 매체를 통한 관계 포함)를 맺거나 유지하지 않는다.
- 상담심리사는 내담자와의 관계에서 상담료 이외의 어떠한 금전적, 물질적 거래를 해서는 안 된다.
- 상담심리사는 내담자의 선물로 인해 발생할 수 있는 문제를 숙고해야 한다. 선물의 수령 여부를 결정함에 있어서 상담관계에 미치는 영향, 선물의 의미, 내담자와 상담자의 동기, 현행법 위반 여부 등을 신중하게 고려해야 한다.

ⓒ 성적 관계
- 상담심리사는 내담자 및 내담자의 보호자, 친척 또는 중요한 타인에게 자신의 지위를 이용하여 성희롱 또는 성추행을 포함한 성적 접촉을 해서는 안 된다.
- 상담심리사는 내담자 및 내담자의 보호자, 친척, 또는 중요한 타인과 성적 관계를 가져서는 안 된다.
- 상담심리사는 이전에 연애 관계 또는 성적인 관계를 가졌던 사람을 내담자로 받아들이지 않는다.
- 상담심리사는 상담관계가 종결된 이후 적어도 3년 동안은 내담자와 성적 관계를 맺지 않아야 한다. 그 후에라도 가능하면 내담자와 성적인 관계는 갖지 않는다.

ⓒ 여러 명의 내담자와의 관계
- 상담심리사가 두 명 이상의 사람들에게 상담 서비스를 제공하는 경우(예 남편과 아내, 부모와 자녀), 누가 내담자이며 각각의 사람들과 어떤 관계를 맺어갈지를 명확히 하고 상담을 시작해야 한다.
- 만약에 상담심리사가 내담자들 사이에서 상충되는 역할을 해야 된다면, 상담심리사는 그 역할에 대해서 명확히 하거나 조정하여 그 역할로부터 벗어나도록 한다.

ⓔ 집단상담
- 상담심리사는 집단 목표에 부합하는 집단원들을 모집하여 집단상담이 원활히 진행되도록 한다.
- 상담심리사는 집단참여자를 물리적 피해나 심리적 외상으로부터 보호하기 위해 충분한 주의를 기울인다.
- 집단 리더는 지위를 이용하여 집단원의 권리와 복지를 훼손하지 않는다. 또한 집단상담 과정에서 집단원의 선택의 자유를 존중하고, 이들이 집단 압력으로부터 보호받을 권리가 있음을 유념한다.
- 집단 리더는 다중관계가 될 수 있는 가까운 친구나 친인척, 지인 등을 집단원으로 받아들이지 않는다. 또한 집단상담이 끝난 후 집단원과 사적인 관계를 맺거나 유지하지 않는다.

⑤ 정보의 보호 및 관리
ⓐ 사생활과 비밀보호
- 상담심리사는 상담 과정에서 알게 된 내담자의 민감 정보를 다룰 때 특별히 주의해야 하고, 상담과 관련된 모든 정보의 관리에 있어 개인정보 보호와 관련된 법을 준수해야 한다.
- 상담심리사는 사생활과 비밀유지에 대한 내담자의 권리를 최대한 존중해야 할 의무가 있다.
- 내담자의 사생활 보호가 제한되는 경우라 하더라도, 상담심리사는 내담자의 사생활 침해를 최소화하기 위해 노력해야 하고, 문서 및 구두 보고 시 사생활에 관한 정보를 포함시켜야 할 경우 그 목적과 밀접한 관련이 있는 정보만을 포함시킨다.

ⓑ 비밀보호의 한계
- 내담자의 생명이나 타인 및 사회의 안전을 위협하는 경우, 내담자의 동의 없이도 내담자에 대한 정보를 관련 전문인이나 사회에 알릴 수 있다.
- 내담자가 감염성이 있는 치명적인 질병이 있다는 확실한 정보를 가졌을 때, 상담심리사는 그 질병에 위험한 수준으로 노출되어 있는 제3자(내담자와 관계 맺고 있는)에게 그러한 정보를 공개할 수 있다. 상담심리사는 제3자에게 이러한 정보를 공개하기 전에 내담자가 자신의 질병에 대해서 그 사람에게 알렸는지, 아니면 스스로 알릴 의도가 있는지를 확인한다.
- 법원이 내담자의 동의 없이 상담심리사에게 상담관련 정보를 요구할 경우, 상담심리사는 내담자의 권익이 침해되지 않도록 법원과 조율하여야 한다.
- 상담심리사는 내담자 정보를 공개할 경우, 정보 공개 사실을 내담자에게 알려야 한다. 정보 공개가 불가피할 경우라도 최소한의 정보만을 공개한다.
- 여러 전문가로 구성된 팀이 개입하는 상담의 경우, 상담심리사는 팀의 존재와 구성을 내담자에게 알린다.
- 비밀보호의 예외 및 한계에 관한 타당성이 의심될 때에 상담심리사는 동료 전문가 및 학회의 자문을 구한다.

CHAPTER 03 | 내담자 심리적 특성 평가

TOPIC. 1 내담자 이해의 기초

1. 개요
① 내담자는 타인으로부터 사랑받고자 하는 기본 욕구를 가지고 있으며, 자기가 가치 있고 능력 있는 인간임을 인정받고자 한다.
② 내담자는 각종 두려움에 직면하기를 두려워하거나 회피한다.
③ 내담자의 두려움이나 공포의 대상은 특정 사건이나 인간 관계 자체가 아니고 그에 수반되어 있는 자신의 생각이나 감정이다.
④ 내담자의 불안은 과거의 것이 아니고 장차 일어날 사태에서의 실패 가능성에 대한 두려움일 경우가 많다. 즉, 장래의 것에 대한 공포이다.
⑤ 내담자의 갈등은 환경적 여건이나 자기 능력의 제한성을 무시하려는 데서 초래되는 경우가 많다.
⑥ 내담자의 문제행동은 자기 성장을 스스로 가로막는 것이지만, 내담자의 입장에서는 자기 나름대로의 최선의 생활수단이나 안전수단일 경우가 많다.
⑦ 내담자 문제의 해결은 자율성과 (자신과 남에 대한) 책임감의 향상으로 이루어진다.

2. 내담자 평가
① 내담자의 특성과 문제를 이해하는 데 필요한 정보를 얻어내는 모든 활동을 말한다.
② 내담자와의 면담을 통해 상담자가 관찰·파악할 수 있는 정보

구분	내용
인적 사항	성별, 결혼 여부, 거주지, 종교, 직업 등
호소 문제	호소 문제의 유형, 상담에 오게 된 경위, 개인의 발달사, 가족사, 가족관계
현재의 기능 상태	사고기능(현실 판단 능력, 문제 해결 능력), 정서적 안정성 정도 및 감정 조절 능력, 사회적 기능(가정생활, 사회생활, 학교·기관·직장, 전체적인 대인관계 양식)
사회적 지원 체제 및 정도	가족, 친척, 친구, 동료, 교사, 종교기관 등의 내담자를 위한 지원 정도
파악되는 증상들	임상적 측면(우울증, 불안 등), 성격적 측면(성격장애, 반사회성 등), 신체적 측면(두통, 소화불량 등의 신체화 증상 등)

③ 사례개념화(case conceptualization)

개념	• 상담자가 면접과 심리검사, 관찰 등을 통해 얻은 내담자의 문제에 대한 정보를 의미 있는 방법으로 종합하여 상담자의 이론적 지식과 임상적 경험을 가지고 내담자 문제의 특성과 원인, 해결 방법 등에 대한 가설을 세우는 것 • 상담자가 내담자가 당면하고 있는 심리적인 어려움의 원인, 현재 상태, 예후 및 보호 요인과 위험 요인 등에 대해 가설을 세우는 것
용도	• 적합한 상담 목표 및 전략을 세움 • 내담자를 다른 상담자나 주변의 관계기관에 의뢰, 중재하는 데 중요한 자료가 됨
주의점	내담자에게 가장 적절한 이론적 관점을 선택하는 것이 중요 예 폭력적인 행동을 한 내담자 사례를 개념화할 경우 - 행동주의적 접근법 - 정신역동적 접근법

CHAPTER 04 | 상담 목표와 계획 수립

TOPIC. 1 상담의 목표와 계획

1. 상담 목표 설정
① 상담 목표는 내담자와 협의해서 설정한다. 목표 설정이 중요한 이유는 상담이 잘 진행되고 있는지, 언제 종결해야 하는지, 어떻게 개입해야 하는지를 알게 해 주기 때문이다.
② 초기 단계에서 세운 상담 목표는 새로운 정보나 통찰이 생기면 변경될 수 있다.
③ 목표 설정을 돕기 위한 지침
　㉠ 목표는 기대하는 바가 분명하게 드러나는 방식으로 기술되어야 한다.
　㉡ 목표는 내담자의 동의하에 설정되어야 한다.
　㉢ 목표는 현실적이어야 한다.
　㉣ 목표는 달성 가능한 것이어야 한다.

2. 상담계획에 고려되는 요소
① 내담자 문제의 특성
② 내담자의 활용 가능 자원 : 학업능력, 친구관계, 가족관계, 신체운동능력, 사고력
③ 상담자의 이론적 선호, 세계관
④ 시간적 정향성
⑤ 상담목표나 예상되는 상담 결과

3. 상담이론에 따라 상담계획 수립
① 감정과 정서상태를 강조하는 이론
② 사고와 인지적 개념화 과정을 강조하는 이론
③ 행동과 그 행동이 현실을 구성하는 방식을 강조하는 이론
④ 대인관계 속에서 상호작용과 그 관계를 통해 드러나고 유지되는 감정·사고·행동을 강조하는 이론
⑤ 각 상담유형 중 한두 가지를 선호 선택 적용
　㉠ 정신역동 : 개인의 심리 내적 에너지와 본능이 그의 현실세계 구성(무의식)
　㉡ 인지행동주의 : 특정한 환경 속에서 개인의 사고와 행동패턴이 생활방식을 형성
　㉢ 실존주의, 인본주의 : 항상 변화하는 세계 속에서 인간의 실존적인 모습 이해(개별적인 현실존재)
　㉣ 상호작용주의 : 환경과 개인의 상호작용을 강조

⑥ 특정한 상담이론의 선호는 개인의 기본적인 생활태도에 의해 영향을 받는다. 아울러 그가 받아 본 경험이 있는 상담훈련의 유형이나 교육분석가의 이론적 선호도 영향을 준다.
⑦ 특정 이론에 대한 선호는 그가 지닌 세계관에 의해서도 영향을 받는다.
  ※ 세계관 : 자신, 타인, 환경 그리고 그들 간의 상호관계에 대한 개인의 전체적인 지각체계. 세계관에는 다양한 문화권 내용(인종, 민족, 종교, 성 및 성역할 등)이 반영

> **｜＋이해더하기｜**
> **다문화적인 관점의 두 입장**
> - 문화상대적 입장 : 내담자가 지닌 독특한 문화적 배경과 특성을 강조하며, 문화와 관련된 개인이 특성을 충분히 반영할 수 있다고 주장한다.
> - 문화보편적 입장 : 상담자와 내담자의 문화적 유사성을 강조한다. 문화상대적 입장은 내담자 개인이 지닌 특성과 보편적 인간으로서의 특성을 간과할 수 있다고 비판받는다.

⑧ Sue & Sue : 특정 문화권 내에서 공유되는 정향성을 알아보고, 이들 문화를 서로 비교한다. **예** 어떤 문화권은 개인에 비해 가족이나 공동체를 강조하는 반면 미국은 집단보다 개인을 강조하는 경향이 강함
⑨ 개인의 정체감 형성과 관련하여 유럽 중심의 서구문화는 개인적 자율성의 역할을 강조하는 반면 아시아나 라틴문화는 가족의 역할을 강조한다.
⑩ 다문화적 상담의 지침
  ㉠ 다른 문화권 출신의 내담자를 상담하는 경우, 과연 내담자의 정체감이 어디에 놓여 있는가(개인에게 있는가? 아니면 가족이나 공동체에 있는가?)를 결정하는 일은 중요함
  ㉡ 다른 문화권 출신의 내담자와 상담을 하는 경우, 내담자의 문화적 정향성이 언어표현성, 정서적 표현성, 그리고 개방성에 있는지의 여부를 고려해야 함
    • 서구권 : 표현, 개방
    • 동양권 : 상대 배려, 자기표현 절제, 감정 통제가 지혜
  ㉢ 다른 문화권 출신의 내담자를 상담하는 경우, 내담자의 정향성이 자신의 심리 내적 문제에 대한 내성과 통찰에 있는지, 아니면 자신의 심리 외적 문제에 대한 행동적 해결에 있는지를 검토해야 함
    • 서구권 : 통찰
    • 동양권 : 감정 조절

4. 내담자의 문제의 본질이나 특성에 따른 개입의 성공 여부
① 상담자가 선택한 개입이 내담자가 제시한 문제의 구성요소와 잘 맞는 경우, 가장 좋은 상담 결과를 얻을 수 있다.
  ㉠ 감정적 정서적 요소가 강한 경우 : 감정적인 문제의 해결에 상담 목표를 정하여 개입
  ㉡ 자기 파괴적인 사고패턴을 주로 사용 : 인지적 요소를 다루는 개입
  ㉢ 행동적인 문제 : 행동적 요소
  ㉣ 부부, 가족 관련 문제 : 체계적·상호작용적 요소

② 내담자가 호소하는 문제의 대부분은 여러 가지 차원의 요소로 구성되어 있다. 예 항상 스스로 나는 나쁜 사람이라고 말한다(self talk).
③ 비록 문제가 다차원적인 측면을 가지고 있다 할지라도 상담자가 모든 측면을 다룰 필요는 없다. 한 요소가 변하면 이는 다른 요소의 변화에 영향을 준다.

TOPIC. 2 전략 선택의 지침

1. 상담전략의 선택
① 일반적인 지침 : 상담자가 선택한 상담전략이 내담자 문제의 경험내용과 일치할 경우 내담자가 그 상담전략에 대해 보다 수용적이고, 효과적일 것이라는 점이다.
② 상담을 진행하면서 다른 전략에 대한 보완 필요성이 제기될 수도 있다(정서 · 인지적 개입).
③ 내담자가 문제를 경험하는 방식과 내담자가 직면하고 해결해야 할 방식이 불일치할 경우 상담전략의 효과가 제한적일 수 있으며 상담전략 선택 이유를 재고할 필요가 있다.

2. 시간에 따른 전략의 선택
① 각 상담 회기의 시간
② 전체 상담 과정에 필요한 시간
③ 내담자가 문제를 경험해 온 시간
④ 내담자의 문제를 충분히 다루는 데 필요한 시간
　※ 위기상담 시 시간의 중요성이 더욱 부각된다.

3. 기타 요소에 따른 전략의 선택
① 상담 목표에 따른 선택
　㉠ 단기 목표
　㉡ 전 생애 목표
② 모호함을 견디는 내담자의 능력에 따른 선택
③ 선택이냐 변화냐(아니면 선택과 변화 양자)에 따른 선택
　㉠ 선택에 관심을 둔 내담자 : 특정 행동을 하기 위한 기술적 능력이나 기회 등을 지니고 있으나 실제 행동에 옮길 만한 자신감이 없다.
　㉡ 변화에 관심을 둔 내담자 : 기술적 능력이나 기회뿐만 아니라, 변화를 이루는 데 필요한 행동 능력 또한 매우 부족한 사람이다.
　※ 변화를 지향하는 상담 목표가 선택을 지향하는 상담 목표에 비해 보다 많은 시간이 요구된다.

> **| + 이해더하기 |**
>
> **시간에 대한 질문**
> - 내담자뿐만 아니라 상담자에게도 중요한 의미이다.
> - 내담자 : "내 문제를 해결하는 데 어느 정도의 시간이 걸릴까?"
> - 상담자 : "내담자와 라포를 형성하는 데 얼마나 걸릴까?"

TOPIC. 3 상담 · 치료계획

1. 상담 · 치료계획의 수립
① 상담 목표가 상담자와 내담자 간의 대화를 통해 수립된 후 치료계획이 수립된다.
② 상담 · 치료계획 수립에 포함되는 정보
  ㉠ 내담자가 앞으로 받게 될 개입의 유형
  ㉡ 성공적인 상담을 위해 필요하다고 예상되는 시간(회기의 수)
  ㉢ 소위 '치료모드'라고 불리는 치료 제공 형식과 치료 환경, 그 밖의 내담자의 특성 등
    ※ 내담자 특성이야말로 성공적인 상담의 중요 요소이다.

> **| + 이해더하기 |**
>
> **내담자 특성을 반영하는 치료계획을 준비하는 데 필요한 지침**
> - 치료계획은 주로 상담자에게 내담자의 변화 정도에 대한 평가기준을 제공하는 것이다.
> - 내담자에게도 중요한 정보를 제공한다(소비자 권리).

2. 치료전략의 선택
① 치료전략을 선택하는 데 있어서 내담자의 자원과 특성을 고려해야 한다.
② 내담자의 자원과 특성 요소
  ㉠ 자아 강도나 자기통제력의 정도
  ㉡ 사회적 지지의 정도
  ㉢ 다른 상담 여부 → 도움 혹은 방해(집단상담 바로 전 개인상담)
  ㉣ 요구되는 작업의 수행 가능 여부
  ㉤ 가치관과 세계관의 갈등 여부
  ㉥ 기존 스스로의 문제해결 전략 고려 → 스스로 시도하는 것이 압력을 증가시켜 문제를 악화시킬 수도 있음
  ㉦ 내담자의 세계와 욕구좌절을 이해
  ㉧ 문제해결에 대한 내담자의 노력과 내담자가 하고 있는 생각(제한된 해결책의 무분별 사용)

TOPIC. 4 상담개입의 범주

1. 정서적 개입
감정과 정서를 주로 다룬다. 정서적인 상태는 근육 활동과 신체에너지의 사용을 포함하기 때문에 신체적 요소에 초점을 맞춘 신체인식 활동도 포함한다.

2. 인지적 개입
내담자가 자신과 타인에 대해 지닌 사고, 신념 그리고 태도를 다룬다. 내담자로 하여금 자신이 처한 상황, 사람, 공포, 적, 자신의 상사, 배우자 등에 대해 지금과는 다르게 생각하도록 돕는다.

3. 행동적 개입
생산적인 현재의 행동을 통제하게 하거나 제거하게 함으로써 새로운 행동이나 기술을 개발하도록 돕는다. 이 기법들은 습관, 일상생활 방식이나 다른 사람과의 상호작용 패턴을 수정하도록 한다.

4. 상호작용적 · 체계적 개입
다른 사람, 또는 상황에 대한 관계 패턴을 다룬다. 개입의 자료로서 내담자의 가족, 직업장면, 이웃사람, 교회, 또는 어떤 상호작용 패턴이 일어날 수 있는 사회적 상황 등을 다룬다.

CHAPTER 05 | 상담 진행과 슈퍼비전

TOPIC. 1 상담 진행

1. 접수면접

① 접수면접자의 역할
  ㉠ 접수면접자의 태도와 자세는 상담을 지속하게 하는 가장 중요한 변인이며, 특히 상담자가 전문적인 능력을 지닌 사람이라는 인상을 심어 주는 가장 중요한 요인이다. 접수면접자는 할당된 50분 정도의 시간을 최대한 활용해야 한다.
  ㉡ 주요 호소 문제, 호소 문제의 발생 배경, 지속기간, 이를 해결하기 위한 이전의 노력, 인지적 기능, 행동 변화에 대한 동기, 가족관계, 사회적 자원, 언어습관, 인상착의, 옷매무새 등 내담자에 관한 정보를 최대한 탐색하고 진단하여 그에 맞는 최적의 상담자와 연결시키는 데 필요한 정보를 제공해야 한다.
  ㉢ 접수면접자는 재직하고 있는 기관에서 내담자가 호소하는 문제를 다룰 수 있는지에 대한 판단과 더불어, 필요하다면 다른 기관을 소개하거나 의뢰해야 한다. 이와 같은 접수면접자의 막중한 업무로 인해 전문 상담 기관에서는 접수면접자를 상당한 교육과 전문적 훈련을 받은 고급 인력으로 구성하고 있다.

② 접수면접의 평가 요인
  ㉠ 내담자의 현 상태나 문제가 얼마나 심각한가?
  ㉡ 얼마나 심각한 위기 상황에 놓여 있는가?
  ㉢ 상담실에서 상담을 받는 것이 가능한 상황인가?
  ㉣ 내담자의 문제가 얼마나 오랫동안 지속되어 왔는가?
  ㉤ 현재 주 호소 증상이 무엇인가?
  ㉥ 약물치료가 필요한가?

③ 접수면접 시 심리검사 활용
  ㉠ 심리검사를 실시하는 목적 : 심리검사의 결과를 통해 내담자가 겪고 있는 문제의 심각성 및 긴급성에 대한 객관적 평가 자료를 확보할 수 있기 때문이다.
  ㉡ 활용 가능한 심리검사
    • 간이정신검사(SCL-90-R 혹은 Brief Symptoms Inventory)
    • Beck 우울증 검사(BDI)
    • 성격검사
    • HTP(집-나무-사람 그림검사)와 SCT(문장완성검사)

④ 유의사항
  ㉠ 자발적 상담 : 상담 받으러 온 것을 격려·칭찬한다.
  ㉡ 비자발적 상담 : 불편한 마음을 살피고 의뢰되어 온 이유에 대해 함께 이야기한다.
  ㉢ 문제 해결 및 변화에 대해 희망을 갖도록 돕는다.
  ㉣ 접수면접의 목적과 내용을 알기 쉽게 설명한다.
  ㉤ 접수면접 기록 시 내담자의 언어를 그대로 기록 : 내담자가 호소하는 문제를 기록할 때 내담자의 말과 용어를 그대로 기록하는 것이 좋다. 왜냐하면 내담자의 심리적 상태나 사정 등이 현실과 가깝게 기술될 수 있고 내담자의 고유한 상황이 반영될 수 있기 때문이다.
  ㉥ 내담자에 대한 관찰 내용(외모)을 기록 : 내담자의 대화 시 특징, 면접자와 대화 시 태도, 행동, 예절 등 외모 및 행동상의 특성을 관찰하고 기록한다.
  ㉦ 내담자에 대한 면접자의 의견을 추가로 기록한다.

2. 상담 초기

① 상담관계의 형성
  ㉠ 촉진적 상담관계의 성취 여부에 따라 내담자가 상담을 계속할 것인지, 심층적인 내면세계를 탐색할 수 있는지 등 상담의 성공 여부가 좌우된다.
  ㉡ 상담관계는 내담자가 상담자에 대해 전문성과 매력, 그리고 신뢰성을 느낄 때 촉진된다. 그러므로 상담자는 촉진적 상담관계를 위해 관심 기울이기, 적극적 경청, 무조건적 긍정적 존중, 공감적 이해, 진실성, 구체성 등을 적극 활용해야 한다.
  ㉢ 상담자가 내담자에게 관심을 기울일 때 사용할 수 있는 기술에 대해 이간(Egan)은 '솔러(SOLER)'라는 말로 설명하였다.

Squarely face (내담자를 정면으로 바라볼 것)	상담자가 내담자를 정면으로 바라보면서 상담을 하는 것은 상담에서 가장 기본적인 자세이다. 이러한 자세는 상담자가 성실한 태도로 상담을 하겠다는 의지의 표명이며 내담자의 이야기에 관심을 가지고 있다는 표시가 된다.
Openly face (내담자를 솔직하게 대할 것)	상담자는 항상 솔직하고 개방적인 자세로 내담자를 대할 수 있어야 한다. 간혹 초보 상담자들은 내담자에게 솔직한 태도를 보이는 것이 상담자의 권위를 실추시키는 것이 아닌가 하는 의구심을 갖게 된다. 그러나 상담자가 내담자에게 솔직하지 않을 경우 오히려 상담관계에 나쁜 영향을 주게 된다.
Lean forward (몸을 내담자를 향해 앞쪽으로 기울여 앉을 것)	상담 시 상담자의 상체를 수직으로 반듯하게 세우는 것보다는 약 15도 정도 앞으로 기울여서 앉는 자세가 더욱 진지한 태도로 상담에 임하는 것처럼 보인다. 이와 같은 태도는 내담자에게 상담자가 적극적인 자세로 경청한다는 비음성적 행위로 보일 수 있다.
Eye contact (눈으로 내담자를 접촉할 것)	내담자의 얼굴 표정과 상담 태도에는 내담자의 감정을 포함한 메시지가 담겨 있으므로 상담자는 단순히 내담자의 음성적 언어만을 들어서는 안 된다. 그러므로 상담자는 내담자의 얼굴을 바라보며 눈을 쳐다보는 것이 가장 좋은 태도가 될 것이다.
Relax (상담자 자신이 먼저 마음의 긴장을 풀 것)	상담자는 의식적으로 긴장을 풀어야 하며 이것을 훈련할 필요가 있다. 상담자가 긴장하게 되면 상담을 효과적으로 진행하기 어려울 뿐만 아니라 이를 내담자가 인식했을 때 신뢰감을 구축하기 어렵게 된다.

② 구조화
　㉠ 상담을 통해 기대할 수 있는 것이 무엇인지를 내담자에게 알려 주고 상담자와 합의를 이루는 과정. 즉 상담 과정의 본질, 제한 조건과 방향에 대하여 상담자가 내담자에게 정의를 내려 주는 것을 말한다.
　㉡ 상담 초기 구조화에서는 비밀 보장의 문제, 상담 기간, 상담 회기의 수, 약속 시간 설정 이유, 상담의 성격이나 상담자의 역할, 내담자의 행동, 그리고 앞으로 기대되는 결과 등에 대해 언급한다.
　㉢ 구조화는 상담 초기에만 필요한 것이 아니라 상담 중기에도 내담자가 상담에 대해 비현실적인 기대를 가지거나 비밀 보장에 대해 불안해할 경우 등 필요한 때에는 구조화를 할 수 있다.
　㉣ 구조화 시 유의점
　　• 상담자와 내담자가 서로 편안히 느끼도록 구조화가 최소한으로 설정되어야 한다.
　　• 구조화가 내담자를 처벌하는 식이 되어서는 안 된다.
　　• 상담 시간 약속과 내담자의 행동 규범에 관해서는 구체적으로 정해져야 한다.
　　• 구조화는 일방적인 주입식이 되어서는 안 되며, 내담자가 상담에서 무엇을 원하는지, 어떤 방향으로 상담이 진행되길 원하는지, 그것을 이루려면 어떻게 해야 할지 등을 탐색하면서 자연스럽게 합의하는 방식으로 이루어져야 한다.

③ 내담자 문제의 이해
　㉠ 도움을 청하는 직접적인 이유의 확인 : "상담에서 무엇을 이야기하고 싶으십니까?" 또는 "제가 어떤 점을 도와드리면 좋겠습니까?" 등과 같은 질문을 던지고 이에 대한 내담자의 대답을 경청함으로써 내담자가 도움을 청하는 직접적인 이유를 확인할 수 있다.
　㉡ 문제의 발생 배경의 탐색 : "왜 지금 문제가 되는가? 과거에 비슷한 문제는 없었는가?"
　㉢ 문제해결 동기의 평가 : 문제해결 동기는 내담자가 자신의 문제를 상담자의 도움을 통해 해결하고자 하는 동기로 이는 상담이 효율적으로 진행되는 데 필요한 원동력이 된다.

④ 상담 목표 설정
　㉠ 상담 목표는 내담자와 협의해서 설정한다. 목표 설정이 중요한 이유는 상담이 잘 진행되고 있는지, 언제 종결해야 하는지, 어떻게 개입해야 하는지를 알게 해 주기 때문이다.
　㉡ 초기 단계에서 세운 상담 목표는 새로운 정보나 통찰이 생기면 변경될 수 있다.
　㉢ 목표 설정을 돕기 위한 지침
　　• 목표는 기대하는 바가 분명하게 드러나는 방식으로 기술되어야 한다.
　　• 목표는 내담자의 동의하에 설정되어야 한다.
　　• 목표는 현실적이어야 한다.
　　• 목표는 달성 가능한 것이어야 한다.

⑤ 초기 단계에서 사용되는 기법
  ㉠ 관심 기울이기 : 상담자가 내담자의 이야기에 자신의 주의를 집중시키고 관심을 가지는 태도를 말한다.
  ㉡ 경청하기 중요
    - 정의 : 내담자의 말과 행동에 상담자가 선택적으로 주목하는 것. 즉 상담자가 언어·비언어적이거나, 명확·불명확한 내담자의 이야기 도중의 메시지를 이해하거나 포착하는 것을 말한다.
    - 효과 : 내담자에게 생각이나 감정을 자유롭게 표현할 수 있게 해주며, 자신의 방식으로 문제를 탐색하게 하고 상담에 대한 책임감을 느끼게 한다.
    - 적극적 경청 : 귀로 내담자의 음성언어(언어적 메시지)를 듣고 눈으로 내담자의 신체언어(비언어적 메시지)를 관찰하는 것. 즉 적극적 경청은 상대방이 하는 이야기의 내용을 파악하는 것은 물론, 그의 몸짓, 표정, 음성 등에서 나타나는 미묘한 변화를 알아차리고 저변에 깔려 있는 심층적인 의미와 감정을 감지하며 그 감지한 것을 표현하는 과정을 포함한다.
  ㉢ 재진술
    - 정의 : 내담자의 진술 중 내용 부분을 상담자가 다른 동일한 말로 바꾸어 기술하는 것이다.
    - 효과 : 내담자로 하여금 자신이 한 말의 내용에 주의를 기울이게 한다. 또한 혼동되는 내용을 명료화시켜 주고 여러 가지로 언급된 내용을 하나로 묶어 주며 가장 중요한 대목을 요약해 주는 데 효과적이다.
  ㉣ 개방형 질문하기 : 내담자가 '예', '아니오'와 같은 단답형의 답변을 하지 않고 자신의 생각을 묘사하여 말하도록 하는 질문 형태이다. 내담자의 관점, 의견, 생각 그리고 감정까지도 끌어낼 수 있다.

3. 상담 중기

① 내담자의 자기 탐색과 통찰
  ㉠ 중기 단계에서 내담자는 현재의 문제와 관련되는 부적응적 사고, 감정, 생활 패턴 등에 대해 자각하게 된다.
  ㉡ 행동의 변화를 위해서는 모순과 부적응적 패턴에 대한 자각이 생활의 다양한 측면에서 반복적으로 일어나야 한다.
② 문제 이해에 따른 개입 전략의 선정 : 내담자에 따라서 인지적, 감정 체험적, 행동적, 관계를 다루는 접근 전략 중 적절한 전략을 선택하여 적용한다.
③ 저항(resistance) 다루기
  ㉠ 중기의 저항은 상담에 적극적으로 개입하지 않아 상담의 성과를 방해하는 내담자의 태도와 행동으로 나타난다. 사람들에게는 각자 습관적으로 행하는 사고·감정·행동 패턴이 있어서 이러한 패턴이 그대로 지속되려는 경향이 있다.
  ㉡ 대부분의 변화 과정에서 저항이 불가피한 것이긴 하지만 상담자는 내담자의 저항을 줄일 수 있는 상담 방법을 고안해야 한다. 내담자의 입장을 고려하지 않은 상담자의 일방적인 지시나 통제, 내담자를 배려하지 않는 비우호적인 상담 분위기, 준비가 안 된 내담자에게 너무 급격한 변화의 압력을 가하는 상담자의 행위 등은 내담자의 강한 저항을 불러일으키는 주요 요인이므로 상담자는 이러한 경우를 조심해야 한다.

④ 실행 단계
　㉠ 상담 중기에 얻은 자각을 바탕으로 실제 새로운 행동을 시험하고 평가해 본다.
　㉡ 새로운 행동은 우선 상담실 내에서 역할 연기를 통해 이루어지다가 그것이 어느 정도 성공적일 때, 상담실 밖에서의 행동으로 일반화시키는 순서를 밟도록 한다.
　㉢ 새로운 행동의 계획은 가능한 한 구체적이고 세밀히 세우도록 한다.
　㉣ 상담자와 내담자 간에는 새로운 행동과 사고방식을 현실 생활에서 시도하게 될 때의 결과, 갈등, 두려움 등에 대해서도 충분한 상의가 있어야 한다.
　㉤ 내담자가 혼자서도 목표 행동을 계속할 수 있을 것으로 판단되면 상담의 종결에 대해서 논의한다.
⑤ 중기 단계의 상담자의 역할
　㉠ 초기 단계에서 설정한 상담 목표를 달성하기 위하여 내담자가 자기 문제를 깊이 있게 탐색하도록 하고, 이러한 탐색 과정에서 깨달은 사실을 구체적인 행동으로 옮기도록 격려한다.
　㉡ 상담이 어떻게 진행되어 가고 있고 내담자에게는 어떤 진전이 있는지를 평가한다. 그리고 상담이 만족스럽게 진전되지 못할 경우 어떤 이유 때문에 상담이 진전되지 않는지, 이러한 상황을 호전시키기 위해 무엇을 해야 하는지를 검토해야 한다.
　㉢ 상담자는 내담자가 원하는 변화가 현실로 이루어질 수 있는 행동 전략을 개발하도록 도와야 한다.
　㉣ 내담자의 사고, 감정, 행동의 변화를 이루기 위해서 상담자는 새로운 대안을 탐색하고 내담자의 사고, 감정, 행동의 불일치를 직면시키는 것이 필요하다.
　㉤ 내담자와 협의하여 행동 계획을 세우고, 이를 일상생활에서 수행하는 것이다.
⑥ 중기 단계에서 사용되는 상담기법
　㉠ 심층적 공감 : 상담자가 내담자의 표현되지 않은 부분을 찾아내어 내담자로 하여금 자신을 더 깊이 이해하도록 돕는 것이다. 즉 상담자가 감정에 대한 공유 이외에도 내담자의 내면적 의도, 동기, 욕구 등을 확인하여 의사소통하는 기법을 의미한다.
　㉡ 피드백 주기
　　• 피드백은 내담자의 사고·감정·행동에 대해 상담자 자신이 보고 관찰한 것을 전달하여 그의 현재 모습을 지지하거나 혹은 변화시키는 기법이다.
　　• 피드백을 줄 때의 유의사항
　　　－소화될 수 있을 만큼 조금씩 주고 부정적인 피드백은 긍정적인 것과 함께 준다.
　　　－내담자가 현재의 행동에 대안이 될 수 있는 행동을 찾도록 도와준다.
　　　－분명하고 구체적으로, 내담자의 성격 특성보다는 행동에 초점을 맞추어 준다.
　　　－피드백을 준 후, 내담자의 반응의 시간을 기다린다.
　㉢ 직면(confrontation, 맞닥뜨림, 도전)
　　• 상담자가 내담자 자신도 깨닫지 못하고 있는 불일치, 너무 민감하거나 과장된 것, 논리적 왜곡을 확인하게 하여 내담자의 탐색과 자각을 촉진하는 기술을 의미한다.
　　• 직면은 내담자의 변화와 성장을 증진시킬 수도 있지만, 내담자에게 심리적인 위협과 상처를 줄 수도 있다.

- 상담자는 내담자의 말과 행동 간의 불일치, 언어적 메시지와 비언어적 메시지 간의 불일치, 혼란스러운 메시지, 의도적 목적과 행동 결과 간의 불일치, 내담자의 기대와 현실적 가능성 간의 불일치, 내담자의 지각과 정확한 정보 사이의 불일치 등과 같은 상황 시 내담자를 직면시킬 수 있다.
- 직면 시 상담자의 유의사항
  - 평가나 판단을 하지 말고 사실을 있는 그대로 진술하고 보고해야 한다.
  - 변화를 강조해서는 안 된다.
  - 적시성(timing)이 중요하다.
- 불일치의 유형
  - 말과 행동 간의 불일치 예 지각하는 것을 싫어한다고 말을 하면서 자주 지각을 하는 경우, 사랑한다고 하면서 학대하는 부모의 경우
  - 언어적 메시지와 비언어적 메시지 간의 불일치 예 얼굴이 붉어지고 표정이 굳어져 있으면서 자신이 화가 났다는 것을 부인하는 내담자의 경우
  - 혼란스러운 메시지 예 자녀들에게 자율성과 독립성을 강조하면서 자녀들이 없으면 겪게 될 외로움에 대해서 말하는 부모의 경우
  - 의도적 목적과 행동 결과 간의 불일치 예 다른 사람의 관심과 인정을 받으려고 하는 행동이 오히려 다른 사람으로 하여금 무시나 비난을 초래할 경우
  - 내담자의 기대와 현실적 가능성 간의 불일치 예 세상 모든 사람들에게 사랑받고 인정받아야만 행복할 수 있다고 하는 내담자의 경우
  - 내담자의 지각과 정확한 정보 사이의 불일치

ⓔ 즉시적 반응(immediacy, 즉시성)
- 정의 : 즉시성은 현재 내담자와 대화를 하며 상담자가 내적으로 경험하는 것을 활용하여 피드백을 주는 것을 의미한다. 즉 상담 중에 일어나는 상담자와 내담자 간의 즉각적인 상호 작용을 의미한다.
- 지금-여기의 즉시성 : 방금 있었던 사건에 초점을 맞추는 것을 말한다.
- 관계의 즉시성 : 상담 기간 동안 맺어 온 관계양식에 초점을 맞추는 것이다.
- 상담관계에서 의존적인 내담자는 일상생활에서 중요한 타인과의 관계에서도 유사할 것이다. 이때 상담자가 내담자와 상담자와의 관계를 언급하면서 내담자의 의존성을 지적하고 직면하는 등 내담자가 의존성을 인식하고, 이해하고, 관리하도록 조력한다면 내담자의 다른 관계에까지 일반화될 수 있다.
- 상담에서 즉시적 반응을 활용하면 내담자가 상담자에게 보이는 반응과 태도에 대해 즉시적인 자료를 통해 구체적으로 개입할 수 있다.

ⓜ 해석(재구조화)
- 정의 : 내담자가 자신의 문제를 새로운 각도(과거의 생각과는 다른)에서 이해하도록 그의 생활 경험과 행동의 의미를 설명해 주는 것이다.
- 내담자를 통찰하도록 돕기 위해 상담자가 행동의 원인에 대한 설명, 또는 연관성 여부를 잠정적인 가설의 형태로 기술하는 것이다.

- 적절한 표현양식
  - "이 생각에 찬성하시는지요?"
  - "이렇게 말하는 것이 옳을까요?"
  - "당신이 ~라고 생각하는 것 같군요."
  - "또 다른 각도에서 생각해 본다면~. 당신은 이것을 ~하게 느끼시는군요."
- 해석의 시기 : 해석의 적절한 시기는 내담자가 받아들일 준비가 되었을 때, 내담자가 거의 깨닫고도 확실하게 개념화하지 못했을 때이다. 해석은 상담 초기에 사용하면 별다른 효과가 없다. 촉진적 상담관계가 형성된 이후인 상담 중기나 후기에 주로 이루어진다.
- 해석의 대상 : 상담이 진행됨에 따라 내담자의 방어기제들, 문제에 대한 생각, 느낌, 행동양식 등이 어떤 면에서 효과적이고 비효과적인지를 구체적으로 해석한다.

⑦ 상담 중기에 일어날 수 있는 문제
  ㉠ 내담자가 자신의 사고·감정·행동 그리고 삶의 패턴에 불일치와 모순이 조금씩 나타나 자신이 이야기하는 내용에 대해 불안해할 수 있다.
  ㉡ 내담자가 자신에 대해 조금씩 알아가면서 정서적으로 힘겨워하고 상담에 대해 저항이 일어날 수 있다. 이때 상담자는 내담자의 저항에 대하여 적절한 시기에 적절한 방법에 따라 직면시키거나 해석을 하게 된다. 예를 들면, 상담 시간에 자주 늦는 내담자의 경우 상담자는 늦는 것이 하나의 패턴으로 명백해질 때까지는 해석하지 않고 있다가, 그것이 패턴이 되었다고 생각할 때 해석을 하거나 직면시킬 수 있다.
  ㉢ 상담 초기를 지나 중기나 후기에 들어서면 내담자는 별 관련 없는 주제 사이를 오가며 상담에 진전을 보이지 않는 경우가 있다. 이때 상담자는 "지금 상담이 얼마나 생산적이라고 생각하세요?"라고 현재의 상황에 대해 즉시적으로 반응하거나 상담자가 자기 노출을 해서 상담 과정을 재검토하고 초점을 맞출 수 있다.

⑧ 유의사항
  ㉠ 중기 단계에는 다양한 상담 기법을 이용할 수 있다.
  ㉡ 내담자 특성에 맞는 적절한 상담 기법을 적용해야 한다.

4. 종결 단계

① 다양한 종결 상황
  ㉠ 정상적인 절차에서 종결은 상담 과정을 마무리하는 것으로 상담자와 내담자가 설정한 상담 목표가 만족스럽게 달성되었다는 상호 동의가 이루어졌을 때 일어난다.
  ㉡ 상담 목표가 어느 정도 달성되었다면 내담자와 상담을 끝내는 문제를 미리 상의하는 것이 바람직하다.
  ㉢ 내담자에 의한 조기종결(drop out)
    - 청소년상담의 경우 상담자와 내담자가 쌍방 협의하에 종결하게 되는 경우가 대부분이다.
    - 조기종결의 신호들은 상담 약속 시간에 자주 전화도 없이 나타나지 않거나 늦게 나타나는 것, 상담실에 온 후에도 오늘은 너무 지겨우니 다음에 만나자고 상담을 연기하는 것 등이다.

- 조기종결의 대책
    - 동료 상담자나 슈퍼바이저 등과 논의하면서 이 상황을 대처해 나간다.
    - 당황하지 말고 전화, 이메일, 편지 등을 활용하여 내담자가 약속을 지키지 않았음을 알리고, 상담을 더 받아야 할 필요가 있는 경우 다시 재개할 수 있음을 알려 주어야 한다.
    - 상담을 마음대로 끝내서는 안 된다는 사실을 인식시키고 어떤 식으로든 끝을 맺을 수 있도록 독려해야 한다.
    - 내담자가 단순히 상담 자체를 거부한 것이 아니고 기존의 상담자와 관계를 어려워한다면 새로운 상담자에게 의뢰하는 것도 고려해 볼 필요가 있다.
- ㉣ 상담자에 의한 종결 상황 예 상담자의 근무지 이동 등
- ㉤ 합의에 의한 종결 상황

② 성공적인 종결을 위한 조건
- ㉠ 내담자가 처음에 호소한 문제 증상이 얼마나 호전되었는가를 고려해야 한다.
- ㉡ 내담자의 현실 적응력이 얼마나 증진되었는지를 고려하여 상담의 종결 여부를 결정해야 한다.
- ㉢ 성격 기능성의 증진 여부를 고려하여 종결 여부를 결정해야 한다.

③ 종결 시 이별 감정 다루기 및 문제 재발 상황에 대한 이해
- ㉠ 내담자의 불안 다루기 : 내담자들은 상담이 종결되면 더 이상 상담자의 도움을 받을 수 없다고 생각하기 때문에, 혹시 일이 잘못되어서 상담을 다시 받게 될지도 모른다는 불안을 쉽게 느낀다. 그러므로 상담자는 다른 사람들도 완벽한 상태로 세상을 살아가는 것이 아님을 강조할 필요가 있다.
- ㉡ 상담자에 대한 의존성 극복하기 : 상담자는 사소한 일이라도 내담자 스스로가 판단하고 결정하며 일을 해결해 나갈 수 있도록 격려해 주어야 한다. 이런 과정을 통해서 내담자는 상담자의 도움 없이도 스스로 적응적인 삶을 영위할 수 있게 된다.
- ㉢ 문제 재발 상황에 대한 이해 : 상담 종결 후 언제라도 내담자의 문제가 재발하여 상담자의 도움을 필요로 할 경우 상담자에게 언제든지 다시 연락해도 된다는 것을 내담자에게 미리 알려 주는 것이 좋다.

④ 준비 없는 종결의 결과 : 충분한 준비 과정 없이 종결을 논하게 되면 내담자는 당황하게 되고 심리적으로 미아가 된 기분, 때로는 상담자에게 버림받은 느낌까지 들기도 한다. 그 결과 상담자나 상담 과정에 대한 저항을 보이기도 한다. 그리고 거의 해결되어 가던 호소 문제나 증상 등이 다시 출현하기 시작한다. 그러므로 상담 과정 중 충분히 종결 과정에 대해서 다루고 이러한 불상사를 미연에 방지하도록 해야 한다.

⑤ 종결 단계의 상담자의 역할
- ㉠ 내담자가 설정한 상담 목표가 달성되었는지를 확인한다.
- ㉡ 내담자의 변화된 상태에 대해 피드백을 제공한다.
- ㉢ 상담 전 과정에 대한 요약과 목표 달성에 대한 확인을 바탕으로 상담을 종결해도 괜찮은지의 여부를 최종 평가한다.
- ㉣ 친숙한 관계의 갑작스런 청산으로 비롯되는 내담자의 상실감을 인식하고 내담자의 특성을 고려하여 종결에 대한 준비를 해야 한다.

⑥ 유의사항
　㉠ 상담의 특성상 상담이 종결되어도 내담자와 계속적으로 다른 형태로 관계를 형성하기 때문에 더욱더 체계적·계획적으로 종결해야 한다.
　㉡ 상담 종결 후 다시 상담받을 수 있는 기회가 있음을 알린다.
　㉢ 학생의 경우는 Wee 클래스에서 운영하는 프로그램 및 외부 기관의 프로그램을 소개한다.

5. 추수상담
① 추수상담 형태 및 일정 확인
　㉠ 형태 : 상담, 짧은 만남(쉬는 시간/점심시간), 전화, 문자, 쪽지 등
　㉡ 일정 : 상담 종료 후 2~4주 이내
② 이전 상담기록 확인 : 개인상담기록부의 내용(호소 문제, 상담 목표, 상담 내용, 심리검사 결과 등)을 확인하도록 한다.
③ 상담 효과 지속 여부 확인 : 상담 종결 후의 생활을 탐색해 상담 효과가 지속되고 있는지를 확인한다.
④ 상담 종결 확정
　㉠ 변화 유지 시 상담 종결을 확정한다.
　㉡ 필요한 경우 상담 목표를 재구성하고 상담을 재개한다.
⑤ 유의사항
　㉠ 내담자가 상담받은 것 자체의 비밀 보장에 신경 쓰는 경우 전화, 문자 등을 이용하여 추수상담을 진행한다.
　㉡ 학생의 경우 쉬는 시간, 점심시간을 이용하여 짧은 추수상담 진행이 가능하다.

TOPIC. 2 　행동평가

1. 기본전제
① 행동의 결정요인은 환경적 사건이다.
② 문제행동과 시간적으로 인접한 환경적 요인 혹은 행동과 환경과의 상호작용이 중요하다.
③ 행동의 발생이나 특성을 설명함에 있어 행동에 선행되거나 동반되는 상황적 요인이 중요하다.
④ 행동의 다요인 결정론을 지지한다.
⑤ 평가의 대상이 되는 문제행동이 다양한 요소들로 구성되어 있다는 반응의 단편화를 전제한다.

2. 강조점
① 행동평가는 개인 내적인 심리적 상태보다 문제가 발생하는 상황을 중요시하고 이를 강조한다.
② 행동평가는 개인의 행동이 환경적 맥락 안에서 어떻게 상호작용하는지에 관심을 기울인다.
③ 행동평가는 개인을 이해하는 데 있어 가능한 한 추론적 가정을 배제하며, 관찰 가능한 행동을 대상으로 이를 평가하는 데 초점을 둔다.

3. 행동평가의 양식 혹은 행동평가의 요소로서 4가지 변인

① 자극(Stimul) : 개인의 증상이나 문제행동에 선행되는 조건 및 환경적 상황을 의미한다.
② 유기체(Organismic) : 자극을 받아들이는 유기체의 내부에서 일어나는 생리적 혹은 심리적 요인들 모두를 의미한다.
③ 반응(Overt Responses) : 초점을 두게 되는 문제행동이나 증상으로서, 자극에 대해 유기체가 보인 외양적 반응 혹은 행동을 의미한다.
④ 후속변인(Consequent Variables) : 10년 반응으로 일어난 문제행동이나 증상을 강화하거나 처벌하는 등 반응에 영향을 미치는 후속변인들을 의미한다.

4. 직접적 행동평가에서 행동의 직접 측정 시 포함시키는 6가지 특성

① 움직임의 형태(Topography) : '움직임의 형태'는 특정 반응이 나타나는 형태를 의미한다. 예를 들어, 교사가 발달장애아에게 수업 중 질문을 할 때는 팔을 높이 들어야 한다고 알려 주고 그 행동을 조형하기를 원한다고 가정할 때, 교사는 팔을 들어 올리는 위치를 정하여 이를 단계별로, 즉 '팔을 책상 위로 약간 떨어뜨리기 → 턱 높이로 올리기 → 눈 높이로 올리기 → 머리 위로 올리기'의 순서로 조형해 나간다.

② 양(Amount) – 빈도와 지속기간
  ㉠ 행동의 전체 양(Amount)을 측정하는 2가지 일반적인 방법으로 '빈도(Prequency)'와 '지속기간(Duration)'을 들 수 있다
  ㉡ 빈도 : 주어진 일정시간 내에 발생하는 행동의 정도 ⓔ 피겨스케이트 선수가 연습을 통해 수행상의 개선이 있는지를 알아보기 위해, 그 선수가 수행한 점프와 회전의 빈도를 기록할 수 있다.
  ㉢ 지속기간 : 어떤 기간 내에 행동이 일어나는 시간의 길이 ⓔ 장시간 TV를 보는 습관이 어느 정도 개선되었는지를 알아보기 위해, 가로축에 날짜, 세로축에 TV 시청시간 항목이 있는 차트에 TV를 시청한 누적시간을 기록할 수 있다.

③ 강도(Intensity) : '강도'는 반응의 강도 혹은 힘을 측정하는 것을 의미한다. 강도 평가 시에는 기계를 자주 사용하게 된다. 예를 들어, 목소리의 크기와 관련된 행동의 경우 소리측정기(Voice Meter)를 이용하여 소리의 데시벨(dB) 수준을 측정할 수 있다.

④ 자극통제(Stimulus Control) : '자극통제'는 어떤 자극이 있을 때 어떤 행동이 발생하는가를 나타내는 데 사용된다. 예를 들어, 중증도 이상의 지적 장애를 가진 사람의 행동을 측정하기 위한 객관적 행동평가를 통해 중증도 지적 장애자의 자기 돌보기 기술, 가사 기술, 직업학교에서의 동작성 기술, 작업수행 등의 자극통제를 평가할 수 있다. 즉, "양말을 신어라."라는 구의 언어적 지시와 촉진자극에도 불구하고 아무런 수행을 보이지 않는 경우, 언어적 지시와 촉진자극이 행동의 모델링과 함께 제시된 후 수행을 보이는 경우, 언어적 지시와 촉진자극 후에 수행을 보이는 경우, 다른 촉진자극 없이 언어적 지시만으로 적절히 수행이 이루어지는 경우로 구분하여 행동평가점수를 기록할 수 있다.

⑤ 잠재기간(Latency) : '잠재기간'은 자극이 발생하여 반응을 하기까지의 시간을 말한다. 예를 들어, 어떤 아이는 비록 능률적으로 과제를 수행하지만, 그 전에 비교적 긴 잠재기간을 보인다. 즉, 과제에 착수할 시간에 이를 바로 시작하지 않고 한참을 빈둥거리다가 수행하는 것이다. 이와 같은 잠재기간은 지속기간(Duration)과 마찬가지로 시계를 사용하며 평가한다.

⑥ 질(Quality) : '질'은 앞서 언급된 특성들에 부가되는 것이 아닌 그 특성들이 개선된 것이라 할 수 있다. 예를 들어, 움직임의 형태(Topography)를 토대로 질의 차이를 판단할 수 있는데, 피겨스케이트 선수가 점프를 할 때 두 발로 착지하는 경우보다 한 발로 착지하는 경우 더 잘한 것으로 평가된다. 또한, 빈도(Frequency)를 토대로 질의 차이를 판단할 수 있는데, 작업자의 업무능력은 그가 주어진 기간 내에 얼마나 많은 행동을 수행하는가에 따라 평가된다.

5. 행동평가 방법

① 행동적 면접
  ㉠ 내담자의 구체적인 문제행동, 문제행동을 유지시키는 상황 요인, 문제행동 뒤에 수반되는 결과가 무엇인지를 파악하기 위한 것이다.
  ㉡ 내담자의 현재 문제와 함께 그 문제를 유지시키는 요인이 무엇인지, 과거에 어떻게 대응해 왔는지, 치료에 대한 기대가 무엇인지 등을 알아본다.

② 관찰법
  ㉠ 행동평가에서는 자연적인 상황에서의 관찰법, 통제된 관찰법, 자기관찰법 등 여러 가지 관찰법을 사용한다.
  ㉡ 자연적인 상황에서의 관찰법은 내담자의 집, 학교, 병원 등에서 자연스럽게 나타나는 문제행동을 관찰하는 것이고, 통제된 관찰법은 내담자가 문제행동을 보이는 상황을 조작해 놓은 채 그 조건에서의 문제행동을 관찰하는 것이다. 자기관찰법은 내담자 스스로 자신의 행동, 사고, 정서 등을 관찰하고 기록하는 것이다.

③ 질문지 혹은 평정척도
  ㉠ 질문지나 평정척도와 같은 간단한 지필검사로 내담자의 외현적인 행동은 물론 우울, 불안, 주의력결핍 등을 평가하는 것이다.
  ㉡ 기존에 만들어진 지필검사를 이용하거나 연구자가 관찰하고자 하는 행동이나 태도, 정서에 대해 적절한 질문지나 평정척도를 만들어 평가하는 방법이 있다.

TOPIC. 3 슈퍼비전

1. 슈퍼비전의 정의와 목표

① 슈퍼비전의 정의
  ㉠ Webster(1966) : super(위에서 혹은 능가하여)와 vision(보다, 관찰하다)의 조합으로 '감독하다'라는 의미이다. 즉 슈퍼비전은 상담자의 상담 수행을 감독 혹은 지도하는 활동이다.
  ㉡ Loganbill, Hardy, Delworth(1982) : 슈퍼비전은 한 사람이 타인의 치료적 능력의 발달을 촉진하려는 의도를 가지고 계획적으로 하는 대면 관계이다.
  ㉢ Harts(1982) : 슈퍼비전은 슈퍼바이저의 역할을 맡은 사람이 상담자의 입장에 놓인 사람의 직업 활동을 평가하고, 적절한 직업적 행동을 습득하도록 돕는 계속적인 교육 과정이다.
  ㉣ 방기연 : 슈퍼비전은 전문 상담자가 되고자 하는 수련생에게 적절한 직업적 행동을 습득할 수 있도록 슈퍼바이저가 도와주는 계속적인 교육 과정을 말한다.

② 슈퍼비전의 목적
  ㉠ 내담자 보호
    • 내담자에게 믿을 수 있고 효과적인 상담서비스를 제공한다.
    • 슈퍼비전은 내담자가 진정으로 얻고자 하는 상담 효과를 제공함으로써 내담자를 도와줌과 동시에 상담 수행 실패로부터 상담자를 보호하는 역할을 한다.
    • 상담자가 전문가로서 기능을 적절히 하지 못하는 이유 중 하나는 소진(burn out)이다. 따라서 상담자의 소진에 주의를 기울이고 소진을 예방하는 것도 슈퍼비전의 역할이다.
  ㉡ 상담자 발달
    • 상담자의 자질 향상과 직업적 발달을 조장한다.
    • Bernard(1979) : 상담 및 심리치료 이론에 따라 각 이론이 제시하는 상담자의 기술에는 차이가 있지만, 일반적으로 상담 능력과 기술은 크게 상담 과정 기술, 내담자의 문제 진단 및 심리치료 계획에 대한 개념화 영역, 개인화 영역으로 나뉜다. 상담 과정 기술 영역은 치료적인 상담 기술과 그 기술의 활용을 말하고, 내담자 문제 진단 및 심리치료 계획에 대한 개념화 영역은 내담자의 사례를 분석하는 인지적 기술을 말한다. 개인화는 상담자의 인격적 성숙, 개성과 상담 기법의 조화를 말한다.

③ 슈퍼바이저
  ㉠ 수련생의 상담 활동을 지도·감독하는 역할을 맡은 사람을 말한다.
  ㉡ 슈퍼비전에 대한 이론을 공부하고, 슈퍼비전 기술을 습득하고, 슈퍼비전 경험들을 쌓아야 한다.
  ㉢ 슈퍼비전 관계에서 슈퍼바이저가 가져야 할 태도는 공감적 이해, 상담자 존중, 진실성, 즉시성, 구체성 등이다(Holloway, 1995).
    • 공감적 이해 : 슈퍼바이저가 상담자의 입장에서 상담자의 경험들과 감정들이 상담자에게서 갖는 의미를 민감하고 정확하게 이해하려고 하는 노력을 말한다.
    • 진실성 : 슈퍼비전 관계에서 슈퍼바이저가 자신의 권위나 체면에 얽매이지 않고 자신을 있는 그대로 인정하고 표현하는 것이다.

- 즉시성 : 슈퍼바이저와 상담자 사이에서 지금-여기를 강조하는 것이다.
- 구체성 : 슈퍼바이저와 관련된 느낌, 행동, 경험에 대한 정확한 표현을 위한 노력을 강조하는 것이다.

ⓛ Freeman과 Mchenry(1996)의 연구 결과에 의하면, 이상적인 슈퍼바이저는 사례의 개념화를 가르치고 상담과정과 기술, 윤리를 가르치는 등 교수 역할에 가장 많은 비중을 둔다. 그 다음으로 특수한 상담 기술, 내담자 평가에 대해 코칭하는 역할, 개인적 주제를 다루거나 수련생의 장점을 인식해 주는 역할 순으로 비중을 둔다. 방법적으로는 비디오, 라이브, 녹음테이프, 상담자 보고를 사용한다. 수련생의 자각(awareness)과 자기 평가를 고양시키기 위해 격려하고 지지한다. 또 이상적인 슈퍼바이저들은 슈퍼비전이 상담과 다름을 인식하고 슈퍼비전 중 수련생을 치료하는 일을 삼간다.

2. 슈퍼비전 활동

① 교육 · 상담 · 자문

구분	유사점	차이점
교육	• 새로운 지식과 지식을 전수 • 평가적이고 수련생의 상담 분야 입문을 결정	교육은 정해진 교육 과정이나 내용을 전달하는 것에 비해 슈퍼비전은 수련생과 내담자의 개인차에 따라 내용이 달라짐
상담	문제적 행동, 사고, 감정을 다룸	상담은 수련생의 문제적 행동, 사고, 감정을 다루는 반면 슈퍼비전은 수련생의 상담 효과성을 높이는 것을 목적으로 함
자문	• 전문가를 돕는 활동 • 경력 수련생에게는 슈퍼비전과 자문의 구별이 어려움	• 자문은 동등한 관계에서 이루어지나 슈퍼비전은 위계적임 • 자문은 일회적인 반면 슈퍼비전은 계속적임 • 슈퍼비전은 평가적이지만 자문은 그렇지 않음

② 평가
  ㉠ 각 회기마다 내담자가 적절한 도움을 받고 있는가?
  ㉡ 내담자에게 적절하게 상담자가 반응하였는가?
  ㉢ 현 회기가 전 회기와 연관이 되고 있는가?
  ㉣ 다음 회기의 계획은 어떤 것인가?

PART 03

심리치료

CHAPTER 01	심리치료 개요
CHAPTER 02	치료관계 형성
CHAPTER 03	정신분석치료
CHAPTER 04	인지행동치료
CHAPTER 05	가족치료
CHAPTER 06	아동지도법 적용을 통한 치료
CHAPTER 07	위기 및 스트레스 관리
CHAPTER 08	기타 심리치료

CHAPTER 01 | 심리치료 개요

TOPIC. 1   심리치료의 의미와 특징

1. 심리치료의 의미
심리치료는 전문적인 훈련을 받은 치료자가 특정 문제를 가진 내담자로 하여금 자신이 처해 있는 입장과 환경을 이해하여 합리적인 의사결정을 내리고, 내담자가 적절한 행동을 실행할 수 있도록 돕는 활동이다.

2. 심리치료의 필요성
① 내담자 개개인의 일상생활에서의 부적응 문제를 효율적으로 해결할 수 있도록 도와 줄 필요가 있다.
② 내담자 개개인의 부적응을 예방하고 적극적인 이해를 통해서 내담자들의 성장발달을 촉진시킬 필요가 있다.

3. 심리치료의 특징
① 치료는 내담자, 치료자, 두 사람의 대면관계(face to face), 또는 비대면관계로 구성된다.
② 치료는 내담자의 생활과제의 해결과 인간적 성장을 목표로 하나 상담의 구체적 목표는 내담자가 지닌 문제에 따라서 다양하게 설정될 수 있다.
③ 치료는 이러한 목표를 향해 내담자를 변화시키는 학습과정이다. 내담자의 변화는 치료자와의 관계 속에서 새롭고 긍정적인 체험을 통해 이루어지게 된다.
④ 치료는 내담자와 치료자 간의 지속적인 상호작용과정이다.

TOPIC. 2   심리치료의 유형 분류

1. 목적
① 발달과 성장
   ㉠ 내담자가 갖는 잠재력의 개발과 성장을 위해 노력하는 심리치료
   ㉡ 사회성 훈련, 도덕발달, 자아개념 및 자기존중감 향상, 의사소통 및 자기주장훈련, 리더십 향상, 학습동기 및 진로탐색 등
② 예방
   ㉠ 문제가 발생하는 것을 최대한 억제하도록 도와주는 기능을 하는 심리치료

ⓒ 약물중독이나 성교육, 학교적응 프로그램 등
　③ 문제해결 : 내담자에게 이미 발생한 문제를 해결하는 것에 초점을 둔 치료
　　　예 가출과 무단결석, 폭력 사용 등의 여러 문제행동으로 치료를 받게 된 경우, 우울과 무기력, 자살 생각 등으로 적응에 심각한 어려움을 겪고 있는 청소년의 치료

2. 방법
① 대면 : 치료자와 내담자가 직접 얼굴을 맞대고 하는 심리치료
② 매체 : 대면치료가 아닌 편지, 전화, 화상 등의 매체를 이용한 심리치료

3. 형태
① 개인
　ⓐ 치료자와 내담자가 일대일로 만나 조력활동이 이루어지는 심리치료
　ⓑ 내담자가 심리적 문제를 가진 경우 또는 집단치료에 참여하여 별로 도움을 받지 못한다고 판단될 경우 실시하기로 함
② 집단
　ⓐ 2명 이상으로 구성된 내담자들로 조력활동이 이루어지는 심리치료
　ⓑ 대체로 특별한 문제를 지니지 않은 일반인들을 대상으로 하는 경우가 많으며 어떤 경우에는 비슷한 유형의 문제를 갖고 있는 사람들을 대상으로 실시하기도 함

4. 내담자의 자발적 의사 유무
① 자발적 심리치료
　ⓐ 내담자가 스스로 문제를 인식하고 문제 해결을 위한 자발적인 의사에 의해 상담관계가 형성된 심리치료
　ⓑ 치료자는 내담자가 자발적인 의사를 가지고 상담실을 방문한 것과 그 용기에 대해서 칭찬과 격려를 해 주는 것이 필요함
② 비자발적 심리치료
　ⓐ 내담자가 본인의 의사와는 상관없이 교사나 부모에 의해 강압적으로 의뢰된 경우
　ⓑ 강제적 치료는 자신의 문제를 솔직히 드러내지 않고 문제를 은폐하거나 거부와 저항이 나타나기 때문에 문제해결을 위한 바람직한 치료가 되지 못하는 경우가 많이 있음
　ⓒ 상담 의도가 전혀 없는 내담자와 치료관계가 형성되었다고 할지라도 치료자는 내담자의 비자발성 또는 폐쇄성에 대해서 성급하게 부정적으로 단정하고 상담관계를 포기하는 함정에 빠지지 않도록 해야 하며 어떤 경우에라도 치료자는 내담자에 대해서 인내해야 함
　ⓓ 비자발적 치료관계를 자발적 상담관계로 바꾸기
　　• 치료자는 말을 많이 해야 함. 자기 이야기를 통해서 내담자로 하여금 방어기제를 풀도록 함으로써 마음의 안정을 갖고 치료자를 신뢰하여 상담 현장에 자발적으로 참여하도록 도울 수 있음

- 치료자는 의도적이건 의도적이지 않건 매우 온화한 태도로 상대방을 대해야 하며 부드러운 어투의 말을 해야 함

5. 문제내용
① 위기 심리치료
  ㉠ 치료자가 자신이나 타인의 생명을 해칠 수 있는 위급한 상황에 있는 내담자를 대할 때 행하게 되는 심리치료. 심리치료자의 위기관리능력이 필요함
  ㉡ 발달적 위기(보편적) : 모든 사람들이 성장 과정에서 겪는 예측 가능한 위기 예 출생, 사춘기, 취업, 결혼 적응, 임신, 부모가 되는 것, 중년 위기, 부모 사망, 갱년기, 은퇴, 배우자의 죽음
  ㉢ 상황적 위기(우발적) : 예외적이고 예측 불가능한 갑작스런 위기, 사고나 수술 예 IMF 위기, 경제 공항, 태안 기름유출 사건
② 가족치료
  ㉠ 한 명 혹은 그 이상의 치료자가 내담자의 가족 전체를 하나의 단위로 하여 가족 간의 관계에 초점을 맞추고, 조화로운 관계를 유지하기 위해서 현재의 관계를 수정해 나가는 과정
  ㉡ 내담자의 문제는 가족과 관련되어 있음 예 아동학대, 청소년 가출, 약물 및 알코올 중독, 가정폭력 등은 가족과 직·간접적으로 관련된 문제
③ 성문제 심리치료 : 자위행위, 동성애, 혼전성관계, 이성관계 문제, 성폭력, 성희롱, 원조교제 등 성에 관련된 문제에 관한 심리치료
④ 성장치료 : 현재 특별한 문제가 없다고 할지라도 심리치료를 통해 자신의 잠재력을 개발하거나 자기실현을 이루고자 하는 심리치료
⑤ 진로상담 : 내담자가 자신의 적성과 능력에 부합하는 진로를 선택하여 직업을 구해 생산적인 직무를 수행할 수 있도록 도와주는 심리치료
⑥ 물질남용과 중독치료 : 알코올, 니코틴, 약물과 같은 물질남용과 게임, 인터넷, 도박과 같은 중독에 빠져 자기 통제력을 상실한 내담자가 부적절한 자기파괴의 습관에서 벗어날 수 있도록 돕는 심리치료
⑦ 학습치료 : 내담자가 부적절한 학습습관과 학습방법, 학습기술의 부족 등으로 자신의 능력을 최대로 발휘하지 못한 경우, 내담자의 학업능력과 학업성취 수준에 관한 평가를 하여 그에게 적합한 체계적인 학습이 이루어지도록 하는 심리치료
⑧ 정신건강 심리치료 : 내담자가 갖는 다양한 정신적 문제에 대한 심리치료

TOPIC. 3 전화상담과 사이버상담

1. 전화상담의 특징
① 즉각성
② 공간초월성 및 원격성
③ 익명성 및 비대면성
④ 음성의 활용
⑤ 일회성

2. 사이버상담의 특징
① 장점
  ㉠ 내담자의 자발성
  ㉡ 긴장의 완화
  ㉢ 글쓰기의 치료적 효과
② 단점
  ㉠ 의사소통 방법의 제약
  ㉡ 위기상황에 대한 즉각적인 파악이 어려움

> **| + 이해더하기 |**
>
> **생활지도, 상담, 심리치료 비교**
>
> | 구분 | 생활지도(Guidance) | 상담(Counseling) | 심리치료(Psychotherapy) |
> |---|---|---|---|
> | 의미 | 학생들이 학교 내외에서 당면하는 적응·발달상의 문제를 돕기 위해 마련되는 교육적·사회적·도덕적·직업적 영역 등의 계획적인 지도활동 | 학생 개개인의 행동·태도 변화, 사고, 심리적 갈등의 문제를 다루는 활동 | '증상'을 가진 환자를 '심층적으로' 치료하는 활동 |
> | 목적 | 바람직한 생활과정과 성장발달의 지도 | 구체적 생활과제의 해결 → 감정, 사고, 행동양식의 변화 | 정서적 문제의 해소 → 성격 구조의 심층적 변화 |
> | 취급 문제 | 현실적 능력의 평가 및 장래 계획 등 | 장애적 긴장, 불안, 비능률적 행동습관, 비성취적 관념 | 신경증, 성격장애, 우울증, 정신병 |
> | 책임자 | 일반 교사, 전문상담교사, 연수 담당자 | 전문상담교사, 상담심리전문가 | 정신과의사, 임상심리전문가 |
> | 장소 | 교육 장면 전체 | 상담실, 출장 장소 | 진료실, 환자 가정 |
> | 학문적 기초 | 교육학에 근거 | 행동과학, 인간과학에 근거 | 의학에 근거 |
> | 주요 방법 | 정보, 자료 제공, 가르치기, 배치 활동 | 촉진적 관계, 촉진적 면접 | 약물 요법, 문제 환경으로부터의 격리 수용 |

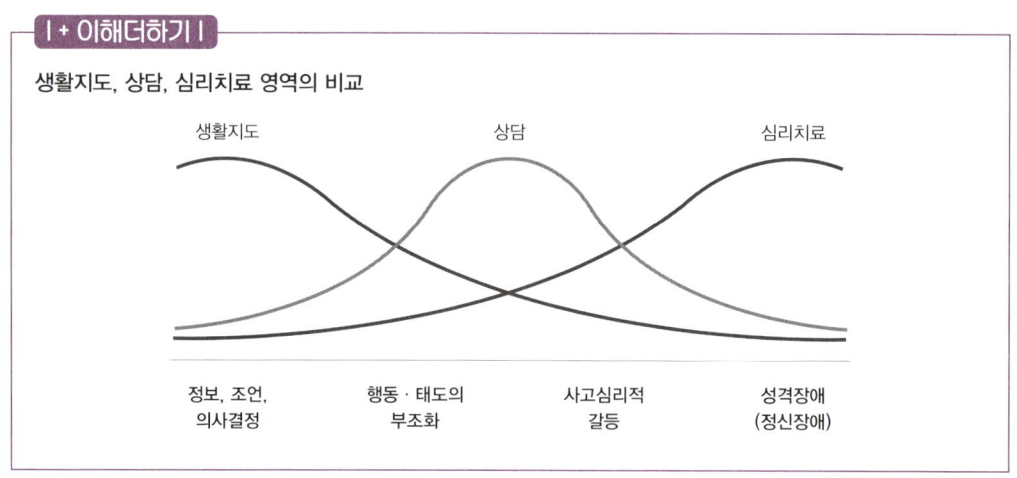

TOPIC. 4 심리치료의 기본 원리

1. 개별화의 원리
내담자의 개인차, 개성 인정, 개인 욕구에 따라 상이한 원리나 방법을 활용하여 심리치료를 전개하는 것을 말한다.

2. 의도적 감정표현의 원리
개인 감정이나 부정적인 감정을 아무런 제약을 받지 않고 자유롭게 표현할 수 있는 분위기를 조성하는 것이다.

3. 통제된 정서 관여의 원리
치료자가 내담자의 정서 변화에 민감하게 반응하는 동시에 자신의 감정을 적절하게 통제·조절하는 것을 말한다.

4. 수용의 원리
① 내담자의 장·단점, 바람직한 성격과 그렇지 못한 성격, 긍정적인 감정과 부정적인 감정, 건설적·파괴적 태도나 행동 등을 있는 그대로 이해하여 그의 존엄성과 인격의 가치에 대한 관념을 유지시켜 나가는 행동상의 원칙이다.
② '수용'한다는 것이 내담자의 일탈적인 태도나 행위를 '허용'한다는 것을 의미하지는 않는다. 치료자는 윤리와 철학, 법과 제도, 전문적 가치 등에 의거하여 바람직한 것과 수용할 수 있는 것에 대한 기준을 가지고 있어야 하며 이를 바탕으로 바람직하고 수용할 수 있는 상황으로 발전할 수 있도록 적극 도와야 한다.

5. 비심판적 태도의 원리

비심판적 태도는 문제의 원인이 내담자의 잘못 때문인지, 혹은 내담자에게 책임이 있는지 등을 심판하지 않으며, 내담자의 특성 및 가치관을 비난하지 않는 것을 의미한다.

6. 자기결정의 원리

① 치료 과정에서 내담자가 자신의 판단과 노력으로 선택하고 결정할 수 있도록 하는 것을 말한다.
② 법적으로 강제성이 부여되는 상담자의 역할(교도소나 보호관찰의 업무수행)에서도 자기결정의 원리는 존중되어야 한다.

7. 비밀보장의 원리

① 내담자가 치료 장면에서 노출한 사적인 정보를 전문적 개입의 목적 외에 타인에게 공개하지 않는 것이다. 예 Tarasoff 판결이라 부르는 판례
② 비밀보장의 중요성
　㉠ 내담자는 비밀보장의 확신을 가질 때 상담자를 신뢰하고 자신의 문제를 해결하는 데 필요한 이야기를 충분히 솔직하게 털어놓을 수 있다.
　㉡ 치료자가 내담자의 사생활을 보호해 주고 비밀을 보장해 주지 않는다면 내담자는 오히려 큰 충격을 받고 피해를 받을 수 있다.
③ 비밀보장 원칙의 예외적인 경우
　㉠ 자해·자살 의도가 드러났을 때
　㉡ 사회의 안전을 위협하는 행위에 대한 의도가 명백할 때
　㉢ 전염병에 감염된 사실을 알게 되었을 때
　㉣ 법원의 명령이 있을 때
　㉤ 아동학대나 방치에 관한 사실이 노출되었을 때
　㉥ 미성년자 대상 상담과 학교상담에서 보호자의 요청이 있을 때

CHAPTER 02 | 치료관계 형성

TOPIC. 1 심리치료 시 치료관계 형성

1. 문제의 제시 및 치료의 필요성에 대한 인식
① 먼저 내담자에게 자신의 걱정거리, 문제, 찾아온 이유를 말하도록 한다. 내담자들은 문제에 대한 책임감을 회피하고 남을 비난하거나 자신이 운명의 피해자란 느낌에서 전문적인 치료의 필요성을 절실히 느끼지 못하는 경우가 있다.
② 문제의 배경 및 관계요인을 토의한 후, 내담자가 치료 과정에 적극적으로 참여하도록 해야 한다. 아울러 치료에 대한 내담자의 기대와 느낌을 명료화할 필요가 있다.

2. 촉진적 관계의 형성
① 솔직하고 신뢰 있는 관계를 형성하는 것이다. 내담자가 치료자에게 느끼는 전문적 숙련성·매력·신뢰성 등은 치료 효과에 대한 긍정적 기대를 갖게 하는 요인이다.
② 치료의 촉진적 관계를 형성하는 데에는 치료자의 공감적 이해·성실한 자세·내담자에 대한 수용적 존중 및 적극적인 경청 등이 필요하다.

3. 목표설정과 구조화
① 이 단계에서는 상담 과정의 방향과 골격을 분명히 한다. 내담자들은 흔히 상담자가 자신의 문제를 직접 해결해 주기 바라거나, 문제에 대한 해답 및 행동 방향을 제시해 줄 것을 기대한다. 따라서 내담자가 치료에 대한 확실한 인식을 함으로써, 치료의 다음 진행 과정에 대한 두려움이나 궁금증을 줄일 수 있게 된다.
② 구조화는 치료의 효과를 최대한도로 높이기 위해 치료의 기본 성격, 치료자 및 내담자의 역할한계, 바람직한 태도 등을 설명하고 인식시켜 주는 작업이다. 다시 말해서 하나의 '내담자 교육'이다. 구조화에 포함되는 사항은 치료의 성질, 치료자의 역할과 책임, 내담자의 역할과 책임, 치료의 목표 등이다. 아울러 시간과 공간적인 제한사항도 덧붙인다.

4. 문제해결의 노력
이 단계에서는 우선 문제에 관한 내담자의 감정표현을 촉진하고, 제시된 문제를 다시 구체적으로 정의한다. 특히 문제의 성질을 명확히 하고 어떤 방법과 절차를 이용할 것인가를 먼저 결정해야 한다. 이 과정은 내담자의 문제의 성질이나 치료에 대한 요구 및 상담자의 이론적 입장에 따라서 달라지게 마련이다. 문제해결의 노력은 일반적으로 다음과 같은 과정을 거치게 된다.

① 문제에 대해 명확히 정의한다.
② 문제해결을 위한 방향과 가능한 방안을 정한다.
③ 문제해결 방안에 관련된 정보를 수집한다.
④ 수집된 자료를 바탕으로 대처행동을 의논한다.
⑤ 검사와 심리진단자료 등을 참고로 바람직한 행동절차 및 의사소통의 실제 계획을 수립한다.
⑥ 계획된 것을 실제 생활에서 실천해 본다.
⑦ 실천 결과를 평가하고 행동계획을 수정·보완한다.

5. 자각과 합리적 사고의 촉진

자각은 자신과 생활 과정에서의 주요 경험 및 사건들을 이전보다 분명히, 통합된 시야에서 재인식하는 것으로 이 단계에서 고려할 것은 내담자들이 자기탐색 및 사고방식의 변화 요구에 대한 심리적 부담 때문에 치료를 도중에 그만두려고 하거나 '저항'이 생길 수 있다는 점이다.

6. 실천행동의 계획

내담자의 새로운 견해나 인식이 치료 상황뿐만 아니라 실생활에서도 실현되도록 내담자의 의사결정이나 행동계획을 도울 필요가 있다. 이에 내담자의 구체적인 행동 절차를 협의하고 세부적인 행동계획을 작성해야 한다.

7. 실천 결과의 평가와 종결

① 종결은 주로 내담자와 치료자의 합의에 의하여 이루어진다. 내담자가 종결을 희망하더라도 아직 불충분하다는 판단이 들 경우에는 상담을 당분간 계속하도록 권유하는 것이 바람직하다. 반대로 상담의 종결이 자기를 배척하는 것으로 생각하는 내담자도 있으므로 상담자는 내담자가 이러한 문제에 갑자기 직면하지 않도록 서서히 종결시킨다.
② 종결에 앞서 그 동안 성취한 것들을 치료 목표에 비추어 평가하거나 목표에 도달하지 못한 이유를 토의해야 한다. 종결에 즈음하여 상담의 전체 과정을 요약하고, 문제가 생기면 다시 찾아올 수 있다는 추수상담의 가능성을 제시한다. 치료 결과가 만족스럽지 못한 경우에는 치료와 치료자의 한계에 대해서 명백히 밝히고, 필요하면 다른 기관이나 다른 상담자에게 의뢰하는 것이 바람직하다.

CHAPTER 03 | 정신분석치료

TOPIC. 1   주요 개념

1. 인간관
① 인간은 비합리적이고 비관론적인 존재이다.
② 인간의 행동은 기본적인 생물학적 충동과 본능을 만족시키려는 욕망에 의하여 동기화되는 것이다.
③ 개인은 과거의 생활 경험들에 의하여, 그것도 출생에서부터 5세 사이의 어린 시절에 경험한 무의식 속에 잠재해 있는 심리 성적인 사건들에 의하여 결정되는 존재이다.

2. 의식 수준과 성격의 구조
① 의식, 전의식, 무의식
  ㉠ 의식 : 한 개인이 현재 각성하고 있는 모든 행위와 감정들을 포함
  ㉡ 전의식 : 이용 가능한 기억으로 의식 부분은 아니지만 조금만 노력하면 의식 위로 떠올릴 수 있는 생각이나 감정들을 포함. 의식과 무의식을 연결함
  ㉢ 무의식 : 개인이 자신의 힘으로는 의식으로 떠올릴 수 없는 생각이나 감정들을 포함하며 자신이나 사회에 의하여 용납될 수 없는 감정이나 생각 혹은 충동들이 억압되어 내적 갈등을 경험하게 되고 이로 인해 왜곡된 증상이 출현. 인간 행동의 동기로 작용함
② 성격 구조
  ㉠ 원욕(id)
    • 쾌락의 원리에 따라 본능적 욕구를 만족시키려는 일념만을 갖고 움직임
    • 정신적 에너지의 저장소
    ※ 반사 작용 : 생리적인 자동적 반응 ⓓ 눈 깜박임, 재채기 등
    ※ 일차적 과정 : 긴장을 제거해 주는 대상의 영상을 떠올림으로써 긴장을 해소함 ⓓ 목마른 나그네가 물을 보는 상상을 하는 것
  ㉡ 자아(ego)
    • 현실의 원리에 입각하여 욕구 충족을 위해 적합한 대상이 긴장 해소를 보류할 수 있음(이차적 과정). 즉 현실적 사고 과정을 통하여 통제하고, 반응할 환경의 성질을 검토 · 선정하고 욕구를 어떤 방법으로 만족시킬 수 있을 것인가를 결정함
    • 현실을 무시하고 쾌락의 원리에 입각하여 작용하는 원욕과 이상 지향적 작용을 하는 초자아와 통합할 수 있음
    • 조정하는 중재자 역할

ⓒ 초자아(superego)
- 사회의 전통적 가치와 이상의 내적 기준으로 성격의 도덕적 무기
- 현실보다는 이상을, 쾌락보다는 완성을 위해 작용
- 부모가 자녀에게 설명해 주므로 부모가 자녀에게 주는 보상이나 처벌에 대한 반응으로 발달
  ※ 양심 : 부모가 자녀의 행동에 대하여 부적합한 것을 벌하는 것으로 발달
  ※ 자아 이상 : 자녀의 행동을 승인, 칭찬해 주는 것으로 발달(선에 대한 개념)

3. 성격의 역동성
① 한 개인이 보유하고 있는 정신적 에너지의 양은 한정되어 있다. 성격은 원욕, 자아, 초자아에 이러한 에너지가 어떻게 분배되고 활용되는가에 따라 결정된다(에너지 보존의 법칙 적용).
② 정신적 에너지원으로서의 본능 : 신체 조직상의 욕구에 의하여 야기되는 흥분 상태가 소망의 형태로 나타나는 것
  ㉠ 삶의 본능 에로스(Eros) : 성적 충동 → 에너지(Libido) → 생명 유지·발전 → 사랑, 종족 번창
  ㉡ 죽음의 본능 타나토스(Thanatos) : 파괴의 본능 → 잔인성, 공격성, 자살, 살인
③ 불안 : 자아는 원욕과 현실, 초자아 간을 적절하게 중재하여 원욕의 생물학적 욕구를 충족시켜 주면서 한편으로는 현실을 고려해야 하고, 또한 초자아의 도덕적 이상에 의한 제한을 받아들여야 한다. 만약 균형이 깨지면 불안이 등장하게 된다.
  ㉠ 신경증적 불안
    - 억압된 욕구나 충동들, 특히 성적 충동이나 공격적 충동을 자아가 적절하게 조절할 수 없어서 벌을 받게 될 어떤 일을 저지르게 되지 않을까 하는 불안
    - 본능으로부터 위험을 지각할 때 발생하는 것으로 현실에 기초해서 형성(불안의 원인을 개인이 의식하지 못함)
  ㉡ 현실적 불안 : 현실적 근거가 있는 객관적인 불안으로 일종의 두려움(외부세계의 위험을 지각함으로써 야기되는 고통스러운 정서적 경험)
  ㉢ 도덕적 불안 : 초자아가 강한 사람이 도덕률에 위배되는 행동을 하거나 생각만으로도 죄의식을 느끼고 불안을 경험(양심의 두려움) → 자아가 초자아로부터 벌의 위협을 받을 때 일어나는 정서적 반응

4. 방어기제
원욕 속에 포함되어 있는 사회적으로 용납될 수 없는 욕구나 충동 등의 사실적 표현과 이에 맞선 초자아의 압력 때문에 발생하는 불안으로부터 자아를 보호하기 위한 전략이다. 무의식적으로 작용하기 때문에 본인은 알지 못하며 개인으로 하여금 현실을 거부 혹은 왜곡해서 지각하게 함으로써 불안으로부터 자아를 보호한다.

① 억압
  ㉠ 사회적으로 윤리적으로 용납될 수 없다고 생각되는 욕구나 충동 그리고 사고 등을 자신의 무의식 속으로 숨겨 버리는 것 또는 용납될 수 없는 욕구나 충동, 생각 때문에 갖게 되는 불안으로부터 자아를 보호하고자 하는 것
  ㉡ 무의식 속에 남아 현재 그 개인의 행동 동기로 작용(모든 신경증적 행동, 정신장애의 근본 원인)
    예 숙제하기 싫은 초등학생의 알림장 잃어버리기
② 반동 형성 : 실제의 욕구나 충동 등과는 오히려 반대되는 행동을 나타냄으로써 금지된 욕구나 충동의 표출로 갖게 될 불안으로부터 자신을 보호 예 남편에 대한 분노를 남편의 건강에 대한 지나친 염려로 표현하는 것(미운 자식 떡 하나 더 줌)
③ 투사
  ㉠ 자신이 스스로 받아들일 수 없는 충동이나 태도 등을 무의식적으로 타인이나 환경의 탓으로 돌리는 행동 기제
  ㉡ 자신의 결점을 다른 사람이나 사물에 전가시켜 비난함으로써 자신의 결함이나 약점 때문에 갖게 되는 위험이나 불안으로부터 자아를 보호함
  예 남자들에게 느끼는 자신의 성적 감정을 인정하고 싶지 않은 여성이, 모든 남자들이 자신에게 성적 매력을 갖는다고 느끼는 것 등
④ 합리화 : 현실을 왜곡하여 자존심을 보호하는 행동 기제로서 현실적·사회적으로 용납되지 않는 동기를 용납되는 동기로 바꾸는 것
  ㉠ 신포도형 : 어떤 목표를 위해서 노력했으나 실패했을 때 자아를 보호하기 위하여 원래 그렇게 원하지 않았다고 하는 것
  ㉡ 달콤한 레몬형 : 자기가 현재 가지고 있는 것이 진정 자신이 가장 원했던 것이라고 믿는 것
  ㉢ 투사형 : 자신의 실수나 책임을 다른 사람에게 전가하는 것
  ㉣ 망상형 : 원하는 일이 마음대로 되지 않을 때 자신의 능력에 대해 허구적 신념을 가짐으로써 실패의 원인을 합리화함
⑤ 치환(전위) : 본능적 충동을 재조정해서 위협을 덜어주는 상대로 대치하는 행동 기제 예 동대문에서 뺨 맞고 서대문에서 화풀이
⑥ 승화 : 억압된 충동이나 욕구의 발산 방향을 사회적으로 인정받고 존경받는 가치 있는 목표로 옮겨 그것을 실현함으로써 그 충동이나 욕구를 만족시키는 행동 기제 예 창조적 예술작품, 경쟁적인 운동은 성적 또는 공격적인 본능의 승화로 여겨짐
⑦ 고착과 퇴행
  ㉠ 고착 : 발달 과정 중 좌절과 불안이 개인에게 너무 클 때 개인의 성장이 일시적으로 또는 영구히 정지하는 것
  ㉡ 퇴행 : 좌절을 경험하게 되면 발달 초기의 보다 만족스러웠던 시절의 행동 양식을 나타내는 것 예 사랑을 독차지하던 맏이가 동생이 태어난 후 사랑을 빼앗기게 되었을 때 어머니의 관심을 끌기 위해 어린 동생처럼 대소변을 못 가리는 행동을 하는 것

TOPIC. 2 　성격의 발달 단계

1. 특징
① 개인의 성격이란 영유아기의 여러 가지의 경험들에 의하여 형성되며 그것도 출생 후 5년 사이에 기본 골격이 형성됨(그 후는 마무리 단계)
② 성적 에너지(Libido)가 출생 시 나타나며 이것은 일련의 심리 성적 발달 단계를 거쳐서 발달함
③ 단계의 명칭도 성적 에너지가 집중되는 부위의 이동에 따라 명명함

2. 성격 발달 단계 구분
① 구강기(Oral stage) : 생후 1년 사이
　㉠ 전적으로 타인에게 의존하며 빨고, 삼키고, 뱉고, 깨무는 것과 같은 활동으로 충동적이고 즉각적인 만족을 얻음
　㉡ 이러한 기능을 하는 부위인 구강이 성격 발달에 중요한 의미를 갖는 시기로 대부분의 성적 에너지를 포함함
　㉢ 구강-협응적 행동
　　• 입의 쾌락적인 감각
　　• 리비도는 처음에는 입, 성장함에 따라서는 신체 각 부위로 이동함
　　• 유독 구강적 욕구(과식, 씹기, 말하기, 담배 피우기, 술 마시기)를 탐하는 성인은 구강적 고착으로, 영아기에 구강적 만족을 얻지 못한 경우 구강 활동에서 얻은 쾌락은 지식 습득이나 소유에서 얻어지는 쾌락과 같은 다른 형태의 활동으로 전환 또는 대치됨
　㉣ 구강-공격적, 가학적 행동
　　• 물어뜯거나, 씹거나 깨무는 것과 같은 행동은 어머니의 부재나 만족의 지연으로 생긴 불만의 표현
　　• 성인의 이 단계에의 고착은 논쟁적이고 신랄하게 비꼬며 자신의 필요에 따라 타인을 이용하거나 지배하려 함
② 항문기(Anal stage) : 1.5~3세
　㉠ 성적 에너지가 구강에서 항문으로 옮겨감
　㉡ 대변의 배출과 보유가 만족의 원천이며 쾌락에 대해 즉각적으로 반응하지 않고 지연시킬 수 있음(자기 통제와 지배의 출발점)
　㉢ 항문적 보유(Anal-retentive) 성격 : 배변 훈련 시 부모가 거칠고 강압적일 때 나타나는 것으로 고집이 세고, 인색하며 복종적이고 지나친 청결이나 불결한 경향의 성격
　㉣ 항문적 공격(Anal-aggressive) 성격 : 부모가 대변 후 칭찬 등의 만족을 지나치게 주는 경우 자신의 쾌감을 부모에게 빼앗겼다고 느끼고, 이 단계에 고착이 되면 잔인하고 파괴적이며 난폭하고 적개심을 나타냄
　　※ 적절한 배변 훈련은 창의성과 생산성의 기초가 됨

③ 남근기(Phallic stage) : 3~5세
  ㉠ 아동의 성적 에너지의 관심이 생식기로 옮겨감
  ㉡ 자신의 성기를 자세히 관찰하고 자위행위를 하며 출생과 성에 관한 관심을 나타냄
  ㉢ 오이디푸스 콤플렉스(Oidipus complex)
    • 남아는 어머니를 성적 애착의 대상물로 바라게 되나 아버지가 어머니의 사랑을 얻은 성공적인 경쟁자라는 것을 알게 되면서 아버지와 비교하여 열등감을 느끼며, 이러한 자신의 생각에 대한 아버지의 보복에 대한 두려움은 거세불안으로 나타남
    • 남아는 이러한 어머니에 대한 욕망을 억압하고 자신을 아버지와 동일시하기 시작함으로써 오이디푸스의 갈등을 해결함
    • 동일시 과정을 통해서 아버지의 도덕률과 가치체계를 내면화함으로써 양심과 남성적 역할을 습득하고 자아 이상을 발달시킴
  ㉣ 엘렉트라 콤플렉스(Electra complex)
    • 여아의 첫 애정의 대상도 어머니임. 그러나 남근기로 접어들면서 자신이 남자처럼 음경이 없음을 발견하고 남근 선망을 갖게 됨
    • 자신의 남근을 어머니가 거세한 것으로 여겨 어머니에게 적개심을 가지게 됨과 동시에 부러운 기관을 가진 아버지에게로 사랑을 옮기게 됨
    • 어머니를 애정의 경쟁자로 생각하게 되나 이것 또한 어머니와 동일시하려는 행동을 통해 여성으로서의 성 역할을 배우게 됨
  ㉤ 남근기에 고착된 성인 남자는 대부분 경솔하며, 과장되고 야심적임. 성공하려고 아주 노력하며 항상 자신의 강함과 남자다움을 나타내려 함. 여성의 경우 순진하고 결백해 보이지만 난잡하고 유혹적이며 경박한 기질을 나타내거나 아주 주장적이어서 남성을 능가하고자 노력함
④ 잠복기(Latency period) : 6·7~12·13세경
  ㉠ 성적 에너지는 억압 또는 승화되어 지적 관심, 운동, 친구간의 우정 등으로 나타남
  ㉡ 새로운 성감대가 나타나지 않고 성적 본능이 대부분 수면상태에 있음
⑤ 생식기(Genital stage) : 여아는 약 11세경, 남아는 약 13세경
  ㉠ 새로이 나타나는 성적 에너지는 사춘기 초기에 동성에게로 향하나 차츰 이성에게로 옮겨감
  ㉡ 이 시기의 인간은 쾌락 추구적이고 자애적인 경향에서 현실 지향적이고 사회화된 성인으로 바뀌게 됨
  ㉢ 아들의 경우 어머니와의 연결된 끈을 풀고 자기 자신의 여자를 발견하고, 아버지와의 경쟁심을 버리고 아버지의 지배로부터 자유로워져야 함

TOPIC. 3 상담의 목적과 과정, 기술

1. 개인과 적응
① 프로이트는 '잘 적응하는 개인'이란 '진정한 사랑을 할 수 있고 일할 수 있는 사람'으로 정의
② 무의식 속에서 동기로 작용하고 있는 억압된 충동들(과거에 자아가 적절하게 중재할 수 없었던 원욕의 충동)이 적응을 방해하는 요소가 됨
③ 이러한 무의식의 내용을 의식화라는 과정을 통하여 내담자는 자신의 현재 행동의 적절성과 부적절성을 탐색할 수 있고, 나아가서는 자신의 문제 행동의 원인을 통찰하게 되어 새로운 행동을 할 수 있게 됨

2. 상담의 목표와 목적
① 목표 : 내담자로 하여금 자신의 행동의 동기를 각성 및 통찰함으로써 의식 수준에서 행동할 수 있도록 돕는 것
② 목적 : 무의식에 근거하고 있는 내담자의 문제 행동에 대한 각성과 통찰을 도와서 건설적인 성격으로 변화시킴으로써 진정한 사랑을 할 수 있고 일할 수 있는, 즉 '잘 적응하는 개인'으로의 성장을 돕는 것

3. 상담의 과정(Arlow, 1979)
① 초기 시작의 단계 : 최초의 면담 장면(3~6개월 정도 지속)
  ㉠ 내담자의 문제가 파악되고 이를 근거로 정신 분석의 필요성 유무를 결정함
  ㉡ 이를 위해 내담자에 관해서 가능한 많은 것(현재 생활 환경, 문제들, 성취한 것들, 인간관계, 가정 배경, 아동기의 발달사 등)들을 알아 둘 필요가 있음
  ㉢ 정신 분석 시작
② 전이의 발달 단계
  ㉠ 내담자와 분석가 사이에 친숙 관계가 형성되면 내담자 자신의 무의식적인 갈등의 문제들을 표출하게 되는데, 그 갈등과 관계되는 중요한 인물에 대한 내담자의 정서적 반응이 함께 표출됨
  ㉡ 이때 분석가는 그 인물의 의미를 지니게 되는 전이 현상을 발생시킴
  ㉢ 이 과정에서 잊어버렸던 어린 시절의 기억들과 억압된 무의식적인 환상들을 현대판으로, 무의식적으로 재연하게 됨
  ㉣ 효과
    • 현실과 환상, 과거와 현재를 분별할 수 있게 도와주고 어린 시절의 무의식적인 환상적 소원들의 욕구와 충동을 현실적으로 이해하게 도와줌
    • 내담자로 하여금 어떻게 잘못 지각하고, 잘못 해석하고, 과거에 매어서 현재의 상황에서 어떻게 잘못 반응하고 있는가를 깨닫게 하고, 내담자 자신의 충동과 불안이 비현실적이라는 사실을 깨달아 성숙되고 현실적인 수준에서 적절한 결정을 할 수 있게 도움
  ㉤ 내담자가 겪고 있는 갈등의 성질에 대한 통찰(무의식적인 과정)

③ 철저한 지속적 활동의 단계(정서적 재교육)
  ㉠ 전이 분석은 여러 번, 여러 면에서 계속되어야만 하며, 내담자의 문제에 대한 통찰은 철저히 지속적인 활동의 과정을 통해서 계속 심화되고 공고화되어야 함
  ㉡ 훈습 : 무의식의 자료와 방어를 탐색하는 것으로 반복과 정교화 및 확충하는 활동들로 이루어지는 과정
  ㉢ 전이를 이해하는 것과 과거를 회상하는 것 사이의 교환적 상호작용은 내담자의 갈등에 대한 통찰을 공고화하고, 내담자가 얻게 된 새로운 해석에 대한 확신을 강화시켜 줌
  ㉣ 내담자는 자신의 억압된 감정이나 충동을 이해하고, 이해하는 바를 느끼게 되고 그 결과 현실을 부정하기보다는 직면할 수 있게 되며, 보다 성숙되고 효과적인 방법으로 반응하는 것을 배우게 됨
④ 전이의 해결 단계(분석의 종결 단계)
  ㉠ 분석가에 의해 내담자의 무의식적이고 신경증적인 애착을 해결하는 단계
  ㉡ 내담자가 상담을 청하게 된 원인이었던 증상들이 약화된 현상을 보여야 함
  ㉢ 지금까지 억압되어 있던 기억들이 나타나서 상담의 초기에 이루어졌던 해석이나 재구성을 확고히 하고 정교화함
  ㉣ 내담자나 분석가 모두가 더 이상의 분석의 필요성을 느끼지 않게 됨

4. 상담의 기술

① 자유연상
  ㉠ 가장 기본적인 기술
  ㉡ 내담자로 하여금 마음속에 떠오르는 것이면 무엇이든지 모든 것을 이야기하도록 하는 방법
  ㉢ 이들의 관련성과 의미를 해석해 주면 내담자는 자신의 무의식적인 동기를 이해하고 통찰할 수 있게 됨
② 해석(interpretation)
  ㉠ 자유연상, 꿈, 저항, 전이를 분석할 때 사용되는 기본적인 절차로, 자아로 하여금 무의식적인 재료를 의식화하는 것을 촉진시킴으로써 내담자는 무의식적인 재료들에 대한 통찰을 갖게 됨
  ㉡ 규칙
    • 내담자가 저항 혹은 방어적인 태도를 취할 때 그 이면의 숨겨진 원인을 해석하기 전에 내담자의 방어나 혹은 저항 행동 그 자체를 지적 및 설명해 주어야 함
    • 내담자가 표현한 감정의 대상적인 이면을 이해할 수 있어야 함
③ 저항의 분석과 해석
  ㉠ 초기 단계에서 억압된 감정이나 생각들을 회상할 수 없거나 그 표현을 주저하는 경향은 일종의 저항 현상으로, 자신의 억압된 충동이나 감정들을 각성하게 되면 흔히 갖게 되는 불안을 견디내기가 힘들기 때문에 그 불안으로부터 자아를 방어하려는 것임
  ㉡ 저항 분석의 목적은 내담자가 그 저항들을 처리할 수 있도록 하기 위해서 저항의 이유들을 각성하도록 돕는 것

ⓒ 해석의 일반적인 원리는 분석가가 내담자의 주의를 집중하게 하고 저항들 가운데서도 가장 분명한 저항 현상을 해석하는 것이다. 이는 해석에 대한 내담자의 거부의 가능성을 최소한으로 줄일 수 있으며 내담자가 자신의 저항 행동을 돌아볼 수 있는 기회를 증대시킴
④ 전이의 분석과 해석
  ㉠ 전이
    • 내담자가 어릴 때 어떤 중요한 인물에게 가졌던 사랑이나 증오의 감정을 분석가에게 반응, 나타나는 현상
    • 억압된 사랑의 감정을 표현 가능한 사랑의 대상을 찾고자 하는 내담자의 욕구가 반영된 것으로서 무의식적으로 작용함
  ㉡ 분석가는 내담자가 '전이 신경증'을 발달시킬 때까지 전이의 발달을 장려함
  ㉢ 전이의 표현은 언어적인 의사소통, 자유 연상, 꿈의 내용 등을 통해 함
  ㉣ 내담자가 분석가와의 전이관계의 참된 의미를 각성하게 됨에 따라 과거의 경향이 현재에 어떻게 작용하는지를 통찰하게 됨
⑤ 꿈의 분석과 해석
  ㉠ 꿈 : 억압된 소원들로 구성되어 있는 것으로서 무의식의 세계로 통하는 길
  ㉡ 꿈의 내용
    • 잠재적 내용 : 가장되어 있고 숨겨져 있으며 상징적이고 무의식적인 동기로 구성되어 있고, 너무나 고통스럽고 위협적이기 때문에 보다 용납될 수 있는 내용으로 변형되어 꿈으로 나타나는 것
    • 현시적 내용 : 꿈속에 나타나는 꿈의 내용

TOPIC. 4 평가

1. 비판의 주요 내용
① 유아기에서부터 성적인 동기와 파괴적인 소원에 의하여 행동이 동기화된다고 본 점
② 오이디푸스 콤플렉스와 엘렉트라 콤플렉스 이론에서 볼 수 있는 것처럼 모든 인간에게 근친상간과 쾌락적인 충동이 있다고 한 점
③ 현재 인간 행동의 이해 근거로서 유아기의 경험들과 억압된 무의식의 내용을 중시함으로써 인간을 결정론적이고 비합리적인 존재로 보고 인간의 자율성과 책임성, 합리성을 무시하고 있다는 점
④ 여권신장론자들로부터 남근 선망의 개념에 대하여 맹렬한 공격을 받고 있음

2. 이론의 한계점

① 이론을 뒷받침해 줄 자료가 주로 통제되지 않은 상태에서 관찰한 불완전한 기록들과 자료에 근거한 추론의 결과라는 점
② 정신분석의 결과에 대한 연구들이 그 효과성을 충분히 지지해 주지 못하고 있다는 점

3. 공헌점

① 인간은 자주 그 개인이 인지하지 못하고 수용할 수 없는 충동들에 의하여 사고나 행동이 동기화된다는 사실을 밝힘
② 담대하고 통찰력 있는 탐구를 통하여 최초의 체계적인 성격 이론과 최초의 효과적인 심리치료의 기술을 개발함
③ 성격의 발달에 있어서 영유아기의 중요성을 강조한 프로이드의 이론은 자녀 양육에 대한 각성과 연구를 자극하였음
④ 심리치료에 있어서 면접 활용의 한 모형을 개발함
⑤ 신경증이나 치료 과정에 있어서 불안의 기능을 처음으로 확인하였고 해석, 저항, 전이 현상의 중요성을 강조하였음

CHAPTER 04 | 인지행동치료

TOPIC. 1 인지행동치료의 정의

1. 인지행동치료의 정의
① 인지행동치료의 기본이론은 인지이론과 행동이론을 통합하여 활용한 것으로, 행동이론에 근거한 인지적 개입 기술로 불리기도 한다.
② 인지이론은 인간의 감정, 동기, 행동 등이 의식적인 사고 과정의 결과임을 전제로 하고 있다. 이는 인간의 행동이 무의식적인 힘 혹은 충동에 의한 것이 아니라 인간의 의지에 의해 결정되는 것임을 의미하며, 부적응적인 행동은 곧 역기능적인 사고 혹은 인지적 왜곡에 의해 발생한다고 여긴다.
③ 행동주의 이론은 행동과 학습에 대한 것에 포커스를 두고 만든 이론이다. 행동주의적 입장에서는 겉으로 나타나고 객관적으로 관찰될 수 있는 행동과 행동의 학습에 영향을 주는 조건들에 더 큰 관심을 기울인다.
④ 행동주의적 전통의 핵심인 학습이론에서는 사람의 행동은 모두 같은 원리를 통해서 설명할 수 있다고 가정한다. 고전적 조건화와 조작적 조건화 같은 실험실에서 발견된 학습의 과정들은 우리가 성격의 표현이라고 생각하는 좀 더 복잡한 여러 가지 행동들을 설명하는 데도 동일하게 적용될 수 있다고 본다.
⑤ 행동주의적 입장에서는 성격을 과거 경험에 의해서 학습된 행동성향으로 파악하고 있다는 점에서 과거 경험의 중요성을 부인하지 않는다. 그러나 상황이 바뀌어 다른 행동이 강화를 받게 된다면 과거와는 전혀 다른 새로운 행동성향이 나타날 수도 있다고 본다.

2. 인지행동치료의 기초 원리
① REBT(Rational Emotive Behavior Therapy)는 임상 현장에 소개된 최초의 인지행동치료이다(Ellis, 1957). 이 기법은 어른과 아동 모두에게 활용되어 왔다. 거의 반세기 동안이나 개인상담, 집단상담, 부부 및 가족상담뿐만 아니라(Ellis, 2001) 공포, 분노, 우울, 학습 부진, 동기의 부족, 시험불안, 대인관계 문제, 낮은 자존감, 분노, 충동, 부정행위, 공격성, 직업 수행과 같은 여러 가지 문제에도 적용되어 왔다(Bernard, 1991; Ellis & Tafrate, 1997; Wilde, 1992; Yankura, 1997).
② REBT는 교육적·산업적·상업적 환경, 그리고 병원 및 정신건강 관련 기관에서 활용된 정교하게 고안된 형태의 치료기법이다(Ellis & Dryden, 1997). 더욱이 REBT는 문제해결 과정을 촉진시키는 다양한 종류의 인지적, 정서적, 행동적, 그리고 대인관계적 기법을 상담자로 하여금 활용하게 하는 중다양식적 형태의 치료법이다(Ellis, 2001a; Kwee & Ellis, 1997). 다른 여러 가지 종류의 치료기법과 차별을 두는 유일한 특성은 문제의 예방을 강조하고 있다는 점이다.

TOPIC. 2   인지행동이론 및 특성

1. 인지행동이론
① 종류
  ㉠ 개인적 구성 개념이론(Personal constructs Therapy) : Kelly
  ㉡ 합리적 정서치료(Rational-Emotive Therapy) : Ellis
  ㉢ 인지치료(Cognitive Therapy) : Beck
  ㉣ 자기지시훈련(Self-Instructional Training) : Meichenbaum
  ㉤ 문제해결치료(Problem-Solving Therapy) : D'zurilla & Goldfried
  ㉥ 체계적인 합리적 재구조화(Systematic Rational Restructuring) : Goldfried
  ㉦ 합리적 행동치료(Rational Behavior Therapy) : Maultsby
  ㉧ 자기통제치료(Self-control therapy) : Rehm
② 인간관
  ㉠ 인간은 합리적인 사고와 비합리적인 사고를 할 수 있는 가능성을 모두 가지고 태어난다는 가정에 근거를 둠
  ㉡ 합리적인 사람은 자기보존, 행복, 사고와 언어, 사랑, 사람들과의 대화, 성장과 자기실현 등을 향해 가려는 경향을 가지고 있음
  ㉢ 비합리적인 사람은 자기파괴와 사고 회피, 게으름, 실수의 끝없는 반복, 미신, 인내심 없음, 완벽주의와 자기비난, 성장 잠재력의 실현 회피 등을 향해 가려는 경향성이 있음
  ㉣ 비합리적 신념에 의한 자기대화와 자기평가는 스스로 부적절한 정서를 느끼고 역기능적 행동을 수행하도록 함
③ 개입원칙
  ㉠ 클라이언트의 문제를 인지용어로서 공식화하고 이를 기초로 이루어짐
  ㉡ 건강한 치료적 동맹을 필요로 함
  ㉢ 상호 협의와 클라이언트의 적극적인 참여를 강조함
  ㉣ 목표지향적이고 문제 중심적인 치료
  ㉤ 지금-여기서의 상황을 강조함
  ㉥ 교육적이고 클라이언트 자신이 스스로 치료자가 될 수 있도록 교육하는 것을 목표로 하며, 재발방지를 강조함
  ㉦ 단기적으로 시간제한적인 치료를 목표로 함
  ㉧ 구조화된 치료
  ㉨ 환자들이 자신의 역기능적인 사고와 믿음을 식별하고 평가하며 반응하도록 가르침
  ㉩ 사고, 기분, 행동을 변화시키기 위하여 다양한 기법을 사용함

2. 주요 개념 및 특성

① 주요 개념
  ㉠ 정서장애를 유발하는 것은 생활사건 자체가 아니라 사건에 대한 왜곡된 지각 때문이라는 가정에서 출발함
  ㉡ 내담자의 정신, 신체적 행동이나 감정을 사고와 신념의 소산으로 보고 있다는 것
  ㉢ 인간은 태어날 때 논리적이고 합리적인 사고의 가능성을 가지고 태어나지만 어렸을 적에 형성된 '굴곡된 사고(crooked thinking)'에 의해서 비논리적이고 무절제한 사람이 된다고 봄

② 합리적 신념과 비합리적 신념
  ㉠ 합리적 신념과 비합리적 신념의 기준

기준	내용
융통성	'모든, 항상, 반드시, 꼭, ~이어야만' 같은 단어가 들어가는 생각은 예외가 인정되지 않고, 융통성이 없어서 비합리적이다.
현실성	인간이 현실 속에서 달성 가능한 목표를 향해 꾸준히 노력할 때 개인의 가치가 인정된다. 그러므로 심리적 좌절과 고통이 따르는 현실적이지 못한 생각은 비합리적이다.
기능적 유용성	개인의 생각이 현실을 행복하게 사는 데 도움이 되는가의 여부이다. 개인의 생각이 삶을 유쾌하게 만드는 데 도움이 된다면 합리적이라 할 수 있다.

  ㉡ 합리적 신념과 비합리적 신념의 비교

합리적 신념	비합리적 신념
• 자기를 존중하고, 실제적 일에 대해 인정받고, 사랑받기보다는 사랑하는 것에 신경을 쓴다. • 인간은 한계가 있고 불완전한 존재라는 것을 받아들인다. • 사람들은 비윤리적으로 행동하는 경우가 흔하므로 비난하고 처벌하기보다는 그들의 행동을 변화시킬 수 있도록 도와준다. • 일이 뜻대로 된다면 좋겠지만, 내가 원하는 대로 되지 않는다고 해서 파멸은 아니다.	• 나는 주위의 모든 사람들로부터 반드시 사랑과 인정을 받아야만 한다. • 나는 가치 있다고 여겨지기 위해서 완벽하리만큼 유능하고, 적절하며, 성취적이어야만 한다. • 일이 바라는 대로 되지 않는 것은 곧 무시무시한 파멸이다. • 어떤 어려움에 직면하거나 자기책임을 지는 것보다는 그들을 피하는 것이 더 쉽다.

  ㉢ 인지행동이론의 주요 기술 12가지

내적 의사소통의 명료화	내담자 스스로 자신에 대해 독백하고 사고하는 것
설명	내담자의 정서가 Ellis가 제시한 ABC모델(사건 – 인지 – 정서적 결과)에서 어떻게 적용하는가를 가르쳐주는 일련의 치료기술
기록과제	내담자로 하여금 정서에 대한 Ellis의 ABC모델을 활용하는 방법에 대해 읽고 기록할 수 있도록 양식을 제공함
경험적 학습	내담자에게 자신의 인지적 오류에 부합하지 않는 특정한 행동을 하도록 함으로써 내담자가 자신의 인지적 오류를 발견하고 수정하도록 함
역설적 의도	특정 행동에 대한 내담자의 불안이 그 행동을 유발할 때, 내담자가 두려워하는 행동을 하도록 지시함으로써 내담자의 인지적 오류에 도전하고 불안을 감소시킴
역동적·실존적 숙고 치료활동	객관적이고 물질적인 세계에 초점을 두고 실제적인 문제에 대한 답을 찾아 가는 것에 강조를 두는 역동적 숙고와, 삶에 대한 의미와 잠재적 의미에 대해 강조하는 실존적 숙고를 통해 인지재구조화를 촉진시킴

인지재구조화		클라이언트의 역기능적 사고와 관념을 인식하고 이를 현실적인 사고의 관념으로 대치하고 순기능적일 수 있도록 돕는 것
모델링		관찰학습과정을 통해 클라이언트가 시행착오 학습을 거치지 않고 원하는 행동을 학습할 수 있도록 하게 하는 것
시연		발달시키고자 하는 행동을 반복적으로 연습함으로써 행동으로 숙달되도록 하는 것
자기지시기법		목표 선택, 목적행동 형성, 자기탐지, 계획의 실천 등의 과정을 통해 자신이 통제하거나 변화시키기를 원하는 구체적인 행동에 대한 지침과 계획들을 세우는 것
체계적 둔감화		클라이언트에게 가장 덜 위협적인 상황에서 가장 위협적인 상황까지 상황들을 순서대로 제시하면서, 불안자극과 불안반응 간의 연결이 없어질 때까지 불안을 일으키는 자극들을 반복적으로 이완 상태와 짝짓는 것
이완훈련		근육의 수축과 이완, 깊고 규칙적인 호흡, 즐거운 사고나 심상 등을 훈련함으로써 일상생활에서 유발되는 스트레스에 대처할 수 있도록 가르치는 것

TOPIC. 3 인지행동모델 – Ellis의 ABCDE(F) 모형

1. 개요

① 내담자를 정서적, 행동적으로 힘들게 하는 것(C)은 선행사건(A)이 아니고 내담자의 비합리적 신념(irB) 때문이다. 그러므로 상담자의 적극적인 논박(D)을 통해 내담자의 신념이 합리적으로 바뀌면(rB) 정서적·행동적 문제가 해결되어 적응적인 행동과 정서적 결과(E, F)를 가져올 수 있다.

② Ellis의 ABCDE(F) 모형

	구별	내용
A	선행사건 (Antecedents)	내담자가 노출되었던 문제 장면이나 선행사건
B	신념체계 (Belief system)	• 내담자가 갖는 신념으로서 합리적 신념(rB)과 비합리적 신념(irB)으로 구분 • 상담 과정에서 B는 문제 장면에 대한 내담자의 신념
C	결과 (Consequences)	선행사건으로 인해 생겨난 내담자의 정서적, 행동적 결과
D	논박 (Dispute)	• 비합리적 신념에 대해 상담자가 적극적으로 논박 • 논박의 대상이 내담자 개인이 아닌 내담자의 비합리적 신념임을 잊어서는 안 됨(개인에게 상처가 될 수 있음)
E	효과 (Effect)	비합리적 신념에 대한 논박이나 비합리적 신념을 직면하여 얻게 된 정서적·행동적 변화의 효과
(F)	느낌 (Feelings)	• 효과 중 느낌에 대한 변화 • F는 E에 포함된다고 보아 일반적 절차에서 생략되기도 함

2. 구체적인 과정

① 1단계 : 상담자는 내담자에게 문제점을 질문한다.
  상담자는 내담자가 자유롭게 이야기할 수 있는 분위기를 마련해 주어야 한다.
② 2단계 : 문제점을 규명한다.
  그 문제와 관련하여 내담자가 현재 경험하는 정서와 구체적인 행동을 밝힌다.
③ 3단계 : 부적절한 부정적 감정을 알아본다.
  A로 인하여 야기된 부적절한 부정적 감정(C)이 무엇인지 알아본다.
④ 4단계 : 선행사건(A)을 찾아내고 평가한다.
  구체적으로 내담자에게 어떤 사건이 있었는가를 간단하게 집약적으로 알아보도록 한다. 그리고 한 번에 한 가지 사건씩만 다루도록 한다.
⑤ 5단계 : 이차적 정서 문제를 규명한다.
  내담자가 안고 있는 일차적 정서 문제에 대하여 이차적 정서 문제를 가질 수 있다. 그런 경우엔 이차적인 정서 문제부터 다루어 준다.
⑥ 6단계 : A-B-C의 사상을 적극적으로 내담자에게 가르쳐 준다.
⑦ 7단계 : 비합리적 신념(B)을 평가 확인한다.
  기본적인 비합리적 신념 중에 구체적으로 어떤 것을 내담자가 가지고 있는지 알아본다.
⑧ 8단계 : 비합리적인 신념체계(B)와 결과(C)를 연관시켜 비합리적 신념을 확인시킨다.
  상담자는 B-C(비합리적 신념으로 인한 부적절한 정서와 행동)의 연관성을 내담자가 이해하도록 설명한다.
⑨ 9단계 : 비합리적인 신념을 논박(D)한다.
  부적절한 정서와 관련된 생각이 아무런 합리적 근거가 없음을 밝히는 것을 말한다. 이 경우 비합리적 생각에 대해 의문문으로 진술한 후 그 근거를 찾아보려고 노력한다.
⑩ 10단계 : 합리적 신념체제를 내담자가 학습하고 심화하도록 한다.
  미약한 신념은 변화를 촉진시켜 주지 못하므로 합리적인 신념을 더욱 강화시켜 주도록 한다.
⑪ 11단계 : 새로 학습된 신념체제를 실천에 옮기도록 내담자를 격려하고 연습시킨다.
  합리적 생각에 근거한 합리적 자기언어를 짧은 문장으로 구성하여 진술해 보도록 한다. 비합리적 생각과 대치된 합리적 생각과 그러한 합리적 생각에 근거한 합리적인 자기언어를 자기 논리로 진술할 수 있게 되면 부적절한 정서나 행동을 유발하는 상황에서 이러한 자기언어를 적용할 수 있도록 한다.
⑫ 12단계 : 합리적 인생관을 확립하게 한다.

3. 공헌점

① 인간 행동의 인지적 측면을 강조함으로써 사고와 신념이 행동에 미치는 효과를 규명하였고 상담에 있어서 합리적 사고에 대한 중요성을 재인식하게 하였다.
② 인간의 사고와 정서 간의 관계를 명료화시키고 강조했다. 내담자의 정서를 변화시키는 효과적인 방법은 사고내용을 변화시키는 것이라는 점은 매우 분명하다.

③ 정서적 장애와 문제행동의 원인 및 이의 해결 방법을 아주 명확하게 제시하였다. Ellis가 제시한 ABCDE(F) 이론은 어떤 상담이론보다도 이러한 점을 분명히 밝히고 있다.
④ 인간에게 장애를 유발하는 것은 과거 사건이나 심리적 외상 그 자체가 아니라 이것에 관한 인간의 해석이라는 것을 강조하였다. Ellis는 정서적 장애를 가진 사람이 어떻게 이러한 정서장애를 지속시키고 있는가를 설득력 있게 기술하고, 자신의 정서적 곤란이 발생하고 지속되는 데 대한 책임이 내담자에게 있음을 강조하였다.
⑤ 합리적 상담치료는 과제 부과(Home work)에 의해서 상담 절차가 상담실 밖에서도 계속되게 하였고 상담 과정에 상담자가 보다 적극적으로 개입하는 방법들을 발전시켰다.

4. 한계점

① 내담자가 자신의 사고와 감정, 행동의 관계 및 인지행동이론에서 적용하고자 하는 기술을 충분히 이해할 수 있어야 하기 때문에 일정한 교육수준 혹은 지적 능력을 가진 내담자에게 적용이 가능하다.
② 지적 능력이 떨어지는 내담자(예 정신지체장애인)에게는 반복적인 학습과 훈련을 통해 어느 정도의 효과를 기대할 수는 있지만 그 효과성에는 많은 제약이 따른다.
③ 일반적으로 4~14회 정도의 치료기간이 소요되므로 즉각적인 개입을 필요로 하는 내담자(예 자살 의도를 가진 내담자, 가정폭력의 피해자 등)에게는 적용하기 어렵다.

CHAPTER 05 | 가족치료

TOPIC. 1 가족치료의 정의와 가족체계

1. 가족치료의 정의
가족치료란 체계이론에 기초한 심리상담이며 흔히 2인 이상의 가족원이 진단과 상담의 대상이 된다. 그러나 체계이론적 관점을 갖고 내담자를 대하는 한 한 사람을 상담하더라도 가족상담이라고 할 수 있다.

2. 가족체계의 특성
① 가족체계에 대한 정의
  ㉠ Miller : "체계란 그들 간의 관계에서 상호작용하는 일련의 단위이다."
  ㉡ Bertalanffy : "상호작용하는 일련의 요소들이다."
  ㉢ 가족체계 : 가족성원이 서로 상호의존하고 영향을 주는 단위
② 가족체계의 특성을 나타내 주는 개념들
  ㉠ 비합산성(Non-summativity)
    • "전체는 상호의존된 부분들의 합보다 크다."
    • 가족의 형성된 구조는 단순히 각 가족성원의 행위를 합한 것 이상
    • 결손 가족 – 사회 속의 개인의 종속성 : 기존의 가족구조는 몇몇 가족성원이 없어도 유지될 수 있음
  ㉡ 전체성(Wholeness) : 가족 내에서 모든 개인의 행동은 다른 모든 사람의 행동과 관련이 있고 상호 의존적임 예 모친의 입원, 부친의 실업
  ㉢ 항상성(Homeostasis)
    • 가족은 항상성이라는 내적 균형체계에 의해 유지되는 체계 예 한 가족성원에 대한 정신상담을 다른 가족성원들이 방해함
    • 가족은 가장 보수적인 제도
  ㉣ 환류(Feedback)
    • 모든 체계의 상호작용은 feedback loops를 거치며 체계는 끊임없이 정보를 받고 변화함
    • Input → FAMILY → Output → Positive O
          교정적, 적응적 항상성의 유지
        → Negative O
          변화, 기존 체계에서 탈선

TOPIC. 2 　 문제가정의 특징

1. 가족체계의 경계선이 지나치게 소원하거나 밀착된 경우
① 소원(disengaged)한 경우
　㉠ 가족에는 가족이라는 체계와 가족 외부의 세계를 분리시키는 경계선이 있는데, 이것이 지나치게 유동적일 경우에 수시로 외부의 간섭을 받게 된다. 이 경우에 가족의식이 결핍되며, 따라서 가족 내의 상호 지지를 기대하기 어렵다.
　㉡ 이러한 가족에서는 가족원들 간에 서로에게 일어나는 일들을 전혀 모르고 마치 같은 집에서 생활하는 하숙생들 같은 관계를 맺는다. 이러한 가정에서는 행동장애를 가진 가족원이 주로 나타난다.
② 밀착(enmeshed)된 경우
　㉠ 가족성원들끼리 지나치게 밀착된 관계에서는 개인의 자아의식이 발달하지 못하고 오직 가족 간의 공동자아만이 존재하게 된다. 예 "내가 너이고, 네가 나"인 관계 : 많은 한국 가족에서의 부모 - 자녀 간의 관계인 밀착된 관계
　㉡ 부부 사이, 부모 사이에 지나친 간섭과 구속이 이루어지고 모든 일이 일일이 보고된다. 따라서 한 가족원이 문제가 생기면 가족 전체가 함께 문제에 몰입하게 되어 올바르게 도울 수 없다. 예 고등학교 학생(외아들)이 예정 시간보다 10분만 늦어도 밖에서 엄마가 서성거리는 경우 : 아들은 가출해서 며칠씩 집에 안 돌아오는 습관이 있는데 이때, 가출의 의미는 가출 후 집에 돌아온 직후엔 부모의 간섭이 없기 때문이라고 한다.
　㉢ 이러한 가족에서는 불안증, 우울증, 정신·신체적 질병 등의 정서장애를 가진 가족원이 많이 발생한다.

2. 가족 내의 각 하위체계 간의 경계선에 이상이 있음
① 개요 : 가족에는 부부로 이루어지는 하위체계, 형제로 이루어지는 하위체계, 부모와 자녀로 이루어진 하위체계 등의 하위체계들이 존재한다. 이러한 하위체계는 각 경계선에 신축성이 있으면서도 분명하여 다른 하위체계로부터 침해를 받지 말아야 한다. 그러나 문제가정에서는 흔히 부부 하위체계가 견고하지 못하므로 자식 세대가 경계선을 침범하여 부부 하위체계에 개입하게 된다.
② 개입 시 형성될 수 있는 잘못된 관계
　㉠ 삼각관계 : 부모가 아이를 사이에 두고 적대적 관계를 이루고, 아이는 두 사람 중 어느 누구의 편도 들지 못하고 양 부모에 대한 충성심이 반분되어 강한 갈등을 느끼는 경우 예 이혼한 부부 사이의 아이
　㉡ 결탁관계 : 아이가 부모 중 한 사람과 한 편이 되어 다른 부모에게 대항하는 경우 예 독재를 하는 아버지를 어머니가 딸을 통해 공격하는 경우
　㉢ 부부 갈등이 아이에게로 우회되어 겉으로 볼 때 부부관계가 원만하고 그 대신 아이가 관심의 대상이 되어 부모가 함께 아이를 공격하거나 과보호하는 경우

③ 발생 가능한 문제 : 부모가 자녀를 공격하는 경우에는 행동장애의 문제가 주로 나타나고, 과보호하는 경우에는 정서 장애의 문제가 나타난다고 한다. 미누친은 과보호의 경우 신경성 당뇨병, 거식증과 같은 신체적 증상을 지닌 아동들이 많이 나타나고 있음을 보고하고 있다.

3. 가족 내의 위계질서에 이상이 있음
① 건강한 가정은 부모가 동등하거나 비슷한 권력을 갖고, 아이들은 부모보다 적은 권력을 갖는 가정을 말한다. 그러나 한국의 많은 수의 부인들은 남편의 지배적인 태도 때문에 상담자나 정신과 의사를 찾는다. 반면 최근에는 부인이 지나치게 남편을 좌지우지하는 현상이 증가하는 추세라고 한다. 1983년의 조사에 의하면 서울시 가정상담소의 내담자의 특성은 부인이 지배적이고 남편이 수동적인 가정이 주를 이루었다고 한다.
② 부부관계에 있어서 권력의 차이가 클수록 겉으로는 평화로울지 모르나 해결되지 않은 갈등의 뿌리가 속으로 자라나서 지배받는 배우자나 아이에게서 증상이 나타날 가능성이 크다. 아이가 부모보다 많은 권력을 갖거나 지나치게 많은 권력을 지니고 있을 경우에는 아동이 부모를 지배하게 되고, 부모의 통제력 결핍으로 부모학대 등의 문제를 야기할 수 있다.

4. 가족의 규칙에 문제가 있음
① 각 가족은 고유의 규칙을 갖고 있다. 예를 들면 "남자는 부엌에 들어가면 안 된다", "남자아이는 울면 안 된다", "가정의 화목을 위해 부정적인 감정이나 갈등이 표현되면 안 된다" 등의 규칙이 그것이다. 가족에서 정상적인 규칙은 필요하나 병리적인 규칙은 가족문제를 양산하게 된다.
② 현재 한국의 가정은 전통적 가치관과 현대적 가치관의 사이에서 가치관분열증을 앓고 있으며, 따라서 가족생활에 대한 규칙이 혼란되어 있다.

5. 가정 내에서 바람직하지 못한 역할을 이행하는 아이들
① 부모 역할을 하는 아이 : 부모가 역할을 이행하지 못할 때 아이 중 하나가 그 역할을 담당하는데, 주로 맏이가 담당하게 된다. 이것은 일시적으로 필요하나 역할이 고착되면 자기 성장이 멈추고 모든 에너지가 타인에게로 향하여 무거운 가정의 짐을 지고 살게 된다. 따라서 우울증의 증세를 보이게 되며 결혼해서도 부모 관계가 아니라 부모와 자녀 같은 부부관계를 유지하게 된다.
② 애완동물 같은 역할을 하는 아이 : 겉으로 나타나는 문제가 없고, 흔히 집에서 '모범생', '귀염둥이' 등으로 불린다. 가족 중 어느 누구도 이런 아이의 말에 깊은 관심을 두지 않고 그저 스쳐 지나간다. 형제가 많은 집의 막내, 가운데 아이 등이 이 역할을 하며 이들은 가정의 분위기를 부드럽게 하는 역할을 하나, 가족원으로부터 소홀한 취급을 받아 낮은 자아 존중감을 지니고 있으며 생에 대한 허무감, 우울증에 자주 시달린다.
③ 희생양 역할을 하는 아이 : 불화가 많은 가정에서 한 아이를 희생양으로 만들고 문제아로 낙인찍는 과정을 통하여 나머지 가족원은 하나로 통일될 수 있다. 이러한 가정의 불화는 문제아를 필요로 하며, 가정의 근본적인 문제가 해결되기까지 문제아는 항상 문제를 일으키는 역할을 하게 된다. 이 경우에 문제아가 상담을 통해 문제행동을 하지 않게 되면 가족은 다른 희생양을 필요로 하게 된다.

④ 부모에게서 특정 역할을 위임받은 아이 : 한국의 많은 부모는 자신이 이루지 못한 포부나 꿈을 자식에게 '위임'하는 경향이 높다. "나는 이렇게 살았지만 내 자식만은 의사를 만들겠다", "내 딸만은 부잣집에 시집을 보내겠다" 등이다. 부모가 정해준 전공을 선택하여 뒤늦게 후회하는, '부모를 위한 삶'을 영위하는 아동도 있고, 이혼 직전에 부부관계를 개선하기 위해 입양, 출산함으로써 역할을 위임하는 부모도 있다.

⑤ 부모의 상담자 역할을 하는 아이 : 아이에게 개인적인 문제와 부부갈등을 털어놓고 아이가 충고해주는 역할을 하는 부모와 밀착된 관계를 갖는 아이이다.

6. 가족원 간의 의사소통에 이상이 있음

① 이중구속 의사소통 : 말하는 내용과 말하는 사람의 표정, 행동, 억양 등이 서로 모순되는 것이다. 예) 부모가 아이에게 "영수야, 엄마는 영수를 세상에서 제일 사랑해"라고 말하면서 전혀 얼굴엔 따뜻한 표정이 없고 아이가 가까이 올 경우 아이를 밀어내고 아이가 뒤로 물러서면 "너는 엄마를 사랑하지 않는구나"라고 말함으로써 아이가 가까이 갈 수도 물러날 수도 없게 만드는 경우이다.

② 메타 의사소통 : 한 메시지가 상황에 따라 다양하게 해석될 수 있는 경우이다.

③ 종속적, 대립적 의사소통 : 회유형, 비난형, 비평형, 산만형 등이다.

④ 미혹화 의사소통 : 남편이 교묘하게 외도를 해 부인이 확실한 증거는 없으나 여러 가지 느낌으로 남편의 외도를 의심했는데, 오히려 남편이 부인보고 의부증에 걸렸으니 정신과에 함께 가 보자고 종용하는 경우이다. 이러한 일이 계속적으로 반복되고, 주위 사람들도 부인이 잘못 생각하고 있다고 거든다면, 부인이 실제로 정신과 환자가 될 가능성이 높다.

7. 가족의 발달단계에 적응하지 못함

① 가족의 발달단계란 '결혼 – 결혼 초기 – 출산 및 영아기 – 학령 아동기 – 아이들의 사춘기 – 아이들이 집을 떠나는 시기 – 아이들의 결혼기 – 손자·손녀의 탄생기 – 남편 혹은 부부의 퇴직기 – 배우자 사망'의 11단계를 말한다. 이러한 각 단계는 가정에 위기를 가져올 가능성을 높이며, 각 단계는 이에 따른 적응적인 과업을 수행할 수 있어야 한다.

② 그러나 문제 가족은 시간의 흐름을 부인하고 가족의 발달단계를 부인하는 경향이 있다. 특히 배우자의 사망 단계, 아이들이 집을 떠나는 시기, 아이들의 영아기 순으로 힘이 드는 단계라 볼 수 있다. 가정에 문제가 많을수록 아이들이, 특히 막내 아이가 독립할 나이쯤 되어 심각한 문제를 일으킴으로써 집에 남게 되는 경우가 종종 있다.

8. 가족 외부의 힘이 지나치게 가정생활에 스트레스를 가함

직장에서의 심한 스트레스, 아이의 학교생활에서의 부적응, 시댁 식구나 친정 식구들의 지나친 개입, 이사, 실업 등이 가정문제를 유발하는 중요한 요인이 될 수 있다.

TOPIC. 3   가족상담의 대상과 단기가족상담

1. 가족상담의 대상
① 아이들의 정서적, 행동적 문제 및 학교 부적응
② 우울증, 불안증, 감정의 심한 기복
③ 성적인 문제
④ 가족원 간의 의사소통문제
⑤ 알코올 및 마약 중독
⑥ 반복되는 경제적 무절제
⑦ 몸무게의 급격한 변화 및 고르지 못한 식사 유형, 이유 없는 피로감
⑧ 만성적 직장부적응 문제
⑨ 폭력 및 강한 적개심과 화를 처리 못할 경우
⑩ 결혼 및 가정생활에 대한 지속적인 불만족
⑪ 부정
⑫ 죽음, 이혼, 질병, 실직 등의 위기를 극복함에 있어 어려움이 있을 때
⑬ 자녀의 결혼, 부모의 은퇴 등 가족생활주기 변화에 있어 적응상의 어려움이 있을 때
⑭ 결혼이나 가정생활을 좀 더 향상시켜 보기를 원할 때

2. 해결중심적 단기가족상담
① 장점
  ㉠ 긍정적인 측면 및 문제해결의 측면, 그리고 미래에 초점을 맞출 때 바람직한 변화를 유도할 수 있음
  ㉡ 동전의 양면 중 긍정적인 면에 초점을 두어 상담에 활용하므로 문제 중심의 대화보다 해결중심의 대화가 이루어지며, 상담자와의 관계 형성에도 도움이 됨
② 예외상황
  ㉠ 상담자와 내담자는 모든 문제의 예외상황을 발견할 수 있으며, 이것은 해결점을 찾아가는 데 활용될 수 있음
  ㉡ "만약 두 분께서 자전거를 타러 갈 때와 비슷한 분위기의 시간을 많이 갖는다면 과거의 감정문제들이 조금 가라앉고, 그 문제를 풀어 나가는 데 도움이 되겠습니까?"

CHAPTER 06 | 아동지도법 적용을 통한 치료

TOPIC. 1 아동의 이해와 교육

1. 아동의 개념
① 일반적으로 아동은 영유아나 초등학교에 다니는 아이로서 신체적·정신적으로 미성숙한 단계에 있는 사람을 총칭하는 말로 이해되고 있다. 그러나 아동의 정의는 법률에 따라 다소 차이가 있다. 아동에 대한 정의는 시대적·문화적 배경과 관련 학문 분야에 따라 다르다.
② 현재는 아동을 정의할 때 아동의 발달적 특징이 중요한 준거로 작용하고 있으며, 이러한 발달적 관점은 법적 정의에도 그 바탕을 이루어 아동복지에 대한 사회적 책임과 역할을 설정해 주므로 이에 대한 이해가 필요하다.

2. 피아제(Piaget)의 인지 발달 이론
① 기본 개념

도식 (scheme)	아동이 환경으로부터 얻은 정보를 조직화하고 해석하는 자신만의 방식
동화 (assimilation)	아동이 기존의 도식을 이용해 세상을 이해하는 과정
조절 (accommodation)	아동이 새로운 정보를 접했을 때 이에 맞게 기존의 도식을 수정하는 과정
평형화 (equilibration)	동화와 조절을 통해 환경에서 접하는 정보와 자신이 기존에 가지고 있던 도식 간의 차이를 없애 인지적 균형을 추구해 나가는 과정

② 감각운동기(sensorimotor period) : 출생부터 만 2세 사이 영아기에 해당하는 발달 단계로, 감각과 운동을 통해 세상을 이해하게 되고 물체가 시야에서 사라져도 계속 존재한다는 것을 이해하게 된다(대상 영속성). 6단계로 구분한다.
  ㉠ 감각운동기 1단계 : 반사 활동(출생~생후 1개월)
    • 이 단계에서 영아는 반사를 통해 세상을 배우고 환경에 적응한다.
    • 대상 영속성 개념이 전혀 없다.
      예 영아의 입에 젖병을 쥐어주면 영아가 젖꼭지를 빨아 우유를 마시는 것, 영아의 손바닥에 엄마의 손가락이 닿으면 영아가 엄마의 손가락을 꽉 쥐는 것 등이다.

ⓛ 감각운동기 2단계 : 1차 순환반응(생후 1~4개월)
- 이 단계에서 영아는 같은 행동을 여러 번 반복하는 1차 순환반응의 특징이 있다.
- 대상 영속성 개념이 아주 약하게 나타난다.
  - 예 영아가 우연히 어떤 행동을 했는데 그 행동의 결과가 영아에게 흥미롭게 느껴졌다면 이때 그 결과를 다시 얻기 위해 동일한 행동을 반복하게 된다.

ⓒ 감각운동기 3단계 : 2차 순환반응(생후 4~8개월)
- 이 단계에서 영아는 자신의 신체 외에 다른 대상에 흥미를 느끼기 시작하고 흥미를 유발하는 행동을 반복적으로 하는데, 이를 2차 순환반응이라 한다.
- 대상 영속성이 눈에 띄게 발달하기 시작한다.
  - 예 영아는 자신이 인형을 떨어뜨리자 엄마가 그 인형을 주워 주는 것을 보고 계속해서 그 인형을 떨어뜨린다. 이는 영아가 인형을 떨어뜨리면 엄마가 주워 준다는 인과관계를 깨달은 것이다.

ⓔ 감각운동기 4단계 : 2차 순환반응의 협응(생후 8~12개월)
- 이 단계에서 영아는 자신의 목표를 위해 다양한 행동을 계획하고 실행할 수 있는데, 이를 2차 순환반응의 협응이라 한다.
- 완전히 숨겨진 물체를 찾을 수 있을 만큼 좀 더 명확한 대상 영속성 개념을 갖게 된다. 그러나 영아가 지켜보고 있는 동안에 물체를 처음 감춘 장소에서 다른 장소로 옮겨 놓아도 처음 감추었던 장소에서 그 물체를 찾으려고 한다.
  - 예 베개 밑에 아이가 좋아하는 장난감을 숨겨 놓으면 아이는 자신이 좋아하는 장난감을 가지고 놀기 위해 베개를 들어 장난감을 찾는다.

ⓜ 감각운동기 5단계 : 3차 순환반응(생후 12~18개월)
- 특정한 반응을 보기 위해 여러 행동을 시도하는 3차 순환반응의 특징을 보인다.
  - 예 소리 나는 오리 고무 인형의 소리를 듣기 위해 인형을 흔들어 보기도 하고 손으로 눌러 보기도 하는 등 여러 행동을 시도한다.
- 보이는 곳으로의 이동은 이해하지만, 자신이 볼 수 없는 공간에서 이동한 물체에 대해서는 대상 영속성 개념을 적용하지 못한다.

ⓗ 감각운동기 6단계 : 심적 표상(생후 18~24개월)
- 이 단계에서 영아는 물체가 눈앞에 없어도 그 물체를 머릿속에 떠올릴 수 있게 된다. 즉, 심적 표상이 가능해진다. 이때부터 다양한 상징놀이를 시작한다.
- 대상 영속성에 대한 완전한 개념을 가진다. 즉 모든 물체가 독립적으로 존재하며, 자신 앞에 있지 않아도 계속해서 존재한다는 것을 완전히 이해하게 된다.

③ 전조작기(preoperational period) : 만 2~7세 아동이 포함되며 언어가 급격히 발달하고 상징적으로 사고하는 능력도 증가하나 논리적인 조작이 가능하지 않기 때문에 전조작기라고 한다. 상징적 표상, 중심화, 자기중심성, 물활론적 사고 등이 나타난다.

㉠ 상징적 표상(symbolic representation) : 실제 대상을 언어나 그림을 사용하여 상징적으로 표현하는 것이다.

ⓒ 중심화 : 뚜렷한 한 가지 측면만을 보고 전부를 이해하려는 것이다. 하나의 특징에만 모든 주의를 기울이고 나머지는 무시하는 경향이다.
　　ⓒ 자기중심성(egocentrism) : 세상을 자신의 관점에서만 지각하여, 다른 사람의 생각이나 감정 혹은 믿음이 자신의 것과 동일하다고 여기는 것이다. 즉, 자신의 관점으로만 이해하는 것을 말한다.
　　ⓔ 물활론적 사고(animistic thinking) : 무생물이 생물과 같이 움직일 수 있고 느낄 수도 있다고 믿는 것이다.
　④ 구체적 조작기(concrete-operational period) : 만 7~12세 아동이 포함된다. 이 단계의 아동은 정신적 조작이 가능하고, 이런 정신적 조작을 통해 체계적으로 사고할 수 있고, 논리적인 사고가 가능하다.
　　㉠ 형태가 변해도 양은 그대로 유지된다는 보존 개념을 이해한다. **예** 물이 서로 다른 컵에 담겨 있어도 물의 양이 같다는 것을 안다.
　　ⓒ 단순히 눈에 보이는 특징뿐만 아니라 대상 간의 관계성을 고려하여 대상을 분류할 수 있게 된다.
　　　→ 중다 분류(multiplicative classification) 가능
　　ⓒ 길이나 부피 등 양적 특성을 고려하여 순서를 나열하는 것이 가능하다. → 서열 개념
　⑤ 형식적 조작기(formal operations period) : 만 12세 이상의 아동이 해당되며, 추상적 사고와 과학적·논리적 사고가 가능하다.
　　㉠ 새로운 상황에 직면했을 때 현재의 경험뿐만 아니라 과거와 미래의 경험을 이용한다.
　　ⓒ 체계적인 과학적 사고가 가능하다.
　　ⓒ 추상적인 사고가 가능하다.
　　ⓔ 이상적인 사고를 한다.

TOPIC. 2   아동지도 및 아동이해

1. 아동생활지도
　① 정의
　　㉠ 모든 아동을 인격으로서 존중하고 아동의 복지를 위해 아동 본인뿐만 아니라 보호자도 도와주고 지도하는 활동
　　ⓒ 아동의 복지를 위해 아동과 아동의 환경적 요인에 도움을 주고 지도해 주는 것
　② 태동 및 근황
　　㉠ 우리나라 '아동헌장(兒童憲章)'에 기본 이념이 기술되어 있으며, '아동복지법'에 표준이 제시됨
　　ⓒ 최근 연구가 추진되어 아동의 이상행동이나 정서장애 등의 문제에 대해서 환경조정 등 각종 지도나 치료를 하게 되어 있음
　③ 실시 기관 : 아동생활지도는 광역 지방자치단체의 아동지도센터 및 아동복지시설, 대학병원, 민간 아동지도센터, 기타 시설에서 실시한다.

2. 아동지도 상담내용

① 상담내용 : 건전 육성, 지능이나 학업성적, 성격이나 행동, 심신장애, 보건이나 의료 외에도 진로나 직업지도 문제까지 아동복지의 전반에 걸친 내용을 다룬다.
② 시행 주체 : 각 시설이나 기관에 따라 각각 차이가 있으나 정서장애에 대해서는 정신과 의사, 임상심리전문가, 개별지도 사회사업가(social caseworker) 등으로 구성된 팀의 협력으로 시행한다.

3. 우리나라의 아동생활지도

① 태동 : 우리나라에서 아동생활지도는 해방 후 과도기나 6·25 전쟁 후의 고아원, 부랑아나 불량아동 등의 수용보호에서 시작되었다고 할 수 있다.
② 현재
  ㉠ 오늘날에는 특수한 아동들에 대한 소극적인 것에서 전체 아동에 대한 복지 증진이라는 적극적인 것으로 변화하고 있음
  ㉡ 그 이론도 사회 정책적인 방향에서 성장·발달을 건전하게 촉진해 나가도록 하고 있음
  ㉢ 기법에서도 행동관찰이나 심리진단검사의 수량화, 기계화가 시도되고, 행동치료나 약물치료도 진보함
③ 과제
  ㉠ 정서장애 아동이나 그 가정에 대한 일반 사회의 편견
  ㉡ 경제 우선에서 유래하는 약육강식의 경향 및 경쟁주의 교육체제
  ㉢ 아동 문제 전공의 정신과 의사나 임상심리학자의 양성 불충분

4. 연령별 아동발달 이해

단계	시기
태내기	수정에서 출생까지의 시기
영아기	생후부터 약 만 2세까지를 포함하는 시기
아동 초기	만 3세부터 초등학교 저학년까지
아동 중기 및 후기	초등학교 고학년부터 사춘기 전까지
청소년기	중학교부터 성인이 되기 전까지의 시기
성인 초기(장년기)	• 만 21세부터 30세까지를 포함 • 현대지식산업사회에서 청소년기에도 성인기에도 속하지 않는 새로운 발달 시기 　→ 'Emerging adulthood'
성인 중기(중년기)	만 31세부터 60세까지
성인 후기(노년기)	만 61세 이후의 시기

TOPIC. 3 아동심리치료

1. 정의 및 개요
① 정의 : 아동을 대상으로 실시하는 심리치료
② 개요
- ㉠ 발생 : 아동은 아직 언어능력이 덜 발달하고 심리치료에 대한 의욕이 낮으며 병식(病識)이 잘 나타나지 않는다는 점에서 어려움이 많음. 이러한 문제점을 극복하기 위해 많은 연구가 행해졌고 그 성과에 따라 아동심리치료가 발생
- ㉡ 놀이치료(play therapy)
  - 놀이는 아동의 생활이자 말이며 욕구나 감정이 해방되는 장(場)
  - 놀이치료에서는 치료적 인간관계를 형성하고 욕구나 감정을 해방시켜 아동이 받아들이기 쉽게 해석하면서 놀이를 통해 통찰을 이끌어 감
  - 놀이치료에서는 환경 조성도 중요한데, 특히 아동에 대한 어머니의 태도 변화를 강조함(아동이 어릴수록 특히 강조)
- ㉢ 행동수정(behavior modification)
  - 학습이론에 근거하여 바람직한 행동을 강화하거나 바람직하지 않은 행동을 소거하여 행동의 변화를 이끌어 내는 것
  - 신경성 버릇, 정서장애, 흘음(더듬기), 신경증, 사회성장애 등에 주로 적용
- ㉣ 아동심리치료사는 다양한 장애와 문제행동을 보이는 아동을 대상으로 과학적 측정도구나 각종 심리검사를 통해 종합적 진단을 내리고 각각의 상황과 환경에 맞게 심리상담 및 치료활동을 함으로써 아동의 인지, 정서, 행동상의 장애와 문제를 치유함
- ㉤ 아동의 문제와 심리적 상태를 파악하고 치료하기 위해서 놀이치료와 행동수정 외에도 언어치료와 미술치료 등도 실시함

2. 아동심리치료 실제
① 아동심리치료의 목표
  - ㉠ 행동의 변화
  - ㉡ 정신건강의 증진
  - ㉢ 문제의 해결
  - ㉣ 개인의 효율성 증진
  - ㉤ 현명한 의사결정
② 아동상담을 통해서 아동이 성취해야 할 목표
  - ㉠ 아동은 자신을 자유롭게 표현할 수 있는 용기를 획득해야 함
  - ㉡ 아동은 자신을 존중할 수 있어야 함
  - ㉢ 아동은 자신의 감정을 인식하고 받아들일 수 있어야 함
  - ㉣ 아동은 자기 자신에 대한 책임감을 길러야 함

- ⑰ 아동은 자기 선택 능력을 갖추어야 함
- ⑲ 아동은 자신의 선택에 대해서 책임을 질 수 있어야 함
- ㉑ 아동은 자신이 직면하는 문제에 대해서 창의적으로 대처할 수 있어야 함
③ 아동심리치료의 기법
- ㉠ 놀이치료 : 놀이를 매개로 한 아동상담기법. 특히 언어에 의한 자기표현이 미숙한 유아나 아동, 그리고 치료에 대한 동기가 약한 아이들에게 효과적임
- ㉡ 미술치료
  - 아동의 욕구나 감정을 그림이라고 하는 비언어적 표현활동을 통하여 심리치료사가 이해하고 치료해 나가는 심리치료 기법
  - 자신의 내면세계를 충분히 표현할 수 없는 유아나 아동에서 성인에 이르기까지 심리치료에서 유용하게 활용됨
- ㉢ 음악치료 : 치료적인 환경 속에서 아동의 행동을 바람직한 방향으로 변화시키기 위하여 음악치료사가 음악을 단계적으로 사용하는 기법
- ㉣ 모래놀이치료
  - Lowenfeld에 의해 창시되어 현재 심리치료의 한 기법으로 널리 이용되는 방법
  - 아동에서 성인까지 두루 적용되는 기법
  - 모래놀이 치료의 본질은 내담자 자신이 모래놀이 과정에 자기실현을 표현하고 그것에 의해 저절로 나아가게 되는 데 있음
- ㉤ 표현예술치료 : 치료적 조작이라는 방법을 통하여 심리치료에 활용한 것으로, 그림(미술)치료, 조형치료, 댄스치료, 사진치료, 원예치료, 인형극이나 서예를 활용한 심리요법 등 다양한 기술들이 개발되고 있음

3. 아동심리검사

① 심리검사의 정의
- ㉠ 심리적 현상에서의 개인차를 비교하고 개인의 전체적인 인격적·행동적 측면을 이해하기 위한 심리학적 측정 과정
- ㉡ 일련의 검사들을 세트로 같이 시행하여 한 개인을 보다 포괄적으로 이해할 수 있음

② 아동심리검사에 사용되는 검사
- ㉠ 한국웩슬러 아동지능검사(K-WISC-Ⅳ : 아동용/K-WPPSI : 유아용)
- ㉡ 집-나무-사람 그림검사(HTP ; House-Tree-Person Test)
- ㉢ 벤더 게스탈트 검사(BGT ; Bender Gestalt Test)
- ㉣ 아동용 주제통각검사(CAR ; Children Apperception Test)
- ㉤ 문장완성검사(SCT ; Sentence Completion Test)
- ㉥ 다면적 인성검사(MMPI ; Minnesota Multiphasic Personality Inventory)
- ㉦ 동적가족화 검사(KFD ; Kinetic Family Drawing Test)
- ㉧ 한국판 아동행동척도(K-CBCL ; Korean-Child Behavior Checklist)

CHAPTER 07 | 위기 및 스트레스 관리

TOPIC. 1 ▶ 개요

1. 위기 및 스트레스 관리 방법
① 위기 및 스트레스에 효과적으로 대처하기 위하여 만들어진 프로그램이나 계획을 일컫는 말로서 신체적, 정서적, 정신적, 심령적 방법에 이르기까지 다양한 방법이 제시되고 있다.
② 일반적인 스트레스 관리법으로는 호흡법, 이완법, 심상법, 명상법, 바이오피드백, 인지치료법, 생활관리 및 운동요법 등이 이용되고 있다.

2. 위기 및 스트레스 대처
① 대처 : 개인의 자원을 청구하거나 초과하는 것으로 평가되는 특수한 외적 요구 및 내적 요구(스트레스)를 다스리기 위하여 부단히 변화하는 인지적 및 행동적 노력이다.
② 스트레스와 적응
  ㉠ 스트레스가 미치는 영향
    • 심각하거나 만성적인 경우 정신과 신체의 동질정체적 기능이 손상됨
    • 개인의 과제수행능력을 손상시킬 뿐만 아니라 신체적 및 정신적 장애를 야기하기도 함
    • 자율신경계의 반응 증가로 자신의 신체감각이 예민해지고, 이 신체감각에 집중하면 과제수행과 같은 환경적 요구에 대한 대처 능력이 하락함
    • 반대로 개인의 빈약한 혹은 부적절한 대처 능력에 의해 신체감각이 더욱 증폭될 수도 있음
  ㉡ 스트레스 상황에서 적절한 대처 전략이 부재한 경우
    • 불안해지고 행동 조직력이 크게 떨어짐
    • 심한 경우 공황감을 느끼며 자아의 방어기제나 생리적 반응이 원시적인 수준으로 퇴화함
    • 투쟁-도피의 기제가 과도하게 작용하면 말초기관에서 응급반응이 발생 → 자극이 기본적 욕구를 저해하는 위험한 것으로 평가되면 인지적·정서적·생리적으로 반응함을 의미함
  ㉢ 많은 스트레스원이 핵심요인이 아니라 대처가 핵심요인임

3. 스트레스 평가와 대처
① 평가와 대처
  ㉠ 역동적 상호작용 모델에서 스트레스 개념을 이해하는 데 있어 중시하는 심리적 매개변인
  ㉡ 평가 : 어떤 대상이나 생황의 질에 대해 그 가치를 정하거나 판단하는 것
  ㉢ 대처 : 환경과 내적 요구 간의 갈등을 다루기 위한 행동적 또는 인지적 노력

ⓔ 스트레스와 대처는 서로 독립적인 요소가 아님
ⓜ 개인이 상황에 효과적으로 대처할 기술을 가지고 있는 경우 상황이 더 이상 위협적으로 평가되지 않을 것이며 상황을 다루기 위해 적절한 노력이 가능
ⓑ 스트레스와 대처는 상호 독립적이 아님 → 상황은 본질적인 스트레스가 아니고 지각된 위협과 요구에 맞출 능력의 불균형임을 의미함
② 대처 유형은 개인의 성격특성이나 스트레스 사건의 특성에 따라 결정된다.
㉠ 외향적인 성격을 가진 사람은 능동적인 대처 방식을 선택함
㉡ 내향적인 성격을 가진 사람은 소극적인 대처 방식을 선택함
㉢ 개인이 스트레스 사건을 통제 가능한 것으로 평가하느냐, 그러지 않느냐에 따라 각기 다른 대처 방식을 선택함

4. 대처(전통적 접근)

① 개념
㉠ 동물실험과 정신분석적 자아 심리학에서 유래함
㉡ 동물모델에서의 연구는 주로 도피와 회피 행동에 중점을 둠
㉢ 동물모델은 인지적 대처나 방어와 같은 인간의 중요 전략에 관해서는 알 수 없다는 한계 존재
㉣ 정신분석적 자아 심리학 모델에서 대처는 문제를 해결함으로써 스트레스를 해소시키는 현실적이고 융통성 있는 사고 및 행위로 정의함
㉤ 인간과 환경의 관계에 대한 지각 방식과 사고방식에 초점을 두었다는 점에서 동물 모형과 중요한 차이가 있음
② 메닝거의 분석
㉠ 대처를 가장 높고 가장 진보하거나 성숙한 자아과정으로 인식
㉡ 대처 다음에 신경증적인 적응 양식인 방어가 뒤따름
㉢ 가장 밑에 자아 기능의 퇴행적 혹은 정신병적 수준이 있다고 봄
㉣ 내적인 혼란 수준에 따른 다섯 가지 조절 방안(regulatory device)의 순위를 확인함
③ 메닝거의 다섯 가지 조절 방안
㉠ 1차 방안
  • 일상생활에서 일어나는 스트레스 일화 때문에 생기는 긴장을 해소시키기 위한 전략
  • 대처 방안(coping devices)이라 불리며 자기통제, 유머, 울음, 욕설, 한탄, 자랑, 토로, 심사숙고 및 에너지 발산 등이 이에 해당함
  • 정상적인 것으로 간주되며 심한 경우에도 개인의 독특한 성격으로 간주됨

ⓒ 2차 방안
　　　・ 말을 많이 함, 너무 쉽게 웃음, 신경질을 부림, 안절부절못하고 변덕을 부리는 것 등
　　　・ 1차 방안이 부적절하거나 극단적으로 사용되면 대처 방안으로서의 지위를 상실하고 어느 정도 통제 불능과 위협적인 평형 상실을 나타내는 증후로 작동함
　　　・ 2차 방안에는 해리에 의한 퇴각(기면 발작, 기억상실, 비인격화), 공격의 전치에 의한 퇴각(혐오, 편견, 공포, 반공포적 태도), 상징과 양식을 더 솔직한 적대감의 발출로 대치함(강박증, 의례) 및 자기나 자기의 일부를 공격 대상으로 전치함(자기 부여적 속박과 굴욕, 자기 도취)이 포함됨
　　ⓒ 3차 방안
　　　・ 덜 조직적인 공격 에너지의 일차적, 폭발적 방출
　　　・ 상습적 폭행, 경련 및 공황 발작 등이 포함됨
　　ⓔ 4차 방안 : 혼란이 증가함
　　ⓕ 5차 방안 : 자아가 완전히 붕괴됨

TOPIC. 2　대처 과정과 기능

1. 대처 과정
① Lazarus와 Folkman의 대처 정의 : 개인의 자원을 청구하거나 초과하는 것으로 평가되는 특수한 외적 요구 및 내적 요구(스트레스)를 관리하기 위해 부단히 변화하는 인지적 및 행동적 노력
② 대처의 정의에 따른 특징
　㉠ 대처는 특성 지향적이라기보다는 과정 지향적임
　㉡ 개인의 자원을 청구하거나 초과하는 요구에 한정시킴으로써 대처와 자동화된 적응 행동을 구분함
　㉢ 문제 해결을 필요로 하는 심리적 스트레스 조건으로 한정되며, 노력을 필요로 하지 않는 자동화된 행동과 사고는 배제함
　㉣ 문제를 다스리려는 노력
　㉤ 대처와 극복을 동일한 것으로 여기지 않음
　㉥ 대처의 정의에서 나타난 '관리'는 그 환경을 극복하려는 시도일 뿐만 아니라 스트레스 조건을 최소화하고, 회피하고, 인내하며, 수용하는 것을 포함할 수 있음
③ 대처 과정을 특징짓는 역동과 변화
　㉠ 개인과 환경 간의 관계에 대한 지속적인 평가와 재평가의 함수
　㉡ 변화는 환경을 바꾸는 쪽으로 지향된 대처 노력의 결과일 수도 있고, 사건의 의미를 변화시키거나 이해를 높이는 내적으로 지향된 대처의 결과일 수도 있음
　㉢ 대처 과정은 초기의 평가를 수정하는 인지적 재평가에 의해 계속적으로 매개됨

④ 대처에 관한 과정 이론 특징
  ㉠ 관찰과 측정은 개인이 해결해야 하는 의무나 과제와는 대조적으로 개인이 실제로 생각하거나 행하는 것에 관심이 있음
  ㉡ 개인이 실제로 생각하거나 행하는 것은 특수한 맥락 내에서 검증됨
  ㉢ 맥락을 더 구체적으로 정의할수록 특정한 대처 사고나 활동을 맥락적 요구와 연결하는 것이 더 쉬워짐
  ㉣ 대처 과정에 대해 언급하는 것은 스트레스 사건이 전개됨에 따라 대처 사고와 행동에서 일어나는 변화에 대해 언급하는 것을 의미함
  ㉤ 사람과 환경 간의 관계가 변함에 따라 어떤 때는 방어적인 전략과 같은 대처 유형에 의존하지만 어떤 때는 문제 해결적 전략에 의존해야 하는, 변화하는 과정

2. 대처의 다면적 기능

① 대처는 문제 해결 그 이상의 것을 포함하고 있다. 대처 기능과 대처 결과를 혼동하지 말아야 한다. 대처 기능은 어떤 전략이 이바지하고 있는 목적을 말하며 대처 결과는 그 전략이 나타내는 효과를 말한다.
② 우리는 어떤 기능이 특정한 결과를 가져올 것이라 기대할 수 있지만 그 기능들이 결과의 관점에서 정의되는 것은 아니다. 사회심리학적 조망을 가진 Mechanic은 사회적 요구와 환경적 요구를 다루는 것, 그러한 요구를 충족시키기 위해 동기를 유발하는 것, 그리고 에너지와 기술을 외적 요구에 지향시키기 위해 심리적 평형 상태를 유지하는 것으로 대처 기능을 설명했다. Pearlin & Schooler는 긴장을 야기하지 않는 상황으로 변화시키는 것, 스트레스가 생기기 전에 경험의 의미를 통제하는 것, 스트레스가 생긴 후 스트레스 자체를 통제하는 것을 제안했다.
③ 대처는 스트레스 극복 과정에서 일어나는 인지적 또는 행동적 노력이라는 매우 이질적인 요소들을 포함하고 있기 때문에 대처 유형을 구분하여 특정 대처와 관련이 높은 상황적 특성이나 대처효과 등을 확인하기도 한다

3. 스트레스 대처에 대한 개인적 자원(Lazarus & Folkman, 1984)

① 건강과 에너지(health and energy)
  ㉠ 건강하고 튼튼한 사람은 약하고 아픈 사람보다 외적 · 내적 요구를 더 잘 관리할 수 있음
  ㉡ 신체적 안녕은 개인에게 다가오는 스트레스 상황에 에너지를 투입할 수 있는 기본 조건
② 긍정적 신념(positive belief)
  ㉠ 자신을 긍정적으로 보는 것은 대처에 매우 중요한 심리적 자원이 됨
  ㉡ 스트레스에 대처하는 능력은 개인이 바라는 결과를 성공적으로 얻어낼 수 있다고 믿을 때 증진됨
③ 문제 해결 기술(problem solving skills)
  ㉠ 폭넓은 경험, 개인이 보유한 지식, 그 지식을 사용하는 인지적 · 지적 능력 및 자기통제력과 같은 다른 자원들을 활용하는 것
  ㉡ 정보를 탐색하고 대안적 활동을 발견하기 위해 상황을 분석하게 함

ⓒ 여러 대안 활동의 결과를 예측하여 비교하고, 적절한 행동을 선택하도록 함
　　　ⓔ 문제 해결 기술을 더 많이 가진 사람이 그렇지 않은 사람보다 스트레스를 더 잘 관리함
　④ 물질적 자원(material resources)
　　　㉠ 돈과 돈으로 구입할 수 있는 상품 및 서비스
　　　ⓒ 금전적 자원이 있으면 스트레스 상황에서 대처 선택안이 많아짐
　　　ⓒ 돈이 많은 경우 법적, 의학적, 재정적 및 다른 전문적 도움에 훨씬 더 효과적으로 접근이 가능함
　　　ⓔ 돈을 가지고 있는 것만으로도 위협에 대한 개인의 취약성이 줄어들고 효율적인 대처를 촉진할 수 있음
　⑤ 사회적 기술(social skills)
　　　㉠ 사회적으로 적절하고 효율적인 방식으로 타인들과 의사소통을 하고 행동하는 능력
　　　ⓒ 타인과 협동하여 문제를 해결하도록 돕고, 타인의 협동 또는 지지를 얻을 가능성을 증가시킴
　　　ⓒ 사회적 상호작용에 대해 더 많은 통제를 할 수 있도록 도와줌
　　　ⓔ 다른 사람과 협력할 수 있는 개인의 능력에 대한 확신은 스트레스 관리에 중요한 자원
　⑥ 사회적 지지(social support)
　　　㉠ 한 개인이 다른 사람들로부터 받는 다양한 물질적, 정서적 지원
　　　ⓒ 친구나 가족 등으로부터 지지를 받은 사람이 지지가 부족한 사람보다 건강하게 오래 살 수 있음

TOPIC. 3 　방해 요인과 전략

1. 대처를 방해하는 요인
　① 제약(constraints)
　　　㉠ 개인이 환경을 다루어 나가는 것을 방해하는 요인
　　　ⓒ 개인적, 환경적 측면에서 나타날 수 있음
　② 개인적 제약
　　　㉠ 어떤 유형의 행동이나 감정을 배척하는 내재화된 문화적 가치와 신념 및 독특한 개인적 발달의 산물인 심리적 결함
　　　ⓒ 상황적, 개인적 차이를 허용한다 하더라도 문화적으로 유도된 가치, 신념, 규준은 중요한 속박 요인으로 작용 ⓔ 유머는 논쟁이 고조된 상태에서는 긴장을 해소하는 적절한 수단일 수 있으나, 장례식장에서는 부적절한 것으로 긴장 유발
　③ 자원의 한정 : 많은 자원은 한정되어 있으므로 이것들이 대처를 방해함 ⓔ 돈과 같은 물적 자원은 개인에 따라 한정되어 돈을 적게 가진 사람은 돈과 관련된 여러 상황에서 대처 능력이 떨어짐

④ 위협 수준
  ⊙ 개인이 위협을 느끼는 정도는 대처를 결정하는 데 중요한 역할
  ⓒ 부분적으로는 특별한 상황에서 개인이 내적 및 외적 요구의 관점에서 대처 자원을 평가하는 것과 그것의 사용을 억제하는 속박에 대한 평가의 함수
  ⓒ 반대로 위협의 수준은 사용 가능한 자원들이 대처에 사용될 수 있는 정도에 영향 미침
  ㉢ 과도한 위협은 인지적 기능과 정보처리 능력에 영향을 미쳐 문제 중심적 대처를 방해함

2. 대처 전략 – Lazarus와 Folkman의 문제 중심 혹은 정서 중심 대처 전략

① 문제 중심 대처
  ⊙ 스트레스원을 변화시키는 데 목적
  ⓒ 개인이 스트레스 사건을 통제 가능한 것으로 평가할 때 선택
  ⓒ 문제 중심 전략
    • 문제를 제거하기 위해 취하는 행동
    • 이를 위해서는 필요한 단계적 계획을 세우거나 타인의 자문이 필요함
② 정서 중심 대처
  ⊙ 스트레스 지각에 수반되는 정서를 관리하는 데 초점
  ⓒ 개인이 스트레스 사건을 통제 불가능한 것으로 평가할 때 선택
  ⓒ 정서 중심 대처
    • 당황하거나 감정을 드러내는 것
    • 마음의 안정과 확신을 얻기 위해 친구나 가족을 찾는 것
    • 상황을 회피하는 것
③ 기타 대처 전략
  ⊙ 사회적 대처(social coping) : 다른 사람들로부터 지지를 받는 것
  ⓒ 의미중심 대처(meaning-focused coping) : 스트레스 경험으로부터 의미를 끌어내는 데 집중
④ 대처 전략과 건강의 관계
  ⊙ 스트레스 유형과 심리적 혹은 신체적 건강에 미치는 영향에 따라 중재
  ⓒ 일반적으로 문제 중심 대처는 건강과 정적인 관계
  ⓒ 정서 중심 대처는 건강과 부적인 관계

3. 전 생애에 걸친 대처

① 개요
  ⊙ 대처는 아동기에서부터 노년기에 이르기까지 변화
  ⓒ 어린 아동이 세계를 이해하고 복잡한 문제 중심적 대처 및 정서 중심적 대처를 학습함에 따라 확실한 변화가 수반됨
② Gutmann : 사람은 나이가 듦에 따라 능동적인 극복, 즉 공격적인 통제 유형의 대처에서 더 수동적인 유형으로 변화하며, 최후에는 퇴행적 의존으로 이동함

③ Vaillant와 Pfeiffer
  ㉠ 거트만과 달리 대처는 나이가 듦에 따라 더 효율적이고 현실적으로 변한다고 봄
  ㉡ 투사나 행동 분출과 같은 미성숙한 기제에 덜 의존하게 되고, 이타성, 유머, 억제와 같은 성숙한 기제를 더 많이 사용함

CHAPTER 08 | 기타 심리치료

TOPIC. 1 기타 심리치료 이론

1. 용어
① 심리치료 : 당면한 문제로부터 회복하거나 지지를 제공할 목적으로 사회에서 인정받는 임상가와 심리적 문제로 고통받는 사람 사이에 이루어지는 상호작용
② 절충적 심리치료 : 환자와 문제에 따라 다양한 형태의 치료에서 온 기술을 사용하는 것
③ 생의학 치료 : 환자의 신경계에 직접적으로 작용하는 약물의 처방이나 의학적 처치

2. 정신역동적 치료
① 정신분석 심리치료
  ㉠ 원인 : 아동기 경험에서 비롯된 무의식적 갈등이나 욕구
  ㉡ 치료 목표 : 무의식적 욕구나 갈등을 찾아서 자각하게 하고, 그것들의 영향을 최소화하도록 돕는 것
  ㉢ 치료기법 : 저항, 전이, 꿈의 분석, 자유연상 등
② 대인관계치료(IPT)
  ㉠ 내담자가 현재 관계를 개선하게 돕는 데 중점을 두는 심리치료
  ㉡ 내용 측면에서는 자유연상보다는 내담자에게 대인관계 행동이나 감정을 이야기하게 하고, 내담자의 애도, 역할 갈등, 역할 이동, 대인관계 부족에 초점을 둠

3. 인본주의 심리치료
① 인간중심 치료
  ㉠ 원인 : 자기개념과 현재 경험의 불일치 → 자기이해와 수용의 장애물
  ㉡ 치료 목표 : 무조건적 긍정적 존중과 진실성, 공감적 이해를 통한 성장
  ㉢ 치료기법 : 적극적 경청, 공감적 이해, 반영 등
② 게슈탈트 치료
  ㉠ 원인 : 미해결과제
  ㉡ 치료 목표 : 환자가 자신의 생각, 행동, 경험과 감정을 인식하여 스스로에 대해 책임감을 가지거나 책임을 지게 만드는 것 → 책임자각, 미결과제의 완결
  ㉢ 치료기법 : 언어자각, 반대행동하기, 빈의자기법 등
③ 실존주의 치료
  ㉠ 원인 : 인간의 존재 및 '지금–여기'에서 세상과 상호작용하는 현실의 경험에 관심을 둠

ⓒ 치료 목표 : 내담자의 존재의 의미를 탐색하도록, 또한 삶의 중요한 문제들(죽음, 자유, 소외, 외로움 등)을 회피하지 않고 용감하게 직면하도록 도움

4. 인지행동치료

① 행동치료
  ㉠ 전제 : 이상행동은 학습된 것이며 관찰 가능한 부적응 행동을 보다 생산적인 행동으로 바꾸는 것을 통해 증상 완화가 가능
  ㉡ 치료 목표 : 적응 행동의 재학습, 문제행동의 제거
  ㉢ 치료기법 : 역조건화, 체계적 둔감화, 노출치료, 토큰경제, 소거, 처벌 등
② 합리정서 행동치료(REBT ; Rational Emotive Behavior Therapy)
  ㉠ 원인 : 잘못된, 비이성적인 사고패턴 → 비합리적 신념
  ㉡ 치료 목표 : 비합리적 신념을 심어 준 과거의 생활사건을 검토한 후 환자의 비합리적인 사고패턴을 찾아서 논박함으로써 보다 효율적인 사고를 채택하도록 돕는 것
  ㉢ 치료기법 : 다양한 논박기법, 합리정서 심상법, 합리적 역할바꾸기 등 정서행동기법 사용
③ 벡의 인지치료
  ㉠ 원인 : 과장되고 왜곡된 비현실적인 자동적 사고(부정적인 내용의 자동적 사고)
  ㉡ 치료 목표 : 사고의 편견이나 인지 왜곡을 제거하는 것
  ㉢ 치료기법 : 재귀인, 인지시연 등
④ 마이켄바움의 인지행동치료
  ㉠ 전제
    • 사람들이 자기 자신에게 무엇을 말하는지에 따라 행동이 달라짐 → 자기언어
    • 치료회기에 사람들이 자신에게 말하는 내용을 바꿈으로써 스트레스 상황에 잘 적응하게 됨
  ㉡ 치료 목표 : 정서적 장애나 이상행동을 유발하는 자기언어를 탐색하여, 이를 적응적으로 수정하는 것
  ㉢ 치료기법 : 역할연습, 자기언어를 굳히기 위한 다양한 강화기법 등

5. 집단치료

① 사이코드라마와 참만남 집단
  ㉠ 사이코드라마 : 감정의 분출과 타인의 감정에 대한 반응에 초점을 맞춤
  ㉡ 참만남 집단 : 개인의 구체적인 문제를 해결한다기보다 자기실현의 경험, 대인관계 개선, '참가자 느끼기'에 초점을 둠
② 커플과 가족치료
  ㉠ 커플치료 : 결혼, 동거 혹은 연애 커플이 관계 안에서 일어나는 문제를 해결하기 위해 같이 치료를 받는 것
  ㉡ 가족치료 : 특히 아동이나 청소년에게 문제가 있을 때 효과적임

TOPIC. 2 의학적 및 생물학적 치료

1. 약물치료
① 개요
　㉠ 약물치료 : 정신약물학에 기초하여 환자들의 증상을 완화하는 치료법
　㉡ 정신약물학 : 뇌에서 분비되는 신경전달물질의 과다나 과소분비 등의 변화에 의해 감정이나 행동의 변화가 일어나는지를 연구하는 것
② 향정신성 약물(향정신병제)
　㉠ 클로르프로마진(국내에서의 약품명 : Thorazine) : 조현병 관련 장애를 치료했던 최초의 향정신성 약물
　㉡ 도파민의 수용기를 막거나 둔감하게 만드는 역할, 혹은 세로토닌의 활동 수준을 증가시킴
　㉢ 망상, 환각, 사고장애, 별것 아닌 일에 대한 과잉반응(동요나 흥분) 등의 정신병적 증상들이 완화됨
　㉣ 대인관계의 철퇴, 감정적 둔마현상, 사회기술의 결핍 등에는 거의 효과를 발휘하지 못함
　㉤ 조현병 환자의 적응을 돕기는 하지만 완치시키지는 못함
③ 항우울제
　㉠ 사람들의 기분을 고양시키는 데 도움이 되는 약물
　㉡ 주로 우울, 불안, 공포증, 강박충동장애의 치료목적으로 쓰임
　㉢ 모노아민계 산화억제제(MAO 억제제), 삼환계 항우울제, 선택적 세로토닌 재흡수 억제제 등
　㉣ 대부분의 항우울제는 효과를 보기까지 시간이 걸림
　㉤ 중독성이 없지만 입이 마르고 두통, 변비, 메스꺼움, 소화기 계통의 장애 등 다소의 부작용 발생 가능
④ 항불안제
　㉠ 공포나 불안 경험을 줄이는 데 도움이 되는 약물
　㉡ 벤조디아제핀 : 신경전달물질인 GABA의 활동을 증가시킴
　㉢ 금단현상과 내성 문제로 인해 장기적 치료 목적으로는 쓰지 않음
⑤ 리튬
　㉠ 양극성 장애를 관리하는 데 사용
　㉡ 양극성 장애 환자가 적정량의 리튬을 지속적으로 사용하면 기분이 차분히 가라앉은 상태가 지속되고 조증 및 우울증의 발생 가능성이 감소함
　㉢ 부작용을 피하기 위해서는 적량 복용 및 빈번한 혈중 약물 농도 확인이 필수적임
⑥ 약물치료에 관한 주의 사항
　㉠ 위약 효과(placebo effect)
　㉡ 높은 재발률과 중도 탈락률
　㉢ 장기적 위험

2. 수술 – 전기충격요법, 경두개 자기 자극술

① 전기충격요법(ECT ; Electroconvulsive therapy)
  ㉠ 잠깐 동안 전기를 환자의 머리에 흐르게 해서 발작을 야기 → 만성적이고 심각한 우울증에 사용
  ㉡ 약물 등의 다른 접근법보다 더 빨리 효과를 보이기 때문에 자살 위험이 큰 경우 등 위급한 환자에게 쓰이기도 함
  ㉢ 비윤리적으로 느껴져서 꺼리는 경우가 대부분
② 경두개 자기 자극술(TMS ; Trans Magnetic Stimulation)
  ㉠ 전자기장을 이용하여 대뇌피질을 자극하는 치료법
  ㉡ 전기충격요법과 달리 경련을 유발하지 않고 기억장애 등의 부작용이 없음
  ㉢ 우울증, 불안장애, 강박증, 불면증 등 다양한 정신질환 치료에 이용

TOPIC. 3 소크라테스 질문법

1. 이해

① 비판적 사고의 과정을 자극하고 리드해 가는 핵심적인 방법의 하나가 소크라테스식 대화법이다.
② 이는 산파술적 대화법이라고도 한다. 산파가 애기를 대신 낳을 수 없는 것처럼 산파의 역할을 하는 상담자는 내담자를 수용하고 지지적으로 공감적이어야 하며 내담자를 호기심을 보이며 자극하고 탐사적으로 반응해야 한다.
③ 소크라테스 질문법은 질문에 대한 대답을 듣고 그것에 대해 다시 질문하는 방식을 취하는 것을 말한다.
④ 소크라테스는 소피스트 중에서 유명한 소피스트들을 찾아가 자신의 궁금증을 묻고, 그리고 대부분의 경우 답변을 듣게 되는데 그것에 대해 소크라테스는 다시 질문을 하고 그것이 반복되면 결국 소피스트들은 명확한 답변을 하지 못하고 자신이 아는 것이 없다는 것을 알게 하였다.
⑤ 소크라테스 대화법에는 두 가지의 요소가 포함되는데 하나는 비판적 질문이고 다른 하나는 적극적 경청이다.

2. 소크라테스 질문법 기본개념

① 상대가 말하거나 생각하는 것에 호기심을 가지고 받아들이며, 그것에 대하여 의문한다. 이 질문법은 모든 사고에 논리, 즉 구조가 있다는 생각에 기초하고 있다.
② 소크라테스식 질문법은 상담이나, 수업, 기타의 학습 장면에서 손쉽게 적용할 수 있다. 이 질문법은 아무렇게나 생각나는 대로 떠돌아 다니는 대화가 아니다. 분명한 목적을 가지고 있으며 또한 그러한 목적을 성취하기 위한 독특한 방법을 가지고 있다. 이 질문법에는 학생들에게 물어 보아야 할 최소한의 '일정한 질문'이 있는데 이것이 바로 '사고의 요소'들이다.

3. 질문법의 기술

① 말, 사고에서 의문이 생기거나 미심쩍은 영역을 확인하고 분명하게 한다.
② 표면의 뒤에 있는 밑바탕(기저에 놓여 있는 내용과 감정)을 탐사한다.
③ 관련되어 있는 기본적인 이슈를 제기한다.
④ 상대가 자신이 관여하고 있는 사고의 구조를 발견케 한다.
⑤ 지적 수행의 준거에 따라 사고가 명료한지, 정확한지, 적절한지 또는 깊이가 있는지를 의식하고 거기에 민감해 지도록 질문한다.
⑥ 추리 과정을 통하여 판단에 이르게 한다.
⑦ 주장, 결론, 증거, 이슈(문제, 과제), 가정, 결말, 함의, 개념, 해석, 견해(시각) 등을 주목하게 한다.

4. 유의사항

① 아는 것에서 시작한다.
② 분명한 의미가 무엇인지 물으며, 주장(결론)의 이유를 따져 본다.
③ 해석이나 추론할 때는 중간 과정의 내용을 찾아본다(논리가 비약되지 않도록 한다).
④ 추론(해석)이 부적절하거나 불충분하게 진행될 때는 반대되는 증거를 든다.
⑤ 구체적인 사례에서 일반적인 법칙을 만들어 보게 한다.
⑥ 보기와 비보기를 들어보게 하며, 언제, 어떻게 적용될 수 있는지를 묻는다.
⑦ 일반화(추상화)가 잘못될 때는 극단적인 보기를 들어 예시한다.
⑧ 사례 간 또는 일반적 법칙 간에 있을 수 있는 공통점이나 차이점을 찾아본다.
⑨ 'A이면 B는 어떻게 될까?'라는 식으로 예측을 요청한다.
⑩ A(원인)을 바꾸어 보고 B(결말)을 예측해 보게 한다.

> **|+ 이해더하기 |**
>
> **소크라테스 질문법 예시**
>
> 소크라테스 : 민중이란 누구인가?
> 청년 : 가난한 사람들을 말합니다.
> 소크라테스 : 가난한 사람이란 어떤 이들이지?
> 청년 : 항상 돈에 쪼들리는 사람들을 말합니다.
> 소크라테스 : 부자들도 대개 돈이 부족하다고 늘 아우성이다. 그러면 부자도 가난한 사람 아닐까?
> 청년: (당황하기 시작하며) 그렇게 볼 수도 있겠지요.
> 소크라테스 : 그러면 '민중이 주체가 된다'는 민주주의는 가난한 사람들의 정체(政體)인가, 부자들의 정체인가?
>
> 이처럼 소크라테스 질문법은 상대방으로 하여금 당연하다고 믿고 여겼던 자신의 논리가 모순에 부딪힌다는 사실을 깨닫게 해 준다. 결국 상대방이 자신의 무지를 알도록 도와주는 산파의 역할을 하는 것이다.

PART 04

자문, 교육, 재활

CHAPTER 01	자문, 교육, 재활 개요
CHAPTER 02	심리자문
CHAPTER 03	심리교육 및 재활

CHAPTER 01 | 자문, 교육, 재활 개요

TOPIC. 1 자문에 대한 이해

1. 자문의 이해
① 자문 유형
- ㉠ 비공식적 동료집단 자문
- ㉡ 피자문자 중심 사례자문
- ㉢ 내담자 중심 사례자문
- ㉣ 피자문자 중심 행정자문

② 자문가 역할
- ㉠ 전문가
- ㉡ 협력자
- ㉢ 진상조사자
- ㉣ 교육자·수련가
- ㉤ 과정 – 전문가
- ㉥ 진상조사자

③ 자문 과정 : 질문의 이해 → 평가 → 중재 → 종결 → 추적

2. 자문 주요 모델
① 정신건강 모델
- ㉠ 피자문자의 문제를 해결할 능력을 가지고 있다고 가정함
- ㉡ 자문자와 자문요청자의 관계는 평등하고 자문가는 조언과 지시를 제공하여 촉진자의 역할을 함
- ㉢ 자문의 성공 여부는 피자문자의 진단, 대처, 기술적·정서적 문제 해결 능력의 확장 정도 등으로 평가

② 행동주의 모델
- ㉠ 행동주의 또는 사회학습이론의 문제해결이 중요하다고 가정함
- ㉡ 자문가와 피자문자의 보다 분명한 역할이 있으며 행동과 지식에는 커다란 불균형이 있음
- ㉢ 자문의 목표는 자문 요청자의 바람직하지 않은 행동 빈도를 감소시키고 바람직한 행동 빈도를 증가시키는 것

③ 조직인간관계 모델
  ㉠ 조직 내에서 개인 간의 상호작용이 어떻게 이루어지는지에 관심을 가짐
  ㉡ 자문가는 인간관계 촉진자의 역할을 담당
  ㉢ 개인의 가치, 태도, 집단 과정에 중점을 두어 계획된 변화를 이끌어 냄으로서 조직의 생산성 향상과 사기 증진에 기여
④ 조직사고 모델
  ㉠ 자문가는 시범을 보이고 훈련을 제공하는 등 보다 직접적인 개입을 통해 집단 과정을 촉진
  ㉡ 조직인간관계 모델의 변형된 형태로서, 조직 내 의사소통 및 의사결정, 목표 설정 및 역할 규정, 조직 내 갈등 등에 관심을 기울임

3. 사고-감정-행동 모델

① 정의 : 인간의 기본 기능을 사고, 감정, 행동의 세 가지로 보고, 이 세 가지의 상호작용을 평가하여 내담자의 강점과 한계를 파악한 후 이에 따라 상담의 기법과 과정을 설계해야 한다는 통합상담의 한 접근법이다.
② 개요
  ㉠ 데이비드 허친스(David Hutchins)가 개발한 모델
  ㉡ 사고, 감정, 행동의 상호관계 속에서 내담자의 강점을 파악하며, 이것을 이용하여 변화하고자 하는 목표를 설정할 수 있다고 봄
  ㉢ 3단계로 발전해 옴
    • 초기 : 상담자가 내담자의 특성을 파악하는 데 사용하도록 고안됨
    • 발전 시기 : 상담자가 내담자의 특성이 사고, 인지, 행동 중 어디에 초점이 있는지 파악하고, 이러한 특성을 조율하는 방법으로서 상담자-내담자 관계 형성을 효율적으로 하는 데 활용되는 것으로 발전
    • 마지막 시기 : 앞서의 모든 초점과 함께 내담자가 인지-정서-행동을 바람직하게 통합하도록 돕는 목적을 포함하는 방향으로 발전
  ㉣ 통합적 상담, 상담자와 교사 교육, 부부관계 교육을 위한 집단상담, 내담자와 학생 등의 개인이해 등에 활용
  ㉤ TFA 모델의 활용
    • 인간행동의 인지, 정서, 행동 영역의 통합
    • 특정 문제 영역에서 사고, 감정, 행동 영역이 어떻게 상호작용하는지를 사정
    • 내담자의 강점과 약점을 상담에 활용하는 절차와 기법을 고안

4. 과학자-전문가 모델

보울더 모델이라고 하며, 임상심리학자의 수련 및 학재 간 관계 형성을 통한 진단 평가 연구 치료에 중점을 둔 심리학적 영역이 부각되면서 개발되었다. 과학자이면서 동시에 임상전문가여야 한다는 것을 의미한다.

5. 사례 관리 진단

① 정의 : 사례연구를 통해 수집한 다양한 자료를 종합·분석하여 사회치료를 위한 계획을 세우는 것으로서, 사회진단, 심리사회적 진단, 사전평가라고도 한다.
② 개요
  ㉠ 진단주의에 따른 사례 작업의 과정 : 접수(intake) → 연구(study) → 사례 관리 진단 → 사회치료(social treatment)
  ㉡ 사례 관리 진단
    - 사례 작업 관계를 기반으로 사례연구에서 수집한 여러 가지 자료를 취사선택하여 원인을 종합적으로 진단하고 사회치료를 위한 계획을 수립하는 단계
    - '문제는 무엇인가(what)?', '문제의 원인은 무엇인가(why)?', '어떻게 하면 좋은가(how)?', '이 문제를 해결하기 위해 전문가와 내담자는 어떤 수단을 취할 수 있는가?' 등에 대한 가설을 세우는 것
    - 이는 내담자가 문제를 해결하도록 도움을 주는 데 유용한 작업가설(作業假說)이 됨

TOPIC. 2 임상심리학자의 윤리

1. 전문능력

임상심리학자는 업무에서 높은 전문능력 수준을 유지하려 노력한다.
  ① 한계성 인정
  ② 일정 자격 요구
  ③ 계속 교육의 필요성
  ④ 건전하고 합리적인 주관성

2. 진실성

임상심리학자는 심리학의 학문, 연구 및 실천에서 진실성의 신장을 위해 노력한다.
  ① 정직, 공정, 타인 존중 태도의 견지
  ② 기술과 보고의 정직
  ③ 자신의 한계를 인정하고 영향에 대한 자각 필요
  ④ 이중관계 지양

3. 전문적 및 과학적 책임

심리학자는 전문가로서의 행동기준을 지키고 자신의 전문적 역할과 의무를 해명하며 자신의 행동에 대해 책임을 수용하고, 여러 집단의 요구에 따라 자신의 방법을 적용시킨다.
① 타 전문인과의 협조
② 심리학자의 공인성
③ 윤리적 문제에 대한 관심 유지

4. 개인의 권리와 품위의 존중

심리학자는 모든 사람의 기본적 권리, 품위, 그리고 인격을 존중한다.
① 권리와 법과의 갈등 인식
② 문화적, 개인적 차이 인식

5. 타인복지에 대한 관심

심리학자는 자신이 전문적으로 접촉하는 사람들의 복지 향상에 노력한다.
① 대상(실험동물까지도)의 복지와 권리 인식
② 관심과 의무 간의 갈등 인식
③ 전문적 갈등이 있는 사람과의 공과 사 분리

6. 사회적 책임

심리학자는 자신이 일하고 사는 공동체와 사회에 대한 전문적, 과학적 책임을 자각한다.
① 심리학의 응용적 의무에 관심
② 심리학의 오용에 대한 방지 노력
③ 법 발전에 대한 노력
④ 자원봉사 노력

TOPIC. 3   정신재활 및 정신사회재활

1. 정신재활의 목표
① 정신재활의 목표는 서비스의 수혜자인 내담자 개인의 독특하고 복잡한 필요와 요구에 의해 결정된다.
② 서비스 수혜자인 내담자의 능동적인 역할을 통해 재활의 방향과 세부 목표들을 정한다.
③ 재기(recovery)를 최종 목표로 한다. 재기는 병을 치료하는 개념이라기보다는 정신질환과 관련된 장애를 최대한 극복하고 사회의 일원으로서 살아가는 것을 의미한다.
④ 정신재활의 결과는 정신과 증상을 통제하고, 장애를 최소화하며, 자율적이고 독립적으로 생활하고, 자신의 삶의 질을 향상시키는 정도로 평가할 수 있다.

2. 정신재활의 과정
① 정신재활은 여러 관련 분야의 전문가(내담자 포함)로 구성된 치료팀이 계획하고, 실시하며, 계획을 조정하고, 그 효과를 평가한다.
② 서비스 수혜자인 내담자가 치료 팀의 구성원으로 참여한다.
③ 가족 구성원들이 재활 목표에 부합하는 경우에 치료에 참여한다.
④ 정신질환으로 인한 정신과 증상, 취약성 및 장애의 많은 부분을 해결한다.
⑤ 치료 과정은 지속적인 가설 검증으로, 과학적이고 경험적인 데이터를 활용하여 검증한다.

3. 정신재활에서 임상심리학자의 역할
① 치료팀의 일원으로서 다양한 관련 전문가와 효과적으로 정보를 공유하고 협력한다.
② 다양한 심리치료 기법 및 평가 기법을 활용하여 내담자의 다양한 측면을 평가하고, 라포를 형성하며 치료 계획을 수립한다.
③ 기타 역할
    ㉠ 사례 관리
    ㉡ 직업재활
    ㉢ 중독재활
    ㉣ 인지재활
    ㉤ 지역사회와 연계하기

CHAPTER 02 | 심리자문

TOPIC. 1 자문 슈퍼비전

1. 정의
경험이 있고 자격을 갖춘 상담심리치료사가 내담자와의 상담과 관련해서 보다 더 경험이 많은 상담심리치료사나 그와 대등한 상담전문가에게 자문을 구하는 과정이다.

2. 특징
① 자문 슈퍼비전에서 형성되는 슈퍼바이저와 상담자 사이의 관계는 훈련 슈퍼비전의 상하 수직적인 권력구조와는 달리, 조언과 격려가 공존하는 평등관계가 특징이다. 따라서 교육, 훈련, 지도, 평가의 방법을 사용하기보다는 토의, 의견 교환, 상담 등의 방법을 사용하여 슈퍼비전이 진행된다.
② 자문 슈퍼비전은 숙련된 전문상담자가 내담자와의 상담에 대한 자신의 이론적이고 기법적인 전략을 새로운 관점으로 통합하고, 자신의 상담지식을 보다 더 확장하려는 목적에서 행해지고 있다.

TOPIC. 2 훈련 슈퍼비전

1. 정의
전문상담자가 되기 위한 교육을 받고 있는 기간에 상담수련생이 받는 슈퍼비전이다.

2. 특징
① 훈련 슈퍼비전을 하는 과정에서는 슈퍼바이저와 상담수련생과의 관계가 교육과 평가의 기능을 담당하는 사람과 훈련을 받는 사람의 상하 수직적인 권력관계로 형성된다.
② 슈퍼바이저는 상담수련생을 전문적인 상담자로 성장시키기 위해서 보다 통합적인 접근으로 훈련을 시켜야 하며, 훈련 과정을 정기적으로 기록하고 관찰하여 이를 평가하는 역할을 담당한다.

TOPIC. 3 ▶ 학교 자문

1. 정의
자문자(혹은 컨설턴트, 주로 학교 현장의 학교심리 전문가, 학교상담자 등 정신건강 전문가)와 피자문자(혹은 컨설티, 주로 학교 현장의 교사 혹은 교사와 학부모) 간의 협력적 관계를 통해 체계적인 문제해결 과정을 거침으로써 내담자(학생)의 적응과 수행을 향상시키고 피자문자의 내담자 지원 역량을 증진시키는 간접적이며 예방지향적인 심리 및 교육적 서비스이다.

2. 특징
① 간접 서비스
② 어철과 마틴스의 협조적 동반자 관계 모델(2010) 중심
  ㉠ 학교 자문은 문제 해결과 예방이라는 이중 목적을 표방
  ㉡ 학교 자문의 일차적(명시적)인 목적은 내담자(학생)가 현재 제기하는 심리적, 교육적 문제에 대한 해결
  ㉢ 피자문자의 개인적인 필요 등은 내담자의 안녕을 도모하고 교육적 성과를 높이는 등 내담자에게 긍정적 영향을 미치는 범위 내에서만 정당하게 다루어질 수 있음
  ㉣ 학교 자문의 이차적인 목적은 피자문자의 기술과 지식을 향상시키고 문제를 유발하는 환경적, 상황적 요인들을 변화시킴으로써 문제가 더 악화되거나 추가적인 문제가 발생하지 않도록 예방하는 것
  ㉤ 이차적 목적은 대부분 암묵적인 목적으로, 항상 달성 가능한 것은 아니나 자문의 전반적인 효용을 증대하기 위해 적극적으로 추구되어야 하는 목적으로 인식됨
③ 자문자와 피자문자의 관계
  ㉠ 강압적이거나 위계적 관계를 지양하고 의사결정과정에서 대등한 힘을 공유하며 문제해결을 위해 협력하는 관계
  ㉡ 어철과 마틴스는 '협조적 동반자 관계'라고 지칭함
  ㉢ 자문자와 피자문자가 동일한 지식과 기술을 가지고 있다는 의미나 자문자와 피자문자가 동일한 역할과 책임을 담당한다는 의미가 아니라, 자문 과정에서 서로 다른 지식과 관점, 전문성이 통합되고 융합되어 문제 해결에 일종의 상승 효과를 가져온다는 의미임

CHAPTER 03 | 심리교육 및 재활

TOPIC. 1 정신건강증진 및 정신질환자 복지서비스 지원에 관한 법률

1. 개요
① 정신질환의 예방·치료, 정신질환자의 재활·복지·권리 보장과 정신건강 친화적인 환경 조성에 필요한 사항을 규정함으로써 국민의 정신건강증진 및 정신질환자의 인간다운 삶을 영위하는 데 이바지함을 목적으로 시행된 법이다(법률 제14224호).
② 1995년 12월 정신보건법으로 제정되어 1996년 12월 31일부터 시행되었으며, 이후 17차례의 개정을 거친 뒤 2016년 5월 현재의 명칭으로 전부개정되고 2017년 5월 30일부터 시행되었다.

2. 주요 내용
국가와 지방자치단체는 정신질환의 예방·치료와 정신질환자의 재활을 위하여 정신건강복지센터와 정신건강증진시설, 사회복지시설, 학교 및 사업장 등을 연계하는 정신건강서비스 전달체계를 확립해야 할 책무가 있으며, 모든 국민은 정신건강증진을 위하여 국가와 지방자치단체가 실시하는 조사 및 정신건강증진사업 등에 협력해야 할 의무가 있다.

TOPIC. 2 정신재활진단 및 직업재활 프로그램

1. 정신재활진단의 구성요소
① 재활준비도
  ㉠ 장애를 가진 사람이 재활에 대해 가지는 흥미와 자신감을 나타내는 지표
  ㉡ 전반적인 재활 목표를 세우기에 앞서 재활준비도를 평가하여 준비도 수준을 확인함
② 재활 목표 세우기 : 재활 목표를 세울 때 실무자와 내담자가 자칫 다른 목표를 추구할 가능성이 있기에, 시간을 두고 내담자와 같이 작업하는 것이 중요하다.
③ 기능 평가
  ㉠ 전반적인 목표를 달성하기 위해 필요한 중대한 기술에 대해 내담자가 가지고 있는 기능 정도를 평정하는 것
  ㉡ 기능 평가를 통해 내담자가 가지고 있는 기술의 강점과 약점을 파악함

2. 직업재활 프로그램

① 정신장애인들에게 취업의 의미
  ㉠ 단순히 일을 통해 사회구성원으로서 정체성을 가지고 자기실현을 하는 것 이상
  ㉡ 정신적 기능을 회복하고 정신건강을 유지할 수 있게 함
  ㉢ 일을 함으로써 잠재된 능력을 개발하고 사회적 역할을 함에 따라 자신에 대한 긍정적인 개념을 획득
  ㉣ 일에 따른 경제적 보상으로 소비 활동을 통해 자신만의 독립적인 삶의 계획이 가능
② 정신장애인들의 취업 과정
  ㉠ 기능 손상이 심하지 않거나 일상적인 기능이 회복된 대상자의 경우 독립적으로 자신의 취업을 준비
  ㉡ 기능이 아직 회복되지 못한 환자들의 경우 직업재활이라는 구조적이고 체계적인 치료적 개입을 통해서 부족한 사회적 역할을 충족시키고 지속적으로 수행할 수 있도록 도움을 받을 수 있음

TOPIC. 3 독립적 생활을 위한 프로그램

1. 낮병원 프로그램

낮병원 프로그램은 정신질환으로 치료를 받으며 어느 정도 회복이 되었지만 당장 사회로 복귀하는 데 다소 어려움이 있는 환자로서, 약물치료의 유지와 단체생활에 협조 가능하며 재활치료를 받고자 원하는 사람을 대상으로 한다.

2. 주거재활시설

① 개요
  ㉠ 넓은 개념으로는 정신질환을 앓았거나 앓고 있는 사람이 지역사회의 한 거주자가 되어 독립적으로 생활해 가는 모든 비입원시설을 의미함
  ㉡ 정신보건법 제16조에서는 "정신질환자를 의료기관에 입원시키지 아니하고 사회복귀 촉진을 위한 훈련을 행하는 시설"로 정의함
  ㉢ 시행규칙 제12조에서는 정신질환자주거시설을 "정신질환으로 가정에서 생활하기 어려운 자에 대하여 저렴한 비용으로 주거를 제공하는 것을 목적으로 하는 시설"로 규정함
② 주거재활의 주요 대상 : 오랜 기간에 걸쳐 입·퇴원을 반복하면서 사회적 기능이 약화되고 지역사회로 복귀하는 데 필요한 기능들이 상실되며 사회적 지지체계가 상실된 과정을 경험하게 된 정신장애인을 주대상으로 한다.
③ 주거재활의 기능
  ㉠ 가족의 보호부담을 경감
  ㉡ 불필요한 입원을 방지함
  ㉢ 지역사회에서 재활과 재적응을 효과적으로 도우며 삶의 질을 향상시키고 정상화시킴

3. 사회기술훈련
① 개요
- ㉠ 환자에게 일상생활을 영위해 나가는 데 필요한 대화기술을 익힐 수 있는 기회를 제공하는 것
- ㉡ 환자가 사회에서 독립적으로 살아갈 수 있도록 돕기 위해서 환자에게 결핍된 기술을 다양하게 가르치는 것

② 종류 : 자존감 회복, 자기 관리, 재발 방지, 협력적 관계 유지, 스트레스 관리, 사회적 기능 향상 등

4. 사례관리
① 개요
- ㉠ 정신장애인들이 정상적으로 일상생활을 하기 위해서는 복합적이고 동시다발적인 문제를 해결할 필요가 있음
- ㉡ 사례관리는 정신장애인과 가족들이 질환을 관리하면서 일상생활을 건강하게 유지할 수 있도록 돕는 총체적 서비스

② 사례관리 서비스의 제공
- ㉠ 환자의 욕구에 따라 개별화되어 제공
- ㉡ 개인의 욕구와 제공기관의 전문성이 서로 조화롭게 어우러지고 연속적으로 제공될 수 있도록 함

③ 사례관리 서비스의 과정
- ㉠ 대개 지역사회의 정신보건센터에서 사례관리 서비스를 제공
- ㉡ 정신보건센터에서 환자를 만나 사례를 접수한 후 환자가 가진 상황 및 서비스에 대한 욕구, 독립된 생활을 영위할 수 있는 능력 등에 대한 평가를 수행
- ㉢ 평가 과정에서 사례관리자는 환자가 가지고 있는 사회적 지지 체계, 장단점, 복합적인 욕구와 문제 등에 관한 전반적인 자료를 수집·분석
- ㉣ 수집한 자료를 바탕으로 환자와 함께 목적과 목표를 수립, 구체적인 실천 행동을 계획
- ㉤ 사례관리자와 환자, 그리고 가족은 계획을 실행하기 위한 서비스를 주고받으며 필요에 따라 다양한 지역사회 자원과 연결
- ㉥ 이후 제공된 서비스의 내용에 따른 대상자의 변화 정도, 만족도 등을 함께 평가하는 과정을 통해 상황에 맞는 서비스로 발전시킴

PART 05

최신기출복원문제

CHAPTER 01	2024년 1회 기출복원문제
CHAPTER 02	2024년 2회 기출복원문제
CHAPTER 03	2024년 3회 기출복원문제
CHAPTER 04	2023년 1회 기출복원문제
CHAPTER 05	2023년 2회 기출복원문제
CHAPTER 06	2023년 3회 기출복원문제
CHAPTER 07	2022년 1회 기출복원문제
CHAPTER 08	2022년 3회 기출복원문제
CHAPTER 09	2021년 1회 기출복원문제
CHAPTER 10	2021년 3회 기출복원문제

CHAPTER 01 | 2024년 1회 기출복원문제

01 극대수행검사와 습관적 수행검사의 특징 및 대표적 검사의 예를 들어서 설명하시오.

고득점 모범답안

(1) 극대수행검사(인지적 검사)
   ① 특징 : 일반적으로 문항의 정답이 있고 시간제한이 있으며 피험자의 능력을 최대한 발휘할 것을 요구한다.
   ② 사례 : 지적인 능력을 평가하기 위한 검사로서, 지능검사, 적성검사, 성취도 검사 등이 여기에 속한다.

(2) 습관적 수행검사(정의적 검사)
   ① 특징 : 일반적으로 정답도 없고 시간제한도 없으며 정직한 응답을 요구한다.
   ② 사례 : 성격검사, 흥미검사, 태도검사 등을 측정하는 비(非)인지적 검사 등이 여기에 속한다.

02 로샤 검사의 자살 관련 지표 중 6가지를 쓰시오.

고득점 모범답안

① R<17
② S>3
③ MOR>3
④ es>EA
⑤ Pure H<2
⑥ CF+C>FC

03 MMPI 임상척도 5가지를 쓰시오.

> 고득점 모범답안

① Hs(건강염려증)
② D(우울증)
③ Hy(히스테리아)
④ Pd(반사회성)
⑤ Pa(편집증)

04 로샤검사에서 채점된 점수는 Fr=2, rF=3, (2)=5, R=20이다. 자아중심성 지표공식을 작성하고 채점된 점수로 계산하시오.

> 고득점 모범답안

공식/계산식 : 3r+(2)/R=3(Fr+rF)+(2)/R=[3(2+3)+5]/20=1

05 지능검사 중 이해 소검사가 영향을 받는 요인 4가지를 쓰시오.

>**고득점 모범답안**
>
>① 문화적 기회
>② 양심이나 도덕적 판단의 발달
>③ 부정적 태도
>④ 지나치게 구체적인 사고

06 심리검사 문항 제작 시 문항을 분석하는 방법 4가지를 쓰시오.

>**고득점 모범답안**
>
>① 문항 난이도
>② 문항 변별도
>③ 문항 반응 분포
>④ 검사점수 분포
>⑤ 요인분석

07 17세의 우울증 환자에게 MMPI-A(청소년용)를 실시하였다. 타당도 척도와 임상척도가 모두 상승하였다면 가능한 임상적 해석 5가지를 쓰시오.

고득점 모범답안

① 타당도 척도를 확인하여 무효 프로파일인지 확인한다.
② 주관적 고통을 호소하며 도움을 요청하는 상태로 적절한 대처 양식이 부족한 경우일 수 있다.
③ 나쁘게 보이려는 고의적인 시도로 볼 수 있다.
④ 심각한 정신병리 및 기능 손상의 가능성이 있을 수 있다.
⑤ 검사자 또는 검사 자체에 저항하는 경우일 수 있다.

08 MMPI-2 해석에서 4-6코드의 임상적 특징 3가지를 쓰시오.

고득점 모범답안

① 억제된 분노와 적개심을 갖고 있는 것이 특징이다.
② 자신에게 심리문제가 있다는 것을 부인하기 때문에 상담이나 심리치료를 받지 않으려고 한다.
③ 미성숙하고, 자기도취적이고, 자기 탐닉적이다.
④ 수동 의존적 성향이 강하여 타인으로부터 관심과 동정을 바란다.
⑤ 사회적 관계에서 타인과 잘 지내지 못하며 특히 이성에 대해 불편함을 느낀다.

09 TAT 검사에서 평가하는 심리적 특성 4가지를 쓰시오.

고득점 모범답안

① 성격의 역동성 요소
② 동기(drivers)
③ 정서(emotions)
④ 기분(sentiments)
⑤ 콤플렉스(complexes)
⑥ 갈등(conflicts)
⑦ 개인이 자각하지 못하는 억제된 요소들

보너스 가이드

주제통각검사는 피검자 성격의 역동성 요소-대인관계와 환경지각에서 나타나는-를 알려준다. 주제통각검사는 개인의 인격 가운데 주요 동기, 정서, 기분, 콤플렉스, 갈등 등 다양한 요소들을 나타낸다. 특히 개인이 자각하지 못하는 억제된 요소들을 드러나게 해준다.

10 Sacks는 문장완성검사가 적응에 있어 중요한 4가지 대표영역으로 이루어져 있다고 하였다. 4가지 영역을 쓰고 예를 1개씩 쓰시오.

고득점 모범답안

① 가족 : 어머니, 아버지, 가족에 대한 태도를 담고 있는 문항 예 '나의 아버지는 좀처럼~'
② 성 : 여성, 결혼, 성 관계에 대한 태도 포함 예 '내가 생각하기에 대부분의 여자들은~'
③ 대인관계 : 친구, 지인, 직장동료, 직장상사에 대한 태도 포함 예 '사람이 오는 것을 보면~'
④ 자기개념 : 두려움, 죄의식, 목표, 자신의 능력, 과거와 미래에 대한 태도 포함 예 '나의 가장 큰 실수는~'

11 상담 첫 회기에 해야 할 일 5가지를 쓰시오.

고득점 모범답안

① 분위기를 조성하라.
② 상담자가 내담자에게 무엇을 기대하는지 알려주어라.
③ 문제의 영역을 구체화하라.
④ 감정을 탐색하라.
⑤ 무엇이 이루어져야 하는지에 대해 서로 합의하라.
⑥ 해결책이 될 수 있는 대안을 탐색하라. 상담을 계속하는 것이 대안 중 하나가 될 수 있음을 명심하라.

보너스 가이드

연구에 따르면 모든 상담의 4% 이상이 1회 상담으로 끝난다고 한다. 상담자는 상담이 일회성으로 끝낼 수 있음을 항상 염두에 두고 첫 회기의 만남이 마지막 상담이 될 가능성이 크기 때문에 상담자는 이 회기에서 최대한 많은 것을 성취해야 한다.

12 인지치료는 각 개인에 알맞게 적용되어야 하지만, 모든 환자들에게 적용되는 인지치료의 원칙 3가지를 쓰시오.

고득점 모범답안

① 인지치료는 건강한 치료적 동맹을 필요로 한다.
② 인지치료는 상호 협의와 환자의 적극적인 참여를 강조한다.
③ 인지치료는 목표 지향적이고 문제 중심적인 치료이다.
④ 인지치료는 지금-여기의 상황을 강조한다.
⑤ 인지치료는 단기적이고 시간 제한적인 치료를 목표로 한다.

13 자신의 분노 반응을 조절하지 못해 심리적 문제를 겪는 경우에 적용할 수 있는 인지행동적 접근의 분노 조절기법 5가지를 쓰시오.

고득점 모범답안

① 인지적 재구성 치료 : 비합리적이거나 왜곡된 사고 양상을 확인하고 논박을 통해서 합리적인 사고를 할 수 있도록 돕는 것이다.
② 이완치료 : 내담자로 하여금 긴장과 양립될 수 없는 이완을 하도록 하여 각성수준을 낮춰 줌으로써 분노치료에 도움이 되도록 한다.
③ 사회기술훈련 : 대인관계 상황에서 적절히 활용할 수 있는 사회적으로 수용 가능한 언어 및 동작기술을 교육시키는 데 초점을 둔다.
④ 인지적 문제해결 치료 : 부적절한 인지적 문제해결 방식이 사회적으로 역기능적인 행동의 원인이 되기 때문에 적응적인 방식으로 문제를 해결하는 기술을 학습하고 적용시키는 것이다.
⑤ 통합적 치료 : 인지적 요인, 정서적 요인, 생리적 요인, 행동적 요인을 따로 구분하여 각각에 대한 치료적 접근을 시행하는 것보다 각각에 대한 적절한 통합적 개입이 필요하다.

14 저항을 다루는 지침 6가지를 설명하시오.

고득점 모범답안

① 수용을 표현하는 방법이 있다.
② 환자가 자신이 저항하고 있음에 주목하도록 직면을 시키는 방법이 있다.
③ 저항을 할 경우 결코 환자에게 도움이 되지 않는다는 점을 인식하도록 하는 것도 저항을 포기하게 하는 방법이다.
④ 환자가 다루고 싶어 하지 않는 문제를 다른 방향에서 접근할 수도 있다.
⑤ 환자의 생각이나 행동을 일부러 심한 범죄와 과장되게 비교함으로써 환자의 걱정과 불안을 덜어 준다.
⑥ 허풍을 이끌어내는 방법이 있다.

15 자살위기 고위험군 내담자를 대상으로 상담자가 할 수 있는 대처방법 5가지를 쓰시오.

고득점 모범답안

① 즉시 환자를 안전하게 보호한다.
② 치료의 정도를 결정한다(응급센터, 병원 입원, 외래치료 등).
③ 병원이나 집에서의 즉각적인 안전 계획을 수립한다.
④ 개입을 위한 범위를 확인한다. 환자의 자살과 관련된 신체적, 정서적, 인지적, 사회심리적 위험요인을 확인한다.
⑤ 지속적인 관찰과 평가를 제공한다.

16 행동관찰법의 종류 중 3가지를 쓰고 설명하시오.

고득점 모범답안

① 자연관찰법 : 문제행동이나 증상을 임상가가 실생활에서 직접 관찰하고 평가하는 방법이다.
② 유사관찰법 : 관찰자가 문제행동을 보이는 상황을 조작해 놓고 그 조건에서 문제행동을 관찰하는 것이다.
③ 자기관찰법 : 자신의 행동, 사고, 정서 등을 스스로 관찰하고 기록하는 것이다.
④ 참여관찰법 : 실제 생활에서 내담자와 생활을 함께 하는 사람으로 하여금 행동평가를 대행하도록 하는 방법이다.

17 인지적 오류의 4가지를 쓰고 각각 설명하시오.

> **고득점 모범답안**

① 임의적 추론 : 어떤 결론을 지지하는 증거가 없거나 그 증거가 결론에 위배됨에도 불구하고 자의적으로 결론을 내린다.
② 선택적 추상화 : 사건의 일부 세부사항만을 기초로 하여 결론을 내려 전체 맥락의 중요한 부분을 간과하는 것이다.
③ 과잉일반화 : 한두 가지의 사건에 근거해서 일반적인 결론을 내리고 그것을 서로 관계없는 상황에 부적절하게 적용한다.
④ 이분법적 사고 : 대단한 성공 아니면 완전한 실패와 같이 극단적으로 흑과 백으로 구분하는 경향이다.

18 슈퍼비전 과정을 방해하는 슈퍼바이저 특성을 설명하시오.

> **고득점 모범답안**

① 판단, 과도한 비판, 개인적 이론이 경직된 태도
② 슈퍼비전 과정에 전념하지 않음
③ 제한된 임상적 지식과 기술
④ 비윤리적 모습이나 한계설정을 하지 못함
⑤ 자기중심적인 경향

19 실존적 심리치료의 기본가정 3가지를 쓰시오.

> **고득점 모범답안**
> ① 실존적 심리치료는 명료한 이론체계를 갖춘 치료학파가 아니라, 인간 삶의 문제를 실존주의적 입장에서 접근하는 다양한 치료의 집합체이다.
> ② 실존치료자들은 인간의 공통적 속성에 대해 고정된 주장을 제시하는 것이 바람직하지 않다고 여긴다.
> ③ 인간 존재는 각기 다른 개체성을 지닐 뿐만 아니라 끊임없이 변화하는 유동성을 지닌다.

> **보너스 가이드**
> 인간에 대한 실존치료자들의 공통적 입장
> ① 인간은 자기인식 능력을 지닌 존재이다.
> ② 인간은 실존적 불안을 지니고 살아가는 존재이다.
> ③ 인간은 선택의 자유와 책임을 지닌 존재이다.
> ④ 개인은 그만의 주관적 세계 속에서 이해되어야 한다.
> ⑤ 인간은 삶의 의미와 목적을 추구하는 존재이다.

20 의사교류분석, 게슈탈트치료, 현실치료의 목표를 쓰시오.

> **고득점 모범답안**
> ① 의사교류분석의 목표 : 내담자의 자율성 성취와 통합된 어른 자아(성인자아)의 확립이고, 현재 그의 행동과 인생의 방향과 관련하여 새로운 결단을 내리도록 하는 것이다.
> ② 게슈탈트치료의 목표 : 내담자의 체험을 확장하고 인격을 통합함으로써 자립능력을 증진하며, 자신의 삶에 대한 책임을 자각하게 함으로써 궁극적으로 내담자의 성장을 돕고 실존적 삶을 촉진한다.
> ③ 현실치료의 목표 : 내담자가 좋은 세상(질적 세계)을 인식하고 기본욕구를 잘 충족시킬 수 있는 행동을 선택을 하게 함으로써 자신의 삶을 효과적으로 통제하도록 하는 것이다.

CHAPTER 02 | 2024년 2회 기출복원문제

01 행동관찰을 통한 객관적 평가방법의 장점 3가지를 쓰고 설명하시오.

고득점 모범답안

① 그 목적이 피검자에게 알려지지 않기 때문에 실제 임상 장면에서 적절하게 사용될 수 있다.
② 질문지법에서와 같은 피검자의 반응 경향성이 방지될 수 있다.
③ 특히 신체 반응 측정과 같은 방법은 성격의 횡문화적 연구에 널리 사용될 수 있다.

02 로르샤흐 검사의 결정인 기호에서 V, VF, FV의 명칭과 채점기준을 쓰시오.

고득점 모범답안

① 순수차원 반응(V) : 음영 특징을 깊이나 차원으로 지각하여 반응하였고, 형태는 포함하지 않는 경우
② 차원-형태반응(VF) : 일차적으로 음영 특징을 깊이 또는 차원으로 반응하였고, 이차적인 결정인으로 형태를 사용한 경우
③ 형태-차원반응(FV) : 일차적으로 형태에 근거하여 반응하였고, 이차적인 결정인으로 음영 특징을 깊이 또는 차원으로 반응한 경우

03 MMPI-2에서 성격병리 요인 5척도를 쓰고 설명하시오.

> **고득점 모범답안**

① AGGR(Aggressiveness) : 공격성
  • T>65일 경우, 타인에게 공격적, 폭력적, 지배적인 태도를 보이기 쉬움
② PSYC(Psychoticism) : 정신증
  • T>65일 경우, 현실단절과 왜곡, 기태적 상태, 소외감 및 관계망상을 보이기 쉬움
③ DISC(Disconstraint) : 통제 결여
  • T>65일 경우, 충동적이고, 자기통제가 결여되어 있으며 위험추구 및 법적 문제를 일으키는 경우가 있음
  • T≤40일 경우, 위험을 피하는 자제력이 있고, 지루함을 잘 견디고, 규칙이나 법을 잘 지킴
④ NEGE(Negative Emotionality/Neuroticism) : 부정적 정서성/신경증
  • T>65일 경우, 우울하며 과도한 걱정 및 불안과 함께 죄책감을 느끼며, 비관주의적이고 자살시도의 전력이 있을 수 있음
⑤ INTR(Introversion/Low Positive Emotionality) : 내향성/낮은 긍정적 정서성
  • T>65일 경우, 슬프고 우울하며, 불안하고 미래에 대해 비관적이며, 내향적이고 비성취적임
  • T≤40일 경우, 기쁨과 즐거움을 느낄 수 있고, 사교적이며 에너지가 많지만 매우 낮은 점수는 경조증의 증상을 보일 수 있음

04 다음은 21세 미혼 남성이 입원 시 실시한 심리검사 결과이다. 지능검사에서 사회적 관습과 사물에 대한 현실적 방식에 집착하며 계획능력과 예견능력이 저하됨을 시사하는 소검사는 무엇인지 쓰고, 이 환자에게 가능한 진단을 설명하시오.

- 로샤 검사 : X-%>0.63
- K-WAIS : 언어성 112, 동작성 90, 전체 104

기본 지식	숫자 외우기	어휘 문제	산수 문제	이해 문제	공통성 문제	빠진 곳 찾기	차례 맞추기	토막 짜기	모양 맞추기	바꿔 쓰기
13	16	14	11	13	13	9	8	14	11	10

L	F	K	Hs	D	Hy	Pd	Mf	Pa	Pt	Sc	Ma	Si
45	78	50	59	69	58	56	42	78	60	75	47	62

고득점 모범답안

① 계획능력과 예견능력 저하 관련 소검사 : 차례 맞추기
② 진단명 : 조현병, 분열성 또는 편집성 성격장애
③ 이유
- 로르샤흐 X-%>0.63 : 자극을 적절하고 정확하게 지각하는 것에 어려움이 예상되며, 사고장애, 지각장애, 현실검증력 손상을 시사한다.
- K-WAIS : 언어성 지능이 동작성 지능에 비해 높으며 차례 맞추기와 빠진 곳 찾기가 낮아 정신병 진단특성에 부합된다.
- MMPI : 타당도 척도(L, F, K)의 삿갓모양, 6-8코드 type 척도의 상승은 극심한 정신병리의 가능성을 시사한다.

05 지능검사에서 숫자외우기 소검사 점수에 영향을 미치는 요인 4가지를 기술하시오.

고득점 모범답안

① 주의집중력의 폭
② 불안
③ 주의산만
④ 비협조적 태도(의미 없다고 생각하기 때문에 숫자들을 역전하려 하지 않음)
⑤ 유연성 및 융통성(바로 따라 외우기에서 거꾸로 따라 외우기로 바꿀 때)
⑥ 학습장애

06 Big Five 성격검사에서 NEO의 3가지를 제시하고 각각 설명하시오.

고득점 모범답안

① 신경증 : 적응 대 정서적 불안정성의 평가, 심리적인 고통, 비현실적인 생각, 과도한 욕망이나 충동, 부적응적인 대처 반응을 평가한다.
② 외향성 : 대인관계의 상호작용의 양과 강도에 대한 평가, 활동성의 수준, 자극에 대한 추구, 즐거워할 수 있는 능력을 평가한다.
③ 개방성 : 혁신성의 추구와 경험 자체에 대한 존중에 대한 평가, 친숙하지 않은 것의 탐색과 수용을 평가한다.

07 BGT 검사(Bender-Gestalt Test)에서 기질적으로 뇌손상이 있는 환자가 나타낼 수 있는 반응의 특성 6가지를 쓰시오.

고득점 모범답안

① 중복곤란
② 심한 회전
③ 선의 굵기가 일정하지 않음
④ 중첩 경향
⑤ 심한 단편화
⑥ 단순화

08 다음 번호에 해당하는 채점 기호와 명칭을 쓰고 설명하시오.

> 엑스너(Exner) 종합 체계 방식으로 채점할 경우 반응영역에 관련된 채점 기호는 (①), (②), (③), (④)가 있으며, 어떤 경우든 (⑤)는 단독으로 기호화할 수 없다.

고득점 모범답안

① 전체반응(W ; Whole Response) : 반점 전체를 사용하여 반응한 경우
② 부분반응(D ; Common Detail Response) : 95% 이상 흔히 사용하는 반점영역을 사용한 부분 반응
③ 드문 부분반응(Dd ; Unusual Detail Response) : 5% 미만으로 드물게 사용하는 반점영역을 사용한 부분 반응
④ 공백반응(S ; Space Response) : 흰 공간 부분이 사용된 경우

09 정신병적 상태의 환자가 지능검사 실시 또는 검사결과에서 전형적으로 나타나는 특징 5가지를 쓰시오.

> **고득점 모범답안**
> ① 처리속도와 작업기억 지표의 기능이 가장 저하되거나 손상되기 쉬움
> ② 쉬운 문항에서는 실패하고 어려운 문항은 종종 성공할 수 있음
> ③ 이해문제, 차례 맞추기 점수가 낮음 : 사회적 적응능력의 손상을 시사함
> ④ 빠진 곳 찾기 점수가 낮음 : 일상생활의 관찰 능력과 현실검증 능력의 저하와 손상을 의미함
> ⑤ 공통성과 토막짜기 점수 낮음 : 추상적 개념형성이나 추상적 사고력의 저하와 손상을 의미함

10 MMPI-2 검사를 실시하는 내담자에 대해 고려해야 할 사항을 기술하시오. (단, 연령, 독해력, 지능, 정신상태, 일반적 소요시간 항목에 적으시오.)

> **고득점 모범답안**
> ① 연령 : 19세 이상 성인
> ② 독해력 : 최소한 초등학교 6학년 수준 이상의 읽기 능력
> ③ 지능 : IQ가 80 이상
> ④ 정신상태 : 현실검증능력이 손상되지 않는 사람
> ⑤ 일반적 소요시간 : 60~90분 정도

11 차별강화의 종류 중 3가지를 쓰고 설명하시오.

> **고득점 모범답안**
> ① 고율 차별강화(Differential Reinforcement of High Rates) : 발생비율이 높은 행동에 대한 차별강화
> ② 저율 차별강화(Differential Reinforcement of Low Rates) : 발생비율이 낮은 행동에 대한 차별강화
> ③ 무반응 차별강화(Differential Reinforcement of Zero Responding) : 표적행동이 일정 기간 동안 전혀 발생하지 않은 경우 다른 행동에 대해 강화를 제공함
> ④ 대안행동 차별강화(Differential Reinforcement of Alternative Behavior) : 표적행동에 대한 대체 행동을 강화함
> ⑤ 상반행동 차별강화(Differential Reinforcement of incompatible Responding) : 표적행동과 양립할 수 없는 상반되는 행동을 강화함

12 벡(Beck)의 우울증의 인지적 3요소를 쓰고 설명하시오.

> **고득점 모범답안**
> ① 자기 자신에 대한 부정적 생각
> ② 세상에 대한 부정적 생각
> ③ 미래에 대한 부정적 생각

13 상담목표 설정 시 유의사항 5가지를 쓰시오.

고득점 모범답안

① 목표는 실현가능해야 한다.
② 목표는 구체적이어야 한다.
③ 목표는 내담자가 바라고 원하는 것이어야 한다.
④ 상담자의 기술과 양립이 가능해야 한다.
⑤ 내담자와 상담자의 동의하에 이루어진다.

14 정신장애의 재활모델 관점에서 손상, 장애, 핸디캡 용어를 정의하고 예를 들어 설명하시오.

고득점 모범답안

① 손상
- 정의 : 심리적, 생리적, 해부학적 구조 또는 기능에 이상이 있는 상태이다.
- 사례 : 환각, 망상, 우울 등이며, 개입방법은 약물치료, 정신치료 등이 있다.

② 장애
- 정의 : 손상으로 인해 정상적인 행동을 수행할 능력이 제한 또는 결핍된 상태이다.
- 사례 : 직무적응 기술 부족, 일상생활기술 부족, 사회기술 부족 등이며, 개입방법은 재활상담, 기술 훈련, 환경 지원 등이 있다.

③ 핸디캡
- 정의 : 손상이나 장애로 인해 정상적인 역할 수행에 제한 또는 장애가 발생함으로써 불이익을 경험한 상태이다.
- 사례 : 학교를 다니지 못함, 취업을 하지 못함, 거주지가 없음 등이며, 개입방법은 제도변화, 권익옹호 등이 있다.

15 치료적 면접구조에서 치료자가 고려해야 할 구체적 지침 5가지 기술하시오.

고득점 모범답안

① 환자의 '개인적 패러다임'을 인정하라.
② 환자에게 '명명하기'를 피하고 가치판단을 하지 말라.
③ 자기 패배적 행동의 원인을 '무의식적 원망'으로 돌리지 마라.
④ 환자의 욕구에 따라 활동 및 구조화 수준을 조정하라.
⑤ 질문을 주된 치료도구로 이용하라.
⑥ 논쟁이나 주입식 교육보다는 질문을 사용하라.
⑦ 유머를 적절히 사용하라.

16 단기상담이 적합한 내담자의 특징 5가지를 쓰시오.

고득점 모범답안

① 내담자가 비교적 건강하며 그 문제가 심각하지 않은 경우
② 내담자가 자신의 경미한 문제에 대한 명확한 인식을 원하는 경우
③ 내담자가 임신, 출산 등 발달과정상의 문제를 경험하는 경우
④ 내담자가 중요 인물의 상실로 인해 생활상의 적응을 필요로 하는 경우
⑤ 내담자가 급성적인 상황으로 인해 정서적 어려움을 겪는 경우
⑥ 내담자가 조직이나 기관의 구성원으로 소속되어 있는 경우

17 저항을 다루는 지침 6가지를 쓰시오.

고득점 모범답안
① 수용을 표현하는 방법이 있다.
② 환자가 자신이 저항하고 있음에 주목하도록 직면을 시키는 방법이 있다.
③ 저항할 경우 결코 환자에게 도움이 되지 않는다는 점을 인식하도록 하는 것도 저항을 포기하게 하는 방법이다.
④ 환자가 다루고 싶어 하지 않는 문제를 다른 방향에서 접근할 수도 있다.
⑤ 환자의 생각이나 행동을 일부러 심한 범죄와 과장되게 비교함으로써 환자의 걱정과 불안을 덜어 준다.
⑥ 허풍을 이끌어 내는 방법이 있다.

18 게슈탈트 상담의 목표 4가지를 기술하시오.

고득점 모범답안
① 내담자의 체험을 확장하는 것이다.
② 내담자의 인격을 통합하는 것이다.
③ 내담자의 자립능력을 증진한다.
④ 자신의 삶에 대한 책임을 자각하게 한다.
⑤ 내담자의 성장을 돕는다.
⑥ 내담자의 실존적인 삶을 촉진한다.

19 상담의 구조화 과정 중 '고지된 동의'의 주요 내용 5가지를 쓰시오.

고득점 모범답안

① 비밀보장의 한계를 설명한다.
② 내담자가 기대할 수 있는 서비스에 대해 설명한다.
③ 상담자의 자격과 배경에 대해 알려준다.
④ 상담자와 내담자의 역할과 책임을 이해하도록 한다.
⑤ 치료과정의 대략적 기간을 알려준다.
⑥ 상담의 목표와 과정에 대해 이야기한다.

20 약물중독자들에게 집단상담이 적합한 경우를 설명하시오.

고득점 모범답안

① 타인과의 유대감, 소속감 및 협동심의 향상이 필요한 경우
② 사회적 기술의 습득이 필요한 경우
③ 동료나 타인의 이해와 지지가 필요한 경우
④ 자기노출에 관해서 필요 이상의 위험을 느끼는 경우
⑤ 개인의 감정표현이나 자기주장의 표현이 부족한 경우

CHAPTER 03 | 2024년 3회 기출복원문제

01 합리정서행동치료(REBT)를 적용하기 어려운 임상군 4가지를 쓰시오.

고득점 모범답안

① 언어적 표현과 사고 능력이 낮은 내담자 → 지능이나 학력이 낮고 심리적인 내성능력이 현저하게 부족한 내담자
② 심각한 정신장애를 지닌 내담자 → 심각한 정신병적 증상을 지닌 내담자
③ 자살과 같이 위기상황에 있는 내담자 → 자살과 같은 급격한 위기상태에 있는 내담자
④ 심한 성격장애의 문제를 지닌 내담자

02 MMPI-2의 6번 임상척도의 결과, 점수 70인 경우에 나타나는 특징 5가지를 쓰시오.

고득점 모범답안

① 명백하게 정신증적 행동을 보인다.
② 사고장애, 피해망상, 과대망상, 관계망상을 가지고 있다.
③ 잘못된 대우를 받고 피해를 입고 있다고 느낀다.
④ 분노와 적개심을 느낀다.
⑤ 원한을 품고 있다.
⑥ 방어기제로 투사를 주로 사용한다.

03 로샤검사 시 수검자의 흔한 질문과 그에 대한 응답 5가지를 쓰시오.

고득점 모범답안

① Q1 : 이 검사를 왜 하나요? → 이 검사는 개인의 특성이나 성격을 이해하는 데 도움을 줄 수 있으며, 당신의 치료, 상담을 도와줄 수 있을 것입니다.
② Q2 : 카드를 돌려봐도 되나요? 전체를 봐야 합니까? → 좋을 대로 하십시오.
③ Q3 : 다른 사람들은 보통 몇 가지 반응을 하나요? → 많은 사람들은 한 개 이상의 반응을 합니다.
④ Q4 : 이 카드를 보고 보통 뭐라고 응답하나요? → 사람들은 여러 종류의 반응을 합니다.
⑤ Q5 : 전에 검사를 받은 경험이 있는데 그 때와 똑같이 대답해도 되나요? → 지금 당신에게 보이는 것을 이야기하면 됩니다.

04 내담자의 저항을 확인할 수 있는 내용에 대해 6가지를 쓰시오.

고득점 모범답안

① 저항의 의사표현인 침묵
② 지나치게 말이 많은 내담자
③ 생각을 검열하거나 편집하는 것
④ 짧고 퉁명스러운 대답
⑤ 신체증상의 호소
⑥ 약속시간의 변경을 자주 요구함

05 우볼딩이 제시한 내담자 자살 위험평가 시 치료자가 살펴보아야 할 징후 5가지를 쓰시오.

고득점 모범답안

① 값비싼 물건을 처분한다.
② 자살계획을 세우고 토의한다.
③ 이전에 자살시도가 있었다.
④ 희망의 상실과 무력감을 보인다.
⑤ 자신이나 세상에 대한 분노를 보인다.
⑥ 우울 이후 갑작스러운 긍정을 보인다.

06 로샤 검사는 9가지로 채점된다. 이 중 5가지를 쓰고 설명하시오.

고득점 모범답안

① 반응영역 : 잉크반점의 어느 부분에서 반응이 일어났는가?(W, D, Dd, S)
② 반응영역의 발달질 : 반응영역은 어떤 발달수준을 나타내는가?(+, o, v/+, v)
③ 결정인 반응을 결정하는데 영향을 준 반점의 특징은 무엇인가?(형태반응, 운동반응, 유채색-무채색 반응, 음영재질-차원-확산반응, 형태차원, 쌍반응과 반사반응)
④ 형태질 : 반응은 잉크반점의 특징에 얼마나 잘 부합하는가?(+, o, u, -)
⑤ 반응내용 : 반응은 어떤 내용 범주에 속하는가?(H, A, HD, AD 등 26가지)
⑥ 평범반응 : 일반적으로 흔히 일어나는 반응인가?(P)
⑦ 조직활동 : 자극을 조직화하여 응답했는가?(Z)
⑧ 특수점수 : 특이한 언어 반응이 일어나고 있는가?(DV, DR, INCOM, FABCOM, CONTAM 등)
⑨ 쌍반응과 반사반응 : 사물을 대칭적으로 지각하고 있는가?[(2), E, Fr]

07 TAT에서 편집증 환자가 보일 수 있는 반응상의 특징 5가지를 쓰시오.

고득점 모범답안

① 일반적으로 회피적이고 검사의 목적을 의심한다.
② 이야기가 자기 개인적인 것이 아님을 강조한다.
③ 단서에 과도하게 민감하고 방어가 심하다.
④ 인물의 성이나 연령 등을 오(誤)지각하는 경우를 자주 보인다.
⑤ 이야기가 매우 간결하며 의심과 방어적 특성이 나타날 수 있고, 반대로 이야기가 과대적이고 확산적인 조증 경향을 드러낼 수도 있다. 아니면 허위 논리를 중심으로 세세한 증거들을 수집, 언어화하여 자신의 결론을 정당화할 수도 있다.

08 규준 참조검사와 준거 참조검사의 기본적 차이점을 설명하시오.

고득점 모범답안

① 규준참조검사는 개인의 점수와 다른 사람의 점수와의 비교를 통해 해당 피험자가 상대적으로 어느 위치에 있는지를 밝히는 데 목적이 있다. 예 적성검사, 지능검사 등
② 준거참조검사는 연구자가 미리 설정한 기준 점수와 비교하여 그 점수보다 높은지 또는 낮은지의 정보를 얻는 것이 주목적인 검사이다. 예 자격증 시험, 국가수준 학업성취도 평가 등

09 신경심리평가에서 배터리 방법과 개별검사 방법이 있다. 배터리 방법의 장점과 단점에 대해 각각 2가지씩 설명하시오.

> **고득점 모범답안**

(1) 배터리 방법의 장점
  ① 평가되는 기능에 관한 자료가 종합적이다.
  ② 임상장면에서 동일한 검사자료가 자동적으로 축적되게 함으로써 임상적 평가목적과 연구 목적이 함께 충족될 수 있다.

(2) 배터리 방법의 단점
  ① 신속하게 변화되고 있는 신경심리학적 연구 추세에 따라 평가방법을 변형할 수 없다.
  ② 일부 기능에 대해서는 필요 이상으로 자료를 제공하는 반면, 어떤 기능에 대해서는 불충분한 자료를 제공하게 된다.

10 상담의 구조화 과정 중 고지된 동의의 주요내용 5가지를 쓰시오.

> **고득점 모범답안**

① 비밀보장의 한계를 설명한다.
② 내담자가 기대할 수 있는 서비스에 대해 설명한다.
③ 상담자의 자격과 배경에 대해 알려 준다.
④ 상담자와 내담자의 역할과 책임을 이해하도록 한다. 상담 시 행동규칙에 관해 설명한다.
⑤ 치료과정의 대략적 기간을 설명한다. 상담시간, 상담기간, 비용 등에 관해 설명한다.
⑥ 상담의 목표와 과정에 대해 이야기를 한다.

11 임상, 교육, 상담 장면에서 활용하는 K-WAIS-IV와 같은 지능검사의 목적 5가지를 쓰시오.

고득점 모범답안

① 지능검사를 통해 개인의 전반적인 지적 능력을 평가한다.
② 지능검사 프로파일을 통해 개인의 인지적 특성을 파악한다.
③ 지능검사 결과를 바탕으로 임상적 진단을 명료화한다.
④ 지능검사 결과를 바탕으로 기질적 뇌손상의 유무, 뇌손상으로 인한 인지적 손상을 평가한다.
⑤ 지능검사 결과를 바탕으로 합리적인 치료 목표를 수립한다.

12 MMPI-2의 타당도 척도 중 F척도의 점수가 상승하는 이유 5가지를 쓰시오.

고득점 모범답안

① 무작위 응답
② 증상을 과장하면서 도움을 간청하는 경우
③ 혼란, 망상적 사고 또는 다른 정신병적 과정
④ 극심한 스트레스 상황
⑤ 나쁘게 보이려는 고의적인 시도
⑥ 읽기의 어려움

13 중독환자에게 자주 보이는 인지적 오류의 예시와 각 예시의 종류를 쓰시오.

고득점 모범답안

① 지난번에도, 이번에도 실패했어. 앞으로 계속 실패할거야.–과잉일반화
② 이번에도 성공하지 못했어. 난 실패자야.–이분법적 사고(흑백논리)
③ 술을 끊으려는 나에게 당신은 더 친절하게 말해야만 했어.–당위적 사고

14 유능한 슈퍼바이저가 가져야 할 자세 5가지를 쓰시오.

고득점 모범답안

① 유능한 임상적 기술
② 지식 수용적인 경험을 위한 슈퍼비전 분위기 조성
③ 슈퍼바이지를 훈련시키려는 열정
④ 슈퍼바이지의 발달 수준에 맞는 교육 실시
⑤ 건설적인 피드백 제공
⑥ 공감적이고 유연성 있는 태도

15 내담자가 상담을 끝낼 준비가 되어 있는가를 평가하는 데 유용한 기준 5가지를 쓰시오.

고득점 모범답안

① 상담 초기에 제시되었던 문제나 증상이 줄어들었거나 제시되었는가를 조사한다.
② 내담자로 하여금 상담을 받도록 압력을 준 스트레스가 없어졌는가를 확인한다.
③ 적응능력이 증진되었는가를 평가한다.
④ 자기 자신과 다른 사람을 이해하고 가치 있게 여기는 정도가 증진되었는가를 평가한다.
⑤ 다른 사람들과 관계를 맺는 수준, 사랑받고 사랑하는 수준이 증진되었는가를 평가한다.
⑥ 계획하고 생산적으로 일해 나가는 능력이 증진되었는가를 조사한다.

16 상식 소검사 수행 시 영향을 미치는 요소 6가지를 쓰시오.

고득점 모범답안

① 문화적 기회
② 지적 호기심과 추구
③ 폭넓은 독서
④ 풍부한 초기 환경
⑤ 학교학습
⑥ 환경에 대한 기민성

17 로샤 반응 채점의 주요 원칙 2가지를 쓰시오.

> **고득점 모범답안**
> ① 피검자가 자유연상단계에서 자발적으로 응답한 반응만 채점한다. 질문단계에서 검사자의 질문을 받고 유도된 반응은 원칙적으로 채점되지 않는다. 그러나 질문단계에서 응답하였다고 할지라도 검사자의 질문을 받지 않고 자발적으로 피검자가 응답한 경우라면 채점에 포함된다.
> ② 반응단계에서 나타난 모든 요소들이 빠짐없이 모두 채점되어야 한다. 혼합반응에서처럼 피검자가 응답한 내용을 어느 부분도 빼놓지 않고 모두 채점해야 한다는 점은 채점과정에서 주의해야 하는 중요한 원칙이다.

18 MMPI-2에서 K교정을 사용하지 않는 것이 유용한 경우 2가지를 쓰시오.

> **고득점 모범답안**
> ① 심각한 정신과적 문제를 지니지 않은 사람들을 대상으로 규준집단에서의 상대적인 위치를 파악하는 경우
> ② 비(非)임상장면에서 주로 혹은 전적으로 K교정으로 인해 임상척도 점수가 경미하게 상승하는 검사자료를 해석할 경우

19 실존적 심리치료와 정신분석 심리치료의 유사점 2가지를 쓰고 설명하시오.

고득점 모범답안

① 실존적 심리치료와 정신분석 심리치료는 정서적 측면의 변화에 일차적 관심을 두면서 다른 측면의 변화가 따라오도록 하는 접근인 정의적 상담이론의 범주에 속한다. 정의적 상담이론의 범주에는 정신분석 상담, 인간중심 상담, 개인 심리상담, 의사교류분석 상담, 형태주의 상담, 실존주의 상담이 여기에 속한다.
② 실존적 심리치료와 정신분석 심리치료는 인간은 불안을 관리하기 위해 자아방어기제를 사용한다고 본다. 실존적 심리치료에서 실존적 불안에 대한 방어는 다양한 방식으로 시도되는데 정신 병리는 억압, 회피, 부인과 같은 비효과적 방어에 기인하며, 실존적 불안에 대한 방어가 지나치면 신경증적 상태로 빠져들어 자발적이고 창의적으로 살아가는 능력이 위축된다. 즉, 지나친 방어기제는 정신병리를 유발한다고 본다.
③ 참고로 지그문트 프로이트의 근본적인 역동 구조는 '충동 불안 방어기제'의 구조를 갖는 반면, 실존적인 역동 구조는 '궁극적 관심인 죽음, 자유, 소외, 무의미에 대한 관심(자각과 두려움) → 불안 → 방어기제'의 구조를 가진다.

20 심리검사 실시 전 검사자가 준비해야 할 사항 3가지를 쓰시오.

고득점 모범답안

① 가능한 한 심리검사를 자연스럽게 시행할 수 있도록 시행 방법을 익히고 지시 내용이나 시행 지침들을 암기해야 한다.
② 심리검사를 시행하기 전, 반드시 검사 도구가 잘 챙겨져 있는지를 점검하고 부족한 도구가 없도록 주의해야 한다.
③ 가능하다면 심리검사를 시행하기 전, 환자나 내담자의 심리평가가 의뢰된 목적이 무엇인지를 파악하고 필요한 심리검사 종류를 먼저 선정해 놓는 것이 바람직하다.

CHAPTER 04 | 2023년 1회 기출복원문제

01 정신분석적 상담 과정에서 나타나는 전이와 역전이에 대해 설명하시오.

고득점 모범답안

① 전이 : 정신분석적 상담에서의 핵심적인 현상으로 전이가 있다. 전이는 마치 내담자의 어린 시절에 중요한 대상을 대하는 것처럼 내담자가 상담자에게 반응할 때 발생한다. 전이에는 칭찬, 존경, 애정과 같은 긍정적 전이가 있는 반면, 분노와 증오 등의 부정적 전이도 존재한다. 부정적 전이는 과거의 사건에 대한 내담자의 부정적인 느낌이나 감정을 내담자가 상담자에게 투사하여 나타내는 것이다. 아동기에 시작된 문제나 갈등은 상담실에서 다시 나타난다. 정신분석적 상담에서 상담자는 내담자가 아동기에 겪은 감정, 원망, 분노 등을 서슴없이 노출시키도록 허용 혹은 격려한다. 이처럼 은폐되고 억압된 감정과 갈등을 알게 해주는 것이 전이의 감정이다. 이것은 내담자가 가진 문제의 본질에 대해 중요한 단서를 줄 뿐 아니라 상담자가 즉각적이고 생생한 상황에서 전이를 해석할 기회를 제공하기도 한다.

② 역전이 : 상담에서 역전이 문제가 언급되기 시작한 것은 프로이트(Freud, 1910)에 의해서이며, 그는 내담자가 상담자의 무의식에 끼치는 영향으로 인해 상담자에게 일어나는 반응을 역전이라고 했다. 역전이는 정신분석에 있어서 내담자의 경험이나 문제를 상담자가 동일시함으로써 또는 상담자에 대한 내담자의 사랑이나 또는 증오감에 대해 상담자가 반응함으로써 상담자 자신의 억압되었던 느낌이 표면화되는 경우를 말한다. 전이가 내담자에게서 상담자 쪽으로 향해지는 무의식적인 감정이나 태도라고 한다면, 역전이는 상담자가 내담자에게 갖는 무의식적인 반응을 뜻한다.

02 벡(Beck)의 인지적 오류 4가지를 쓰고, 각각에 대해 설명하시오.

고득점 모범답안

인지오류는 벡(A. T. Beck)과 동료들이 제안한 것으로, 특히 우울장애 집단에서 빈번하게 발생한다. 우울한 사람들의 경우 인지오류 때문에 실제보다 부정적으로 왜곡하고 과장하여 해석하는 경향이 있다. 인지오류의 유형은 다음과 같다.

첫째, 흑백 논리적 사고 또는 이분법적 사고이다. 타인의 반응을 '나를 좋아하는가 혹은 싫어하는가', '성공 혹은 실패'와 같이 둘 중의 하나로 해석하며 그 중간의 의미를 인정하지 않는 경우이다.

둘째, 과일반화이다. 한두 번의 사건에 근거하여 일반적인 결론을 내리고 무관한 상황에도 그 결론을 적용시키는 오류다. 예를 들어, 대인관계에서 누군가에게 비난을 당하고 난 뒤 '모든 사람은' '항상' '어떤 상황에서나' 적대적이고 공격적이라고 생각해 버리는 경우이다.

셋째, 정신적 여과이다. 어떤 상황에서 일어나는 여러 가지 일 중에서 일부만 뽑아내서 상황 전체를 판단하는 것인데, 친구와의 대화에서 주된 대화 내용은 긍정적이었음에도 불구하고 친구의 몇 마디 부정적인 말에 근거하여 '그 녀석은 나를 비판했다.'고 해석하는 경우이다.

넷째, 의미확대 또는 의미축소이다. 어떤 사건의 의미나 중요성을 실제보다 지나치게 확대하거나 축소하는 오류를 뜻한다. 이같은 경향성은 자신을 평가할 때와 타인을 평가할 때 적용하는 기준을 다르게 하는 이중기준(double standard)의 오류로 나타날 수도 있다.

다섯째, 개인화이다. 자신과 무관한 사건을 자신과 관련된 것으로 잘못 해석하는 경우이다.

여섯째, 잘못된 명명이다. 사람의 특성이나 행위를 기술할 때 과장되거나 부적절한 명칭을 사용하여 기술하는 것으로서, 자신의 잘못을 과장한 '나는 실패자다.', '나는 인간쓰레기다.'라는 부정적인 명칭을 자신에게 부과하는 경우이다.

일곱째, 독심술적 오류이다. 다른 사람의 마음을 마음대로 추측하고 단정하는 경우이다. 마치 다른 사람의 마음을 들여다볼 수 있는 독심술사처럼 매우 모호하고 사소한 단서에 근거해 다른 사람의 마음을 함부로 판단하는 것이다.

여덟째, 예언자적 오류이다. 이는 미래에 일어날 일을 단정하고 확신해 버리는 경우로, 미래의 일을 미리 볼 수 있는 예언자인 양 일어날 결과를 부정적으로 추론하고 이를 굳게 믿는다.

아홉째, 정서적 추론이다. 막연히 느끼는 감정에 근거하여 결론을 내리는 경우이다.

03 아동 및 청소년을 대상으로 한 상담에서는 발달적 측면에 대한 고려가 이루어져야 한다. 피아제(Piaget)의 인지발달이론에 의한 인지발달단계에서의 전조작기, 구체적 조작기, 형식적 조작기에 해당하는 아동 및 청소년을 위한 상담의 특성 및 주의점을 발달단계별로 쓰시오.

고득점 모범답안

① 전조작기(Preperational Stage, 2~7세) : 이 시기의 아동은 논리적인 사고를 하는 데 어려움이 따르며 직관적인 사고를 하고, 상상이나 상징을 통해 보이지 않는 대상을 표현하려는 경향이 있다. 또한, 자기중심적인 사고로 인해 또래 아이들과 협동적인 놀이를 하는 데에도 어려움이 있다.
상담자는 듣기와 말하기 등 언어적인 도구로만 상담을 이끌어 가는데 어려움이 있을 수 있다는 것을 이해하고, 오감을 활용한 놀이법을 활용하거나, 상징놀이를 통해 자신을 표현할 수 있도록 놀잇감을 제공하는 등 다양한 기법을 활용할 필요가 있다.

② 구체적 조작기(Concrete Operational Stage, 7~12세) : 이 시기의 아동은 구체적이고 현실적으로 사고를 하며, 학교에서의 또래관계를 통해 자신과 타인의 관점 차이를 깨닫게 된다. 그러나 이 과정에서 오히려 복잡한 정서를 경험하기도 하며, 학교에서의 수행이나 또래관계에서의 수용에 대한 불안감을 가지기도 한다.
상담자는 아동이 가설 및 연역적 사고력 결핍으로 인해 여러 가지 가능성을 고려하는 데 어려움이 따름을 염두하고 역할연기, 독서치료, 미술활동 등을 통한 다양한 체험이 이루어지도록 할 필요가 있다. 또한, 학교 수행이나 또래 승인 등과 관련된 심리적인 불안과 함께 부모의 이혼이나 알코올 중독 문제 등 각 가정의 특수한 상황을 고려하여 아동의 부적응적인 감정을 적절히 다루어야 할 필요가 있다.

③ 형식적 조작기(Formal operational Stage, 12세 이상) : 이 시기의 청소년은 자신의 능력과 타인의 능력을 비교할 수 있으며, 자의식이 강해지면서 어른에 의지하기보다 또래들의 기준과 기대에 동조하려는 경향이 더 크다. 그러나 신체적 성숙과 실제 성숙도 간에 차이가 있으며, 특히 감정의 기복이 심하여 극도의 침울한 상태와 흥분된 상태를 자주 경험하기도 한다.
상담자는 청소년의 진정한 감정이 표면적 행동으로 위장되어 있음을 염두하고 그러한 행동을 의도적인 것으로 간주한 채 과잉반응을 하지 않도록 주의해야 한다. 또한, 청소년이 자신의 감정을 적절히 다루지 못하여 심각한 문제를 야기할 수 있으므로, 청소년기의 정서적 취약성을 이해하고 민감하게 반응할 필요가 있다.

04 상담 종결 시 다루어야 할 것을 5가지 쓰시오.

> **고득점 모범답안**

① 증상 : 증상의 심각도 감소
② 관계 : 관계 개선
③ 관점 : 미래에 대한 긍정적 전망
④ 비언어적 메시지 : 더 긍정적인 비언어적 메시지
⑤ 기능 수준 : 가정, 직장 또는 학교에서 향상된 기능
⑥ 심리평가 : 정기적인 심리검사 결과의 향상
⑦ 목표 달성 여부 : 초기에 설정한 목표를 달성함

05 심리상담의 과정에서 내담자가 침묵을 지키는 이유를 5가지 쓰시오.

> **고득점 모범답안**

- 내담자가 상담 초기 관계형성에서 두려움을 느끼는 경우
- 상담 중 논의된 것에 대해 내담자가 이를 음미하고 평가하며 정리해 보고자 하는 경우
- 내담자가 상담자에게 적대감을 가지고 저항하는 경우
- 내담자가 자신의 말에 대한 상담자의 확인이나 해석을 기대하고 있는 경우
- 내담자가 자신의 감정 표현으로 인한 피로에서 회복하고 있는 경우
- 내담자가 다음에 무엇을 논의할 것인지 상담자로 하여금 결정해 주기를 기다리고 있는 경우
- 내담자가 할 말이 더 이상 생각나지 않거나 무슨 말을 해야 할지 모르는 경우
- 내담자가 자신의 생각이나 느낌을 표현하고자 노력하고 있음에도 불구하고 적절한 표현이 떠오르지 않는 경우

06 단회상담은 다른 일반적인 심리상담과 달리 극히 제한된 시간 내에 응급 상황을 처리해야 하는 경우가 많다. 이와 같은 상담에서 강조되는 원리 또는 기술을 5가지만 쓰시오.

> **고득점 모범답안**
>
> 단회상담은 상담자와 내담자가 단 한 번의 면대면 만남을 하고, 1년 이내에 어떠한 사전과 사후의 회기를 가지지 않는 상담을 말한다. 즉, 단 한 번의 만남으로 도달 가능한 상담 목표를 정하여 문제해결 중심의 절충적 접근을 하며, 1회로 종결되는 개인상담이다. 일반적으로 단회상담에 적합한 유형은 환경적인 요인에 따라 급성으로 발생하는 문제로 고통을 받는 내담자, 이전에 양호한 적응능력을 가진 경험이 있는 내담자, 대인관계에서 다른 사람들과 양호한 관계 형성의 능력이 있는 내담자, 상담에 대한 동기가 높은 내담자, 주요 호소 문제를 구체적으로 표현할 수 있는 내담자 등이다.

07 행동치료는 다양한 형태의 치료를 포괄하는 것으로, 그 기저에 가정하는 학습원리 측면에서의 강조점이 다르며, 그 구체적인 기법 및 절차의 측면에서도 다양하다. 그러나 이들 치료들은 공통된 특징을 가지는데, 행동치료의 주요 특징을 3가지 기술하시오.

> **고득점 모범답안**
>
> ① 정적강화 : 바람직한 행동을 할 때마다 보상을 주어 바람직한 행동을 강화해주는 방법
> ② 조건강화 : 본래 강화를 주지 않던 자극을 다른 강화물과 짝지어 강화물로 활용하는 방법
> ③ 용암법(fade out) : 변별력을 가르칠 때 자극을 점진적으로 조절하여 궁극적으로 변화된 자극 또는 새로운 자극에 대해 반응하도록 하는 방법
> ④ 행동형성법(shaping) : 현재 하지 못하는 행동을 하게 하기 위하여 단계적으로 행동을 조형해 주는 방법
> ⑤ 행동연쇄법(chaining) : 일련의 행동이 연속적으로 단계에 따라 이전 단계와 이후 단계가 서로 자극-반응으로 연쇄되어 일어나도록 하는 방법

08 시간-제한적 집단심리치료의 주요 특징을 3가지 쓰시오.

고득점 모범답안
① 치료자와 환자는 중심문제를 초점으로 실현 가능한 구체적 치료 목표를 설정한다.
② 목표 달성을 위해 적극적으로 작업한다.
③ 정해진 기간에 효율적인 치료 효과를 낸다.
④ 치료에서 시간 제한을 의도적으로 사용한다.
⑤ 환자에게 빨리 회복되려는 동기를 유발시킨다.
⑥ 매 회기에서 지리멸렬한 주제에서 벗어나 보다 중요한 작업을 할 수 있도록 돕는다.
⑦ 자기효율성을 수반하는 개인의 책임감을 인식하도록 한다.

09 다음 보기의 내용은 사티어(Satir)의 경험적 가족치료모델의 의사소통 유형에 대한 설명이다. 빈칸에 들어갈 각각의 의사소통 유형을 쓰시오.

(A) 다른 사람을 존중하면서도 자신의 진정한 가치나 감정은 무시한다.
(B) 오로지 자기 자신만을 생각하며, 다른 사람들은 무시한다.
(C) 비인간적인 객관성과 논리성의 소유자이며, 자신과 타인을 무시한다.
(D) 주변상황과 관계없이 행동하며, 버릇없고 혼란스럽다.
(E) 자신 및 타인, 상황을 모두 신뢰하고 존중한다.

고득점 모범답안
A : 회유형
B : 비난형
C : 초이성형
D : 산만형
E : 일치형

- 회유형(Placating) : '자신'을 무시하고 '타인'과 '상황'을 존중하는 유형으로, 자신의 내적 감정이나 생각을 억제하고 타인의 감정을 우선적으로 생각한다. 상대방을 화나게 하지 않기 위해 상대방의 의견에 지나치게 동조하는 모습을 보이며, 갈등 상황에서 빠르게 사과하고 상대 의견에 반대하지 않는 경향을 보인다. 용서를 구하거나 애원하는 성향이 강하며, 의존적인 성향을 보인다. 감정적으로 상처를 많이 받고 슬픔과 걱정이 많은 특징을 보이나 자신의 감정을 억제하는 만큼 억눌린 분노 또한 잠재하고 있는 유형이다.
- 비난형(Blaming) : '타인'을 무시하고 '자신'과 '상황'을 존중하는 유형이다. 자신을 강하게 보이기 위해 상대의 결점을 발견하여 비난하고, 타인의 말이나 행동을 통제하려는 경향을 보인다. 외면적으로 공격적 행동을 보이지만 내면적으로는 자신을 외로운 존재라고 여긴다. 분노와 비난, 고함과 화난 표정 등으로 의사를 표현하지만 스스로 통제 불능에 대한 두려움을 느끼기도 한다.
- 초이성형(Computing) : '자신'과 '타인'은 무시하며 '상황'만을 존중하는 의사소통 유형이다. 원리원칙과 규칙을 중시하여 어떠한 상황에서도 객관성을 보이기 위해 노력한다. 감정을 잘 표출하지 않으며, 이성적이고 냉정하다. 내면적으로는 타인뿐 아니라 스스로에게조차 소외감을 느끼며, 논리를 지향하는 이면에는 감정적인 요소들에 대한 갈증을 가지기도 한다.
- 산만형(Distracting) : '자신', '타인', '상황'을 모두 무시하는 유형이다. 말과 행동이 불일치하고, 상황과 무관한 행동을 한다. 안절부절못하고 계속 몸을 움직여 과활동증에 빠지거나, 반대로 행동하지 않는 저활동증의 행동 성향을 보인다. 상황을 회피하기 위해 농담을 던지거나 의미 없는 이야기를 늘어놓기도 한다. 내면에는 모두가 자신을 거부한다는 생각을 가지고 있어 고독감을 느끼고 자신을 무가치하다고 여기기도 한다.
- 일치형(Leveling) : '자신', '타인', '상황'을 모두 존중하는 의사소통 유형으로, 소통의 내용과 내면의 감정이 일치한다. 자신의 감정을 언어로 정확하고 적절하게 표현할 줄 알며, 심리적으로 안정된 유형이다. 자신의 감정과 생각, 기대, 자신이 원하는 것과 원하지 않는 것에 대한 표현이 정직하고 개방적이다. 사티어는 다섯 가지 유형 중 '일치형'만이 '기능적 의사소통 유형'이라고 보았다.

10 심리검사 결과의 올바른 해석을 위한 해석지침을 4가지 쓰시오.

고득점 모범답안

① 가능한 내담자가 이해하기 쉬운 언어를 사용한다.
② 상담자의 주관적 판단은 배제하고 검사점수에 대하여 중립적인 입장을 취한다.
③ 내담자의 방어를 최소화하기 위해 중립적이고 무비판적인 자세를 견지한다.
④ 해석에 대한 내담자의 반응을 고려한다.

11 심리치료 과정을 기술하기 위해 사용되는 여러 단계는 임상심리학 자문에도 적용된다. 다음 보기에 제시된 지문의 각 단계들을 순서대로 나열하시오.

- 중재
- 질문의 이해
- 평가
- 추적조사
- 종결

고득점 모범답안

질문의 이해 → 평가 → 중재 → 종결 → 추적조사

12 성인용 웩슬러 지능검사(WAIS)의 소검사가 측정하는 항목을 4가지 쓰시오.

고득점 모범답안

① 언어이해
② 유동추론
③ 작업기억
④ 처리속도

13 성인용 웩슬러 지능검사(WAIS)의 양적 분석에 포함되는 내용을 4가지 쓰시오.

고득점 모범답안

① 현재 지능의 파악
② 병전 지능의 파악
③ 언어성 검사와 동작성 검사 간의 비교
④ 소검사 간 점수 분산 분석

14 다음 보기의 MMPI-2 상승척도쌍에 대해 설명하시오.

> A. 1-2-3 Code Type
> B. 3-4 Code Type
> C. 6-8-7 Code Type
> D. 2-4-7 Code Type

고득점 모범답안

A. 1-2-3 Code Type : 신체적 고통감이 가장 주된 증상으로, 소화기 계통의 장애나 피로감, 신체적 허약을 주로 호소한다. 만성적인 건강염려증을 나타낸 과거력이 있고 우울하고 불안하며 흥미의 상실, 무감동(혹은 냉담)을 경험한다. 수동-의존적이고 짜증을 잘 내며 삶에 있어서 적극성이 결여되어 있다. 진단적으로는 신체형 장애, 불안장애, 우울장애가 흔히 내려진다.

B. 3-4 Code Type : 공격성과 적개심을 통제하는가 못하는가의 지표이다. 이와 같은 척도쌍을 보이는 사람들의 주요 특징은 만성적이고도 강한 분노감을 가지고 있으나 이러한 감정을 적절하게 발산하지 못한다는 것이다. 만약 척도 3이 척도 4보다 더 높다면 감정이나 충동을 보다 억제하는 경향이 강하며, 분노의 감정을 간접적으로 표현하거나 반항적이고 공격적인 사람들과 어울려 다니면서 대리적으로 표출하는 양상을 보인다. 일반적으로 이들은 자기중심적이지만 겉으로 보기에는 조용하고 순종적으로 보인다. 감정을 지나치게 억누르고 있기 때문에 한 번 폭발하면 과도할 정도로 공격적이 되는 경향이 있으나 곧 이성을 되찾는다. 종종 이러한 사람들은 의존과 독립에 대한 갈등을 경험하며 대인관계에서 양가적인 태도를 보일 수 있다.

C. 6-8-7 Code Type : 척도 6, 8, 7이 상승되어 있되 척도 6과 척도 8이 척도 7보다 유의하게 상승되어 있는 경우 "정신증 V형(paranoid valley)"이라고 불린다. 이 프로파일은 심각한 정신병리를 암시하며 임상적 진단으로는 정신분열증 편집형이 가장 흔하게 내려진다. 피해망상, 과대망상, 환각이 나타나고 감정적으로 둔화되어 있거나 부적절한 정서를 보인다. 타인에 대한 의심이나 분노감이 많고 사회적으로 철수되어 있다.

D. 2-4-7 Code Type : 만성적인 우울, 불안을 가지고 있으며 수동-공격적인 성격패턴을 보인다. 분노 감정을 가지고 있으나 이를 적절히 표현하지 못하고 이에 대한 죄책감을 가진다. 4번 척도가 가장 상승되어 있을 때는 보다 충동적이고 쉽게 화를 내는 양상을 보인다. 스트레스 내구력이 낮고 사소한 일에도 과민반응을 보이며 정서적으로 불안정하다. 자기 스스로에 대한 열등감이나 부적절감이 많고 우울감을 경감시키기 위해 약물이나 알코올에 과도하게 의존하는 경향이 있다. 기본적인 신뢰감이나 애정욕구가 좌절된 구강-의존기적인 성격특징을 가지는 것으로 보인다.

15 MMPI-2에서 과장된 보고를 탐지하는 척도를 3가지 쓰고, 각각에 대해 설명하시오.

고득점 모범답안

- F 척도 : 검사 전반부의 비전형 반응을 탐지하고, 한 사람의 생각이나 경험이 다른 사람들과 다른 정도를 측정한다.
- F(B) 척도 : 검사 후반부의 비전형 반응 탐지하고, 검사 과정에서 수검 태도에 변화를 알려준다.
- F(P) 척도 : 문제를 과장하여 표현한다.

16 로샤검사(Rorschach Test)는 검사 채점을 위해 수검자가 잉크 반점의 어느 부분에 대해 반응했는지 반응영역(Location)을 기호화한다. 다음 보기의 A~D에 들어갈 각각의 반응영역을 기호로 표시하시오.

(A) 잉크 반점 전체가 반응에 사용된 경우
(B) 흔히 이용되는 잉크 반점 영역이 반응에 사용된 경우
(C) 드물게 이용되는 잉크 반점 영역이 반응에 사용된 경우
(D) 흰 공간 부분이 반응에 사용된 경우

고득점 모범답안

A : W
B : D
C : Dd
D : S

반응영역 : 피검자가 잉크반점의 어느 부분에 대해 반응을 했는가 하는 것이다.

기호	정의	기준
W	전체 반응 (Whole Response)	카드 반점의 전체가 반응에서 사용되었을 때
D	보통 부분 반응 (Common Detail Response)	흔히 사용되는 반점 영역을 사용하였을 때
Dd	드문 부분 반응 (Unusual Detail Response)	D 영역 이외에 잘 사용되지 않는 반점 영역을 사용하였을 때
S	공백 반응 (Space Response)	• 카드의 흰 공백 부분을 사용하였을 때 • 항상 다른 반응 영역의 기호와 같이 사용함 예 WS, DS, Dds

17 로샤검사를 엑스너(Exner) 방식으로 채점하고자 한다. 엑스너 종합체계방식의 주요 채점 항목을 5가지만 기술하시오.

고득점 모범답안

다음 내용에서 5가지를 선택하여 기술한다.

(1) 반응영역과 발달질
   ① W(Whole Response) : 반점의 전체를 사용하면 W로 기호화한다. 아주 작은 부분이라도 제외되면 W로 기호화하지 않는다.
   ② D(Common Detail Response) : 수검자의 반응이 W가 아니라면 D나 Dd 중 하나로 기호화한다. 82개의 D영역이 명시되어 있다.
   ③ Dd(Unusual Detail Response) : W나 D가 아닌 반응은 자동적으로 Dd로 기호화된다. 종합체계에 표시된 Dd 영역의 번호를 활용하고, 부록에 없는 Dd 영역은 Dd99로 표기한다.
   ④ S(Space Response) : 흰 공간 부분을 반응에 포함시켰다면 반응영역 기호에 S를 추가한다. S는 단독반응영역 기호로 사용할 수 없고 다른 영역기호와 함께 사용한다.

(2) 발달질(DQ)
   ① +(Synthesized Response) – 형태 ○, 관계 ○ : 두 가지 또는 그 이상의 대상이 분리되어 있지만 관련이 있는 것으로 기술된 경우
   ② O(Ordinary Response) – 형태 ○, 관계 × : 반점의 한 영역이 자연적인 형태 요구를 가지고 있는 하나의 대상으로 나타나거나, 구체적인 형태 요구를 만들어 낼 수 있도록 기술된 경우
   ③ V/+(Synthesized Response) – 형태 ×, 관계 ○ : 두 가지 또는 그 이상의 대상이 분리되어 있지만 관련이 있는 것으로 기술된 경우(형태 요구가 없어야 함)
   ④ V(Vague) – 형태 ×, 관계 × : 구체적인 형태 요구가 없는 하나의 대상으로 보고(기체 또는 액체 등)
   ⑤ 통합반응 : 반점 영역이 변화되어 구체화되는 방식으로 사용되거나, 반점 영역 자체가 분리되어 있을 때 통합 기호 +로 채점 가능
   ⑥ 형태요구의 문제
      • 구름, 호수, 섬, 잎, 페인트, 추상적 예술 등과 같은 대상들은 매우 다양한 형태로 나타날 수 있는 대상유목들이므로 형태 요구가 없는 것으로 봄
      • 구체적인 형태 요건이 없는 대상을 보고하면서도 대상을 정교화하여 형태를 부과하는 경우 ∨보다는 ○로 기호화함

(3) 결정인
   ① 수검자가 이야기하는 순서대로 채점
   ② 범주 기호 기준 형태
      • F : 순수 형태반응
      • 2M : 인간운동반응

- FM : 동물운동반응
- m : 무생물운동반응(능동반응 a, 수동반응 p)
- C : 순수색채반응. 전적으로 색채에 근거한 반응. 형태 없음
- CF : 색채-형태반응. 일차적으로 색채에 근거한 반응에 형태 부여
- FC : 형태-색채반응. 일차적으로 형태에 근거한 반응에 색채 부여
- Cn : 색채명명반응. 반점의 색채에 대해 색채명을 말하는 것
- C' : 순수무채색반응. 전적으로 회색, 검정색 또는 흰색에 근거해 반응. 형태 없음
- C'F : 무채색-형태반응. 일차적으로 무채색에 근거한 반응에 형태 부가
- FC' : 형태-무채색 반응. 일차적으로 형태에 근거한 반응에 무채색 추가
- 음영-재질(촉감) T : 순수재질반응. 음영의 특징만으로 촉감 반응한 경우
- TF : 재질-형태반응. 촉감을 우선적으로 사용하고 형태반응으로 정교화
- FT : 형태-재질반응. 주로 형태에 근거하여 반응하고 촉감이 부가된 반응
- 음영-차원(원근) V : 순수차원반응. 음영을 근거로 깊이나 차원으로 반응. 형태 없음
- VF : 차원-형태반응. 음영 특징으로 깊이나 차원을 보고하고 형태 부가
- FV : 형태-차원반응. 일차적으로 형태에 근거한 반응에 음영 부가
- 음영-확산 Y : 순수음영반응. 음영에만 근거한 반응(재질 ×, 차원 ×). 형태 없음
- YF : 음영-형태반응. 음영에 일차적으로 근거하고 형태 부가
- FY : 형태-음영반응. 형태에 일차적으로 근거하고 음영 부가
- 형태차원 FD : 형태에 근거한 차원반응. 윤곽의 크기에 따른 원근에 근거한 반응(음영 ×)
- 쌍과 반사반응(2) : 쌍반응 반점의 대칭에 근거해 두 가지 동일한 대상 보고
- rF : 반사-형태 반응. 형태가 없는 반사 반응(구름, 경치, 그림자 등)
- Fr : 형태-반사 반응. 형태가 있는 반사 반응

(4) 형태질(FQ)
① + : Ordinary-Elaborated
② O(Ordinary)
- 일반적인 형태 특징을 쉽게 말한 일상적인 반응
- W와 D 영역에 대해서는 적어도 2%, Dd 영역에서는 적어도 50명이 보고한 반응

③ U(Unusual)
- 기본적인 윤곽이 절잘한 낮은 빈도의 반응, 빨리 쉽게 알아볼 수 있는 비일상적인 반응
- Minus 형태가 왜곡되거나 임의적이고 비현실적으로 사용된 경우
- 형태질은 반응의 적합성에 대한 정보를 제공함
- 형태질은 결정인 기호의 끝에 기록

18 임상적 면접의 서면보고서에 포함되어야 할 내용을 5가지 쓰시오.

고득점 모범답안

① 접수면접을 위한 기본정보 : 접수면접 날짜, 내담자 및 면접자 이름, 내담자 생년월일
② 내담자의 호소문제 : 내담자가 상담을 받으려는 이유, 상담소를 찾아온 목적 혹은 배경
③ 현재 및 최근의 주요 기능 상태 : 내담자가 일상생활을 어떻게 하는지, 내담자의 현재 및 최근 기능 수행 정도
④ 스트레스의 원인 : 내담자의 말과 표현방식에서 나타나는 스트레스 양상, 다양한 스트레스 조건 탐색
⑤ 사회적·심리적 자원(지원체계)
⑥ 호소문제와 관련된 개인사 및 가족관계 : 과거 동일한 문제에 대한 내담자의 대처 방식, 내담자의 호소문제에 대한 가족들의 행동 및 태도, 내담자의 가족 안에서의 역할 수행 및 관계 맺는 양식 등
⑦ 외모 및 행동 : 내담자의 옷차림, 두발 상태, 표정, 말할 때의 표정, 시선의 적절성
⑧ 진단평가 및 면접자의 소견 : 내담자 문제에 해당하는 적절한 진단명 부여, 상담전략이나 계획에 대한 의견 제시

19 재활모형은 손상(Impairment), 장애(Disability), 핸디캡(Handicap)의 3단계로 구분할 수 있다. 그중 '장애'의 정의를 쓰고, 그 개입방법에 대해 예를 들어 설명하시오.

고득점 모범답안

- 손상 : 생리적·심리적·해부학적 구조 또는 기능에 이상이 있는 상태. 사고장애나 지리멸렬, 망상, 환각, 불안, 우울, 집중력이나 기억력 상실, 주의산만, 무감동 등이 있다.
- 장애 : 손상으로 인해 정상적인 행동을 수행할 능력이 제한 또는 결핍된 상태. 기능상의 어려움으로 인해 일을 할 때나 자기 활동을 수행할 때, 의사소통이나 사회생활을 할 때 지장이 있다.
- 핸디캡 : 손상이나 장애로 인해 정상적인 역할 수행에 제한 또는 장애가 발생함으로써 사회적 불이익을 경험하는 상태. 핸디캡은 주로 낙인이나 편견에서 비롯되는데, '장애인'이라는 수식어가 사회적인 불리 조건을 형성하며, 그로 인해 사회생활에서의 한계를 유발한다.

20 망상을 보이는 편집증적 내담자의 평가를 위한 면담 시 주의사항을 3가지 쓰시오.

> **고득점 모범답안**
> ① 논리를 사용하여 내담자의 망상체계를 깨뜨리려고 하지 말 것
> ② 내담자의 망상 경험에 대한 정서처리와 현실검증을 나누어 다룰 것
> ③ 내담자의 망상 경험에 대한 지각과 해석을 구분할 것

CHAPTER 05 | 2023년 2회 기출복원문제

01 심리검사의 정의를 작성하시오.

고득점 모범답안

① 심리적 현상에서의 개인차를 비교하고 개인의 전체적, 인격적, 행동적 측면을 이해하기 위한 심리학적 측정 과정이다.
② "심리검사란 두 사람 이상의 행동을 비교하는 체계적 과정이다.", "행동의 표본을 표준화된 방식으로 측정하는 기법이다.", "심리검사는 개인의 대표적인 행동 표본을 심리학적 방식으로 측정하는 것이다."

02 심리검사의 목적을 4가지 이상 기술하시오.

고득점 모범답안

① 임상적 진단을 명료화하고 세분화한다.
② 증상과 문제의 심각도를 구체화한다.
③ 피검자의 자아 강도를 평가한다.
④ 인지적 기능을 측정한다.
④ 적절한 치료 유형을 제시한다.
⑤ 치료 전략을 기술한다.
⑥ 피검자를 치료적 관계로 유도한다. 즉, 피검자 자신이 그의 자아 강도와 문제 영역을 인식하도록 돕는다.
⑦ 치료적 반응을 검토하고 치료 효과를 평가한다.

03 강박장애를 가진 피검자의 지능검사 결과 나타난 반응 특징을 기술하시오.

> **고득점 모범답안**
>
> 대개 전체 지능지수가 110 이상이다. 주지화로 인해 상식·어휘문제 점수인 이해 소검사 점수는 낮다. 이는 판단능력 장애로 인한 것이 아니라 회의적 경향으로 인한 것이다. 언어성 지능＞동작성 지능 : 강박적인 주지화 경향을 반영한다.

04 K-WISC-5의 5개 주요지표와 소검사를 모두 기술하시오.

> **고득점 모범답안**
>
> ① 5개 주요지표 : 언어이해, 시공간, 유동추론, 작업기억, 처리속도
> ② 소검사 : 토막짜기, 공통성, 숫자, 행렬추리, 어휘, 산수, 동형찾기, 무게비교, 퍼즐, 상식, 기호쓰기, 순서화, 이해, 지우기, 그림기억, 공통그림찾기 총 16개

05 다면적 인성검사의 임상척도 10개를 모두 기술하시오.

> **고득점 모범답안**
>
> 건강염려증, 우울증, 히스테리, 반사회성, 남성성-여성성, 편집증, 강박증, 조현병, 경조증, 사회적 내향성

06 MMPI-2의 장점을 3가지 쓰시오.

> **고득점 모범답안**
>
> ① 검사 실시의 간편성 : 그 시행과 채점, 해석이 간편하며, 시행 시간도 비교적 짧다.
> ② 검사의 신뢰도 및 타당도 : 신뢰도와 타당도의 검증이 이루어지고 있으므로 검사의 신뢰도와 타당도가 높다.
> ③ 객관성의 증대 : 검사자 변인이나 검사 상황 변인에 영향을 덜 받고, 개인 간 비교 또한 객관적으로 제시될 수 있으므로 객관성이 보장된다.

07 피검자의 MMPI-2의 타당도척도 중 F척도 점수가 65~79 사이라면 어떤 특징을 보일지 기술하시오.

> **고득점 모범답안**
>
> - 보통과는 매우 다른 사회적, 정치적 혹은 종교적 사고방식을 가지고 있는 사람
> - 자아정체 문제로 고민하고 있는 청소년
> - 정신증적 장애 및 행동장애, 심한 신경증, 현실검증력의 장애

08 다음은 TCI의 4가지 기질척도 중 어느 척도에 대한 설명인가?

> ㉠ 새로운 자극이나 보상 단서에 이끌려 행동이 활성화되는 유전적 성향과 연관된다. 특히 두뇌의 행동 조절 시스템 중 행동활성화 시스템(BAS ; Behavioral Activation System)과 밀접한 관련이 있다.
> ㉡ 이 척도에서 높은 점수를 받은 사람은 충동적이고 호기심이 많으며, 신기한 것에 쉽게 이끌리고 빨리 흥분하는 경향이 있다. 반면, 낮은 점수를 받은 사람은 성미가 느리고 절제되어 있으며, 새로운 자극에 별다른 흥미가 없거나 오히려 저항적인 태도를 보이면서 익숙한 것을 더욱 편안하게 느낀다.

고득점 모범답안

자극 추구(NS ; Novelty Seeking)

09 KPRC에서 자아탄력성 척도에 대해 설명하시오.

고득점 모범답안

- 여러 심리적 문제에 대한 아동의 대처 능력 혹은 적응잠재력을 측정한다.
- 점수가 높을 경우 내적·외적 스트레스에 융통성이 있고 적절히 대처하는 능력이 있음을 나타낸다.

10 그림검사에서 지나치게 큰 그림은 피검자의 어떤 증상을 의심해 볼 수 있는지 기술하시오.

고득점 모범답안

공격적, 행동화 경향, 과장적 경향, 조증상태, 반사회적 성격, 신체화와 같은 증상을 의심해 볼 수 있으며 아동일 경우 정상(만약 25cm를 넘는다면 정서 문제가 있을 가능성이 있음)으로 본다.

11 로샤 검사에서 반응 영역을 기호로 쓰고 해당영역의 채점기준을 기술하시오.

고득점 모범답안

- W : 전체반응(Whole Response), 카드 반점의 전체가 반응에서 사용되었을 때
- D : 보통 부분 반응(Common Detail Response), 흔히 사용되는 반점 영역을 사용하였을 때
- Dd : 드문 부분 반응(Unusual Detail Response), D 영역 이외에 잘 사용되지 않는 반점 영역을 사용하였을 때
- S : 공백 반응(Space Response), 카드의 흰 공백 부분을 사용하였을 때, 항상 다른 반응 영역의 기호와 같이 사용함

12 로샤 검사에서 발달질 위치 부호 4가지와 채점기준을 기술하시오.

> **고득점 모범답안**
> - + : 통합 반응(Synthesized Response), 반응에 포함된 둘 이상의 대상이 서로 관련을 맺고 있고, 그중 적어도 하나는 분명한 형태가 있을 경우[카드 Ⅲ(물건을 들어 올리려는 사람들), 카드 Ⅳ(그루터기에 앉아 있는 거인)]
> - o : 보통 반응(Ordinary Response), 단일 반점 영역이 형태를 가지고 있는 단일한 대상을 나타낼 경우[카드 Ⅰ(박쥐, 나비), 카드 Ⅱ(물개), 카드 Ⅷ(표범)]
> - v/+ : 모호/통합 반응(Response Vague/Synthesized), 반응에 포함된 둘 이상의 대상이 서로 관련을 맺고 있고, 그들이 모두 분명한 형태가 없는 경우[카드 Ⅶ(바다 위에 떠 있는 섬), 카드 Ⅸ(연기와 구름이 서로 섞이고 있음)]
> - v : 모호 반응 (Response Vague), 반응에서 형태를 가지고 있지 않은 단일 대상이 나타난 경우[카드 Ⅰ(밤의 무서움), 카드 Ⅱ(피), 카드 Ⅶ(연기)]

13 TAT와 로샤검사의 차이점을 기술하시오.

> **고득점 모범답안**
> - TAT : 다양한 대인관계상의 역동적 측면을 파악하고, 인물(사람)들이 등장하는 모호한 내용의 그림자극을 제시한다.
> - 로샤 : 원초적인 욕구와 환상을 주로 도출하고, 인물이 등장하지 않고 단지 잉크 반점이라는 추상적 자극을 제시한다.

14 TAT 검사의 욕구-압력 분석법에 대해 설명하시오.

고득점 모범답안

(1) 정의

개인의 욕구(need)와 환경 압력(pressure) 사이의 상호작용 결과를 분석함으로써 개인의 심리적 상황을 평가하고자 하는 방식이다.

(2) 세부 방법

① 주인공을 찾게 함 : 제일 먼저 주인공이 누구인지를 가려서 주인공의 주요 욕구를 분석해야 한다.
② 환경의 압력을 분석 : 환경자극이 주인공에게 어떤 영향을 미치는지와 환경자극의 특수한 내용이 분석된다.
③ 주인공의 반응에서 드러나는 욕구를 분석 : 주인공의 욕구는 다음과 같은 상황에서 일어난다.
④ 주인공이 애착을 표현하고 있는 대상을 분석 : 반응 내용 가운데 주인공에게 긍정적이거나 부정적 감정을 일으키는 사물, 활동, 사람, 관념을 탐색한다.
⑤ 주인공의 내적인 심리상태를 분석 : 이야기 속에서 주인공이 경험하는 내적 심리적 상태가 행복한가, 갈등을 느끼는가, 비관적인가를 판단한다.
⑥ 주인공의 행동이 표현되는 방식을 분석 : 주인공이 환경적 힘에 자극되었거나 자극되고 있을 때 반응하는 행동방식을 검토한다. 이를 통해 이야기에서 드러나는 피검자 성격의 어느 부분이 표출된 수준인지 혹은 내재된 수준인지 확인이 가능하다.
⑦ 일의 결말을 분석 : 욕구와 압력관계에 의해 상황의 결말이 행복한가 불행한가, 성공적인가 실패인가, 또는 문제해결이 이루어지고 욕구충족적인가 아니면 갈등해결이 이루어지지 못하고 문제 해결이 지연되는 상태인가 등에 주목한다.

15 게슈탈트 치료에 대해 원인, 치료목표, 치료기법을 중심으로 기술하시오.

고득점 모범답안
- 원인 : 미해결과제
- 치료목표 : 환자가 자신의 생각, 행동, 경험과 감정을 인식하여 스스로에 대해 책임감을 가지거나 책임을 지게 만드는 것 → 책임자각, 미결과제의 완결
- 치료기법 : 언어자각, 반대행동하기, 빈의자기법 등

16 합리정서 행동치료(REBT)에 대해 설명하시오.

고득점 모범답안
- 원인 : 잘못된, 비이성적인 사고패턴 → 비합리적 신념
- 치료목표 : 비합리적 신념을 심어 준 과거의 생활사건을 검토한 후 환자의 비합리적인 사고 패턴을 찾아서 논박함으로써 보다 효율적인 사고를 채택하도록 돕는 것
- 치료기법 : 다양한 논박기법, 합리정서 심상법, 합리적 역할바꾸기 등 정서행동기법 사용

17 소크라테스 질문법에 대해 200자 내외로 기술하시오.

고득점 모범답안

- 상대가 말하거나 생각하는 것에 호기심을 가지고 받아들이며, 그것에 대하여 의문한다. 이 질문법은 모든 사고에 논리, 즉 구조가 있다는 생각에 기초하고 있다.
- 소크라테스식 질문법은 상담이나 수업, 기타의 학습 장면에서 손쉽게 적용할 수 있다. 이 질문법은 아무렇게나 생각나는 대로 떠돌아 다니는 대화가 아니다. 분명한 목적을 가지고 있으며 또한 그러한 목적을 성취하기 위한 독특한 방법을 가지고 있다. 이 질문법에는 학생들에게 물어보아야 할 최소한의 '일정한 질문'이 있는데 이것이 바로 '사고의 요소'들이다.

18 자문의 행동주의 모델에 대해 설명하시오.

고득점 모범답안

- 행동주의 또는 사회학습이론의 문제해결이 중요하다고 가정한다.
- 자문가와 피자문자의 보다 분명한 역할이 있으며 행동과 지식에는 커다란 불균형이 있다.
- 자문의 목표는 자문 요청자의 바람직하지 않은 행동 빈도를 감소시키고 바람직한 행동 빈도를 증가시키는 것이다.

19 정신재활에서 임상심리사의 역할을 기술하시오.

고득점 모범답안

① 치료팀의 일원으로서 다양한 관련 전문가와 효과적으로 정보를 공유하고 협력한다.
② 다양한 심리치료 기법 및 평가 기법을 활용하여 내담자의 다양한 측면을 평가하고, 라포를 형성하며 치료 계획을 수립한다.
③ 기타 역할
  • 사례 관리
  • 직업재활
  • 중독재활
  • 인지재활
  • 지역사회와 연계하기

20 해결중심적 단기가족상담의 장점을 기술하시오.

고득점 모범답안

• 긍정적인 측면 및 문제해결의 측면, 그리고 미래에 초점을 맞출 때 바람직한 변화를 유도할 수 있다.
• 동전의 양면 중 긍정적인 면에 초점을 두어 상담에 활용하므로 문제 중심의 대화보다 해결 중심의 대화가 이루어지며, 상담자와의 관계 형성에도 도움이 된다.

CHAPTER 06 | 2023년 3회 기출복원문제

01 심리치료 효과를 가져오는 공통적인 치료요인을 3가지 쓰시오.

고득점 모범답안

① 치료자와 내담자 간의 관계 또는 치료적 관계 : 치료자는 자신의 치료에 관한 타당성을 가지고 있는 심리치료 전문가이기 때문에 내담자와의 라포 형성 등 기대에 긍정적인 영향을 미치고, 내담자는 각각의 치료자들에 대해 저마다의 장단점이 있다고 생각한다.

② 이해와 통찰 그리고 해석 : 내담자 자신이 스스로를 이해하여 대응기제로서의 역할을 하며, 내담자에게 의미 있는 잠재적 유용성을 가진다고 볼 수 있다. 또 자신의 개인적인 어려움에 대해 이해할 수 있게 된다. 치료자는 확신과 식견을 가지고 치료법에 대해 제시하며, 내담자가 이것을 이해한다면 설명, 해석, 이론적인 근거 등은 중요하지 않게 된다.

③ 정화와 방출 : 유형에 따라 감정표현을 강조하는 정도가 내담자마다 다르지만, 내담자의 그와 같은 표현을 격려하고 허용하는 분위기가 있다. 치료자는 내담자가 자신의 문제를 이야기하고 불편한 과거와 현재 사건을 열거하도록 하여 감정표현을 돕는다. 내담자에게는 자신의 아픔을 털어놓는 것 자체가 치료가 될 수 있다.

④ 치료자의 내담자 특정 행동 관찰 및 그에 대한 반응 : 대부분의 치료자는 내담자가 말하는 내용과 감정표현에도 주의를 기울이지만, 대부분은 행동에 주의를 기울인다. 내담자의 행동에 대한 해석 자체가 공통적인 결과로 나타나는 것은 아니지만, 내담자의 행동이 다루어진다는 것은 모든 심리치료의 공통점이다.

02 아동청소년 지능검사인 K-WISC-5의 5가지 지표와 각 지표별 소검사를 1가지씩 쓰시오.

> **고득점 모범답안**

① 언어이해 지표(VCI ; Verbal Comprehension Index) : 언어적 추론, 이해, 개념화, 단어 지식 등을 이용하는 언어 능력 측정
② 시공간 지표(VSI ; Visual Spatial Index) : 시공간 조직화 능력, 전체-부분 관계성의 통합 및 종합 능력, 시각적 세부사항에 대한 주의력, 시각-운동 협응 능력 등을 측정
③ 유동추론 지표(FRI ; Fluid Reasoning Index) : 귀납적 추론과 양적 추론능력, 전반적인 시각 지능, 동시처리, 개념적 사고, 추상적 사고 능력 등을 측정
④ 작업기억 지표(WMI ; Working Memory Index) : 주의력, 집중력, 작업기억 등을 측정
⑤ 처리속도 지표(PSI ; Processing Speed Index) : 간단한 시각적 정보를 빠르고 정확하게 탐색하고 변별하는 능력, 정신 속도와 소근육 처리속도 등을 측정

K-WISC-V 소검사와 기본 지표

전체 IQ(FSIQ)				
언어이해지표 (VCI)	시공간지표 (VSI)	유동추론지표 (FRI)	작업기억지표 (WMI)	처리속도지표 (PSI)
• 공통성 • 어휘 • 상식 • 이해	• 토막짜기 • 퍼즐	• 행렬추리 • 무게비교 • 공통그림찾기 • 산수	• 숫자 • 그림기억 • 순차연결	• 기호찾기 • 동형찾기 • 선택

03 전화로 어떤 여성이 다급한 목소리로 자신이 방금 강간을 당했다고 보고하면서 두려워하고 있다. 상담자로서 취할 조치 방법을 5가지 기술하시오.

고득점 모범답안

① 위기 내담자의 주변 환경을 변화시켜 위협적 상황이나 스트레스에서 벗어나도록 한다.
② 위기 내담자에게 정서적 안정감이나 위로 또는 보호 등을 제공해 준다.
③ 심리적 문제와 문제해결행동을 함께 다루는 것 등으로 중재하는 방법이 있다.
④ 상황위기와 발달위기가 동시에 위기의 원인이 되거나, 자살충동을 느끼거나 일반적인 접근에 반응이 없는 사람에게는 개인적 개입이 필요하다.
⑤ 위기 내담자 주변 다른 사람의 적극적인 개입이 도움이 될 수 있고, 또한 위기상황에 빠진 사람이 위협에서 벗어난 뒤 그 상황에서 빠져나올 수 있도록 신속하고 즉각적인 대응을 하여 위기를 회피하도록 하면서 동시에 그후의 적응에 도움을 주어야 한다.

04 조현병 양성 증상을 보이는 환자를 대상으로 임상심리사가 수행할 수 있는 적절한 대처 방법을 3가지 기술하시오.

고득점 모범답안

① 망상이 있을 경우 : 망상에 대한 주제에 대해서는 옳고 그름의 논쟁을 피해야 한다. 미래지향적이고 문제해결적인 "앞으로 어떻게 할 것인가"에 초점을 맞춰 대화를 해 나간다.
② 환청이나 환각이 있을 경우 : 피검자에게 어떤 것을 보았고 들었고 느꼈는지에 대해 구체적으로 물어보고, 환청과 환각을 느낄 때 대처하는 구체적인 방법을 일러준다. 예를 들면 생각 중지하기, 몰입할 수 있는 청소하기 등이다.
③ 와해된 언어나 행동이 있을 경우 : 가족들이 감내하기 힘든 경우이다. 피검자의 행동의 위험성이 있을 수 있음을 가족에게 공유한다. 또한, 와해된 언어나 행동을 절제할 수 있다는 격려를 해주는 것이 필요하다.

05 Kadushin(1985)이 제시한 슈퍼비전의 기능 3가지 분류에 따라 괄호 안에 들어갈 알맞은 말을 쓰시오.

- (①) 기능은 상담자가 내담자와의 작업에 관한 탐색과 숙고를 통해 상담자의 기술, 이해, 능력, 전문적 정체감을 발달시키는 것을 의미한다.
- (②) 기능은 상담자가 슈퍼바이저가 제공하는 수용과 확인을 통해 상담 작업의 정서적 효과를 처리하고 보고하여 풀 수 있도록 해준다.
- (③) 기능은 슈퍼비전의 질적 통제를 제공하는 것으로 슈퍼바이저는 내담자의 욕구가 명확히 정의된 윤리적, 전문적 실천의 규준 내에서 언급되고 있는가를 분명히 하기 위해 상담자를 조력한다.

고득점 모범답안

① 교육
② 지지
③ 관리 또는 행정

06 행동치료의 노출치료법을 통해 환자가 가지게 되는 인지적 측면의 치료 효과를 3가지 쓰시오.

고득점 모범답안

① 불안 감소에 대한 믿음 : 노출치료는 내담자에게 불안 감소를 경험하게 해줌으로써 자신이 병이 낫고 있음을 깨닫게 해 준다.
② 합리적 사고 : 자신의 불안이 비합리적임을 깨닫게 된다.
③ 자존감 회복 : 자신의 병을 극복함으로써 자존감이 높아져 긍정적 사고를 더 자주 경험하게 된다.

07 상담 과정에서 내담자의 주요 호소문제가 명확해지면 상담의 구체적인 목표를 설정하게 된다. 상담 목표 설정 시 지켜야 할 기준을 5가지 제시하시오.

고득점 모범답안

① 목표는 행동보다는 결과 또는 성취로 진술되어야 한다.
② 목표는 검증이 가능하며, 구체적인 행동으로 이어질 수 있는 것이어야 한다.
③ 목표는 가시적이고 실제적인 차이로 나타나는 것이어야 한다.
④ 목표는 내담자의 능력 및 통제력을 고려하여 현실적인 것이어야 한다.
⑤ 목표는 내담자의 가치에 적절한 것이어야 한다.
⑥ 목표는 그 도달을 위한 현실적인 기간이 설정되어야 한다.

08 다음 보기의 사례를 읽고 물음에 답하시오.

A씨는 20세 남성으로, 재수를 하여 올해 3월 대학에 입학했다. 재수를 시작한 지 한 달 만에 기분이 우울하고 가슴이 두근거리며, 두통, 소화불량, 불면증을 보였다. 또한, 매사에 짜증이 나고 집중력이 저하되어 공부를 하는 데 지장이 있었다. 올해 자신이 원하던 대학교에 입학한 후에도 그와 같은 증상이 지속되었고, 동네 의원을 방문하였으나 별다른 내과적 이상 소견이 발견되지 않았다. 의사의 추천으로 심리상담소를 찾게 되어 MMPI, BDI, K-WAIS 검사를 받게 되었고, MMPI L(52), F(58), K(60), Hs(59), D(75), Hy(58), Pd(62), Mf(35), Pa(54), Pt(66), Sc(46), Ma(48), Si(59), BDI에서 23점, K-WAIS의 언어성 IQ 125, 동작성 IQ 94, 전체 IQ 114의 결과점수를 보였다.

보기에서 내담자의 정신장애 및 감별진단을 요하는 정신장애 유형을 제시하고, 각각의 장애에 대한 임상적 양상을 기술하시오.

고득점 모범답안

(1) 내담자의 정신장애 유형 및 임상적 양상
  ① 정신장애 유형 : 주요우울장애일 가능성이 높다.
  ② 임상적 양상 : 가장 심한 증세를 나타내는 우울장애의 유형으로서 우울한 기분을 주된 증상으로 하는 기분장애이지만 다양한 심리적 문제가 동반된다. 우울장애 상태에서는 우울하고 슬픈 감정을 비롯하여 좌절감, 죄책감, 고독감, 무가치감, 허무감, 절망감 등과 같은 고통스러운 정서 상태가 지속된다. 우울하고 슬픈 감정이 강해지면 자주 눈물을 흘리며 울기도 한다. 심한 우울장애 상태에서는 무표정하고 무감각한 정서상태를 나타낼 수도 있다. 아동이나 청소년의 경우에는 우울장애 상태에서 분노감이나 불안정하고 짜증스러운 감정을 나타내기도 한다. 이러한 우울한 기분과 더불어 일상 활동에 대한 흥미와 즐거움이 저하되어 매사가 재미없고 무의미하게 느껴진다. 또한, 어떤 일을 하고자 하는 의욕이 현저하게 저하되어 생활이 침체되고 위축된다.

(2) 감별진단을 요하는 정신장애 및 임상적 양상
  ① 범불안장애 : 범불안장애는 때때로 '자유롭게 떠다니는 불안(free-floating anxiety)'이라고 불리는데, 환자의 생활이 사실상 연속적인 긴장과 불안에 사로잡혀 있는 것을 말한다. 정신분석 이론에서는 그 원인을 자아와 원초아가 충동하여 발생한 무의식적 갈등으로 간주한다. 행동주의 이론가들에 의하면 이와 같은 전반적인 불안을 적절하게 평가하면 한정된 불안 유발 상황에 귀착시킬 수 있으며 그에 따라 불안을 공포증의 일종으로 다룰 수 있다.
  ② 강박장애 : 강박장애를 가진 사람은 자아-이타적인 생각들이 머릿속에 떠오르며 깜짝 놀라게 할 정도의 불안에 압도당하지 않기 위해 상투적인 행동을 수행해야 할 압박을 느낀다. 이 장애를 가진 사람은 아주 무능력하게 되어서 자신의 인생뿐 아니라 자기와 가까운 사람들의 생활에까지 영향을 미친다. 정신분석 이론에서는 그릇되고 부적절한 자아통제 아래에 있는 강력한 원초아 충동을 그 원인으로 내세운다. 행동주의 이론에서는 강박 행동을 학습된 회피반응으로 본다. 또한, 강박관념도 스트레스와 관련이 있을 수 있으며 원치 않는 생각에 저항하려는 시도이다.

09 MMPI 임상척도 중 9번 척도의 T점수가 27점일 때 임상적 양상을 2가지 쓰시오.

고득점 모범답안

① 에너지 수준이나 활동성 수준이 낮다. 일시적인 피로나 병에 기인할 수 있으나 점수가 낮을수록 만성적으로 에너지가 부족할 가능성이 높다.
② 신뢰성 있고 남들이 보기에 겸손하고 진지하다.
③ 자신감이 부족하고 감정이 억제되어 있다.
④ 극단적으로 낮은 점수(T점수 40 이하)를 보일 경우 무감동적이고 기운이 없으며 의욕이 없고 만성적인 피로감이나 무력감을 호소한다. 척도 2의 점수가 높지 않더라도 우울한 것이 보통이며, 우울증상의 가능성을 고려해 봐야 한다.
⑤ 다른 정신장애에 비해 예후가 좋다.

10 다음 보기의 사례를 읽고 물음에 답하시오.

> 검사자는 뇌졸중 환자를 대상으로 글자 지우기 검사를 실시하였다. 그런데 환자는 시야 좌측의 글자를 다 못 지우는 것이었다.

(1) 보기의 사례와 같은 현상을 무엇이라 지칭하는가?

고득점 모범답안

편측무시 또는 무시증후군이다. 시야상에는 이상이 없으나 환자가 자신의 환측(affected side)에서 오는 자극에 대하여 인지하지 못하는 것을 말한다.

(2) 뇌의 어느 반구의 손상에 의한 것인가?

고득점 모범답안

우반구 손상이다. 우반구 손상 환자의 경우 검사자가 환자의 왼쪽에 서서 말을 걸 때 오른쪽에 서서 말을 걸 때보다 훨씬 더 반응이 떨어질 수 있다. 또 환자의 왼편에 어떤 물건을 놓고 그 물건을 집게 하였을 때 잘 찾지 못하거나 손 움직임이 느릴 수 있다.

(3) 이와 같은 현상을 평가할 수 있는 검사 종류를 한 가지만 쓰시오.

고득점 모범답안

'직선이분검사 · 선 이등분검사'이며 이는 편측무시 환자를 측정하는 신경심리검사이다.

11 MMPI나 BDI와 같은 객관적 자기보고형 검사의 장점과 단점을 각각 3가지씩 쓰시오.

고득점 모범답안

(1) 장점
　① 시행과 채점, 해석이 표준화되어 있어 간편하다.
　② 표준화로 인해 타당도와 신뢰도가 높다.
　③ 검사자변인이나 검사상황변인의 영향이 적어 객관도가 높다.
　④ 시간과 노력이 절약된다.
　⑤ 무응답이나 검사 목적에 부합하지 않는 응답을 줄일 수 있다.

(2) 단점
　① 피검자가 사회적 바람직성에 맞추어 반응하려는 경향이 있다.
　② 긍정적으로, 혹은 부정적으로 응답하려는 반응의 경향성이 나타난다.
　③ 문항 내용에 있어 상태변인이나 성격 특성을 고려하지 못하는 제한성이 나타난다.
　④ 수검자 자신의 이해관계와 상관없이 협조적인 대답으로 일관하는 경향이 나타난다.
　⑤ 검사 문항이 특정 상황에서의 특성과 상황 간의 상호작용을 밝혀내기에는 부적합하다.

12 최근 인터넷 중독이 사회적인 관심으로 대두되고 있다. 인터넷 중독이 의심되는 내담자로 하여금 인터넷 중독에서 벗어날 수 있도록 일반적으로 추천하는 방법을 4가지만 쓰시오.

고득점 모범답안

① 미래지향적이고 명확한 목표 세우기
② 인터넷 중독을 치유할 수 있는 인터넷 사용시간 구체적 목표 세우기
③ 인터넷 중독으로 인해 소홀했던 행동 목록 만들기
④ 인터넷 중독에 빠진 원인 찾기. 즉, 즉각적인 만족이 아닌 건설적인 실행력을 통해서 얻을 수 있는 것들 찾기

13 소크라테스식 질문법의 특징을 3가지 제시하고, 소크라테스식 대화의 구체적인 예를 2가지 쓰시오.

> **고득점 모범답안**
>
> (1) 소크라테스식 질문법의 특징
>   ① 일련의 신중한 질문을 통해 내담자 스스로 대안적 해결책을 탐색하도록 한다.
>   ② 내담자 자신이 경험한 사건에 대해 보다 자세하고 진솔한 진술을 유도한다.
>   ③ 치료자의 비판단적·교육적 접근을 통해 내담자의 역기능적 신념의 변화를 유도한다.
> (2) 구체적인 예
>   ① 논리적·경험적·실용적 논박 : "그와 같은 신념이 타당하다는 논리적 경험적 근거는 무엇인가?", "그 신념이 당신의 목적 달성에 어떠한 도움이 되는가?"
>   ② 대안적 논박 : "다른 사람은 이 상황을 어떻게 볼 것인가?", "현 상황에서 좀 더 타당한 대안적 신념은 없는가?"

14 심리평가를 위한 자료원 중 면담, 행동관찰과 비교한 심리검사의 장점을 3가지 쓰시오.

> **고득점 모범답안**
>
> ① 심리검사는 심리적 특성에 대한 개인 간 차이 또는 개인 내 차이를 확인할 수 있다.
> ② 심리검사는 표집된 내용 및 표집된 행동을 측정하며, 이러한 표집된 자료로 전체를 추정할 수 있다.
> ③ 심리검사는 종합적인 평가를 내리는 과정에 꼭 필요하다.

15 로샤검사(Rorschach Test)의 구조적 요약에 제시되는 형태질 종류 3가지를 쓰시오.

고득점 모범답안

① FQx : 모든 반응에 대한 형태질 빈도
② MQual : 인간 운동반응에서 형태질의 분포를 기입
③ W+D : 반응영역에서 전체 반응과 함께 흔한 부분 반응 또는 보통 부분 반응으로 채점된 반응에 대한 형태질 빈도 기입

16 방어기제의 의미를 쓰고, 방어기제의 유형 4가지를 간략히 설명하시오.

고득점 모범답안

(1) 방어기제의 의미

자아가 위협받는 상황에서, 무의식적으로 자신을 속이거나 상황을 다르게 해석하여, 감정적 상처로부터 자신을 보호하는 심리 의식이나 행위를 가리키는 정신분석 용어이다.

(2) 방어기제의 유형

① 부정 : 외적인 상황이 감당하기 어려울 때 일단 그 상황을 거부하여 심리적인 상처를 줄이고 보다 효율적으로 대처하도록 돕는 방법이다. 이러한 상황은 미처 예상하지 못했던 극단적인 경우에 잘 나타난다. 자신의 의지와 관계없이 무의식적으로 일어나므로 의도적인 망각과는 차이가 있다.

② 합리화 : 상황을 그럴듯하게 꾸미고 사실과 다르게 인식하여 자아가 상처받지 않도록 정당화시키는 방법이다. 이러한 방법은 스스로 인정하기 어려운 상황을 자신도 의식하지 못하는 사이에 그럴듯한 이유를 붙임으로써 자존심이 손상당하거나 죄책감을 느끼는 것에서 벗어나게 해준다. 무의식적으로 일어나므로 거짓말이나 변명과는 다르다.

③ 투사 : 자신의 감정이나 동기를 다른 사람에게 돌려서 어려움에 대처하는 방법이다. 예를 들면 어떤 사람을 미워하여 해치고 싶은 충동을 느꼈을 때 자신의 증오심을 상대에게 떠넘겨 그 사람이 자신을 미워해서 해칠지도 모른다고 생각하는 경우이다. 투사는 자신의 욕구나 문제를 옳게 깨닫는 대신 다른 사람이나 주변에 탓을 돌리고 진실을 감추어 현실을 왜곡시키므로 바람직하지 않은 방어기제이다.

④ 승화 : 반사회적 충동을 사회가 허용하는 방향으로 나타내는 방법이다. 성적 충동은 누드를 그린다거나 관능적인 춤을 추는 것 등을 통해서 사회가 인정하는 방식으로 표현될 수 있는데, 이것이 승화이다. 공격적 충동은 권투나 야구, 축구와 같은 공격적인 스포츠를 함으로써 표현될 수 있다.

17 개인의 취약성과 환경적 스트레스가 상호작용하여 정신장애로 발병한다고 보는 통합적인 입장의 모델 명칭을 쓰고, 이 모델에서 개인의 취약성에 해당하는 정신장애 발생 원인을 2가지 쓰시오.

고득점 모범답안

(1) 모델명

취약성-스트레스 모델

(2) 개인의 취약성 요인

① 생물학적 요인 : 생물학적 요인 중 하나로는 먼저 유전적 요인을 들 수 있다. 유전적 요인은 정신질환을 유발하는 중요한 요인 중 하나로서, 대표적으로 다운증후군과 같은 정신질환은 염색체의 이상으로 인해 발생한다. 또한, 뇌의 구조적 이상이나 결함과 같은 신경해부학적 요인과 간질 등으로 대표되는 신경전달물질 및 내분비 계통의 이상으로 인해 나타나는 신경생리학적 요인 등이 있으며, 이 밖에도 질병이나 감염, 약물, 영양 섭취 등 모든 생물학적 요인을 포함한다.

② 심리적 요인 : 심리적 요인으로는 먼저 인지적 요인을 들 수 있다. 인지적 요인에서는 부적응적 인지도식, 역기능적 신념, 부정적 사고, 인지적 편향, 인지기능의 결손 등이 정신질환의 유발 요인으로 작용하며, 이 밖에 정서 및 동기적 요인, 행동적 요인 및 발달적 요인 등 다양한 요인을 포함하고 있다.

18 시티어(Satir)가 의사소통 가족치료를 통해 제시한 의사소통의 5가지 유형을 쓰시오.

고득점 모범답안

가족의 체계 속에서 고유의 구조와 기능을 유지하기 위해 구성원 간 정보의 상호교환이 이루어지는 의사소통의 유형과 특징에 관심을 기울이는 가족치료접근법이다.

① 회유형(Placate) : 우리가 생존에 위협을 느낄 때 반응하는 유형 중의 하나이다. 표면적으로 아주 약하고 의존적이며 무조건 순종하는 것처럼 보인다. 다른 사람과 상호작용하는 상황을 존중하지만 자신의 진정한 감정을 존중하지 않으며, 자신의 보호를 위해 욕구를 숨기는 것이다. 그들 자신을 부인하며 자신은 별로 중요하지 않다는 메시지를 다른 사람에게 보낸다. 이런 반응이 계속될 경우 자아존중감은 더 낮아지게 된다. 자신의 내적 감정, 상태보다 타인과 상황이 중요하고 자신의 욕구보다 타인의 욕구에 먼저 반응한다.

② 비난형(Blame) : 회유형과 정반대의 유형으로 자기 주장이 강하고 독선적이고 명령적이고 지시적이다. 다른 사람들은 무시하고 오로지 자신만을 생각하는 사람이다. 자신을 방어하기 위해 다른 사람을 괴롭히고 비난하며, 자신과 상황에만 가치를 둔다. 따라서 적의를 가지고 잔소리하는 난폭한 폭군으로 진술된다. 내면에는 외로움과 긴장감, 실패자라는 패배감을 가지며, 거친 비난은 도움을 요청하는 호소라고 Satir는 지적한다.

③ 초이성형(Super-reasonable) : 초이성형은 객관성과 논리성의 소유자이며, 자신과 다른 사람을 과소평가하고 상황만을 중시한다. 자신과 다른 사람의 감정을 거부하여 어떤 감정도 내보이지 않으며 매우 정확하고 이성적, 냉정, 차분, 침착, 항상 객관적, 합리적인 의사소통 패턴을 선택한다. 행동 패턴은 권위적, 논리적이며 항상 옳아야 한다. 융통성이 없고 자존심이 강하며 지나친 책임감을 보인다. 속으로는 상처받기 쉽고 외로움, 고립감을 느낀다. 문제해결능력은 뛰어나나 '나'와 '남'이 모두 불행하다.

④ 산만형(Irrelerant) : 초이성형의 정반대 유형으로, 버릇없는 많은 행동으로 인해 혼란스럽고 끊임없이 움직이며, 토론 주제로부터 다른 사람들의 관심을 분산시키려 한다. 생각이나 주제를 자주 바꾸고 특정 주제에 집중하지 못하며 자신과 다른 사람, 상황 모두를 중요하게 생각지 않는다. 난처할 때는 농담을 하거나 딴청을 피우며 횡설수설한다. 행동은 분주하고 산만하여 눈 깜박임, 다리 흔들기, 머리카락 만지기 등을 반복한다. 이는 그들 내면의 약점을 숨기고 거부당함을 방어하고자 나타나는 행동이다. 자신과 타인, 상황 모두를 무시하고 심리적 접촉이 어려우며, 유머와 창의성이 뛰어나 재미있는 사람이다.

⑤ 일치형(Congruent) : Satir 모델의 주된 개념으로 자신과 타인, 상황 모두를 존중하고 신뢰한다. 개인의 특성을 존중하고 자신의 내적·외적 자원들을 사용하며 대화가 개방적이다. 자신과 타인을 사랑하며 변화에 대해 유연하다. 일치된 말과 정서를 사용하고 자신과 다른 사람, 상황을 중요시한다. 의사소통의 내용과 내적 감정이 일치하는 유형이다. 의사소통은 자기 가치감을 측정할 수 있는 수단이며, 낮은 자존감을 해결하는 데 좋은 방법은 전 가족 구성원과 작업하여 일치하는 의사소통 패턴으로 변화시켜 주는 것이다.

19 종합심리보고서에 반드시 포함되어야 할 내용을 5가지 쓰시오.

고득점 모범답안

① 의뢰 사유
② 신상 정보
③ 피검자 인상 및 행동 관찰
④ 검사 결과
  • 지적 및 인지적 영역
  • 정서 및 행동, 대인관계 영역
  • 진로 영역
⑤ 종합
⑥ 제언

20 상담자가 상담 시 내담자와의 관계에 대해 알고 있어야 할 윤리문제에 대한 기본 원칙을 쓰고, 행동지침을 5가지 기술하시오.

> **고득점 모범답안**

(1) 기본원칙
　　① 자율성(autonomy)
　　② 무해성(nonmaleficence)
　　③ 충실성(fidelity)
　　④ 이득(beneficence)
　　⑤ 공정성(justice of fairness)

(2) 행동지침
　　① 당신의 한계를 인식하라.
　　② 문화의 역할을 이해하라.
　　③ 해로운 이중 관계를 피하라.
　　④ 남을 돌보기 위해서는 먼저 자신을 돌봐라.
　　⑤ 내담자의 요구에 초점을 맞추어라.
　　⑥ 당신의 가치관을 자각하라.
　　⑦ 현명한 방식으로 행동하라.

CHAPTER 07 | 2022년 1회 기출복원문제

01 조현병 증상이 있는 사람들이 정신재활을 할 때 정신재활의 기본원리를 5가지 쓰시오.

고득점 모범답안

① 기능력 : 환자의 일상생활 활동을 수행하는 능력을 향상시키는 데 초점을 둔다.
② 환경 : 환자가 생활하고, 배우고, 일하는 실제 세계에 초점을 둔다.
③ 성과지향성 : 환자의 성공적 결과를 평가하고, 전문가의 책임성, 환자의 성과에 미친 효과를 기준으로 서비스 방법의 효용성을 판단하는 것에 초점을 둔다.
④ 환자의 참여 : 성공과 만족에 대한 환자의 기준과 목적을 정할 때, 재활절차의 방법을 선택할 때, 또한 재활 절차의 실시과정에서 환자가 참여하는 것에 초점을 둔다.
⑤ 포괄성 : 환자의 여러 측면과 주위 환경에 관련된 모든 필요한 요인들을 포함하는 것에 초점을 둔다.
⑥ 지원 : 환자가 필요로 하는 한 도움과 강화를 제공하는 것에 초점을 둔다.
⑦ 성장잠재력 : 개인이 가진 향상과 성장의 타고난 능력, 주어진 기회와 자원, 변화 가능성과 희망적 태도에 초점을 둔다.
⑧ 개별화 : 개인의 고유한 특성을 존중하는 것, 개별성을 구별하기 위한 방법으로서 개인을 구체적으로 이해하는 데 초점을 둔다.

02 행동수정기법을 5가지 쓰시오.

> **고득점 모범답안**
> ① 정적강화 : 바람직한 행동을 할 때마다 보상을 주어 바람직한 행동을 강화해주는 방법
> ② 조건강화 : 본래 강화를 주지 않던 자극을 다른 강화물과 짝지어 강화물로 활용
> ③ 용암법(fade out) : 변별력을 가르칠 때 자극을 점진적으로 조절하여 궁극적으로 변화된 자극 또는 새로운 자극에 대해 반응하도록 하는 방법
> ④ 행동형성법(shaping) : 현재 하지 못하는 행동을 하게 하기 위하여 단계적으로 행동을 조형해 주는 방법
> ⑤ 행동연쇄법(chaining) : 일련의 행동이 연속적으로 단계에 따라 이전 단계와 이후 단계가 서로 자극-반응으로 연쇄되어 일어나도록 하는 방법

03 경청할 때의 행동을 3가지 쓰시오.

> **고득점 모범답안**
> ① 적절한 눈 마주침
> ② 머리의 끄덕임
> ③ 얼굴 표정
> ④ 신체 자세

04 신경심리검사 중 시공간 평가 시 자주 사용하는 검사 5가지를 쓰시오.

고득점 모범답안

① 토막짜기(WAIS)
② 벤더도형검사(BGT)
③ 복합도형검사(R-CFT)
④ 도형그리기검사
⑤ 신경심리평가(CERAD-K)

05 면접 및 상담 시 기본 방법을 5가지 쓰시오.

고득점 모범답안

① 접수면접을 위한 기본정보 : 접수면접 날짜, 내담자 및 면접자 이름, 내담자 생년월일
② 내담자의 호소문제 : 내담자가 상담을 받으려는 이유, 상담소를 찾아온 목적 혹은 배경
③ 현재 및 최근의 주요 기능 상태 : 내담자가 일상생활을 어떻게, 내담자의 현재 및 최근 기능 수행 정도
④ 스트레스의 원인 : 내담자의 말과 표현방식에서 나타나는 스트레스 양상, 다양한 스트레스 조건 탐색
⑤ 사회적·심리적 자원(지원체계)
⑥ 호소문제와 관련된 개인사 및 가족관계 : 과거 동일한 문제에 대한 내담자의 대처방식, 내담자의 호소문제에 가족들의 행동 및 태도, 내담자의 가족 안에서의 역할 수행 및 관계 맺는 양식 등
⑦ 외모 및 행동 : 내담자의 옷차림, 두발상태, 표정, 말할 때의 표정, 시선의 적절성
⑧ 진단평가 및 면접자의 소견 : 내담자 문제에 해당하는 적절한 진단명 부여, 상담전략이나 계획에 대한 의견 제시

06 다음 주어진 사례를 읽고 물음에 답하시오.

> A씨는 자신이 사회경력으로부터도, 결혼생활로부터도 멀어지게 되었다고 생각하며, 자신이 더이상 가치가 없고, 사회와 무관한 존재로 전락했다는 생각을 떨칠 수 없었다. 이와 같은 생각은 날이 갈수록 더해졌으며 하루 대부분을 우울한 기분으로 보냈고, 자살 결심을 하게 되었다.

(1) A씨 증상은 주요우울장애를 시사한다. 주요우울장애 진단기준에서 주요우울증상을 4가지 기술하시오.

고득점 모범답안

① 식욕부진 또는 과식
② 불면 또는 과다 수면
③ 기력의 저하 또는 피로감
④ 자존감 저하
⑤ 집중력 감소 또는 우유부단
⑥ 절망감

(2) 자살위험성에 대한 평가항목을 3가지 기술하시오.

고득점 모범답안

① 자살의도평가
② 자살방법평가
③ 자살준비평가
④ 자살시도평가

(3) 자살위험이 높을 경우 해야 할 대처 방법을 3가지 기술하시오.

고득점 모범답안

① 가족 및 가까운 사람에게 알림
② 혼자 있지 못하게 함
③ 자살예방전문가를 만나게 함

07 만성정신질환자 재활 방법을 3가지 쓰시오.

고득점 모범답안

① 가족 교육 및 치료
② 지역사회 지지서비스
③ 사회기술훈련
④ 직업 재활
⑤ 환자 교육
⑥ 다양한 주거 프로그램

08 다음 주어진 사례에서 상담자가 보여주려고 하는 것은 무엇인가?

- 내담자 : 나는 도움이 안 되는 사람이에요.
- 상담자 : 그렇게 생각하세요? 정말 비참한 기분이겠네요.
- 내담자 : 친구가 어제 그렇게 말했어요.
- 상담자 : 그 친구가 당신을 쓸모없는 사람이라고 말했다고요?

고득점 모범답안

상담 현장에서 반영기법을 사용하였다. 반영은 내담자의 말과 행동에서 표현되는 감정, 생각, 태도를 상담자가 다른 참신한 말로 부연하는 기술을 말한다.

09 놀이치료의 치료적 가치를 3가지 쓰시오.

고득점 모범답안

① 공감력 증진
② 자아존중감 발달
③ 문제해결능력 향상
④ 치료적 관계 형성에 유용
⑤ 효과적인 치료 가능

10 자기보고형 성격검사의 장점과 단점을 각각 2가지씩 쓰시오.

고득점 모범답안

① 장점
- 검사의 시행, 채점, 해석 등 실시가 편하다.
- 검사의 신뢰도와 타당도가 표준화되어 있기 때문에 비교적 높다.
- 검사자의 변인이나 상황변인이 적기 때문에 객관성이 보장될 수 있다.

② 단점
- 문항의 내용이 사회적으로 바람직한 내용인가에 따라 문항에 대한 응답 결과가 영향을 받는다.
- 개인이 대답하는 방식에 있어서 일정한 흐름이 있어서 이러한 방식에 따라 결과가 영향을 받는다.
- 객관적 검사문항이 특정 중심적 문항에 머무르기 때문에 특정 상황에서의 특성-상황 상호작용 내용이 밝혀지기 어렵다.

11 노출치료를 통해 내담자가 배울 수 있는 점을 3가지 쓰시오.

고득점 모범답안

① 자극적인 상황에 노출시켜 직면시킴으로써 불안을 감소시키는 둔감화를 배움
② 바람직하지 못한 행동에 혐오 자극을 제시하여 부적응적인 행동을 제거하는 법을 배움
③ 강박 증상으로 인해 야기되는 상황을 다루며 강박 행동을 조절하는 방법을 배움

12 이중관계를 지양해야 하는 이유에 대하여 쓰시오.

> **고득점 모범답안**
> ① 상담자-내담자 관계에 부정적인 영향을 미침
> ② 거래 관계 시 상대방 부탁 거절이 어려움
> ③ 친밀, 성적 관계 시 공감을 방해하고 전이 역전이 감정을 느낄 수 있음

13 카우프만의 지능검사 기본철학을 5가지 쓰시오.

> **고득점 모범답안**
> ① 지능검사의 소검사는 개인이 학습해 온 것을 측정한다.
> ② 지능검사의 소검사는 개인행동 표본일 뿐 총체는 아니다.
> ③ 개인 대상의 표준화된 검사는 특정한 실험적 환경하에서 정신 기능을 평가한다.
> ④ 지능검사와 같은 종합 검사는 이론적 모형에 근거하여 해석해야 유용하다.
> ⑤ 검사 프로파일을 통해 도출된 가설은 다양한 출처의 자료를 통해 지지되어야 한다.

14 다음 보기 사례를 읽고 물음에 답하시오.

> 만약 이번 학기에서 전 과목에서 A학점을 받지 못한다면, 이번 학기는 실패한 것이나 다름없어.

(1) 인지적 오류의 유형을 쓰시오.

고득점 모범답안

흑백논리

(2) 치료기법을 쓰고 설명하시오.

고득점 모범답안

척도화 기법 : 어떤 사건이나 경험을 판단할 때 양단 결정을 하지 않고 이를 비율로 제시하도록 하여 중간지대를 떠올려 보도록 하게 하는 기법

15 Moore의 가족갈등 5영역에 대해 쓰시오.

고득점 모범답안

① 정보갈등 : 정보 혹은 정보 부족에 대한 갈등
② 관심갈등 : 부족한 자원과 그 차이에 의한 실제적인 경쟁이나 이에 대한 지각과 관련된 갈등
③ 관계갈등 : 고정관념, 빈약한 의사소통, 잘못된 지각에 의해 발생하는 갈등
④ 구조적갈등 : 가족체제 내에 존재하는 균형적이지 않은 힘과 통제력의 불균형에 의해 발생하는 갈등
⑤ 가치갈등 : 신념과 목표에 기초한 갈등

16 다음 ㉠~㉡에 들어갈 상담기법을 쓰시오.

- (㉠) : 내담자의 말을 거울처럼 다시 말해 주는 것
- (㉡) : 내담자의 말을 알기 쉬운 언어로 다시 이야기해 주는 것

고득점 모범답안

- 반영 : 내담자의 말을 거울처럼 다시 말해 주는 것
- 재진술 : 내담자의 말을 알기 쉬운 언어로 다시 이야기해 주는 것

17 내담자 중심의 기본적인 자세를 3가지 쓰시오.

고득점 모범답안

① 일치성 : 상담자가 내담자와 상담 관계에서 느낀 감정과 태도를 솔직하게 인정하고 표현하는 자세
② 무조건적인 수용 : 내담자를 있는 그대로 받아들이며 존중해 주는 것을 의미
③ 공감적 이해 : 상담자가 내담자의 입장에서 내담자를 깊이 이해하면서도, 자신의 역할과 자세를 잃지 않는 자세

18 HTP 그림검사 중 사람 그림검사에서 평가할 수 있는 3가지와 그에 대해 간략히 설명하시오.

고득점 모범답안

① 자화상 : 수검자가 자신에 대해서 스스로 어떨 것이라 느끼는 점
② 이상적인 자아 : 수검자가 이상적으로 바라는 자기상을 투사
③ 중요한 타인 : 수검자의 현재 혹은 과거의 경험과 환경으로부터 도출

19 벡의 인지적 오류를 5가지 쓰시오.

> **고득점 모범답안**

① 임의적 추론 : 어떤 결론을 지지하는 증거가 없거나 그 증거가 결에 위배되어도 그와 같은 결론을 내림
② 선택적 추상화 : 사소한 부분에 초점을 맞추고 부분적인 것에 근거하여 전체 경험을 이해
③ 과도한 일반화 : 한두 가지 고립된 사건에 근거하여 일반적 결론을 내리고 그것을 관계없는 상황에 적용함
④ 이분법적 사고 : 모든 경험을 한두 개의 범주로 이해하고 흑백논리로 현실을 파악
⑤ 긍정격하 : 자신의 긍정적 경험, 능력을 부정적인 것으로 전환함
⑥ 재앙화 : 자신의 걱정을 지나치게 과장하여 두려움에 사로잡힘

20 심리평가의 전통적 모델과 치료적 모델의 평가목표와 평가자 역할을 비교하여 각각 쓰시오.

> **고득점 모범답안**

① 전통적 모델
  - 목표 : 평가자가 심리평가를 통해 내담자의 정보를 얻어 치료자에게 제공
  - 역할 : 평가자는 치료자의 치료를 돕는 역할 수행
② 치료적 모델
  - 목표 : 심리평가도 치료라는 큰 틀에서 심리평가 자체가 관계 형성을 하는 과정이며 평가자와 치료자가 같아야 함
  - 역할 : 평가자 자신도 치료자의 역할을 수행
※ 전통적 모델에서는 심리평가만을 목표로 하였으나 치료적 모델에서는 치료자의 역할도 중요시함

CHAPTER 08 | 2022년 3회 기출복원문제

01 사례를 보고 연구 절차상 문제점이 무엇인지 쓰고, 이를 해결하기 위한 대안 3가지를 쓰시오.

> 한 임상심리학자가 자기가 개발한 치료법의 효과를 검증하기 위해 공포증이 있는 것으로 의심되는 20명을 대상으로 5회기에 걸쳐 치료한 후 변화를 지켜봤다. 치료가 종료되기 전과 후 대상자들에게 7점 척도상에 평정하게 했는데, 치료가 종료된 이후 평점 점수가 유의미하게 낮아졌다. 이를 토대로 임상심리학자는 자신의 치료법이 효과가 있다고 주장했다.

고득점 모범답안

① 집단 설정 과정 및 표본의 대표성 문제 : 임상심리학자는 사회공포증이 의심되는 20명을 실험대상자로 선정하였다. 그러나 소수의 인원으로 실험하는 만큼 통계적 검증력이 결여될 수밖에 없다. 실험 대상자들의 연령이나 성별, 증상의 정도 및 불안의 유형에 대한 구체적인 기준 없이 실험 대상자로 선정함으로써 실험 결과를 일반화하는 데 한계를 보인다.
– 해결 대안 : 임상심리학자는 집단 설정 과정에서 표본의 크기 및 표본의 대표성에 문제가 없는지 확인해야 한다.

② 통제집단의 결여 : 보기 사례에서는 임상심리학자가 사회공포증이 의심되는 사람들을 대상자로 선정하면서 이들을 실험집단과 통제집단으로 나누지 않은 것으로 보인다. 실험 설계는 기본적으로 실험집단, 통제집단, 자극 3요소로 이루어진다. 집단을 실험집단과 통제집단으로 나누는 것은 보다 정확한 인간관계의 추리를 위한 것이므로 반드시 필요한 과정이라 할 수 있다.
– 해결 대안 : 임상심리학자는 집단을 실험집단과 통제집단으로 나누고 가급적 둘 이상의 연구에서 실험집단이 대기자 통제집단보다 우수한 효능을 보이는지 검증해야 한다.

③ 위약효과(가실험효과) : 실험 대상자들은 제한된 실험 환경에서 자신이 연구자나 다른 실험 대상자들의 관찰 대상이 된다는 사실을 인식함으로써 평소 자신의 모습과 다르게 반응할 수 있다.
– 해결 대안 : 임상심리학자는 연구결과가 제한된 연구 환경을 벗어나 보다 현실적이면서도 다양한 환경에서도 적용될 수 있는지 검토해야 한다. 특히 서로 다른 연구자들이 시행한 두 개 이상의 집단설계 연구로서 위약 혹은 다른 치료에 비해 우수한 효능을 보이는지 충분히 검토해야 한다.

④ 비교 및 검증 과정의 결여 : 실험 설계는 사전 사후 검사 결과 변수 간 의미 있는 변화를 비교 및 검토하는 과정이 요구된다. 실험 결과에 따른 치료적 효과는 단순히 자기 보고식 평정척도만으로 검증될 수 있는 것이 아니다.
– 해결 대안 : 임상심리학자는 객관적 관찰자로서의 진단, 실험 과정상 포착된 시험 대상자의 생리적 행동적 반응 변화, 치료적 효과의 임상적 유의성에 대한 판단 등을 종합적으로 고려하여 치료법의 효과성 여부를 판단해야 한다. 해당 치료법에 관한 연구가 엄정한 실험 설계를 거치고 다른 치료와 비교하여 우수한 효능을 보인다면 이를 잘 확립된 치료로 볼 수 있다.

02 보기의 사례를 보고 A군의 행동이 윤리적으로 타당한지 여부를 쓰고, 그에 대한 이유를 제시하시오.

> A군은 임상 심리 전공 대학원생인데 센터에서 실습을 하던 중 평소에 호감이 있던 여학생이 검사를 신청한 것을 알게 되었다. 새로운 프로그램을 상담에 적용해 보고 싶었던 A군은 자신이 상담을 맡겠다고 제안했다.

고득점 모범답안

주어진 사례는 임상심리사의 윤리 중 인간 권리와 존성성에 대한 존중과 이중 관계 지양에 해당된다. 이중 관계는 상담자와 내담자로서의 관계를 맺는 것 외에 다른 관계를 맺는 것으로, 금전이나 상품의 거래 관계, 친구나 친척 등 지인과의 친밀관계, 이성친구나 애인과의 성적 관계 등이 대표적인 이중 관계이다. 이러한 이중 관계는 상담자-내담자 관계에 부정적인 영향을 미치기 쉬우며, 서로 간의 정확한 공감을 방해하고 전이 혹은 역전이 감정을 가지게 한다. 따라서 이중관계 등으로 문제가 발생할 경우 수련감독자나 다른 전문가에게 자문을 구해야 한다.

보너스 가이드

상담자의 윤리적 행동을 바로잡기 위한 방법

- 상담자는 자신의 윤리적 위반 행동을 깨닫고 인식하는 것이 우선되어야 한다. 만약 그런 행동을 깨닫지 못한다면 그 행동은 그대로 내담자에게 전달되어 고통을 안겨줄 수 있다.
- 이러한 행동을 깊이 생각하여 손상된 부분을 회복하는 행동 계획을 세운다. 따라서 상담자는 자신의 생각을 항상 점검하고 자신의 행동이 내담자의 안녕과 복지를 위해 최상인지, 직업윤리 규정에 적합한지를 검토하여 행동지침을 따라야 위반 행동의 함정에서 벗어날 수 있다.
- 동료의 비윤리적 행동을 알게 되거나 목격한 경우에, 먼저 그 동료와 직접 이야기를 하고 비공식적으로 다룬다. 그런 다음 슈퍼바이저의 자문을 통해 내린 결론과 논의에 따라 윤리 위원회에 보고하는 것을 선택할 수 있다.

03 MMPI-2의 2개 척도에 대한 분석에서 6-8/8-6 유형일 때, 일반적인 특징 5개와 가능성 있는 진단명 2개를 작성하시오.

고득점 모범답안

① 일반적인 특징
- 자신감과 자존감이 부족하며, 실패로 생각되는 것에 대한 열등감과 죄책감을 느낀다.
- 타인에 대해 적대감과 의심, 과민한 반응과 변덕스러운 태도를 보이는 등 타인과의 관계에서 불안정하다.
- 현실을 인지하는 능력을 상실하여 자폐적이고 조현적인 환상에 빠지기도 하며, 성적인 문제에 대해 갈등을 나타낸다.
- 심한 스트레스를 받는 경우 감정이 둔화되고 부적절한 양상을 보이며, 우울 증상을 나타내기도 한다.
- 피해망상, 과대망상, 환청 등으로 작은 고통에도 괴로워한다.

② 진단명 : 조현성(분열성) 성격장애 혹은 편집성 성격장애의 진단이 가능하다.

보너스 가이드

MMPI-2 임상 척도 6 Pa(Paranoia, 편집증)

측정 결과가 70T 이상인 경우, 수검자는 피해망상, 과대망상, 관계사고 등 정신병적 증상을 보일 수 있다. 이들은 남을 비난하고 원망하며, 적대적이거나 따지기를 좋아한다. 특히 척도 6의 점수가 높은 사람은 투사와 합리화의 방어기제를 자주 사용한다.
반대로 정신병적 소견이 있는 환자로서 결과가 매우 낮은 경우 자기중심적인 성향으로 문제 해결에 있어 경직적이고 경계심이 많으면서 편집증적이고 망상적인 양상을 보인다.

MMPI-2 임상 척도 8 Sc(Schizophrenia, 정신분열증)

측정 결과가 높은 경우 전통적인 규범에서 벗어나는 정신분열성 생활방식을 반영한다. 이들은 위축되고 수줍어하며 우울하다. 또한 열등감과 부족감을 느끼며 주의 집중 및 판단력장애, 사고장애를 나타내기도 한다. 특히 측정 결과가 75T 이상인 경우 기이한 사고, 환각, 판단력 상실 등의 문제를 보이는 정신병적 장애를 시사하며, 반대로 측정 결과가 낮은 경우 관습적인 사고를 나타내면서 순종적이고 권위에 수용적인 모습을 보이기도 한다. 이들은 상상력과 창의력이 부족하여 세상을 다르게 지각하는 사람들을 이해하지 못한다.

04 MMPI-2에서 ?척도가 상승하는 경우 5가지를 쓰시오.

고득점 모범답안

- 수검자가 강박성으로 인해 문항 내용에 대한 정확한 응답에 과도하게 집착하는 경우
- 수검자가 정신적 부주의나 혼란으로 인해 문항을 빠뜨리는 경우
- 수검자가 방어적인 태도로 자신을 드러내는 것에 대해 거부감을 느끼거나 검사 및 검사자에 대해 불신하는 경우
- 수검자가 검사자에게 비협조적이고 반항하는 태도를 보이는 경우
- 수검자가 극도의 불안이나 우울 증상을 보이는 경우

보너스 가이드

?척도(무응답척도)

무응답한 문항이나 '그렇다', '아니다'에 모두 답한 문항의 총합으로, 수검자의 심각한 정신병이로 인한 반응상의 어려움, 검사 및 검사자에 대한 비협조적 태도, 개인적 정보 노출에 대한 방어적 태도 등을 측정한다. 보통 30개 이상의 문항을 누락하거나 양쪽 모두에 응답하는 경우 프로파일은 무효로 간주될 수 있다.

05 다음은 상담 초기에 흔히 볼 수 있는 대화이다. 내담자는 심리 상담에 회의적이다. 상담자는 어떻게 반응해야 하며 그 근거는 무엇인가?

> 내담자 : 선생님, 저는 확신이 서지 않습니다. 상담을 받는다고 좋아질까요?
> 상담자 : 그렇게 말씀하시니 다행이네요. 솔직하기가 쉽지 않으니까요.
> 내담자 : 선생님을 믿지 않아서가 아닙니다. 상담을 받아도 나아지지 않을 것 같아서요.
> 상담자 : (   )

고득점 모범답안

① 반응방법 : 내담자에게 충분한 공감을 갖고 반응하는 것이다.
   예 "상담에 대한 확신이 없으시군요. 상담사에게 자신의 이야기를 솔직하게 이야기한다는 것이 어려울 수도 있습니다. 보통 이런 경우는 타인에 대한 의심과 나에 대한 의심이 증폭되는 루틴을 가지고 있어서입니다. 즉, 나 자신을 사랑하지 않고 있는지 한번 살펴볼 필요가 있습니다. 내가 나를 사랑하지 못하면 아무도 사랑할 수 없습니다. 있는 그대로의 나와 내 삶을 사랑하면 내 인생이 의미 있다는 것을 발견해 낼 수 있습니다. 그리고 긍정적인 생각이 필요합니다."
② 반응 근거 : 내담자가 현재 어떤 사고를 하고 있는지 인지시켜주는 것이다. 즉 의문과 불안을 가지고 있음을 알려주는 것이다. 따라서 내담자에게 부정적 사고에 대해 자각시켜 주는 것이 필요하다. 부정적 사고는 부정적 현실을 창조할 수 있다. 즉, 생각에는 물리적인 힘이 있어서 반복적인 부정적 생각은 부정적 현실을 창조하는 경우가 많다.

보너스 가이드

상담자의 반응기술

- 의사소통의 중요한 목적은 상대를 이해하는 것이다.
- 내담자의 신체언어를 통해 감정과 행동을 드러내고 음성언어를 통해 자신의 의도를 전달한다.
- 상담자는 내담자를 조력하기 위해 촉진적인 신체언어와 음성언어를 사용하여 반응한다.
- 상담자는 효과적인 조력을 위해 적극적 경청을 통해 내담자를 이해하고, 적절한 반응을 통해 내담자가 문제해결을 할 수 있도록 촉진한다.
- 상담자는 능숙한 의사소통 기술자여야 한다.

06 인지행동 치료에서 소크라테스식 대화법의 유의사항 6가지를 쓰시오.

고득점 모범답안

① 변화 가능성을 보여주는 질문을 한다.
② 구체적인 성과를 얻을 수 있는 질문을 한다.
③ 내담자를 학습과정에 참여하도록 이끄는 질문을 한다.
④ 내담자의 인지 기능, 주의 집중력 등을 고려하여 도움이 되는 수준의 질문을 한다.
⑤ 정해진 결론으로 이끄는 질문을 삼간다.
⑥ 필요한 경우 선다형의 질문을 사용한다.

보너스 가이드

소크라테스식 질문의 목표 4가지

- 내담자의 문제를 구체화하거나 명확하게 규정한다.
- 내담자의 생각, 시각점 심상, 신념 등을 포착하도록 한다.
- 사건들에 대해 내담자가 부여한 의미를 재검토하도록 한다.
- 특정한 사고와 행동의 결과를 평가하도록 한다.

07 사회성숙도 검사에서 아동의 발달을 측정하기 위해 이용하는 영역을 쓰시오.

고득점 모범답안

① 자조 : 일반적인 자조 능력, 식사 자조 능력, 옷 입고 벗기 및 청결 자조 능력으로 세분화하여 알아보는 문항
② 이동 : 운동능력과 관련된 사회적 의미를 알아보는 문항
③ 작업 : 놀이에서부터 전문성을 요하는 작업에 이르기까지의 다양한 능력을 알아보는 문항
④ 의사소통 : 동작, 음성, 문자 등을 매체로 한 수용과 표현에 관련된 문항
⑤ 자기관리 : 책임감과 분별력, 독립성 등을 알아보는 문항
⑥ 사회화 : 사회화 활동, 책임, 현실적 사고에 대해 알아보는 문항

보너스 가이드

사회성숙도 검사

1935년 미국의 Doll이 제작한 바인런드(Vineland) 사회성숙도 검사 제5판을 1965년 김승국, 김옥기 씨가 한국 실정에 맞게 표준화한 한국판 검사이다. 특히 사회 적응 능력 발달 수준을 평가하여 아동의 인지적 성숙도를 측정할 수 있다는 점에서 장애 아동 및 비장애아동의 진단 및 치료 목적으로 활용되고 있다.

08 인터넷 중독이 의심되는 내담자로 하여금 중독에서 벗어날 수 있도록 추천하는 일반적인 방법 4가지를 쓰시오.

고득점 모범답안

① 반대로 실행하기 : 현재 인터넷 사용 습관이나 패턴에 대한 정보를 파악한 후에 내담자와 함께 인터넷 사용의 새로운 스케줄을 만들고 패턴을 고치기 위한 목표를 둔다.
　예 내담자가 평소 집에 오자마자 컴퓨터에 앉아 인터넷 또는 게임을 하는 패턴을 새로운 스케줄에서 과제를 먼저 하거나 식사를 한 다음 컴퓨터를 사용하도록 조정한다.

② 외적 중지자 활용하기 : 내담자가 스스로 컴퓨터 사용을 제한할 수 있도록 반드시 해야 하거나 가야 하는 장소 등의 외적 중지자를 이용하는 방법이다.
　예 내담자가 매일 정해진 시간에 학원을 가야 하는 경우, 학원 가기 전 한 시간 동안 컴퓨터를 사용하도록 하는 등 사용 시간에 외적 제한을 둘 수 있다.

③ 컴퓨터 사용 시간에 대한 구체적인 목표 세우기 : 컴퓨터 사용 시간을 통제하기 위해 합리적인 목표를 설정하여 구조적인 계획을 세우도록 하는 방법이다.
　예 현재 일주일에 40시간을 사용할 경우 20시간으로 조정하고 시간을 배분하여 달력이나 계획표에 적어 두는 방법으로 스스로 통제하여 자신감을 경험한다.

④ 특정 응용프로그램의 사용 금지 : 내담자에게 가장 문제가 되는 특정 응용프로그램이 무엇인지 파악하여 해당 프로그램의 사용을 금지하는 방법이다.
　예 내담자가 채팅 프로그램에 중독적인 성향을 보이는 경우 채팅 프로그램 사용을 금지하는 대신 이메일 등으로 대체하여 활용하도록 한다.

⑤ 득과 실을 상기시키는 카드 활용하기 : 컴퓨터 중독으로 인해 생기는 문제 5가지, 컴퓨터 사용을 절제하며 얻게 되는 이점 5가지를 목록화하여 이를 카드로 작성하는 방법이다.
　예 내담자가 컴퓨터 사용을 하고 싶은 충동을 느낄 때 해당 카드를 꺼내어 보며 생산적인 활동을 할 수 있도록 조절하고 되새겨볼 수 있도록 한다.

⑥ 그동안 소홀했던 활동에 대한 목록 만들기 : 내담자로 하여금 컴퓨터에 몰두하느라 시간을 줄이거나 또는 무시한 활동들을 하나하나 적어 목록으로 만드는 방법이다.
　예 목록에 적힌 활동들의 중요성을 평가하며 중독 이전의 삶을 되돌아보고 만족감을 떠올려본다.

보너스 가이드

인터넷 중독은 DSM-IV와 마찬가지로 DSM-5에서도 공식적인 진단명을 가지고 있지는 않다.

09 방어기제의 의미를 쓰고 방어기제의 유형을 3가지 간략히 설명하시오.

고득점 모범답안

① 방어기제의 의미 : 자아가 위협받는 상황에서, 무의식적으로 자신을 속이거나 상황을 다르게 해석하여, 감정적 상처로부터 자신을 보호하는 심리 의식이나 행위를 가리키는 정신분석 용어이다.

② 방어기제 유형
- 억압 : 죄의식이나 괴로운 경험, 수치스러운 생각을 의식에서 무의식으로 밀어내는 것으로 선택적 망각을 의미한다.
- 부인(부정) : 의식화되는 경우 감당하기 힘든 고통이나 욕구를 무의식적으로 부정하는 것이다.
- 합리화 : 현실에 더이상 실망을 느끼지 않기 위해 자신의 행동에 그럴듯한 이유를 붙여 자신의 말이나 행동을 정당화하는 것이다.
- 반동형성 : 자신이 가지고 있는 무의식적 소망이나 충동을 본래의 의도와 달리 반대되는 방향으로 바꾸는 것이다.
- 투사 : 사회적으로 인정받을 수 없는 자신의 행동과 생각을 마치 다른 사람의 것인양 생각하고 남을 탓하는 것이다.
- 주지화 : 위협적이거나 고통스러운 정서적 문제를 피하기 위해 또는 그것을 둔화시키기 위해 사고, 추론, 분석 등의 지적 능력을 사용하는 것이다.
- 전치 : 자신이 어떤 대상에 대해 느낀 감정을 보다 덜 위협적인 다른 대상에게 표출하는 것이다.
- 해리 : 괴로움이나 갈등 상태에 놓인 인격의 일부를 다른 부분과 분리하는 것이다.
- 승화 : 사회적으로 인정될 수 있는 행동방식으로 표출하는 것이다.
- 신체화 : 심리적인 불안이나 스트레스가 감각기관이나 신체 증상으로 표출되어 나타나는 것이다.
- 동일시 : 자기가 좋아하거나 존경하는 대상과 자기 자신 또는 그 외의 대상을 같은 것으로 인식하는 것을 말한다.

보너스 가이드

Vaillant의 방어기제 분류

자기애적 방어기제(투사, 부정 등), 미성숙 방어기제(퇴행 등), 신경증적 방어기제(억압, 전위, 반동형성 등), 성숙한 방어기제(승화 등) 등이 포함된다. 한편으로는 방어기제의 성숙 위계에 따라 병리적 단계(망상적 투사, 부정 등), 미성숙 단계(수동-공격, 투사, 신체화, 투사적 동일시 등), 신경증적 단계(전위, 반동형성, 억압, 합리화, 퇴행 등), 성숙 단계(승화 등) 등으로 표현한다.

10 임상심리사의 유능성의 의미를 설명하고, 이를 위반하게 되는 이유 3가지를 쓰시오.

고득점 모범답안

① 유능성의 의미 : 유능성은 임상심리나 또는 임상심리학자가 자신의 강점과 약점, 자신이 가지고 있는 기술과 그 것의 한계에 대해 자각해야 한다는 것이다. 그리하여 지속적인 교육·수련으로 최신의 기술을 습득하며, 이를 통해 사회의 변화에 민첩하게 대응해야 한다는 것이다.

② 유능성의 원칙을 위반하는 이유
- 개인적인 심리적 문제를 가지고 있는 경우
- 너무 많은 부담으로 인해 지쳐있는 경우
- 교만하여 더 이상 배우지 않고 배울 필요가 없다고 생각하는 경우
- 해당되는 특정 전문교육수련을 받지 않고도 특정 내담자군을 잘 다룰 수 있다고 여기는 경우

보너스 가이드

임상심리사가 가져야 할 전문가로서의 윤리원칙

- 유능성 : 자신의 강점과 약점 그리고 한계에 대해 자각하여야 한다.
- 성실성 : 환자를 다룰 때 공정하고 거짓이 없어야 한다. 특히 환자와 다중 관계를 금한다.
- 전문적·과학적 책임 : 전문적이고 과학적인 기초 위에서 활동하고 자신의 능력과 범위를 인식해야 한다.
- 인간의 권리와 존엄에 대한 존중 : 환자의 비밀과 사생활을 지켜주고, 각 개인의 차이를 인정해야 한다.
- 타인의 복지에 대한 관심 : 환자를 돕기 위해 노력하고, 환자의 삶의 질을 높일 수 있도록 노력해야 한다.
- 사회적 책임 : 자신의 기술이 사외에 이익이 되도록 사용해야 하고, 윤리원칙에 어긋나는 정책에 관심을 가지고 반대하여야 한다.

11 다음 사례를 본 후 상담자의 반응에 대해 각각 어떤 개입 기술인지 작성하시오.

> 저는 지난밤 기이한 꿈을 꿨습니다. 아버지랑 숲으로 사냥을 갔는데, 사냥감에 집중하느라 숲의 깊은 곳까지 갔습니다. 그런데 갑자기 바위의 뒤편에서 어떤 커다란 물체가 튀어나왔습니다. 저는 순간 사슴인 줄 알고 방아쇠를 당겼습니다. 그 물체가 쓰러지는 것이 보였고, 저는 가슴을 부여잡은 채 천천히 다가갔습니다. 가까이서 보니 그 물체는 사슴이 아닌 아버지였습니다. 아버지가 제 총에 죽은 것이죠. 저는 너무 황당하고 두려워서 잠에서 깨어났는데 등에서 식은땀이 줄줄 흐르고 있었습니다.

① 당신은 지난밤 꿈으로 인해 정말 많이 놀랐나 봅니다. (   )
② 황당하고 두려웠다는 것은 구체적으로 어떤 의미인가요? (   )
③ 평소에 아버지를 미워했던 것은 아닌가요? (   )
④ 아버지에 대한 적개심이 방아쇠를 당기도록 만든 것은 아닐까요? (   )

고득점 모범답안

① 반영 : 상담자가 내담자의 정서적 느낌인 감정, 태도, 행동의 내용을 동일한 의미의 다른 참신한 말로 덧붙여 말해주는 것이다.
② 명료화 : 내담자의 말 속에 있는 불분명한 측면을 상담자가 분명하게 밝히면서 반응하는 것이다.
③ 직면 : 상담자가 내담자의 생각, 태도, 행동 간 불일치를 경험하고 그것을 내담자에게 말해 주는 것이다. 내담자가 모르고 있거나 인정하기를 거부하는 생각과 느낌에 대해 주목한다.
④ 해석 : 내담자의 말 속에 담긴 새로운 의미를 내담자에게 설명해 주는 기법이다.

보너스 가이드

꿈에 대한 프로이트의 관점

> 프로이트는 꿈이 인간의 무의식을 이해하는 데 중요한 수단임을 강조하면서 "꿈은 무의식에 이르는 왕도"라고 표현했다. 왜냐하면 잠을 자는 동안에는 인간의 수의적인 운동 능력이 거의 멈추어 이드의 충동이 행동화되지 못할 것이라는 점에서 이드에 대한 자아의 방어가 낮아지므로, 꿈을 통해 무의식에 있는 충동들이 더 쉽게 드러날 수 있기 때문이다. 잠을 자는 동안에 자아의 기능과 능력도 감소하기 때문에 꿈의 내용은 이차 과정보다 일차 과정을 따르게 되고, 언어가 형성되기 전 유아가 세상을 이해하는 방식인 시각적인 인상이 꿈 내용의 주를 이룬다. 꿈은 우리가 흔히 '꿈을 꾸었다'고 할 때의 그 꿈을 지칭하는 의식적인 내용과 경험들인 현재몽, 의식하기 어려운 이드의 무의식적 충동들도 이뤄져 꿈 작업을 통해 현재몽으로 바뀌는 잠재몽, 자아와 초자아에게 위협적인 이드의 무의식적 충동들을 덜 위협적인 내용으로 전환하는 꿈 작업 등으로 구성된 현상이다.

12 심리검사의 결과를 해석하는 것에 대한 설명이다. 순서를 올바르게 나열하시오.

ㄱ. 점수가 의미하는 것에 유의해서 결과 전달
ㄴ. 내담자가 해석을 받아들일 준비가 되었는지 파악
ㄷ. 검사자가 결과의 의미를 숙고하는 해석 준비단계
ㄹ. 내담자가 결과를 어떻게 이해했는지 확인

고득점 모범답안

ㄴ - ㄷ - ㄱ - ㄹ

13 심리검사의 신뢰도를 추정하는 방법을 3가지 쓰고 설명하시오.

고득점 모범답안

① 검사-재검사 신뢰도 : 동일한 대상에 동일한 검사를 일정 시간 간격을 두고 두 번 실시해서 얻은 두 점수의 상관계수로 신뢰도를 추정하는 방법
② 동형검사 신뢰도 : 검사의 내용과 난이도는 동일하나 문항이 다른 두 개의 동형검사를 제작하고 이를 같은 수검자에게 실시하여 얻은 두 점수의 상관계수로 신뢰도를 추정하는 방법
③ 반분 신뢰도 : 검사를 두 부분으로 나누어 상관계수를 이용하여 두 부분이 모두 같은 개념을 측정하는 일치성 또는 동질성 정도를 비교하는 방법
④ 내적 합치도 : 하나의 검사 안에 있는 개별 문항 하나하나를 각각의 독립된 검사로 생각하여 그것들의 동질성과 일치성을 종합하는 방법

보너스 가이드

신뢰도에 영향을 미치는 요인

- 문항의 개수 : 문항 수가 많은 경우 신뢰도가 높아진다. 그러나 문항 수에 정비례하여 높아지는 것은 아니다.
- 문항의 난이도 : 검사가 너무 어려우면 검사 불안이 발생하고, 검사가 너무 쉬우면 부주의가 발생하기 때문에 일관성 있는 응답을 하기 어려우므로 신뢰도가 저하된다. 따라서 신뢰도를 높이려면 문항의 난이도가 적절해야 한다.
- 문항의 변별도 : 피검자의 능력에 따라 구분할 수 있는 문항 변별력이 있어야 검사의 신뢰도가 높아진다.
- 검사 시간 : 문항 수에 맞춰 충분한 시간이 제공될 때 응답의 안정성을 보장받을 수 있어 신뢰도가 높아진다.
- 신뢰도 추정 방법 : 서로 다른 신뢰도 추정 방법에 따라 얻어진 신뢰도 계수는 각기 다를 수밖에 없으므로, 신뢰도를 추정하는 방법 또한 신뢰도에 영향을 미친다고 볼 수 있다.

14 정신사회재활에서 재활계획을 위한 4단계에 대해 쓰시오.

고득점 모범답안

① 1단계 – 증상과 인지 손상, 회복에 대한 역량과 감정 평가 : 치료 장소, 치료 방법, 지원 서비스 등을 결정하기 위해 내담자의 증상에 대한 심각도와 지속기간, 인지적 손상의 정도, 회복을 위한 역량과 강점을 평가한다.
② 2단계 – 치료적 개입 : 내담자의 평가 후 재활 목표와 행동 계획을 세우고 약물치료, 상담치료를 실행하며 역량과 강점을 개발한다.
③ 3단계 – 평가 : 목표 달성과 성공의 정도를 평가하고 목표와 계획을 재검토한다.
④ 4단계 – 지역사회 재통합 동료의 지지와 자조 : 사회적 기술을 익혀 사회에서 자신의 역할을 할 수 있도록 도우며, 정신보건서비스 내 동료의 지지와 가족 및 주변인으로부터의 지지를 통해 회복한 기능을 유지하고 사회의 일원으로서 적응적 삶을 유지한다.

보너스 가이드

정신사회재활 모형 4가지

- 병리 : 생물학적인 비정상적 상태를 의미함. 실험실 검사나 방사선 검사로 평가함
- 손상 : 생리적 해부적 구조나 기능의 상실이나 이상 또는 심리적 기능의 상실이나 이상이 생긴 상태를 의미함. 사회적 역할 수행의 저하와 무능력의 원인으로 작용함
- 장애 : 기능 결함으로 인해 한 사람이 사회적으로 기대되는 역할 또는 업무를 수행하는 데 제한되거나 전혀 수행하지 못하는 상태를 의미함
- 핸디캡 : 다른 사람과의 관계에서 경험하게 되는 불이익을 의미하며 사회적 편견, 낙인, 차별 등에 의해 발생함

15 제시된 사례의 A군의 문제와 관련하여 글에 나타난 것 외에 사고, 정서, 행동의 측면에서 어떤 양상이 나타날 수 있는지 쓰시오.

> A군은 15살 중학교 3학년이다. 평소 친구들과 어울리지 못하고 학교 가기를 거부한다. 부모가 다독여 주어도 학교에 가는 것을 완강히 거부하며, 거의 아침마다 학교에 가는 것을 거부하며 운다. A군은 자신이 학교에서 괴롭힘당하고 있다며, 죽고 싶을 만큼 학교에 가는 것이 싫다고 말한다.
>
> A군은 골격이 크고 당당한 체구이며 태권도 도장을 다녔다. A군은 중학교에 진학한 후로 성적이 최하위권이며, A군의 담임 교사는 A군이 일반적인 고등학교로 진학하는 것이 어렵다고 말하였다. A군의 어머니는 아들이 학교생활에 적응하지 못하는 것이 불가능한지, 어떠한 방식으로 이러한 문제를 해결해야 할지를 몰라 어려움을 호소하고 있다.
>
> A군이 처음 내원했을 때 A군은 무표정하고 약간 어눌한 말투를 보여주어 말을 알아듣기 어려웠다. 상담에 적극적이지 않았으며 회피적이고 매우 짧은 답변으로 상담에 임했으나 치료가 반복되면서 이러한 점은 점차 나아졌다.

고득점 모범답안

① 인지 : A군이 자신의 문제를 해결할 수 없다는 무기력으로 비합리적, 비생산적 신념에서 비롯한다. 인지적 오류와 자동적 사고를 탐색, 비합리적 신념을 논박하고 부정적인 생각을 줄이고 합리적인 언어와 대안적인 사고를 할 수 있도록 유도한다.

② 정서 : 학습 부진 및 또래관계 어려움으로 인한 우울, 불안, 적절한 대응의 실패로 인한 좌절, 만성적 긴장 등 A군이 처한 상황에서 느끼는 과도한 감정 등을 정서 조절을 통해 극단적으로 표출되지 않도록 하고 자신의 감정과 자원을 찾는다.

③ 행동 : 분노 조절의 어려움, 문제 상황에 대한 부적절한 대처와 충동적이고 공격적인 행동 가능성을 보일 경우 자기표현 훈련을 통해 또래 관계의 교류를 돕고 등교 거부와 지각에 대해 점진적 촉진을 돕는다.

16 얄롬이 제시한 인간의 궁극적 관심 4가지를 쓰시오.

고득점 모범답안

① 죽음 : 죽음은 불안의 가장 기본적인 원천으로 삶과 죽음, 존재와 비존재는 상호적이다. 이때 실존적 갈등은 죽음의 불가피성에 대한 자각과 삶을 지속하려는 소망 간의 갈등이다. 이러한 죽음의 불가피성과 삶의 유한성은 오히려 삶을 더욱 가치 있게 만들며, 죽음의 불안은 현재의 삶에 충실하도록 자극하는 역할을 한다.

② 자유 : 자유와 그에 대한 책임을 갖고 태어난 인간은 안정되고 구조화된 세상에 살지 않으므로 갈등을 경험하게 된다. 이때 실존적 의미에서 자유는 인간이 스스로 선택하고, 자신의 삶에 대해 책임질 수 있는 존재임을 강조한다.

③ 고립(소외) : 얄롬은 인간이 실존적으로 고독한 존재임을 강조하면서 대인관계적 고립, 개인내적 고립, 실존적 고립의 3가지 형태를 구분했다.

④ 무의미성 : 삶의 의미가 무엇인가 하는 질문에 대한 내적 갈등으로, 자신의 의미에 대한 욕구를 어떻게 발견할 것인가에서 비롯된다. 인상은 자신의 삶과 인생에서 끊임없이 어떤 의미를 추구하는 존재로, 삶은 예정된 각본이 없기에 개인 각자는 자신의 의미를 스스로 구축해야 한다.

보너스 가이드

얄롬의 실존주의 상담

> 인간에 대한 실존주의 철학의 기본 가정을 현상학적 방법과 결합하여 내담자에게 자신의 내면세계를 있는 그대로 자각하고 이해하도록 하며, 지금-여기의 자신을 신뢰하도록 하는데 목표를 두는 상담접근법을 말한다.

17 Beck이 말하는 인지적 왜곡을 3가지 쓰고 설명하시오.

고득점 모범답안

① 임의적 추론 : 어떤 결론을 지지하는 증거가 없거나 그에 위배됨에도 불구하고 그와 같은 결론을 내린다.
② 선택적 추상화 : 다른 중요한 요소들은 무시한 채 사소한 부분에 초점을 맞추고 그 부분적인 것에 근거하여 전체 경험을 이해한다.
③ 과도한 일반화(과잉 일반화) : 한두 가지의 고립된 사건에 근거하여 일반적인 결론을 내리고, 그것을 서로 관계없는 상황에 적용한다.
④ 개인화 : 자신과 관련시킬 근거가 없는 외부 사건을 자신과 관련시키는 성향으로, 실제로는 다른 것 때문에 생긴 일에 대해 자신이 원인이고 자신이 책임져야 할 것으로 받아들인다.
⑤ 이분법적(흑백논리) : 모든 경험을 중간지대가 없이 흑백논리로 현실을 파악한다.
⑥ 과장 및 축소(의미 확대/의미 축소) : 어떤 사건 또는 한 개인이나 경험이 가진 특성의 한 측면을 그것이 실제로 가진 중요성과 무관하게 과대평가하거나 과소평가한다.
⑦ 정서적 추론 : 자신의 정서적 경험이 마치 현실과 진실을 반영하는 것인 양 간주하여 이를 토대로 그 자신이나 세계 또는 미래에 대해 그릇되게 추리한다.
⑧ 긍정 격하 : 자신의 긍정적인 경험이나 능력을 객관적으로 평가하지 않은 채 그것을 부정적인 경험으로 전환하거나 자신의 능력을 낮추어 본다.
⑨ 재앙화 : 어떤 사건에 대해 자신의 걱정을 지나치게 과장하여 항상 최악을 생각함으로써 두려움에 사로잡힌다.
⑩ 잘못된 명명 : 어떤 하나의 행동이나 부분적 특성을 토대로 사람이나 사건에 대해 완전히 부정적이고 단정적으로 명명한다.

보너스 가이드

벡의 인지적 접근 성격이론의 주요 개념 4가지 인지수준

- 자동적 사고 : 마음속에 계속적으로 진행되는 인지의 흐름이다.
- 중재적 신념 : 사람들의 자동적 사고를 형성하는 극단적이며 절대적인 규칙과 태도를 반영한다.
- 핵심 신념 : 많은 자동적 인지에 바탕이 되는 자신에 대한 중심적 생각이다.
- 스키마(인지도식) : 핵심 신념을 수반하는 '정신 내의 인지구조'이다.

18 집단치료의 치료적 요인을 6가지 쓰고 설명하시오.

고득점 모범답안

① 희망적 고취 : 집단은 집단 구성원들에게 문제가 개선될 수 있다는 희망을 심어주는데, 이때 희망 그 자체로도 치료적 효과를 가질 수 있다.
② 보편성 : 심각한 문제나 생각 등 자신만이 아닌 다른 사람들도 비슷한 갈등과 생활 경험의 문제를 가지고 있다는 것을 알고 위로를 얻는다.
③ 정보 전달 : 집단 구성원들은 집단 상담장에게 다양한 정보를 습득하며 직·간접적으로 제안, 지도, 조언 등을 얻을 수 있다.
④ 이타심 : 집단 구성원들끼리 서로 위로하며 지지와 제안을 통해 서로 간에 도움을 주고받는다. 이로써 타인에게 도움이 되는 자신을 발견하며 자존감을 높인다.
⑤ 1차 가족집단의 교정적 재현 : 집단과 가족의 유사한 점으로 집단 상담자는 부모, 구성원은 형제자매가 되는 것이다. 집단 내에 가족과 유사한 상호작용을 재현하며 해결하지 못한 갈등 상황을 탐색하고 도전한다.
⑥ 사회기술의 발달 : 집단 구성원으로부터 피드백이나 특정 사회기술에 대해 학습함으로써 대인관계에 필요한 사회기술을 개발한다.
⑦ 모방 행동 : 집단상담자와 집단 구성원은 새로운 행동을 배우는 데 좋은 모델이 될 수 있다.
⑧ 대인관계 학습 : 집단 구성원과의 상호작용을 통해 자신의 대인관계에 대한 통찰과 자신이 원하는 관계 형성에 대한 아이디어를 얻을 수 있으며, 대인관계 형성의 해로운 방식을 시험해 볼 수 있다.
⑨ 집단응집력 : 집단 내에서 자신이 인정받고 수용되는 소속감이 긍정적인 변화에 영향을 미친다.
⑩ 정화 : 억압되어 온 감정을 집단 내의 안전한 분위기 속에서 자유롭게 발산할 수 있다.
⑪ 실존적 요인들 : 집단 구성원과의 경험 공유를 통해 자기 자신이 다른 사람에게 아무리 많은 지도와 후원을 받는다 해도 자신의 인생에 궁극적 책임은 스스로에게 있다는 것을 배운다.

보너스 가이드

얄롬은 자신의 저서 『집단정신 치료의 이론과 실제』 개정 제5판 서문을 통해 그동안 심리치료의 결실을 '치유'로 여긴 것이 자신의 착각이었음 고백하여 치유가 아닌, '변화', '성장'을 강조하였다.

19 K-WISC-V 지표점수 3가지를 쓰고 각각 소검사 1가지를 쓰시오.

고득점 모범답안

① 언어 이해(VCI)의 주요 소검사로는 공통성, 어휘, 이해 검사가 있고, 보충 소검사로는 상식, 언어 추리 검사가 있다.
② 지각 추론(PRC)의 주요 소검사는 토막, 공통그림찾기, 행렬 추리 등이고 보충 소검사는 빠진 곳 찾기가 있다.
③ 작업 기업(WMI)의 주요 소검사는 숫자, 순차연결 검사이고 보충 소검사는 산수 검사이다.
④ 처리 속도(PSI)의 주요 소검사는 기호 쓰기, 동형 찾기 검사이고 보충 소검사로는 선택 검사가 있다.

보너스 가이드

K-WISC-VI의 4가지 지표와 각 지표별 소검사

지표	주요 소검사	보충 소검사
언어이해(VCI)	공통성, 어휘, 이해	상식, 단어 추리
지각추론(PRI)	토막, 공통그림찾기, 행렬추리	빠진 곳 추리
작업기억(WMI)	숫자, 순차연결	산수
처리속도(PSI)	기호쓰기, 동형찾기	선택

20 놀이치료가 가지는 치료적인 가치 5가지를 쓰시오.

고득점 모범답안

① 놀이는 저항을 극복하는 데 도움이 되며 치료적 관계 형성에 유용하다.
② 의사소통의 매체로서 언어적 한계가 있는 내담자를 이해하고 진단하는 데 유용하다.
③ 내담자의 불안 감소 및 긴장 이완을 통해 효과적인 치료를 가능하게 한다.
④ 정화를 통해 심리적인 외상을 극복할 수 있도록 한다.
⑤ 창조적 사고를 통해 참신한 문제해결능력을 발달시키도록 한다.
⑥ 유능성을 향한 욕구를 자극하고 실현 가능성을 높이며 자아존중감을 발달시킨다.
⑦ 역할놀이를 통해 새로운 행동을 연습하고 획득하며 나아가 공감력을 증진시킨다.
⑧ 놀이를 토해 감정이 이완되며 억압된 감정을 해소한다.
⑨ 일상생활에 일반적으로 적용될 수 있는 사회적 기술을 발달시킨다.
⑩ 놀이를 통해 대인관계를 높이고 타인을 공감하며 친밀해지는 능력을 발달시킨다.
⑪ 환상과 상상을 통해 대리적인 욕구 충족을 가능하게 한다.

보너스 가이드

아동심리치료의 특징 5가지

- 아동 내담자의 언어발달 및 인지발달을 고려한다.
- 치료 동기 부여를 위한 초기 관계 형성이 중요하다.
- 치료 과정에 놀이 등 아동 내담자와의 문제 공유를 위한 다양한 방법을 활용한다.
- 아동 내담자의 전인적 발달을 위한 통합적 접근이 요구된다.
- 아동 내담자에게 영향을 미치는 부모, 교사 등의 협조와 참여가 요구된다.

CHAPTER 09 | 2021년 1회 기출복원문제

01 얄롬이 제시한 집단치료의 치료요인 5가지를 서술하시오.

고득점 모범답안

① 정화 : 내면에 억압된 여러 가지 감정과 생각들을 집단상담을 통해서 노출하는 것이다. 노출된 감정과 생각들이 다른 집단 구성원들에게 수용되면, 내담자에게 정서적 변화가 생긴다. 집단과정의 초기보다는 후기에 더욱 가치 있게 평가되었음을 보여준다.

② 희망의 고취 : 집단 상담을 통해 자신에게 변화가 일어나며 문제가 해결될 수 있다는 희망을 갖게 된다. 내담자도 자신의 성장 및 변화를 위해서 집단 상담에 참여하기로 결정한 순간부터 희망감을 경험하게 된다.

③ 집단 응집력 : 집단 구성원들이 집단에 계속해서 참여하도록 하는 모든 요인의 합을 집단 응집력이라 한다. 신뢰, 따뜻함, 공감적 이해, 수용, 하나 됨을 의미하고, 내담자에게 소속감과 안정감을 제공한다.

④ 대인관계 학습 : 집단 구성원들과의 실제 대인관계에서 내담자가 가지고 있는 일상의 대인관계 문제들을 해결하고, 새로운 대인관계 패턴 습득할 수 있다.

⑤ 보편성 : 일상생활에서 환자들은 타인과 유사한 느낌과 경험을 배우지도 못했고, 그들 자신을 털어놓는 기회를 이용하지 못함으로써 궁극적으로는 타인으로부터 검증되고 수용되는 기회를 놓치게 되는 것이다. 모임의 초기 단계에서, 나만 이렇다는 환자의 느낌이 사실이 아님을 보여주는 것은 환자에게 상당한 위안이 된다.

⑥ 이타심 : 자기가 남들에게 중요할 수 있다는 사실을 발견하는 경험은 생기를 주며 그들의 자아존중감을 북돋아준다.

⑦ 정보전달 : 치료자나 환자들이 제공하는 충고, 제안 또는 직접적 지도(direct guidance)뿐만 아니라, 치료자가 제시해 주는 정신건강, 정신질환, 그리고 일반 정신역동(psychodynamics)에 관한 교수적 강의(didactic instruction)를 포함한다. 그러나 일반적으로, 상호작용 집단치료(interactional group therapy)에서 치료자나 환자가 자신들의 경험을 뒤돌아보고 검토할 때, 교수적인 정보나 충고에는 높은 가치를 두지 않는다.

02 인간중심 상담에서 로저스가 강조한 치료적 조건, 즉 내담자의 변화를 촉진하는 치료자의 태도 3가지를 쓰시오.

> **고득점 모범답안**

① 무조건적 긍정적 존중 : 이것은 내담자를 하나의 인격체로 보고 깊고 진실하게 대한다는 의미이다. 치료자가 따뜻하게 돌본다는 것은 내담자의 감정이나 생각, 행위의 좋고 나쁨의 평가와 판단에 의해 영향을 받지 않는다는 점에서 무조건적이다. 치료자는 내담자를 있는 그대로 존중한다는 의사전달을 해줌으로써, 내담자가 자유로이 자신의 감정과 경험을 갖도록 돕는다. Rogers에 의하면, 비소유적 온정으로 내담자를 돌보고, 칭찬하고, 수용하며, 그리고 가치를 인정해 줄수록 치료가 성공적으로 될 가능성이 크다고 한다. 수용은 감정을 가진 내담자의 권리를 인정하는 것이다.

② 공감적 이해 : 치료자는 내담자의 주관적인 경험 특히, 지금-여기(here and now)의 경험을 이해하도록 노력한다. 공감적 이해의 목적은 내담자가 자신에게 더욱 밀접히 다가서게 하고, 더욱 깊고 강한 감정을 경험하게 하여 내담자 내부에 존재하는 불일치성을 인식하여 해결하도록 격려하는 데 있다. 공감은 단순한 감정의 반영 그 이상의 것으로 "나는 당신의 문제가 무엇인지 이해한다."는 식의 깊이 있고 주관적으로 이해하는 것이며, 내담자와의 일체감을 조성한다. Rogers는 치료자가 자신의 정체감의 분리 없이 내담자가 현재 보고 느끼는 주관적인 세계를 파악할 때, 내담자에게 건설적인 변화가 일어난다고 믿고 있다.

③ 일치성 : 일치성은 치료자가 진실하다는 뜻으로, 치료기간에 치료자는 완전히 신뢰할 만하다는 의미이다. 치료자에게는 거짓된 태도가 없고, 그의 내적 경험과 외적표현은 일치하며 관계에서 일어나는 감정이나 태도를 솔직히 표현한다. 진실된 치료자는 자발적이며, 긍정적이건 부정적이건 자신의 행동이나 감정에 꾸밈이 없다. 때로는 내담자의 부정적인 감정을 수용함으로써 치료자는 내담자와 정직한 대화를 촉진시킬 수 있다. 따라서 인간중심 치료법에서는 비조작적이며 진실한 인간관계의 가치를 강조하고, 치료자와 내담자의 관계가 일치될 때 치료과정이 진전된다고 가정한다.

03 인간중심 상담에서 로저스가 제시한 긍정적인 성격변화를 위한 상담자의 필요충분조건 4가지를 쓰시오.

고득점 모범답안

① 내담자라고 불리는 첫째 사람이 불일치 상태에 있고 취약하거나 불안을 경험하고 있다.
② 상담자라고 불리는 둘째 사람은 관계에서 일치(진실 또는 진술)하고 내담자는 이 일치를 인식한다.
③ 상담자는 내담자에 대한 무조건적, 긍정적인 존중을 경험한다.
④ 상담자는 내담자의 내적 참조 체계에 대한 공감적 이해를 경험하고 이 경험을 내담자에게 의사소통하기 위해 노력한다.

04 방어기제의 의미를 쓰고, 방어기제의 유형 4가지를 간략히 설명하시오.

고득점 모범답안

(1) 방어기제의 의미

내적 혹은 외적으로 마음의 평정을 깨뜨리는 사건들 특히 사회적, 도덕적으로 용납되지 못하는 성적 충동, 공격적 욕구 등이 하나의 위험으로 인식되고 불안을 일으킨다. 이때 자아는 불안을 처리하여 마음의 평정을 회복시키려는 노력을 하는데, 이것이 방어기제이다.

(2) 방어기제의 유형

① 동일시 : 다른 사람의 성격의 역할을 따라서 자기의 일부로 삼는 과정이다.
② 억압 : 가장 흔하게 사용되는 무의식적 정신기제이며 억압을 통해 자아는 고통스럽거나 위협적인 충동, 감정, 소원, 환성 기억 등을 무의식 속으로 추방시켜 의식화되는 것을 막아준다.
③ 반동형성 : 용납할 수 없는 욕구나 충동, 감정을 그와는 정 반대의 강한 욕구나 감정으로 대체시켜 표현하는 방어기제로서 무의식적 기제이다.
④ 승화 : 원초적이고 용납되지 않는 욕구를 적절히 억압할 수 없을 때 사회적으로 용납되는 윤리적이고 보다 보람 있는 행동 형식으로 전환하여 표출하거나 간접적으로 표현하는 기제이다.

05 상담자가 상담 시 내담자와의 관계에 대해 알고 있어야 할 윤리문제에 대한 기본원칙을 쓰고, 행동지침을 5가지 기술하시오.

> **고득점 모범답안**

(1) 윤리문제
① 유능성 : 임상심리사는 자신이 수행할 역량이 있는 임무만 해야 하며 자신의 강점이나 약점, 자신이 가지고 있는 기술과 그것의 한계에 대해 충분히 자각하여야 한다.
② 성실성(정직) : 임상심리사는 전문인으로서 타인을 다룰 때 공정하고 거짓이 없어야 하고, 성실하고 정직한 자세로 내담자에게 자신의 서비스로부터 기대할 수 있는 바를 설명하며, 자신의 직업과 관련하여 스스로의 요구 및 가치가 어떠한 영향을 미치는지 알고 있어야 한다. 특히 성실성 원칙에 입각해서 환자나 내담자의 부적절한 이중관계나 착취관계, 성적 관계를 금한다.

(2) 행동지침
① 내담자와 성적 관계를 맺지 않는다.
② 구조화된 상담 장면을 깨뜨리지 않는다.
③ 법적으로 문제시될 만한 말을 들었을 때 비밀보장을 깰 수 있다.
④ 자신의 전문적 분야와 그 한계를 알고 자문, 의뢰를 실시한다.
⑤ 내담자가 연락 없이 상담에 나오지 않을 경우, 연락을 취하여 필요한 조취를 한다.

06 집단상담의 장점과 단점을 3가지씩 쓰시오.

고득점 모범답안

(1) 집단상담의 장점
　① 한 명의 상담사가 여러 명의 내담자와 접촉하기 때문에 경제적이고 효율적이다.
　② 구성원들과 상호작용을 통해 소속감을 높이고, 다양한 구성원들을 통해 교육적 효과를 얻을 수 있다.
　③ 집단은 성장을 위한 환경을 제공한다. 따라서 새로운 시도를 할 수 있는 안전한 공간이 된다.

(2) 집단상담의 단점
　① 집단상담에서는 특정 내담자의 개인적인 문제가 충분히 다루어지지 않을 가능성이 높다.
　② 참여자들이 심리적으로 준비가 되기 전에, 자기의 마음속을 털어놓아야 한다는 집단 압력을 받기 쉽다.
　③ 집단상담의 개인의 생활양식과 가치관에 변화를 초래할 경우, 참여자 개인의 안정감이 상실될 가능성이 있다.

07 공포증 환자를 대상으로 체계적 둔감화를 통해 치료를 할 경우 그 절차를 3단계로 구분하여 설명하시오.

고득점 모범답안

(1) 1단계 : 긴장이완 훈련
　불안에 대한 긴장을 푸는 이완훈련을 실시한다.

(2) 2단계 : 불완위계 목록표 작성
　① 불안과 관계되고 불안을 유발하는 일련의 장면들을 작성하도록 지시한다.
　② 전형적으로 불안 하위, 불안 중위, 불안 상위의 10여 개의 항목으로 채택한다.

(3) 3단계 : 역조건 형성 단계(체계적 둔감화 단계)
　① 가장 먼저 환자에게 위계상 가장 낮은 수준의 장면을 가능한 분명히 상상하도록 지시한다.
　② 상상 장면은 약간의 불안을 유발하기 때문에 첫 접촉은 아주 짧아야 한다.
　③ 그 다음에 상상하는 장면의 지속시간은 역조건 형성이 진행됨에 따라 서서히 증가될 수 있다.

08 관찰학습이 효과적으로 일어날 수 있는 조건을 4가지 기술하시오.

고득점 모범답안

관찰학습의 과정은 주의 집중 단계, 파지 단계, 재생 단계, 동기화 단계로 이루어진다. 이러한 관찰학습이 일어나려면 4가지의 과정에서 다음과 같은 조건이 요구된다.

① 주의 집중 단계 : 학습하기 위해서는 모델에게 관심을 주의 집중해야 하는데, 모델의 성(性), 연령이 자신과 비슷할 때, 매력적이거나 존중을 받거나 지위가 높고 유능할 때 보다 많이 받은 경향이 있다.

② 파지 단계 : 관찰에서 얻은 정보를 사용하기 위해서는 그것을 언어적 방법이나 심상을 사용하여 머릿속에 기억해야 하는데, 모델을 관찰하는 동안 모델이 행하는 것을 말로 되뇌이거나 시각적 영상을 만들어서 저장하게 된다. 일단 정보를 인지적으로 저장하고 나면, 관찰학습이 일어난 뒤 오랜 시간이 경과해도 이용할 수 있다.

③ 재생 단계 : 관찰한 행동을 잘 재생하기 위해서는 많은 연습이 필요하다. 자신의 행동을 관찰하고 자신의 행동과 기억하고 있는 모델의 행동을 비교하면서, 계속 자기의 행동을 수정하여 모델의 행동을 재생할 수 있게 해주는 교정적 피드백이 필요하다.

④ 동기화 단계 : 모델의 행동을 습득하고, 기억하고, 능숙하게 수행할 수 있는 능력을 가지고 있더라도, 그 행동이 바람직하게 받아들여지지 않는다면 그것은 행동으로 수정되지 않는다. 행동에 대한 동기화, 행동을 스스로 바람직하게 받아들이는 자기강화 과정이 요구된다.

09 다음 사례를 읽고 상담자가 제시해야 할 적절한 반응을 제시된 개입기술을 사용하여 쓰시오.

> 저는 지난 밤 너무도 기이한 꿈을 꾸었어요. 벌써 제대한 지 2년이 넘었는데, 군대 취사병으로 있을 때로 돌아갔죠. 저는 저녁 메뉴로 돼지를 잡아야 하는 상황이었는데요. 평소 살아 있는 동물을 죽이는 것을 무척이나 싫어했음에도 고참의 지시에 따를 수밖에 없었죠. 그런데 그 돼지가 어찌나 힘이 세고 튼튼한 놈인지 목을 몇 번이나 찔렀지만 죽지 않았어요. 돼지가 몸부림치며 도망가려하자 저는 돼지 목을 힘껏 비틀어서는 칼로 목 한가운데를 최대한 깊숙이 찔러 넣었죠. 그러자 돼지가 몸부림을 그치고 조용히 고개를 돌렸는데요. 그 돼지가 바로 형이었던 거예요. 너무 황당하고 두려워서 잠에서 깨어났는데 등에서 식은땀이 줄줄 흐르더라고요.

① 반영 :
② 직면 :
③ 해석 :

고득점 모범답안

① 반영 : "당신은 지난 밤 꿈으로 인해 정말 많이 놀랐나보군요."
② 직면 : "평소에 형을 미워했나요?"
③ 해석 : "형에 대한 적개심 때문에 꿈에서 형이 돼지의 모습으로 나타난 것은 아닌가요?"

10 오포드가 제시한 자조집단의 1차적 기능을 5가지 쓰시오.

고득점 모범답안

① 정서적 지지의 제공
② 문제 극복의 역할 모델 제공
③ 문제 이해의 방법 제공
④ 중요하고 적절한 정보 제공
⑤ 기존 문제를 대처하는 새로운 아이디어 제공
⑥ 집단원 서로 도울 기회 제공
⑦ 사교관계 제공
⑧ 자신들의 문제에 대한 향상된 숙달감과 통제감 제공

11 상담 종결을 준비하려고 한다. 이를 평가 시 유용한 영역 6가지를 쓰시오.

> **고득점 모범답안**

① 증상 : 증상의 심각도 감소
② 관계 : 관계 개선
③ 관점 : 미래에 대한 긍정적 전망
④ 비언어적 메시지 : 더 긍정적인 비언어적 메시지
⑤ 기능 수준 : 가정, 직장 또는 학교에서 향상된 기능
⑥ 심리평가 : 정기적인 심리검사 결과의 향상
⑦ 목표 달성 여부 : 초기에 설정한 목표를 달성함

12 지능을 평가할 때 임상적 접근과 개념적 접근에 대해 설명하시오.

> **고득점 모범답안**

(1) 임상적 접근
   ① 지능평가의 합리성을 강조함
   ② 지능을 측정할 수 있는 구체적인 실체라고 가정함
   ③ 검사도구를 통해 어떻게 지능을 측정할 것인가 하는 실용적인 면에 초점

(2) 개념적 접근
   ① 지능을 가설적, 이론적 구성개념으로 가정함
   ② 지능의 정의와 분석 방법을 연구하는 데 초점
   ③ 현재 주로 사용되는 지능검사의 활용에 크게 관심을 두지 않음

13 심리상담자가 준수해야 할 윤리적인 의무 중 '이중관계 지양'에 대해 설명하시오.

> **고득점 모범답안**

어떤 사람과 전문적 역할 관계에 있으면서 동시에 또 다른 역할관계를 가지는 것은 심리학자가 공정하고 객관적이며 효율적으로 업무를 수행하는 데 위험요인이 될 수 있으며, 또한 상대방을 착취하거나 해를 입힐 가능성이 있으므로, 심리학자는 다중관계가 발생하게 될 때 신중해야 한다. 다음과 같은 이중관계는 윤리적 문제(윤리원칙 중 성실성 위배)를 일으킬 수 있기 때문에 내담자의 관계에서 경계선을 분명히 하여 전문적인 관계를 유지하도록 노력한다.
① 사제관계이면서 동시에 사적 친밀관계인 경우
② 사제관계이면서 동시에 치료자-내담자 : 환자 관계인 경우
③ 같은 기관에 소속되어 있는 사제관계, 고용관계 또는 상하관계에 있으면서 기관 내의 치료자-내담자 : 환자에 대한 지도감독의 대가로 직접 금전적 관계를 형성하는 경우
④ 치료자-내담자 : 환자 관계이면서 동시에 사적 친밀관계인 경우

14 정신재활치료의 구성요소 5가지를 쓰시오.

> **고득점 모범답안**

① 정신의료서비스
② 주거시설
③ 직업재활
④ 자조모임
⑤ 사례관리

15 웩슬러 지능검사에서 이해 소검사가 측정하는 요인 5가지를 쓰시오.

고득점 모범답안

① 사회적 판단
② 논리적 추론
③ 실제 지식 및 판단의 사회적 상황에서의 적용
④ 행동에 대한 관습적 규준에 대한 지식(상식의 양)
⑤ 과거 경험 평가 능력

16 심리평가에서 심리검사를 시행하는 주요 목적을 5가지 쓰시오.

고득점 모범답안

① 임상적인 진단을 내린다.
② 자아기능을 평가한다.
③ 현실 판단력, 정서의 조정, 대상관계, 인지 및 사고과정, 방어기능, 자율적 기능 등을 평가한다.
④ 치료전략을 평가한다.
⑤ 예후 및 적합한 치료유형, 호전정도, 치료효과의 비교 등을 위해 실시한다.

17 다음 사례를 읽고 물음에 답하시오.

> 뇌졸중 환자에게 반구손상이 있음을 확인하였고 손상 여부를 알아보기 위해 글자 지우기 검사를 실시하였다. 그 결과 시야의 좌측 글자를 지우지 못하였다.

1) 이런 현상을 무엇이라고 지칭하는가?
2) 뇌의 어느 부분이 손상되었는가?
3) 이 환자와 같은 현상을 평가할 수 있는 검사 종류 1가지를 쓰시오.

고득점 모범답안

① 글자 지우기 검사(Letter cancellation)에서 좌측 부분은 남겨두고(좌측 글자를 지우지 못함) 우측 부분만 지우는 현상을 좌측 시각 무시 또는 편측 무시(무시증후순) 소견이라고 한다.
② 뇌의 우반구이며, 후부 대뇌피질의 위축으로 나타난 것이다. 이는 주로 시각적인 행동장애를 보이면서 점차 치매로 발전하는 증례들이 최근 발표되고 있다.
③ 편측 무시의 정도를 알아보기 위하여 '직선이분검사', '앨버트 검사', 'ㄹ 지우기 검사', '해 모양 지우기 검사', '집 보고 그리기', '데이지 꽃 보고 그리기', '시계 그리기', '일기 과제' 검사 등이 있다. 이 중에서 '직선이분 검사와 앨버트 검사, 시계그리기' 방법은 선행된 연구논문에서 타당도가 연구된 바 있는 방법이다.

18 자문에 대한 정신건강 모델과 행동주의 모델의 차이점을 쓰시오.

고득점 모범답안

(1) 정신건강 모델
  ① 자문 요청자가 대부분의 문제를 해결할 수 있다고 가정하며, 관계는 평등하다.
  ② 정신역동적 또는 위기 개입의 입장을 취하거나, 자문가는 자문 요청자가 자신의 능력 범위를 넓힐 수 있도록 하며, 단지 필요한 전문적 조언과 지시를 제공한다.

(2) 행동주의 모델
  ① 자문가와 자문 요청자 간에 보다 분명한 역할이 있다.
  ② 자문가는 학습이론이 어떻게 개인, 집단 및 조직의 문제에 실질적으로 적용될 수 있는지를 가르치고 보여주는 안정된 전문가이다.
  ③ 문제해결에 있어 상호관계가 있을 수 있지만, 행동지식 기반에 있어서 자문가와 자문요청자 사이에는 커다란 불균형이 있다.

19 MMPI 2개 척도에 대한 분석에서 4-9/9-4 척도의 임상양상을 4가지 기술하시오.

> **고득점 모범답안**

① 재범 위험성이 있는 범죄자, 신체 노출, 강간 등 성적 행동화를 보이는 사람, 결혼 문제나 법적인 문제에 연루된 사람에게서 종종 나타난다.
② 충동적, 반항적, 성격과 함께 과격하고 공격적인 행동을 특징으로 한다.
③ 일시적으로 타인에게 좋은 인상을 주기도 하지만 자기중심적 성향과 타인에 대한 불신으로 대인관계가 피상적이다.
④ 자신의 행동에 무책임하여 사회적 가치를 무시하고 반사회적 범죄를 저지르기도 한다.
⑤ 합리화의 방어기제를 사용하며 자신의 문제를 외면하고 실패의 원인을 타인에게 전가하기도 한다.

20 다음은 철수에 대한 K-WISC 프로파일이다. 이를 토대로 임상심리사가 할 수 있는 자문이나 치료적 개입에 대한 조언 5가지를 기술하시오.

> 철수는 만 7세 4개월로 올해 대구에 있는 ○○초등학교에 갓 입학하였다. 철수는 초등학교에 입학하기 이전 유치원에 다녔으며, 당시에 유치원 선생님의 보살핌으로 별다른 문제를 보이지 않았었다. 그러나 초등학교에 입학하면서 수업에 집중을 하지 못한 채 수업시간 중에도 돌아다니는 모습을 보였고, 학업성과도 저조한 것으로 나타났다. 또한 같은 반 아이들도 철수에게 가깝게 다가가기를 거부하였다. 철수의 어머니는 철수의 특이한 성향을 의식하여 그 동안 어느 정도 과잉보호를 한 점을 인정하였다.

- 언어성 IQ 79   • 동작성 IQ 78   • 전체 IQ 76

고득점 모범답안

① K-WISC 검사상 언어성 IQ와 동작성 IQ가 각각 79, 78로서 임상적 유의미한 차이를 보이지 않지만, 언어능력과 시각-운동 협응 능력 모두에서 전반적으로 낮은 지적 능력 수준을 보인다.

② 전체 IQ는 76으로서, 경계선(경계선 지능은 웩슬러 지능검사 등의 표준화된 지능검사로 지능지수가 70~79점을 받은 경우)에 해당된다. 그러나 철수가 초등학교 입학 전까지 별다른 이상 증상을 보이지 않은 것으로 제시되어, 선천적인 약간의 지적장애는 아닌 것으로 사료된다.

③ 철수가 지능 및 기초학습능력 등이 상대적으로 저조한 것으로 보인다. 기본지식이나 학습에 의해 누적된 지식, 수리력, 사고력을 측정하는 상식과 산수에서 저조한 점수를 보이고, 지적 잠재력을 평가할 수 있는 공통성과 어휘 등의 소검사에서 평균 이하의 수준을 나타내고 있다.

④ 철수는 저조한 학업성과의 또 다른 원인으로써 주의 집중력 부족을 들 수 있다. 주의 집중력을 측정하는 산수, 숫자, 기호쓰기에서 상대적으로 낮은 점수를 나타내 보이고, 어머니의 과잉보호와 유치원 선생님의 특별한 보살핌이 있었던 것으로 보아 어려서 주의력 결핍 및 과잉행동장애(ADHD)를 갖고 있었던 것으로 의심할 수 있다.

⑤ 치료적 개입에 대한 조언
  - 철수는 또래 학생들에 비해 기초학습능력과 주의 집중력이 부족하다. 따라서 철수에게 적합한 학습전략 및 학습방법을 적용할 필요가 있다.
  - 특히 철수의 학습에 대한 집중도를 향상시키기 위해 학습 동기와 흥미를 불러일으킬 수 있는 프로그램을 적용할 필요가 있다.
  - 철수의 부모가 철수에 대해 과잉보호하기 때문에 또래 친구들과 잘 어울릴 수 있는 대인관계 훈련 또는 사회기술훈련, 놀이치료 프로그램을 받을 필요가 있다.

CHAPTER 10 | 2021년 3회 기출복원문제

01 인간중심치료에서 중시하는 치료자의 태도 3가지를 기술하시오.

고득점 모범답안
① 일치성, 진실성
② 무조건적인 존중과 수용
③ 정확한 공감적 이해

02 만성정신질환자의 재활치료 과정 3가지를 쓰시오.

고득점 모범답안
① 사회기술훈련 : 만성정신질환자의 사회기술상 결함과 역기능적 대인관계를 알아내고 이를 수정 보완하는 훈련이다.
② 환자 교육 : 자신의 병을 극복해 나가는 데 필요한 내용을 교육한다.
③ 가족 교육과 치료 : 가족을 대상으로 정신병의 진단, 경과, 증상, 대처 방법 등에 대한 교육 등을 통하여 가족 내에 존재할 수 있는 긴장 및 스트레스, 비정상적인 의사소통 과정 등을 치료한다.
④ 직업 재활 : 환자가 사회적 역할을 할 수 있도록 생산활동을 독려하고, 사회 접촉을 통해 자아실현을 할 수 있도록 돕는다.
⑤ 지역사회 지지 서비스 : 환자의 사회생활을 위한 재정 지원, 주거 공간 확보, 의학적 치료, 여가 활동 등을 제공한다.
⑥ 주거 프로그램 : 환자의 입원 기간 단축과 사회 복귀를 위한 중간 거주 시설, 장기 거주 시설, 요양원 등 다양한 주거 프로그램을 활용한다.

03 시간-제한적 집단치료의 특징을 쓰시오.

> **고득점 모범답안**
> ① 치료자와 환자는 중심문제를 초점으로 실현 가능한 구체적 치료 목표를 설정한다.
> ② 목표 달성을 위해 적극적으로 작업한다.
> ③ 정해진 기간에 효율적인 치료 효과를 낸다.
> ④ 치료에서 시간 제한을 의도적으로 사용한다.
>   • 환자에게 빨리 회복되려는 동기를 유발시킴
>   • 매 회기에서 지리멸렬한 주제에서 벗어나 보다 중요한 작업을 할 수 있도록 도움
>   • 자기효율성을 수반하는 개인의 책임감을 인식하도록 함

04 MMPI 성격검사의 성격병리 5요인 척도를 기술하시오.

> **고득점 모범답안**
> ① 공격성(AGGR)
> ② 정신증(PSYC)
> ③ 통제결여(DISC)
> ④ 부정적 정서성/신경증(NEGE)
> ⑤ 내향성/낮은 긍정적 정서(INTR)

05 성인과 구분되는 아동의 심리치료 특징을 5가지 쓰시오.

고득점 모범답안
① 아동은 축소된 성인이 아니기 때문에 자발성, 변화의 동기, 착석 능력, 언어적 표현 등을 당연시 여기면 안 된다.
② 아동은 혼자 치료에 참여하기 어려우므로 부모, 교사 등과 협력적 관계를 맺는 것이 중요하다.
③ 비밀보장에 대한 문제가 성인과 다르다. 즉, 부모나 법정후견인이 아동에 대한 책임을 지기 때문에 비밀보장에 대한 법적 의무가 아동의 부모, 법정후견인에게 적용되지 않는다.
④ 아동은 자신의 인생에 대한 통제권이 작거나 거의 없기 때문에 자신의 주변 환경을 변경하기 어렵다.
⑤ 치료기법에는 인지행동치료, 자기지시적 치료, 부모훈련, 놀이치료 등이 있다.

06 임상심리사의 일반적인 자문 순서를 괄호에 작성하시오.

- 1단계 : 질문의 이해
- 2단계 : (   )
- 3단계 : (   )
- 4단계 : (   )
- 5단계 : 추적조사

고득점 모범답안
① 1단계 : 질문의 이해
② 2단계 : (평가)
③ 3단계 : (중재)
④ 4단계 : (종결)
⑤ 5단계 : 추적조사

07 상담 초기와 중기, 후기에서 해석의 의미를 각각 쓰시오.

> **고득점 모범답안**

① 초기 단계 : 상담자가 내담자의 문제를 이해하고 상담계획을 수립하는 동시에 내담자와 상담관계를 형성하는 시기이다. 접수면접(initial interview)을 포함한 3~4회 이내의 면접회기를 의미한다. 첫 회기 상담은 상담의 성공 여부에 결정적인 영향을 미치는 매우 중요한 시기이며, 첫 회기 상담에서는 일반적으로 내담자가 호소하는 심리적 문제나 증상에 대한 탐색, 상담자에 대한 내담자의 기대 탐색, 긍정적인 상담관계의 형성, 상담에 대한 구조화 등이 이루어진다. 상담의 구조화(structuring)는 상담목표, 상담 시간 및 기간, 상담료, 상담과정에서 내담자와 상담자가 지켜야 할 규칙 등을 합의하는 과정을 말하는데, 초기 단계에서는 내담자의 문제를 좀 더 자세하게 탐색하고 내담자 문제와 관련된 배경 정보를 수집하며, 상담자는 자기 나름대로 상담계획을 수립한다. 다양한 심리검사를 시행할 수도 있다.

② 중기 단계 : 상담목표의 달성을 위해 본격적인 상담이 이루어지는 시기이다. 일반적으로 중기 단계에서는 상담자는 내담자에 대한 이해를 더욱 심화하면서 내담자의 변화를 위해 다양한 기법을 적용하고 그 효과를 평가하면서 자신의 상담계획을 실행하거나 수정하는 가정을 거친다.

③ 종결 단계 : 상담목표가 상당 부분 달성되어 상담을 마무리하는 과정에 해당한다. 내담자 스스로 상담의 성과에 만족하거나 내담자의 문제가 상당 부분 해결되었다고 상담자의 관점에서 판단될 경우, 상담자는 내담자와 합의 하에 상담의 종결을 준비한다. 종결 단계에서는 그동안 진행된 상담과정을 검토하고 상담 후에 예상되는 어려움과 그 대처방법을 논의한다.

08 엘리스의 비합리적 신념 5가지를 쓰시오.

> **고득점 모범답안**

① 반드시 모든 사람에게 사랑과 인정을 받아야 한다.
② 과거 경험이나 사태가 현재 행동을 결정, 사람은 과거에서 벗어날 수 없다.
③ 일이 바라는 대로 이루어지지 않으면 파멸한다.
④ 사람의 불행은 외부 환경 때문이며, 사람은 불행을 막을 수 없다.
⑤ 어떤 두려움에 직면하거나 자기가 책임지는 것보다 이들을 회피하는 것이 쉽다.
⑥ 가치 있다고 여겨지기 위해서는 반드시 완벽, 유능, 적절, 성취적이어야 한다.
⑦ 어떤 사람은 나쁘고 사악하여 악랄하다. 그런 사람은 반드시 비난과 처벌을 받아야 한다.

09 상담 목표를 정할 때 유의해야 할 사항 5가지를 쓰시오.

> **고득점 모범답안**

① 행동보다는 결과나 성취로 진술되어야 한다.
② 검증 가능하며, 구체적인 행동으로 이어질 수 있어야 한다.
③ 가시적이며, 실제적 차이로 나타나는 것이어야 한다.
④ 내담자의 능력이나 통제력을 고려해 현실적이어야 한다.
⑤ 내담자의 가치에 적절해야 한다.
⑥ 목표 달성을 위한 현실적인 기간이 설정되어야 한다.

10 다음 사례에 대한 진단명 및 진단기준을 쓰시오.

> 내담자 A는 의학적인 기준으로도, 일반적인 사회의 기준으로도 말랐다는 표현이 어울리는 여성이다. 너무 마른 몸으로 인해 체력 저하와 골밀도 감소, 각종 소화기능 저하 등의 증상을 겪고 있어 건강상 위협이 되고 있다. 그러나 A는 자신의 몸이 여전히 뚱뚱한 상태라고 생각하며, 계속해서 먹는 양을 줄이고 체중 감량 보조제 등을 꾸준히 복용하고 있다.

고득점 모범답안

(1) 진단명

　신경성 식욕 부진증

(2) 진단기준

　① 필요한 것에 비해 음식 섭취를 제한함으로써 나이, 성별, 발달수준과 신체 건강에 비추어 현저한 저체중 상태를 초래한다.

　② 심각한 저체중임에도 불구하고 체중 증가와 비만에 대한 극심한 두려움을 지니거나 체중 증가를 방해하는 지속적인 행동이 나타난다.

　③ 체중과 체형을 왜곡하여 인식하고, 체중과 체형이 자기평가에 지나친 영향을 미치거나, 현재 나타나고 있는 체중 미달의 심각함을 지속적으로 부정한다.

　④ 다음 중 하나를 명시할 것

　　• 제한형 : 지난 3개월 동안, 폭식 혹은 제거 행동이 반복적으로 나타나지 않는다. 주로 체중관리, 단식 및 과도한 운동을 통해 저체중이 유발된 경우를 의미한다.

　　• 폭식/제거형 : 지난 3개월 동안, 폭식 혹은 제거 행동이 반복적으로 나타난다.

11 자기표현훈련이 필요한 내담자의 특성 4가지와 내담자가 인식해야 할 사항 2가지를 쓰시오.

고득점 모범답안

(1) 자기표현훈련이 필요한 내담자의 특성
   ① 남의 시선을 회피한다.
   ② 상대방의 잘못을 지적, 언급하기 두려워한다.
   ③ 상대방의 비합리적 요구를 거절하지 못한다.
   ④ 자기를 비난하는 소리를 듣고만 있는다.
   ⑤ 지나치게 변명하고 사과한다.
   ⑥ 모임이나 회의에서 구석 자리에만 앉으려고 한다.

(2) 내담자가 인식해야 할 사항
   ① 자신은 인간으로서 기본권리가 있다.
   ② 스스로 결정할 권리(자기결정권)가 있다.
   ③ 타인으로부터 침해받지 않을 권리가 있다.
   ④ 자신의 생각과 감정을 표현할 권리가 있다.

12 라포의 의미와 라포를 형성하는 방법에 대해 쓰시오.

고득점 모범답안

(1) 라포의 의미
   상담자와 내담자 간의 친근감 및 신뢰감을 형성하여 치료적 관계를 형성하는 것을 의미한다.

(2) 라포를 형성하는 방법
   ① 상담자는 관심 기울이기, 적극적 경청 등을 통해 내담자에게 일관된 관심과 공감적 반응을 나타내야 한다.
   ② 섣부른 해석은 삼간다.
   ③ 공감적 이해, 무조건적 긍정적 존중, 일치성, 전문성을 보여 상담에 대한 동기를 부여한다.

13 ADHD 아동에게 개입할 때, 행동치료의 치료기법 3가지를 쓰시오.

고득점 모범답안

① 긍정강화 : 바람직한 행동을 보였을 때 보상을 통해 바람직한 행동을 강화한다.
② 타임아웃 : 바람직하지 않은 행동을 보였을 때 일정 시간 동안 긍정적 강화를 받을 수 있는 기회를 박탈한다.
③ 토큰경제 : 바람직한 행동을 할 때 지급하는 강화물을 실제 강화물 대신 토큰을 지급하고 일정량 이상 모이면 원하는 강화물로 바꾸어주는 방식이다.

14 집단상담 시, 자기노출과 관련하여 유의할 점을 5가지 쓰시오.

고득점 모범답안

① 집단상담자의 역할수행에 방해되는 문제가 있다면 다른 전문가와 상담을 통해 그 문제를 최우선적으로 해결한다.
② 집단 작업과 관련된 자기개방은 일반적으로 바람직하다는 점을 기억한다.
③ 자신의 사적인 문제를 끄집어내고자 한다면 상담자는 그 이유와 어느 정도까지 털어놓을 것인가를 고려해야 한다.
④ 폐쇄적 태도는 집단과정에서 자기 자신의 사적인 내용의 노출을 최소화하려고 애쓰는 것이며 이는 집단원들의 자기개방에 장애물이 될 수 있다.
⑤ 자신을 노출하면 할수록 바람직하다는 신념을 토대로 상담자 자신도 집단원들과 똑같은 인간이라는 점을 강조한 나머지 지나치게 자신의 사적인 내용을 노출하는 실수를 범할 수 있다.

15 토큰경제의 장점을 5가지 쓰시오.

> 고득점 모범답안

① 토큰은 다양한 강화물로의 교환이 가능하다.
② 행동을 강화해야 할 시점에 즉시적으로 보상할 수 있다.
③ 반응대가를 수행하기 쉽다.
④ 보상지연을 어려워하는 아동의 행동수정을 하는 데 용이하다.
⑤ 내담자가 원하는 강화물로 제공할 수 있기 때문에 행동수정의 동기부여가 용이하다.

16 K-WAIS-IV의 해석 절차 5단계에 대해 기술하시오.

> **고득점 모범답안**

① 전체 IQ와 GAI : 수검자의 인지능력을 여러 관점에서 조망하기에 앞서 이에 대한 해석의 기준을 삼을 수 있도록 전체 IQ를 우선적으로 고려한다. 전체 IQ에 대해서는 지능의 범위를 분류하고 백분위를 기술할 뿐만 아니라 표준오차를 반영한 신뢰 구간에 대해 기술해 주는 것이 일반적이다.

② 지표점수 및 군집 분석 : 개인의 인지 능력을 개념적으로 좀 더 구체적이고 자세하게 이해하고 이러한 인지적 특성이 일상생활에서의 기능과 어떻게 관련 있는지 경험적으로 설명하기 위한 최적의 방법 4가지 지표점수를 해석한다. 지표점수에 대한 해석은 수검자의 인지 기능의 강점과 약점을 설명할 때 유용하다.

③ 소검사 간 분산분석 : 소검사가 전체 IQ나 지표 점수로부터 이탈된 정도를 고려해 개인의 상대적인 인지적 강점과 약점을 설명한다. 이러한 해석은 소검사 분산이 충분한 정도일 때에만 가능하며, 모든 하위 검사에서 균등한 수행을 보였다면 소검사 프로파일에 근거한 해석은 필요치 않다. 인지적 강점과 약점의 근거가 될 만한 높은/낮은 점수를 찾아내기 위해 통계적 분석을 따라야 하지만, 가설을 발전시킬 때는 지나치게 고지식하고 기계적인 태도를 삼가야 한다.

④ 과정 점수를 포함한 질적 분석 : 소검사 분산에 관한 잠정적인 설명을 위해 그러한 점수가 도출된 과정에 대해 질적인 접근을 한다. 지식, 어휘, 이해, 공통성 소검사 등에서 수검자가 사용하는 독특한 표현이나 특이한 반응양식을 살펴보는 것이 이에 해당한다. 이보다 좀 더 공식적인 절차로는 과정 점수에 대한 분석이 있다.

⑤ 소검사 내에서의 분산분석 : WAIS-IV의 소검사 문항은 쉬운 문항에서 시작해 점차 난도가 높아지도록 배열되어 있다. 쉬운 문항에서 실패하고 어려운 문항에서 성공하거나 난이도와 무관하게 고르지 않은 수행 패턴을 보이는 수검자에 대해서는 그 이유를 탐색해볼 필요가 있다.

17 MMPI에서 1-3/3-1 쌍척도에서 3번 척도가 더 상승해 있을 때 가능한 해석 4가지를 쓰시오.

고득점 모범답안

① 스트레스 상황에서 신체적 증상을 나타내는 경향이 있다.
② 신체적 증상으로 인한 2차 이득이 있는 경우가 많다.
③ 미성숙하고 이기적이다.
④ 타인에게 의존적이다.

18 지능검사가 Full Battery에서 자주 사용되는 이유를 5가지 쓰시오.

고득점 모범답안

① 지능의 언어적·비언어적 측면을 모두 고려한다.
② 넓은 연령대에서 사용 가능하다(만 2세 6개월~69세 11개월).
③ 편차지능지수를 사용함으로써 개인 간 비교가 가능하다.
④ 지능수준을 평가하는 것이 아니라 개인의 성격을 반영해 주는 역동적 도구이다.
⑤ 웩슬러는 지능을 "개인이 합목적, 합리적으로 사고하며 자신을 둘러싼 환경을 효과적으로 처리해 나가는 전반적, 총합적 능력"으로 정의하며, 전반적인 인지적 기능에 대한 포괄적 평가뿐만 아니라 성격적, 정서적, 사회적 요인을 포함시켜 지능을 폭넓게 개념화한다.

19 최종보고서에 포함되어야 할 내용 5가지를 쓰시오.

고득점 모범답안

① 인적사항
② 의뢰 사유, 주호소 문제
③ 현재병력, 과거병력, 개인력, 가족력
④ 실시된 검사 종류, 검사 내용 및 결과, 행동관찰
⑤ 의심되는 진단명 및 치료 시 권고사항

20 다음 제시된 사례를 보고 환아에게 할 수 있는 인지행동적서적인 측면에서의 자문 및 조언 4가지를 쓰고, 내담자의 반응 해석 시 주의해야 할 점 5가지를 쓰시오.

올해 14세 4개월로 중학교 3학년인 환아 A군은 평소 학교 친구들과 어울리지 못하며, 거의 매일 아침 등교 시간마다 학교가기를 거부하고 있다. 어머니에 의해 사설 상담센터에서 상담을 받은 후 의뢰를 받았다. A군은 학교에서 아이들이 자신과 놀아주기는 커녕 괴롭히고 째려본다고 하면서, 학교에 가는 것이 죽고 싶을 정도로 아이들이 자신과 놀아주지 않는다며 불평을 늘어놓았다. A군은 어려서부터 태권도를 좋아하여 계속 태권도장에 다니고 있고, 골격이 크고 당당한 체구이다. 그러나 중학교에 진학한 후 성적이 최하위로 떨어졌으며, 담임선생님은 일반고교에 진학하는 것이 어렵다며 최근 실시한 집단지능검사 결과를 보여주었다. A군의 어머니는 A군의 학업문제와 왕따를 당하는 문제를 어떻게 해결할 수 있을지 등의 문제를 호소하였다.
심리평가를 위해 내원했을 때, A군은 무표정한 표정이었고 약간 어눌한 말투와 부정확한 발음 때문에 검사 중 응답을 다시 확인해야 하는 경우가 있었다. 또한 매번 문제를 쉽게 포기하려는 모습을 보였고 짧은 답변으로 일관하였으나 모든 것이 귀찮다는 식의 태도는 후반부로 갈수록 다소 누그러지는 양상을 보였다.

> 고득점 모범답안

(1) 인지행동정서적인 측면에서의 자문 및 조언 4가지
   ① 학교에서 실시한 집단지능검사 결과와 내원하여 실시한 종합심리검사의 인지기능 결과를 비교해보고 내담자와 부모에게 보다 정확한 정보를 제공한다.
   ② 뒤쳐진 학업의 원인을 살펴보고 개발할 수 있도록 인지학습치료를 권장한다.
   ③ 내담자가 현재 학습부진과 친구들의 따돌림으로 인해 자신감 저하와 심리적 위축이 예상되므로 심리검사 결과를 통해 이를 확인하고, 태권도와 같이 내담자의 강점을 발견하여 자신감을 높여줄 수 있는 질적 개입이 필요하다.
   ④ 정확하지 못한 발음 문제가 따돌림과 같은 문제들을 더 악화시킬 수 있으므로 언어치료를 권장한다.
   ⑤ 또래관계의 어려움 때문에 등교 거부를 하고 있으므로 심리상담-치료 및 대인관계훈련 프로그램을 통해 원인을 찾고 책략을 개발해 나간다.

(2) 내담자 반응 해석 시 주의할 점 5가지
   ① 내담자가 해석을 받아들일 준비가 되어있는지 여부를 파악해야 한다.
   ② 내담자가 해석을 받아들일 준비가 되어있지 않은 경우, 반응 – 명료화 – 직면의 기술을 사용한 후 해석을 한다.
   ③ 섣부르게 해석하지 않도록 한다.
   ④ 해석이 잘못되었을 경우에 대해 대비한다.
   ⑤ 지나치게 조언적이거나 충고적인 해석이 이루어지지 않도록 한다.

PART 06

실전모의고사

CHAPTER 01 제1회 실전모의고사
CHAPTER 02 제2회 실전모의고사
CHAPTER 03 제1회 실전모의고사 정답 및 해설
CHAPTER 04 제2회 실전모의고사 정답 및 해설

CHAPTER 01 | 제1회 실전모의고사

01 내담자의 공포 대상에 대한 체계적 둔감법의 3단계 과정을 순서대로 쓰고 서술하시오. (6점)

02 다음 보기에서 A씨의 MMPI 검사 결과에 따라 유추 가능한 진단명과 함께 진단의 이유를 각각 기술하시오. (6점)

> A씨는 올해 24세로 입대를 앞두고 병사용 진단서를 위해 병사 진단용 검사에 의뢰되었다. MMPI 검사 결과 타당도 척도에 대한 T점수가 L척도 32, F척도 113, K척도 31으로 나타났다. 또한 임상척도에 대한 T점수에서 5번 Mf척도를 제외한 대부분의 임상 척도에서 높은 점수를 보였으며, 그중 6번 Pa척도, 7번 Pt척도, 8번 Sc척도 점수가 90 이상으로 다른 임상척도에 비해 높은 점수를 보였다. A씨는 자신이 평소 과대망상이 있다고 생각한다.

03 MMPI 2개 척도에 대한 분석에서 4번과 9번 척도가 동시에 높을 때 나타나는 심리적 특징을 4가지 기술하시오. (4점)

04 벡(Beck)의 인지적 오류 6가지를 쓰고 설명하시오. (6점)

05 정신분석적 상담 과정에서 나타나는 '전이'와 '역전이'에 대해 설명하시오. (4점)

06 MMPI의 채점 과정을 기술하시오. (단, 타당도척도와 임상척도를 중심으로 기술할 것) (6점)

07 사회성숙도 검사에서 아동의 측정 영역을 6가지 기술하시오. (6점)

08 다음 보기의 사례를 읽고, 내담자 A의 진단 가능한 진단명을 제시하고, 그 증상 및 징후를 3가지 기술하시오. (5점)

> 20대의 A씨는 고등학교를 중퇴한 이후 뚜렷한 사회활동을 하고 있지 않은 상태이다. 평소 잠자는 시간이 불규칙하며, 공상에 사로잡혀 기이한 생각을 하는 경우가 많다. 최근에는 자신이 신의 계시를 받았고, 세상을 구원할 수 있다고 믿고 있다. A씨의 말에 따르면 자신이 "내가 너희를 구원하리라"라는 간판이 있는 곳에서 뛰어내리면, 자신과 세상이 구원받는다는 것이다. A씨는 자신의 거사를 방해하려는 악의 세력이 곳곳에 퍼져 있다고 주장하며, 특히 병원 직원들이 악을 추종하는 정보요원이므로 반드시 따돌려야 한다고 믿고 있다.

09 MMPI 검사 결과 척도와 K척도는 30 이하이고, F척도는 70 이상으로 나타났다. 이 결과를 토대로 유추할 수 있는 환자의 상태를 2가지 기술하시오. (4점)

10 시간-제한적 집단정신치료의 주요 특징을 3가지 쓰시오. (6점)

11 내담자의 반응을 해석할 때의 주의사항을 5가지 쓰시오. (5점)

12 단회상담은 다른 일반적인 심리상담과 달리 극히 제한된 시간 내에 응급 상황을 처리해야 하는 경우가 많다. 이와 같은 상담에서 강조되는 원리 또는 기술을 7가지만 제시하시오. (7점)

13 자폐 스펙트럼 장애의 진단기준 중 사회적 의사소통 및 사회적 상호작용상의 결함 기준을 2가지 쓰고, 자폐 스펙트럼 장애로 통합된 DSM-IV 분류기준상의 진단명 2가지를 쓰시오. (4점)

14 놀이치료에서 놀이는 치료적 가치가 있다. 놀이의 치료적 가치를 3가지 기술하시오. (6점)

15 로샤검사 결과를 엑스너(Exner) 방식으로 채점하고자 한다. 엑스너(Exner) 종합 체계 방식의 주요 채점 항목을 5가지만 기술하시오. (5점)

16 재활치료의 주요 개념으로서 손상, 장애, 핸디캡을 각각 설명하시오. (4점)

17 MMPI 검사 결과 '척도 1(Hs)'가 상승한 경우 내담자의 성향이나 상태를 3가지 기술하시오. (3점)

18 만성정신질환자를 위한 정신사회재활의 일반적인 목표를 3가지 쓰시오. (3점)

19 REBT의 ABCDE 치료모델에 대해 설명하시오. (5점)

20 단기상담에 적합한 내담자의 특성 5가지를 기술하시오. (5점)

CHAPTER 02 | 제2회 실전모의고사

01 신경심리평가에서 일반적으로 다루어야 하는 주요 평가영역을 6가지 쓰시오. (6점)

02 일반적으로 가족치료를 권하게 되는 경우를 2가지 쓰시오. (2점)

03 행동수정에서 자기-통제 프로그램의 일반적인 5단계를 쓰시오. (5점)

04 웩슬러(Wechsler)가 정의한 지능의 개념을 쓰고, 유동성 지능과 결정성 지능의 특징을 각각 2가지씩 기술하시오. (6점)

05 심리상담의 과정에서 내담자가 침묵을 지키는 이유 3가지를 기술하시오. (6점)

06 다음 보기의 사례를 읽고 물음에 답하시오. (4점)

> 내담자 : "저는 지난밤 너무도 기이한 꿈을 꾸었어요. 벌써 제대한지 2년이 넘었는데, 군대 취사병으로 있을 때로 돌아갔죠. 저는 저녁 메뉴로 돼지를 잡아야 하는 상황이었는데요, 평소 살아 있는 동물을 죽이는 것을 무척이나 싫어했음에도 고참의 지시에 따를 수 밖에 없었죠. 그런데 그 돼지가 어찌나 힘이 세고 튼튼한 놈인지 칼로 놈의 목을 몇 차례 찔렀지만 마치 저를 비웃듯 계속 몸부림을 치더라고요. 이러다가는 안 되겠다 싶어 온 힘을 주어 그놈의 목을 힘껏 비틀어서는 놈의 목 한가운데를 최대한 깊숙이 찔러 넣었죠. 그러자 돼지가 몸부림을 그치고 조용히 고개를 돌렸는데요. 그 돼지가 바로 형이었던 거예요. 너무도 황당하고 두려워서 잠에서 깨어났는데요, 등에서 식은땀이 줄줄 흐르더라고요."

보기의 내담자가 이야기한 꿈의 내용을 듣고 상담자가 제시해야 할 적절한 반응을 반영, 명료화, 직면, 해석의 상담기법으로 표현하시오.

07 다음 보기의 사례를 읽고 A씨의 행동의 윤리적 타당성 여부와 그 이유에 대해서 서술하시오. (5점)

> A씨는 임상심리학 전공 대학원생으로, 상담센터에서 실습을 하고 있다. A씨는 자신이 개발한 새로운 프로그램을 상담에 적용해 보려던 차에, 마침 평소 자신이 호감을 가지고 있던 한 여학생이 상담센터를 찾아와 상담을 신청한 사실을 알게 되었다. A씨는 그 여학생과의 상담을 자신이 맡겠다고 제안하였다.

08 행동치료에서 치료자들은 내담자의 행동을 간접 측정하기보다는 직접 측정하는 것을 선호한다. 이와 같이 행동을 직접 측정하는 경우 일반적으로 포함시키는 특성 6가지를 쓰시오. (6점)

09 K-WISC-Ⅳ의 척도별 구성 중 언어이해, 지각추론, 처리속도에 각각 포함되는 핵심 소검사 항목을 모두 쓰시오. (6점)

10 아동 로샤검사에서 기호화하는 항목을 6가지만 쓰시오. (6점)

11 벡(Beck)의 인지적 오류 5가지를 쓰고 설명하시오. (5점)

12 정신분석 상담 과정에서 나타나는 역전이와 전이에 대해 설명하시오. (5점)

13 다음 보기의 사례를 읽고 물음에 답하시오. (6점)

> 김모 씨는 올해 22세로 군입대를 앞두고 병사용 진단서를 발급받기 위해 병사 진단용 검사에 의뢰되었다. MMPI 검사 결과 타당도척도에 대한 T점수가 L척도 37, F척도 112, K척도 36으로 나타났다. 또한 임상척도에 대한 T점수에서 5번 Mf 척도를 제외한 대부분의 임상척도에서 높은 점수를 보였으며, 그중 6번 Pa척도, 7번 Pt척도, 8번 Sc척도 점수에서 90 이상으로 다른 임상척도에 비해 높은 점수를 보였다. 김모 씨는 자신이 평소 과대망상 증상을 보인다고 호소하였다.

보기에서 김모 씨의 MMPI 검사 결과에 따라 유추 가능한 진단명과 함께 진단의 이유를 각각 기술하시오.

14 MMPI의 일반적인 해석 과정은 다음과 같이 구분할 수 있다. 다음의 빈칸에 제시된 2~7단계의 내용을 간략히 기술하시오. (단, 타당도척도와 임상척도를 중심으로 기술할 것) (6점)

제1단계 – 검사태도에 대한 검토
제2단계 –
제3단계 –
제4단계 –
제5단계 –
제6단계 –
제7단계 –

15 MMPI 2개 척도에 대한 분석에서 4번과 9번 척도가 동시에 높을 때 나타나는 심리적 특징을 4가지 기술하시오. (4점)

16 상담 장면에서 '생산적인 경청'을 하는 상담자가 보이는 구체적인 태도를 5가지 쓰시오. (5점)

17 적대성반항장애(Oppositional Defiant Disorder)의 진단기준 5개를 작성하시오. (5점)

18 다음 보기는 심리치료의 일반적인 단계를 나타내고 있다. A에서 D까지 빈칸에 들어갈 내용을 각각 서술하시오. (4점)

(A) → 문제 및 상황 평가 → (B) → 치료 실시 → (C) → 치료 종결 → (D)

19 병원의 정신과나 정신보건센터에서 환자를 평가하기 위해 면담할 때 일반적으로 유의해서 보아야 하는 내용을 2가지 쓰고 설명하시오. (6점)

20 다음 보기의 신경심리검사들이 평가하는 인지기능 영역을 쓰시오. (2점)

> Contrasting Program / Go-No-Go Test / Fist-Edge-Palm / Alternating Hand Movement / Alternating Square and Triangle / Luria Loop / Controlled Oral Word Association Test(COWAT) / Korean-Color Word Stroop Test(K-CWST)

CHAPTER 03 | 제1회 실전모의고사 정답 및 해설

01

고득점 모범답안

- 1단계 : 내담자에게 불안을 대치할 이완반응을 가르친다.
- 2단계 : 불안을 일으키는 사건들을 평가하고 불안의 정도에 따라 위계를 작성한다.
- 3단계 : 둔감화 단계로 이완 상태에서 낮은 수준의 불안유발 자극에 노출시킨다.

보너스 가이드

체계적 둔감법과 홍수법 비교
- 체계적 둔감법 : 상상을 통한 방법(in vivo)과 실제로 불안 상황에 노출하는 방법(in vitro)이 있는데, 치료 기간에 따라 초반에는 전자를 활용하다가 후반에는 후자를 활용하는 방식으로 적용할 수도 있다. 상상을 통한 방법만 활용할 경우에는 공포 자극을 상상하는 정도와 상황에 몰입하는 정도에 개인차가 존재할 수 있기 때문에, 상상만 이용하는 방법보다는 직접적인 노출과 함께 활용하는 것이 공포의 해소에 효과적인 것으로 알려져 있다.
- 홍수법 : 행동수정 기법 중 하나로서, 체계적 둔감법과 마찬가지로 불안을 유발하는 자극에 노출하는 것을 특징으로 한다. 그러나 체계적 둔감법과는 달리 불안 자극에 단계적으로 접근하는 것이 아닌, 한 번에 직접적으로 노출한다.

02

고득점 모범답안

- 진단명 : 꾀병
- 진단 사유 : F점수의 113점은 수검자가 상당히 특이한 방식으로 질문에 응답했다는 것을 의미한다. 이들은 관습을 따르지 않는 특이한 사람들로, 정신 장애를 지닌 것은 아니지만 기이한 행동이나 비도덕적인 태도를 가지고 있을 수 있다.

보너스 가이드

MMPI 1-2/2-1
1-2/2-1 척도쌍을 보이는 사람들의 주요 특징은 다양한 신체적 증상을 호소하며 신체적 기능에 대한 과도한 염려를 보인다는 것이다. 임상적으로 기질적인 원인이 발견되지 않음에도 불구하고 신체적인 고통을 호소하며, 실제로 신체적 증상이 있다 하더라도 그 정도를 과장한다. 주로 호소하는 증상은 두통, 소화불량, 복통, 구토, 불면증, 피로감 등이다. 이들은 어떤 스트레스나 갈등에 직면하면 신체적인 증상들을 나타내는데, 이러한 신체적 증상은 심리적인 문제를 회피하기 위한 수단으로 사용된다. 이러한 신체적 증상 호소 외에 나타나는 특징으로는 우울, 불안, 긴장과 같은 정서적 고통에 대한 호소이다. 현저한 임상적 우울증이 동반되는 경우는 드물지만 이들은 불행감과 우울감을 느끼고 걱정이 많으며 사소한 일에도 신경질적이 된다. 특히 3번 척도와 7번 척도가 상승되면 이러한 특징은 더욱 두드러지게 나타난다. 성격적으로 이들은 내향적이고 수줍음이 많으며 위축되어 있다. 타인이 자신을 어떻게 볼 것인가에 신경을 많이 쓰고 타인의 관심이나 지지에 민감하다. 대인관계는 수동-의존적이어서, 충분한 관심을 주지 않는 사람에게는 종종 적의를 품지만 이를 직접적으로 나타내지 않고 신체적인 증상을 통해 타인을 조정하려고 한다. 자신의 정서적 문제나 심리적 갈등을 억압(repression), 부인(denial)하며 변화보다는 신체적 고통을 견디려 하기 때문에 전통적인 심리치료에 대한 예후는 좋지 못하다.

03

고득점 모범답안

- 충동적, 반항적 성격과 함께 과격하고 공격적인 행동을 특징으로 한다.
- 일시적으로 다른 사람에게 좋은 인상을 주기도 하지만, 자기중심적 성향과 다른 사람에 대한 불신으로 대인관계가 피상적이다.
- 자신의 행동에 대해 무책임하여 신뢰감을 주지 못하며, 사회적 가치를 무시하여 반사회적 범죄행위를 저지르기도 한다.
- 합리화의 방어기제를 사용하여 자신의 문제를 외면하며, 실패의 원인을 다른 사람에게 전가하기도 한다.

04

고득점 모범답안

- 임의적 추론 : 어떤 결론을 지지하는 증거가 없거나, 그 증거가 결론에 위배됨에도 불구하고 그와 같은 결론을 내린다. 예 자신의 메시지에 답변이 없다고 하여 상대방이 의도적으로 회피하는 것이라고 판단
- 선택적 추상화 : 다른 중요한 요소들은 무시한 채 사소한 부분에 초점을 맞추고 그 부분적인 것에 근거하여 전체 경험을 이해한다. 예 필기시험에서 우수한 성적을 거두었으나 실기시험의 결과에 스스로 만족하지 못하는 사람이 전체 시험을 망쳤다고 판단
- 과도한 일반화 또는 과잉 일반화 : 한두 가지의 고립된 사건에 근거해서 일반적인 결론을 내리고 그것을 서로 관계없는 상황에 적용한다. 예 처음 만난 상대의 인상이 좋을 경우 그 사람의 됨됨이도 올바르고 선하다고 판단
- 개인화 : 외부 사건을 자신과 관련시키는 성향으로, 실제로는 다른 것 때문에 생긴 일에 자신이 원인, 책임져야 할 것으로 받아들인다. 예 자신이 시험을 망쳐서 여자친구와 헤어졌다고 판단
- 이분법적 사고/흑백논리적 사고 : 모든 경험을 중간지대 없이 흑백논리로 파악한다.
- 과장/축소 또는 의미확대/의미축소 : 사건 또는 개인이나 경험이 가진 특성의 한 측면을 실제 중요성과 무관하게 과대/과소 평가한다. 예 한두 번 지각한 사람을 게으르다고 판단하거나 시험에 수석 합격한 것을 단지 운이 좋아서라고 판단한다.
- 정서적 추론 : 자신의 정서적 경험이 마치 현실과 진실을 반영하는 것인 양 간주하여 이를 토대로 그 자신이나 세계 또는 미래에 대해 그릇되게 추리한다. 예 자신이 부적절하다는 느낌을 통해 아무런 쓸모없는 사람이라고 단정하는 경우
- 긍정격하 : 자신의 긍정적인 경험이나 능력을 객관적으로 평가하지 않은 채, 그것을 부정적인 경험으로 전환하거나 자신의 능력을 낮추어본다. 예 자신의 계획이 성공에 이르렀음에도 불구하고 이를 자신의 실력이 아닌 운에 의한 것으로 돌리는 경우
- 재앙화/파국화 : 사건에 대해 걱정을 지나치게 과장하여 최악을 생각한다. 예 길을 걷다가 개에게 물린 사람이 곧 광견병으로 목숨을 잃게 될 것이라 생각
- 잘못된 명명(Mislabeling) : 어떤 행동이나 부분적 특성을 토대로 사람 혹은 사건에 대해 완전히 부정적이고 단정적으로 명명한다. 예 한 차례 지각한 사람에게 지각대장이라고 별명을 붙임

보너스 가이드

벡(Beck)의 인지적 오류에 대한 치료 방법
- 비합리적 사고 논박하기
- 인지적 과제 부여하기
- 내담자의 언어 변화시키기
- 합리적 상상하기
- 유머 사용하기

05

고득점 모범답안

전이란 내담자가 과거의 중요 인물에게 가졌던 감정이나 느낌, 생각을 상담자에게 옮기는 것이다. 그리고 역전이란 상담자가 내담자의 경험이나 문제를 동일시함으로써 억압되었던 느낌이 표면화되는 것을 뜻한다.

보너스 가이드

(부정적) 전이와 역전이 해결 방안
- 전이의 경우
  - 상담자는 객관적 태도를 유지하며 해석을 통해 내담자의 전이를 중지시킨다.
  - 전이와 관련된 과거의 경험과 갈등에 대해 통찰을 제공한다.
- 역전이의 경우
  - 자기분석을 통해 지속해 자신을 점검한다.
  - 교육분석을 통해 학습하고 분석 내용을 축적한다.
  - 자기분석과 교육분석을 받을 수 없는 경우 지도 감독을 받는다.

06

고득점 모범답안

채점의 첫 단계는 답안지를 검열하는 것이다. 두 번째로 K교정 점수를 구한다. 답안지에 표시된 K교정 비율을 참고하여 척도 1(Hs), 4(Pd), 7(Pt), 8(Sc), 9(Ma)에 K교정을 해준다. 각 척도의 채점이 끝나면 위의 다섯 임상척도를 K교정하여 답안지 해당란에 기록한다. 그 후 13개의 검사척도의 원점수에 해당하는 T점수로 환산한다. 프로파일 작성은 척도별 T점수를 점으로 찍은 후 3개의 타당도와 10개의 임상척도를 각각 실선으로 연결하며, 이때 타당척도와 임상척도는 서로 연결하지 않는다.

> 보너스 가이드

타당도척도와 임상척도
- 타당도척도 : 전체 결과에 영향을 미칠 수 있는 수검자의 응답 방식을 탐지할 목적에서 개발되었다. 타당도 척도 중 무응답척도, 무선 반응 비일관성 척도(VRIN), 고정 반응 비일관성 척도(TRIN)는 내용과 무관하게 무작위로 응답한 경우를 탐지할 목적에서 개발되었으며, F척도를 비롯한 F[B]척도, F[P]척도 및 FBS척도 등은 증상이나 문제를 과장 왜곡해 보고할 가능성을, L척도, K척도 및 S척도 등은 증상이나 문제를 축소 왜곡 보고하는 방어적 수검 태도의 가능성을 탐지할 목적에서 개발되었다.
- 임상척도 : MMPI의 임상척도 점수에 대한 해석 기준은 문헌에 따라 다르지만, MMPI-2의 경우 T점수가 평균 50, 표준편차 15점으로 표준화된 것에 근거해 1.5 표준편차 이상의 점수, 즉 T점수 65점 이상을 임상적으로 의미 있는 상승으로 해석한다. 점수의 해석에 대해서는 연구자마다 의견을 달리하는데, 일반적으로 높은 점수에 비해 낮은 점수에서 얻을 수 있는 정보는 그리 중요하지 않으며 축적된 연구 결과도 많지 않아 보수적으로 해석할 것이 권장된다.

07

> 고득점 모범답안

- 자조(SH ; self help) : 일반적인 자조 능력, 식사 자조 능력, 옷 입고 벗기 및 청결 자조 능력으로 세분화하여 알아보는 문항
- 이동(L ; locomotion) : 운동능력과 관련된 사회적 의미를 알아보는 문항
- 작업(O ; occupation) : 놀이에서부터 전문성을 요하는 작업에 이르기까지의 다양한 능력을 알아보는 문항
- 의사소통(C ; communication) : 동작, 음성, 문자 등을 매체로 한 수용과 표현에 관련된 문항
- 자기관리(SD ; self-direction) : 책임감과 분별력, 독립성 등을 알아보는 문항
- 사회화(S ; socialization) : 사회화 활동, 책임, 현실적 사고에 대해 알아보는 문항

> 보너스 가이드

사회성숙도 검사
1935년 미국의 Doll이 제작한 바인런드(Vineland) 사회성숙도 검사 제5판을 1965년 김승국, 김옥기 씨가 한국 실정에 맞게 표준화한 한국판 검사이다. 출생부터 30세까지의 자조능력, 이동능력, 작업능력, 의사소통, 자기관리능력, 사회화 등과 같은, 적응 행동의 표본이 된다고 할 수 있는 120개 문항으로 구성되어 있으며 동일한 척도의 문항들은 평균 곤란도 순으로 배열되어 있다. 검사 실시 시 피검사자가 검사 장면에 참석하지 않아도 보호자나 지도하고 있는 교사의 보고에 의해서 실시할 수 있으며, 검사 문항을 행동 영역별로 검토하므로 피검사자의 영역별 행동 수준을 측정할 수 있을 뿐 아니라 수량화된 점수(SA, SQ)를 통해 적응행동 수준을 종합적으로 평가할 수 있다. 또 피검사자의 과거 발달력을 용이하게 추적할 수가 있어 미래의 예후를 비교적 정확하게 예측할 수 있다. 제한점으로는 대부분 보호자와의 인터뷰에 의존해야 하기 때문에 보호자의 반응에 따라 과대 또는 과소평가 될 우려가 있으며, 뇌성마비나 지체장애인의 경우 그들의 잠재능력을 정확하게 평가하기 어렵다. 또 SA / CA×100이라는 단순 통계 처리에 의해 SQ가 산출되기 때문에 특히 지적장애아의 경우 연령이 많아짐에 따라 사회지수(SQ)의 의미가 감소된다. 또 영역별 적응행동 규준이 없다는 점도 있다.

08

> 고득점 모범답안

① 진단명 : 조현병
② 증상 및 징후
- 양성 증상 : 양성 증상은 조현병(정신분열병)에서 겉으로 드러나는 비정상적이고 괴이한 증상으로, 건강한 사람에게서는 발견할 수 없는 정신병적 증상을 의미한다. 대표적인 양성 증상에는 환청이나 환시 같은 감각의 이상, 비현실적이고 기괴한 망상 같은 생각의 이상, 그리고 생각의 흐름에 이상이 생기는 사고 과정의 장애 등이 있다. 양성 증상은 겉으로 보기에는 대단히 기괴하고 심각해 보이지만, 음성 증상에 비하면 약물 치료에 의해 비교적 빨리 쉽게 좋아지는 증상이기도 하다.
- 음성 증상 : 조현병 환자들 중에는 하루종일 무표정하게 있거나 대부분의 사람들이 박장대소하는 개그 프로그램을 보면서도 오히려 눈물을 흘리는 등 상황에 맞지 않는 감정을 보이는 사람들이 있다. 대개의 조현병 환자들은 웃거나 울거나 화내거나 하는 감정 표현이 점차 줄어들고, 병이 더 악화되면

무표정에 가깝게 변화되어 마치 가면을 쓴 것 같이 보이는 경우도 있다.
- 인지 증상 : 인지 증상은 집중력을 유지하기 어렵고 새로운 정보를 학습하거나 자신의 생각을 정리하는 능력이 저하되는 증상을 말한다. 예전에는 능숙하게 처리하던 일도 제대로 해내지 못하고 기억력이나 문제해결능력도 현저히 감소한다.
- 잔류 증상 : 조현병 환자들은 치료에 의해서든 자연적이든 심한 급성기에서 벗어나게 되면 잔류기에 접어들게 되는데, 이 기간에는 음성 증상과 인지 기능의 장애가 주된 증상으로 나타난다. 이러한 잔류 증상이 환자의 일상생활에 지장을 주지 않게 하는 것이 중요한데, 약물치료와 더불어 재활치료와 인지행동치료를 함께 하는 것이 도움이 된다.

보너스 가이드

조현병(정신분열병)
사고(思考), 감정, 지각(知覺), 행동 등 인격의 여러 측면에 걸쳐 광범위한 임상적 이상 증상을 일으키는 정신 질환이다. 여러 가지 유형으로 나타나며, 단일 질병이 아닌 공통적 특징을 지닌 몇 가지 질병으로 이루어진 질병군으로 파악된다. 조현병은 뇌의 이상에 의해 발생하는 뇌 질환, 뇌장애로 보는 것이 옳다.

09

고득점 모범답안

- 자신의 문제점이나 단점을 과장해서 보이는 경향이 있다.
- 극단적으로 자기비판적 경향을 보인다. 즉각적인 도움을 요청하거나 입원을 요하는 급성 정신증적 상태의 환자가 아닌 경우라면 꾀병(malingering)을 의심해 볼 수 있다.

보너스 가이드

MMPI의 장점과 한계
MMPI는 여타 심리 검사와 비교해 방대한 연구 및 임상 자료가 축적되고 다양한 척도들이 개발되었으며 이에 대한 신뢰도와 타당도가 확인되었다. 실시와 채점이 용이하고 표준화된 객관적 규준을 갖추었으며 코드 타입 등을 활용해 간편하게 해석할 수 있어 투입하는 시간과 노력 대비 효용성이 높으며, 특히 숙련되지 않은 초보 임상가들은 비구조화된 투사 검사 대신 실시, 채점 및 해석 절차가 간편한 MMPI를 선호한다. 하지만 수검자의 연령, 교육 수준, 사회 경제적 지위, 문화적 배경, 개인력, 현재 검사를 받는 사유 등 평가에 영향을 미칠 수 있는 다양한 맥락과 다른 심리 검사 결과, 관찰된 행동, 면담에서 수집된 정보 등의 자료들을 통합적으로 고려하지 않은 채 MMPI 척도 점수에 대해 정량화된 공식을 적용해 해석하는 것은 매우 위험하다. 그동안 MMPI에 대한 연구가 진행되면서 제시되었던 세부적인 문제점은 다음과 같다. 첫째, MMPI는 여러 척도 간 문항이 중복되어 척도 간 상관이 높고 의학적 진단에 대한 변별력이 낮다. 따라서 초기 진단적 목적에서 붙여진 척도 이름을 해석의 근거로 삼는다면 오해의 소지가 많다. 이러한 오류를 피하기 위하여 진단명에 근거한 척도 이름보다는 가치 중립적인 척도 번호를 사용하고, 각 척도가 설명하고자 하는 개인의 정서적, 행동적, 성격적 특성 등에 초점을 맞춰 서술적 접근을 하도록 권하고 있다. 둘째, MMPI는 1943년에 개발한 원판의 용어를 그대로 사용하고 있어 변화하는 최신 진단 분류의 흐름에 부합하지 않는 측면이 있다. 예를 들어 척도 7의 '신경쇠약(psychasthenia)' 이라는 용어나 척도 1, 척도 2와 척도 3을 통칭하는 '신경증적 3요소(neurotic triad)'라는 용어 등은 현재의 DSM 체계에서는 어떠한 정신병리학 용어로도 설명하기 어렵다. 이렇듯 과거에 사용하던 용어들은 현대의 진단 체계의 정신병리 용어에 맞추어 새롭게 이해하고 보고서에 반영해야 한다.

10

고득점 모범답안

- 기능 수준 및 집단의 동질성을 고려한 집단 참여자의 선정 : 비슷한 증상의 동질집단을 구성하는 것이 효과적이다. 그러나 만성정신장애, 성격장애, 급성정신병 상태, 약물중독, 자살시도자 등은 적합하지 않다.
- 대인관계학습의 접근법 : 집단 참여자들을 통한 피드백과 자기이해를 포함하는 여기-지금에서의 교정적 정서경험을 통한 계획된 종결을 적절히 활용함으로써 단기간 치료를 통해 성격 변화를 이룰 수 있다.
- 시간제한의 의도적 활용 : 폴크스는 집단정신치료에서 시간제한을 강조했다. 이는 환자들로 하여금 빨리 회복하려는 동기를 유발하고 자기효율성을 수반하는 개인의 책임감을 인식하도록 할 수 있다.

11

고득점 모범답안

- 내담자가 받아들일 준비가 되어 있다고 판단되는 경우 조심스럽게 실행한다.
- 내담자의 성격을 파악하지 못했거나 해석에 대한 실증적인 근거가 없는 경우 해석은 삼간다.
- 상담 초기에는 감정의 반영, 중기에는 명료화와 직면, 후기에는 구체적인 해석의 과정을 거쳐 내담자의 통찰이 이루어지도록 전개하여야 한다.
- 즉각적이고 충고적인 해석은 삼간다.
- 내담자 스스로 해석을 내리도록 인도한다.

보너스 가이드

내담자 저항을 감소시키는 방법
- 친밀감 형성 : 내담자와 공감대 또는 친밀감을 향상해야 한다.
- 변형된 오류 정정 : 상담에 대해 내담자의 오해가 있으면 이를 해소해야 한다.
- 은유적 표현 사용 : 직접적 표현은 공격적으로 느껴지므로 은유적으로 간접적인 표현을 사용해야 한다.
- 직면시키기 : 내담자가 상담을 회피할 때 문제를 자각하도록 직면시켜야 한다.

12

고득점 모범답안

- 상담자는 상담 사례의 성격이나 상황 조건에 따라 상담을 단회로 할 것인지 다회로 할 것인지 신속하게 정해야 한다.
- 상담자는 내담자가 원하는 것을 발견해야 한다.
- 상담자는 내담자가 원하는 것과 관련하여 내담자와 더불어 합리적인 상담 목표를 수립해야 한다.
- 상담자는 적극적 경청이나 질문, 해석적 반영, 초점화 등의 기술을 동원하여 내담자와의 대화 과정을 능숙하게 조절해야 한다.
- 상담자는 융통성과 단호함을 겸비해야 한다.
- 상담자는 내담자로 하여금 문제해결에 대한 의지와 동기를 잃지 않도록 도와야 한다.
- 상담자는 조언 및 지시를 적절히 사용하여 효과적이고 능률적인 상담이 이루어지도록 해야 한다.

보너스 가이드

단회상담
단회상담은 상담자와 내담자가 단 한 번의 면대면 만남을 하고, 1년 이내에 어떠한 사전과 사후의 회기를 가지지 않는 상담을 말한다. 즉, 단 한 번의 만남으로 도달 가능한 상담 목표를 정하여 문제해결 중심의 절충적 접근을 하며, 1회로 종결되는 개인상담이다. 일반적으로 단회상담에 적합한 유형은 환경적인 요인에 따라 급성으로 발생하는 문제로 고통을 받는 내담자, 이전에 양호한 적응능력을 가진 경험이 있는 내담자, 대인관계에서 다른 사람들과 양호한 관계 형성의 능력이 있는 내담자, 상담에 대한 동기가 높은 내담자, 주요 호소 문제를 구체적으로 표현할 수 있는 내담자 등이다.

13

고득점 모범답안

① 사회적 의사소통 및 상호작용의 결함
  - 사회적-정서적 상호작용에 있어서의 결함
  - 관계발전, 유지, 이해에 있어서의 결함
  - 제한적이고 반복적인 행동, 흥미 또는 활동
  - 상동증적인 또는 반복적인 말, 움직임, 물체 사용
  - 동일성에 대한 고집, 의식에 집착하고 변화를 극도로 거부함
  - 비정상적으로 극도로 제한되고 고정된 흥미
  - 감각자극에 대한 반응이 과하거나 적음, 또는 일반적이지 않은 감각자극에 흥미를 가짐
② 자폐 스펙트럼 장애로 통합된 DSM-IV 분류기준상의 진단명 2가지 : 아스퍼거장애, 자폐성장애

보너스 가이드

자폐 스펙트럼 장애
자폐 스펙트럼 장애는 초기 아동기부터 상호 교환적인 사회적 의사소통과 사회적 상호작용에 지속적인 손상을 보이는 한편, 행동 패턴, 관심사 및 활동의 범위가 한정되고 반복적인 것이 특징인 신경 발달 장애의 한 범주이다. DSM-IV와 ICD-10에서는 광범위성 발달 장애를 자폐성장애, 아스퍼거장애, 레트장애, 소아기 붕괴성 장애, 달리 분류되지 않은 광범위성 발달장애 등으로 다시 구분했다. 하지만 최근 출시된 DSM-5에서는 이들을 각기 독립된 장애가 아닌 동일한 연속선상에서 자폐 상태의 심각도나 지능 및 심리 사회적 발달의 정도에 따라 발현되는 임상 양상에 차이가 있다고 보아 자폐 스펙트럼 장애로 개정했다. 그리고 이 장애에 지능의 손상,

의학적 또는 유전적 상태나 환경적 요인 등이 수반되는지 여부, 이 장애와 연관된 다른 신경발달장애 또는 정신행동장애, 운동장애가 있는지 여부 등에 따라 세분화할 수 있다.

14

고득점 모범답안

치료관계 형성, 자기노출과 의사소통, 정화와 치유 기능, 자아성장 등

보너스 가이드

정신분석적 놀이치료

놀이치료란 놀이를 통해 행해지는 심리치료를 말한다. 놀이치료는 보통 아동(2~12세)을 대상으로 하며, 대개 주 1회 약 40~50분의 시간에 걸쳐 이루어진다. 아동은 현실생활에서 분리된 공간에서 치료자와 일대일의 깊은 관계를 형성하고, 그 관계 속에서 수용과 같은 다양한 경험을 하면서 문제행동을 해결할 방법을 찾게 된다. 정신분석적 치료의 궁극적인 목적은 내담 아동의 발달을 저해하는 장애물을 제거하는 것이다. 그러나 행동 또는 증상만을 변화시키려고 하는 것이 아니라 아동이 가진 전반적이고 깊고 본질적인 측면을 변화시키고자 한다. 즉, 내담 아동의 정신적 에너지의 중요한 자원들을 묶어 놓는 고착, 퇴행, 충동, 억압된 감정, 방어기제, 초자아 상태 등 다양한 병리적 원인들을 찾아내 아동의 무의식적 갈등의 본질과 기원을 인식하게 하여 자기인식과 문제해결 능력을 증가시키고 궁극적으로는 더 높은 수준의 정신적 능력을 가질 수 있도록 돕고자 하는 것이다. 구조화된 정신분석적 기법에는 내담 아동들과 은유를 통해 의사소통을 하는 스퀴글 게임(squiggle game), 아동에게 이야기를 만들어 보도록 하여 아동의 이야기에 담긴 장면, 인물, 언어 등에 대해 아동이 어떤 생각과 느낌을 갖고 있는지 치료자와 논의하는 방식으로 진행하는 상호 이야기 꾸미기 기법(mutual story telling technique) 등이 있다.

15

고득점 모범답안

- 반응위치 : 내담자가 반응한 반점이 어느 부위인가?
- 발달 질 : 그 위치 선택의 발달 질이 어떠한가?
- 반응 결정인 : 반응하게 하는 데 기여한 반점의 특징은 무엇인가?
- 형태 질 : 피험자가 기술한 대상이 반점에 적절한가?
- 반응 내용 : 반응이 어떤 내용 범주에 속하는가?
- 평범 반응 : 반응이 일반적으로 사람들이 많이 하는 반응인가?
- 조직화 활동 점수 : 반점을 의미 있게 통합했는가?
- 특수 점수 : 반응에서 이상한 언어화가 있는가? 병리를 나타내는 특징이 있는가?
- 쌍반응 : 사물을 대칭적으로 지각하고 있는가?

보너스 가이드

로샤검사 채점 원칙

- 채점은 피검자가 반응 단계에서 응답할 당시에 일어난 인지적 작용에 대해서 이루어져야 한다.
- 질문 단계에서 검사자의 질문을 받고 유도된 반응은 원칙적으로 채점되지 않는다.
- 질문 단계에서 나온 내용이더라도 피검자가 자발적으로 응답한 것이라면 채점에 포함시킨다.
- 반응 단계에서 나타난 모든 요소들이 채점에 포함되어야 한다.
- 여러 개의 결정인이 복합적으로 사용된 경우, 각 요인들은 모두 개별적으로 채점되어야 한다.

16

고득점 모범답안

- 손상 : 생리적·심리적·해부학적 구조 또는 기능에 이상이 있는 상태
- 장애 : 손상으로 인해 정상적인 행동을 수행할 능력이 제한 또는 결핍된 상태
- 핸디캡 : 손상이나 장애로 인해 정상적인 역할 수행에 제한 또는 장애가 발생함으로써 사회적 불이익을 경험하는 상태

보너스 가이드

재활치료
넓은 의미의 재활치료란 장애를 가진 사람이 가질 수 있는 최적의 신체적, 감각적, 지능적, 심리적, 사회적 수준을 성취하고 유지하려는 노력으로 수행하는 모든 치료를 말한다. 또한 장애가 없더라도 통증이나 일시적 질환, 외상 등으로 인해 환자가 영위하는 삶의 질이 떨어질 때, 이를 회복시키기 위한 모든 치료를 뜻하기도 한다. 한편 좁은 의미의 재활치료는 치료 중심의 의학과 구분하여 생각할 수 있다. 치료 중심의 의학이 약물이나 수술적 용법을 주로 사용하는 데 반해 재활치료는 신체 기능을 회복·유지시키기 위해 환자의 활동에 대해 중재를 시행하고 물리적 자극을 이용하여 치료하는 것을 뜻한다.

17

고득점 모범답안

- 신체적 불편감을 호소한다.
- 스트레스를 받으면 신체 증상을 보이는 경향이 있으며, 이런 신체 증상을 정서적 혹은 심리적 원인으로 설명하려는 시도에 저항한다.
- 자의식이 상당히 강하다.

보너스 가이드

MMPI-2 임상척도 1번 - Hs(건강염려증, hypochondriasis) 해석하기
- Hs(건강염려증, hypochondriasis) '신중성' : 신체적 건강에 집착하며 질병에 대한 공포를 느끼는 임상적 상태
- 80 이상 - 극단적으로 높을 때 : 극적이고 기이한 신체적 염려(3번 동반 상승 시 전환장애 가능성)
- 1번과 3번 모두 70~80 - 극단적으로 높을 때 : 만성통증환자 가능성
- 1번 80 이상, 8번도 극단적으로 높을 때 : 신체망상 가능성
- 65~80 - 높음 : 모호하고 불특정한 신체적 불편감 호소. 건강문제에 집착하고 스트레스 시 신체증상 나타내는 경향. 흔히 신체형장애, 통증장애, 불안장애, 우울장애 진단. 흔히 항우울제, 항불안제 처방을 받고 반사회적 행동화는 드묾
- 65 이상 - 다소 높음 : 이기적이고 자기중심적이며 냉소적임. 불만족감, 불행감, 울먹이듯 말하는 경향이 있음. 주위 사람을 피곤하게 하고 적개심을 간접적으로 표현하며 요구가 많고 타인의 행동을 비난함. 감각이 둔하고 치료자의 관심과 지지가 부족하다고 느끼면 조기 종결할 가능성이 높음
- 40 이하 - 낮을 때 : 건강에 대한 자부심이 매우 높고 병을 나약함과 동일시함. 책임감이 있고 기민하며 보건직 종사자나 건강염려증 환자의 가족에서도 나타남

18

고득점 모범답안

- 증상의 호전을 장기간 지속시킨다.
- 대인관계 및 독립적인 생활기술을 습득하게 한다.
- 보다 만족스런 삶의 질을 성취하도록 한다.

보너스 가이드

정신재활
정신재활은 심각하고 만성적인 정신질환으로 기능이 저하된 개인들이 일상적인 삶을 영위하기 위하여 요구되는 정서적·사회적·지적 기술을 개발하고 습득하여 공동체 안에서 살아갈 수 있도록 하는 것을 의미한다. 치료가 손상에 초점을 맞추고 약물치료, 정신치료 등의 방법을 활용하는 반면, 재활은 질환으로 인한 불이익과 능력저하에 초점을 맞추며, 원인과 결과를 밝히는 것보다 환자가 가지고 있는 자원과 필요한 기술, 환경 속에서 효과적으로 상호작용할 수 있도록 하기 위한 지원을 주로 다룬다. 더불어 재활 과정에서 전문가의 개입은 최소화하는 것을 목표로 한다.

19

고득점 모범답안

REBT에서 'ABC 이론'으로 알려져 있는 ABCDEF는 상담과정에서도 중요한 치료 절차로 이용되는데, 이는 선행사건(A) → 신념(B) → 결과(C) → 논박(D) → 효과(E) → 감정(F)을 나타낸다. 사례에서 A가 느끼는 불안이나 우울, 열등감, 시기, 질투 등의 정서적 반응(consequence ; C)은 주로 개인의 신념체계(belief system ; B)에 따라 발생한다. A와 같은 바람직하지 못한 정서적 반응의 원인은 '사소한 실수'와 같은 어떤 사건의 발생(activating events ; A)이 아니라, 그 사건에 대해 가지는 자신의 비합리적 신념(irrational belief ; B), 예컨대 '실수하면 회사생활 끝'이라는 신념이며, 그 혼란된 정서는 합리적 신념에 의해 효과적으로 논박(dispute ; D)될 때 사라진다. 이러한 논박의 결과로 새로운 철학이나 새로운 인지체계를 가져오는 효과(effects ; E)와 그에 따른 감정(feeling ; F)을 불러일으키게 된다.

보너스 가이드

합리적 정서 행동치료 과정(ABCDE)
- A는 선행사건(activating event)으로, 개인에게 혼란을 야기하는 어떤 사건을 말한다.
- B는 신념체계(belief system)로, 어떤 사건이나 행위 등과 같은 자극에 대해 개인이 갖는 태도 혹은 사고방식이다. 여기에는 합리적 신념과 비합리적 신념이 있다.
- C는 결과(consequence)로, 그 사건을 신념에 의거해 해석해서 느끼게 되는 정서적 결과이다. 비합리적 사고방식인 경우 불안, 원망, 비판, 죄책감 등의 감정을 느끼게 된다.
- D는 논박(dispute)으로, 클라이언트가 가지고 있는 비합리적 신념이나 사고에 도전하고 그것이 사리에 맞는지 검토하는 것이다.
- E는 효과(effect)로, 클라이언트의 비합리적 신념에 대해 논박해 합리적 신념으로 대체한 뒤 느끼게 되는 수용적이고 긍정적인 감정이다.

20

고득점 모범답안

① 호소하는 문제가 비교적 구체적이다(가정폭력).
② 주호소문제가 발달상의 문제와 연관된다(이성교제, 임신 혹은 출산, 진로 문제).
③ 호소문제가 발생하기 이전에는 생활기능이 정상적이었다.
④ 내담자를 사회적으로 지지해 주는 사람이 있다.
⑤ 과거든 현재든 상보적 인간관계를 가져본 적이 있다.
⑥ 성격장애를 가지고 있지 않다.

보너스 가이드

단기상담에 적합하지 않은 내담자
단기상담에 부적합한 유형은 자살시도 경험이 있는 내담자, 심각한 수준의 정신장애가 있거나 뇌손상을 입은 내담자, 인격장애나 신경성 식욕 부전증 및 폭식증, 주의력 결핍장애, 아동발달장애, 광장공포증, 건강염려증, 신체형 통증장애를 가진 내담자 등을 들 수 있다.

CHAPTER 04 | 제2회 실전모의고사 정답 및 해설

01

고득점 모범답안

- 지능 : 뇌손상은 지적 능력의 저하를 야기한다.
- 기억과 학습능력 : 전두엽의 손상은 단기기억의 손상, 측두엽과 간뇌, 기저전뇌 등은 장기기억의 손상을 야기한다.
- 언어기능 : 신경학적 이상은 실어증 또는 언어기능장애를 야기한다.
- 주의력과 정신처리속도 : 뇌간-각성과 의식에 관여, 대사피질-입력 정보의 조절기능, 두정엽-선택적 주의, 전두엽-주의 자원의 배분기능을 한다.
- 시각구성능력(시공간기능) : 시공간적 지각능력의 손상은 구성 장애 또는 구성 실행증을 초래한다.
- 실행기능 : 집행기능(실행기능)은 특히 전두엽 및 전전두엽-피질하부 순환경로상의 병변과 밀접한 관련이 있다.
- 성격 및 정서적 행동 : 성격 및 정서의 변화는 뇌손상의 직접적인 결과로 나타날 수 있다.

보너스 가이드

신경심리평가

임상현장에서는 환자의 인지기능에 대한 평가가 특히 우선적으로 중시되는 상황이 자주 발생한다. 예를 들어, 교통사고, 추락 등의 사고로 인해 두부 손상을 입은 경우나 뇌출혈, 뇌경색, 알츠하이머, 파킨슨병 등의 질병이 있는 경우로, 신경학적 손상이나 이상이 1차적으로 고려의 대상이 되는 경우이다. 이런 경우 뇌기능 손상 여부 및 손상 정도에 대해 보다 세부적이며 다각적인 평가가 필요하게 된다. 이렇게 뇌기능의 평가에 초점을 두는 것을 '신경심리평가'라 부른다. Wechsler 지능검사와 신경심리검사는 둘 다 인지기능의 측정을 목적으로 한다는 점에서는 같지만, 측정하는 인지 영역에 차이가 있다. 예를 들어, 신경심리검사에서는 Wechsler 지능검사에서 직접적으로 측정하지 않는 기억기능과 관리기능이 포함된다. 또한 신경심리검사에서는 대표적으로 기억력, 주의집중력, 언어 능력, 시공간 능력, 실행 기능, 전두엽-관리기능을 평가의 대상으로 삼지만, 뇌기능의 변화로 인해 성격 및 정서적 변화, 사회적 적응 행동상의 변화가 있는지도 함께 고려해야 한다.

02

고득점 모범답안

- 증상이 가족의 역기능적인 관계로 인한 경우
- 호소가 개인의 문제이기보다 가족관계의 변화인 경우
- 가족과의 분리가 어려운 경우

보너스 가이드

가족치료

가족치료는 가족 구성원 간의 관계구조와 상호작용을 변화시켜 대인관계 기술과 적응능력을 향상시킴으로써, 개인과 가족이 건강하고 기능적인 생활을 하도록 전문적인 도움을 주는 활동이라고 할 수 있다. 가족치료는 기계론적 세계관인 개인치료에서 유기체론적 세계관을 지닌 가족치료로 넘어오면서 발전했고 이러한 가운데 다양한 모델(초기 : 다세대, 구조적, 경험적, 전략적 등. 후기 : 해결중심, 이야기 등)이 나타났다. 개인치료는 개인을 별개의 독립된 존재이며 수동적이고 반응적인 존재로 보는 반면, 가족치료는 한 사람 한 사람이 관계망에 속해 있다고 보고 능동적으로 선택할 수 있는 존재로 본다. 이를 바탕으로 가족치료는 개인을 둘러싼 환경요소 중 가족을 치료적 매개로 사용하여 개인 치료로 해결하지 못한 문제들을 다룬다. 현재는 개인치료와 가족치료를 함께 실시하는 모습으로도 나타나고 있다.

03

고득점 모범답안

① 수정할 문제행동을 구체적으로 세분화한다.
② 문제행동의 기초선을 설정한다.
③ 자기통제 프로그램의 설계와 운영을 한다.
④ 재발 방지를 위한 조치를 취한다.
⑤ 자신의 자기-통제에 대한 평가를 실시한다.

보너스 가이드

행동수정
행동수정은 학습에 관한 행동주의 심리학의 개념과 원리를 적용하여 여러 형태의 부적응 행동을 변화시키는 것으로서, 행동치료라고도 부른다. 행동주의 학습이론은 수동적 조건형성과 조작적 조건형성으로 구분하는데, 두 갈래의 이론에 근거한 행동의 재교육이 곧 행동수정이라 할 수 있다. 행동수정 이론에서는 파블로프(Pavlov)와 왓슨(Watson)의 고전적 조건형성, 스키너(Skinner)의 조작적 조건형성, 손다이크(Thorndike)의 도구적 조건형성, 반두라(Bandura)의 사회학습이론 등이 대표적이다.

04

고득점 모범답안

① 웩슬러가 정의한 지능 : 개인이 합목적적으로 행동하고 합리적으로 사고하며 환경을 효율적으로 다룰 수 있는 총제적인 능력이다.
② 유동성 지능 : 유전적·선천적으로 주어지는 능력으로 경험이나 학습의 영향을 거의 받지 않으며 청년기 이후부터 퇴보하기 시작하고, 속도나 기계적 암기 등과 연관된다.
③ 결정성 지능 : 후천적 능력으로 경험이나 학습에 의해 발달되며 나이를 먹어서도 발달이 지속된다. 또한 언어이해능력, 문제해결능력 등과도 연관된다.

05

고득점 모범답안

- 내담자가 상담 초기 관계형성에서 두려움을 느끼는 경우
- 상담 중 논의된 것에 대해 내담자가 이를 음미하고 평가하며 정리해 보고자 하는 경우
- 내담자가 상담자에게 적대감을 가지고 저항하는 경우
- 내담자가 자신의 말에 대한 상담자의 확인이나 해석을 기대하고 있는 경우
- 내담자가 자신의 감정 표현으로 인한 피로에서 회복하고 있는 경우
- 내담자가 다음에 무엇을 논의할 것인지 상담자로 하여금 결정해 주기를 기다리고 있는 경우
- 내담자가 할 말이 더이상 생각나지 않거나 무슨 말을 해야 할지 모르는 경우
- 내담자가 자신의 생각이나 느낌을 표현하고자 노력하고 있음에도 불구하고 적절한 표현이 떠오르지 않는 경우

보너스 가이드

내담자의 침묵 시 상담자의 태도
- 내담자가 자신이 말한 것을 숙고하며 침묵하는 경우, 방해하지 않아야 한다.
- 내담자가 감정표현 후 휴식하기 위해 침묵하는 경우, 충분한 시간을 허용할 수 있다.
- 내담자가 무슨 말을 해야 할지 몰라서 가만히 있는 경우, 상담자가 침묵을 깨고 내담자를 도와줄 수 있다.

06

고득점 모범답안

- 반영 : 상담자가 내담자의 정서적 느낌인 감정, 태도, 행동의 내용을 동일한 의미의 다른 참신한 말로 덧붙여 말해주는 것이다. 예 "내담자 분께서는 꿈에서 죽인 것이 돼지인 줄 알았는데 형이라는 사실을 알고 매우 놀라셨겠네요."
- 명료화 : 내담자의 말 속에 있는 불분명한 측면을 상담자가 분명하게 밝히면서 반응하는 것이다. 예 "너무도 황당하고 두렵다고 말씀하셨는데, 느낌과 생각을 좀 더 구체적으로 말씀해 주시겠어요?"
- 직면 : 상담자가 내담자의 생각, 태도, 행동 간 불일치를 경험하고 그것을 내담자에게 말해 주는 것이다. 내담자가 모르고 있거나 인정하기를 거부하는 생각과 느낌에 대해 주목한다. 예 "내담자분께서는 평소 살아 있는 동물을 죽이는 것을 무척 싫어하셨다고 말씀하셨는데, 꿈 속의 돼지를 죽일 때에는 매우 공격적이고 적극적으로 죽이셨네요."
- 해석 : 내담자의 말 속에 담긴 새로운 의미를 내담자에게 설명해주는 기법이다. 예 "꿈에서 죽인 게 돼지인 줄 알았으나 형이라는 사실을 아셨는데요. 형에 대해 어떤 감정이 있나요? 긍정적이든 부정적이든."

보너스 가이드

꿈에 대한 프로이트의 관점
프로이트는 꿈이 인간의 무의식을 이해하는 데 중요한 수단임을 강조하면서 "꿈은 무의식에 이르는 왕도"라고 표현했다. 왜냐하면 잠자는 동안에는 인간의 수의적인 운동 능력이 거의 멈추어 이드의 충동이 행동화되지 못할 것이라는 점에서 이드에 대한 자아의 방어가 낮아지므로, 꿈을 통해 무의식에 있는 충동들이 더 쉽게 드러날 수 있기 때문이다. 잠을 자는 동안에 자아의 기능과 능력도 감소하기 때문에 꿈의 내용은 이차 과정보다 일차 과정을 따르게 되고, 유아의 언어가 형성되기 전의 세상을 이해하는 방식인 시각적인 인상이 꿈 내용의 주를 이룬다. 꿈은 우리가 흔히 '꿈을 꾸었다'고 할 때의 그 꿈을 지칭하는 의식적인 내용과 경험들인 현재몽(manifest dream), 의식하기 어려운 이드의 무의식적 충동들로 이뤄져 꿈 작업을 통해 현재몽으로 바뀌는 잠재몽(latent dream), 자아와 초자아에게 위협적인 이드의 무의식적 충동들을 덜 위협적인 내용으로 전환하는 꿈 작업(dream work) 등으로 구성된 현상이다.

07

고득점 모범답안

사례는 상담 윤리 중 이중관계에 해당하여 바람직하지 않다. 이중관계란 상담자와 내담자가 치료적인 관계뿐만 아니라 친인척, 사업 동반자, 친구, 이성관계 등 다른 역할의 관계가 중복되어 있는 상황을 말한다. A씨는 내담자에게 이성적으로 호감을 가지고 있으므로 객관적 상담을 진행하기가 어렵다.

보너스 가이드

상담자 윤리 위반
상담 및 심리치료 활동에서 상담자가 윤리규정을 위반하는 일은 아주 심각하고 법에 저촉되는 점이 아니라 대부분 사소한 부주의에서 발생한다. 상담자가 이러한 위험에 처했을 때 무엇보다 중요한 것은 자신의 전문성을 향상시키고 내담자의 이익에 공헌하기 위해 아무리 작은 윤리적 위반이라 하더라도 그것을 심각하게 받아들이고 정직하게 재조정하는 것이다.
비윤리적 행동을 바로잡기 위해서는 첫째, 상담자는 자신의 윤리적 위반 행동을 깨닫고 인식하는 것이 우선되어야 한다. 만약 그런 행동을 깨닫지 못한다면 그 행동은 그대로 내담자에게 전달되어 고통을 안겨 줄 수 있다. 둘째, 이러한 행동을 깊이 생각하여 손상된 부분을 회복하는 행동 계획을 세운다. 따라서 상담자는 자신의 생각을 항상 점검하고 자신의 행동이 내담자의 안녕과 복지를 위해 최상인지, 직업윤리 규정에 적합한지를 검토하여 행동지침을 따라야 위반행동의 함정에서 벗어날 수 있다. 한편, 동료의 비윤리적 행동을 알게 되거나 목격한 경우에, 먼저 그 동료와 직접 이야기를 하고 비공식적으로 다룬다. 그런 다음 슈퍼바이저의 자문을 통해 내린 결론과 논의에 따라 윤리위원회에 보고하는 것을 선택할 수 있다.

08

고득점 모범답안

- 움직임의 형태
- 강도
- 잠재기간
- 양
- 자극통제
- 질

보너스 가이드

행동치료
부적응적인 행동이나 환경을 변화시키기 위해 학습 이론을 적용시키는 심리 치료의 일종. 인간의 모든 행동은 학습된 것이므로 이상행동도 학습 이론에 따라 재학습시킴으로써 정상행동으로 바꿀 수 있다고 본다. 행동치료는 고전적 조건화 이론과 상호 제지 이론, 작동적 조건화 이론, 사회 모방 이론 등과 같은 실험적 학습 이론에 근거한 행동 변화의 이론과 기법을 모두 가리킨다. 행동을 증가시키는 방법으로 가장 많이 사용되는 것은 정적 강화의 제시, 토큰 경제(token economy), 촉구, 형성, 부적 강화의 제거 등이 있으며, 행동 감소를 위한 방법에는 소멸, 정적 강화의 철회, 타임아웃(time out), 과잉 교정, 부적 강화의 표시, 둔감화 등이 있다.

09

고득점 모범답안

- 언어이해 : 공통성, 어휘, 이해, 상식
- 지각추론 : 토막짜기, 공통그림찾기, 행렬추리
- 처리속도 : 기호쓰기, 동형찾기

보너스 가이드

작업기억 지표
작업기억 지표는 짧은 시간 동안 정보를 기억하고 정신적인 조작을 수행하면서 결과를 산출하고 반응하는 능력의 측정치이다. 핵심 소검사는 숫자와 순차연결 소검사이며 보충 소검사는 산수 소검사이다. 입력된 정보가 일시적으로 저장되고, 계산과 변환처리가 일어나며 출력이 일어나는 곳에 대한 정신적 용량을 측정하는 것으로 학습의 핵심적 요소인 주의력, 학습용량, 유동적 추론을 반영하게 된다. 작업기억 과정은 다양한 학업적 노력으로 학습을 용이하게 해주므로 성취 및 학습과 관련성이 높으며 낮은 수행은 청각기억이 부족하며 집중하지 못하는 특성을 나타내 학습장애의 위험요인이 있음을 시사한다.

10

고득점 모범답안

- 반응 위치 : 내담자가 반응한 반점이 어느 부위인가?
- 발달 질 : 그 위치 선택의 발달 질이 어떠한가?
- 반응 결정인 : 반응하게 하는 데 기여한 반점의 특징은 무엇인가?
- 형태 질 : 피험자가 기술한 대상이 반점에 적절한가?
- 반응 내용 : 반응이 어떤 내용 범주에 속하는가?
- 평범 반응 : 반응이 일반적으로 사람들이 많이 하는 반응인가?
- 조직화 활동 점수 : 반점을 의미 있게 통합했는가?
- 특수 점수 : 반응에서 이상한 언어화가 있는가?
- 쌍반응 : 사물을 대칭적으로 지각하고 있는가?

보너스 가이드

로샤검사
로샤검사는 주로 정신과적 진단이나 심리평가를 위한 임상적 목적으로 활용된다. 검사에 대한 간단한 소개 후 10장의 카드를 순서대로 제시하면서 수검자에게 무엇이 보이는지를 묻고 자유롭게 응답하는 방식으로 이루어진다. 이후 질문을 통하여 수검자가 자발적으로 추가적인 내용을 더 이야기할 수 있도록 한다. 검사를 마친 후 수검자의 응답에 대한 내용을 양적, 내용적으로 채점하여 검사결과를 분석한다. 로샤검사는 실시 및 해석에서 상당한 수준의 전문적인 지식과 검사에 대한 통합적 이해가 요구되므로 반드시 충분한 임상적 경험을 가진 전문가에 의해서 실시되어야 한다. 로샤검사는 대표적인 투사검사로서 수검자들이 응답을 왜곡하기 어렵고, 정서와 행동, 인지, 무의식 등에 대한 많은 정보를 제공하는 검사로서 의미가 있다. 그러나 투사검사의 특성상 검사의 신뢰도와 타당도가 낮다는 점이 한계로 지적되기도 한다.

11

고득점 모범답안

- 임의적 추론(Arbitrary Inference) : 어떤 결론을 지지하는 증거가 없거나 그 증거가 결론에 위배됨에도 불구하고 그와 같은 결론을 내린다. 예 자신의 메시지에 답변이 없다고 하여 상대방이 의도적으로 회피하는 것이라고 판단하는 경우
- 선택적 추상화(Selective Abstraction) : 다른 중요한 요소들은 무시한 채 사소한 부분에 초점을 맞추고, 그 부분적인 것에 근거하여 전체 경험을 이해한다. 예 필기시험에서 우수한 성적을 거두었으나 실기시험의 결과에 스스로 만족하지 못하는 사람이 전체 시험을 망쳤다고 판단하는 경우
- 과도한 일반화 또는 과잉일반화(Overgeneralization) : 한두 가지의 고립된 사건에 근거해서 일반적인 결론을 내리고 그것을 서로 관계없는 상황에 적용한다. 예 맞선으로 처음 만난 사람에게서 좋은 인상을 받았다고 하여 그 사람의 모든 됨됨이가 올바르고 선하다고 판단하는 경우
- 개인화(Personalization) : 자신과 관련시킬 근거가 없는 외부 사건을 자신과 관련시키는 성향으로서, 실제로는 다른 것 때문에 생긴 일에 대해 자신이 원인이고 자신이 책임져야 할 것으로 받아들인다. 예 자신이 시험을 망쳤기 때문에 여자 친구와 헤어졌다고 판단하는 경우
- 이분법적 사고 또는 흑백논리적 사고(Dichotomous Thinking) : 모든 경험을 한두 개의 범주로만 이해하고 중간지대 없이 흑백논리로써 현실을 파악한다. 예 완벽하지 않은 것은 곧 잘못된 것이라고 판단하는 경우
- 과장 · 축소 또는 의미확대/의미축소(Magnification/Minimization) : 어떤 사건 또는 한 개인이나 경험이 가진 특성의 한 측면을 그것이 실제로 가진 중요성과 무관하게 과대평가하거나 과소평가한다. 예 어떤 학생이 한두 번 지각했다고 해서 그 학생이 게으르다고 판단하는 경우 혹은 시험에 수석으로 합격하고도 단지 운이 좋아서 좋은 결과에 이르렀다고 보는 경우

보너스 가이드

인지적 왜곡과 재구조화
인지적 왜곡과 재구조화라는 말은 정보처리가 부족하거나 비효과적일 때 나타나며, 비현실적 세계관을 나타내거나 논리적이지 못한 추론과 관련된다. 이러한 유형들에는 자의적 추론과 선택적 추론, 극대화와 극소화, 개인화, 과잉 일반화, 이분법적 사고, 정서적 추론, 긍정성 박탈, 파국화, 잘못된 명명 등이 있다.

12

고득점 모범답안

① 전이(Transference)
- 정의 : 상담 과정에서 전이는 내담자가 어린 시절 어떤 중요한 인물에 대해 가졌던 관계를 상담자에게 표출하는 것이다. 과거에 충족되지 못한 욕구를 현재의 상담자를 통해 해결하고자 하는 일종의 투사현상이다. 예를 들어 내담자는 상담자가 어린 시절 권위적이었던 자신의 아버지와 닮았다고 판단하는 경우 상담자에게 부정적인 감정을 가질 수 있는 반면, 자신이 흠모했던 선생님과 닮았다고 판단하는 경우 상담자에게 긍정적인 감정을 가질 수 있다.
- 해결 방안 : 상담자는 내담자에게 전이를 각성하도록 하여, 문제와 밀접하게 관련된 과거의 경험과 갈등에 대한 통찰을 제공할 필요가 있다. 또한 내담자가 과거 중요한 대상에게 가졌던 애정, 욕망, 기대, 적개심 등의 복잡한 감정들을 상담자에게 표현하도록 격려할 필요가 있다.

② 역전이(Counter Transference)
- 정의 : 역전이는 내담자의 태도 및 외형적 행동에 대한 상담자의 개인적인 정서적 반응이자 투사를 말한다. 이러한 역전이는 상담자로 하여금 내담자를 마치 자신의 과거 경험 속 인물로 착각하도록 하여 무의식적으로 반응하도록 함으로써 현실에 대한 왜곡을 야기한다.
- 해결 방안 : 역전이를 방지하기 위해 상담자는 자신의 과거 경험이 현재 자신에게 미치는 영향에 대해 지속적으로 점검해야 할 필요가 있다. 또한 교육분석을 통해 자신에 대한 분석 결과 및 경험 내용을 지속적으로 축적하며, 슈퍼바이저의 지도 · 감독을 받을 필요가 있다.

보너스 가이드

정신분석상담의 훈습
- 내담자의 갈등과 방어를 탐색하고 이를 해석해 나가는 과정이다. 자신의 심리적 갈등을 깨닫고 잘못된 행동을 바로 잡는 것을 말한다. 훈습은 통찰을 공고히 하는 행동이다.
- 훈습의 단계 : 환자의 저항 → 분석자의 저항에 대한 해석 → 환자의 해석에 대한 반응

13

고득점 모범답안

① 진단명 : 꾀병(Malingering)
② 진단의 이유
- MMPI의 타당도척도 중 F척도(Infrequency, 비전형 척도)가 L척도(Lie, 부인척도)나 K척도(Correction, 교정척도)보다 압도적으로 높게 나타나는 것은 부정왜곡(Faking-bad) 프로파일에 해당한다.
- 정신병리를 가진 사람의 경우 F척도 점수가 70~90 정도로 나타나면서 L척도나 K척도가 함께 상승하는 양상을 보이는 반면, 부정왜곡 프로파일에서는 F척도가 단독으로 매우 높게(흔히 100 이상) 나타나는 양상을 보인다.
- 부정왜곡 프로파일과 무작위반응 프로파일의 차이점은 부정왜곡 프로파일의 경우 L척도와 K척도 점수가 50 이하로 낮은 반면, 무작위반응 프로파일의 경우 보통 그보다 높은 양상을 보인다. 또한 부정왜곡 프로파일의 경우 척도 6 Pa(Paranoia, 편집증)와 척도 8 Se(Schizophrenia, 전신분열증)가 동반 상승하는 양상을 보이는 반면, 무작위반응 프로파일의 경우 척도 8이 단독 상승하는 양상을 보인다.
- 부정왜곡 프로파일은 실제 자신의 상태보다 나쁘게 보이려 하거나 혹은 병이 더욱 심한 것처럼 보이려고 하는 사람에게서 나타나는데, 특히 감정의뢰자나 징집의뢰자에게서 종종 발견된다. 보기의 사례에서 김모 씨는 군입대를 앞두고 자신이 평소 과대망상 증상을 보인다고 주장하고 있으나, 이는 군대 징집 회피를 위한 의도적인 목적에서 비롯된 것으로 의심할 수 있다.

보너스 가이드

긍정왜곡과 부정왜곡
- 긍정왜곡 : 심리적 어려움을 축소하거나 숨기고 긍정적으로 보이고자 시도할 때 나타나며 취업, 인사선발, 자녀양육권 평가 등에서 자신의 증상을 축소하는 경향을 보인다. 주로 L척도, S척도, K척도가 상승한다.
- 부정왜곡 : 심리적 어려움을 과장하고 실제보다 더 부적응적으로 보이고자 할 때 나타나며 도움이 절실하게 필요할 때 심각한 심리적 문제가 있는 것으로 보고하여 자신의 행동에 대한 책임을 회피하려 할 때 주로 F척도, F(P)척도, FBS척도가 상승한다.

14

고득점 모범답안

① 제1단계 - 검사태도에 대한 검토
- 검사태도는 양적 측면과 질적 측면으로 평가하게 된다. 양적 측면은 ?척도, L척도, F척도, K척도 등 4가지 타당도척도의 점수에 기초하여 검토하며, 질적 측면은 검사 완료에 소요되는 시간, 검사 수행 시의 구체적인 행동 등을 토대로 판단하게 된다.
- 척도에서 30개 이상의 문항을 누락하거나 양쪽 모두에 응답하는 경우 프로파일은 무효로 간주하며, L척도의 T점수가 70 이상으로 높은 경우 자신의 문제를 부인하고 있을 가능성이 높다. 또한 F척도에서 80 이상으로 높은 경우 고의적인 과장이 의심되며, K척도에서 70 이상 높은 경우 방어 또는 억압 성향을 가진 것으로 볼 수 있다.
- 검사에 소요되는 시간이 2시간 이상인 경우 우유부단한 성향이나 강박증이 의심되며, 검사와 관련하여 불필요한 행동은 해석의 유효한 보조적 자료가 될 수 있다.

② 제2단계 - 척도별 점수에 대한 검토
- 수검자의 타당도척도와 임상척도 점수를 검토하여 각 척도의 상승 정도를 파악하며, 그것이 수검자에 대해 어떠한 의미로 해석될 수 있는지를 검토한다.
- 각 척도가 정상 또는 비정상 범위에 속하는지, 수검자의 성별이나 연령, 교육수준, 병리적 증상 등을 고려할 때, 가장 유력한 해석이 어떤 것인지에 대해 가설들을 만들어 본다.
- 일반적으로 척도 점수가 상승할수록 해당 척도와 관련된 문제들의 심각도 또한 커지는 것으로 가정할 수 있다.

③ 제3단계 - 척도 간 연관성에 대한 검토
- 특정 개별 척도의 점수에 관한 가설들을 종합한 후 그것을 토대로 다른 척도와의 연관성이나 인과성 정도를 분석한다.
- 각 척도의 점수 범위가 의미하는 바와 함께 그것이 나타낼 수 있는 다양한 가설들을 종합하여 특정 척도의 점수를 토대로 다른 척도에 대한 예측을 시도한다.
- 예를 들어, 다소 내향적이고 억제적인 성향과 연관된 척도 2 D(Depression, 우울증)가 상승하는 경우, 다소 외향적이고 충동적인 성향과 연관된 척도 9 Ma(Hypomania, 경조증)의 점수가 낮을 것으로 예측할 수 있다.

④ 제4단계 - 척도 간 응집 및 분산에 대한 분석
- 척도 간의 응집이나 분산을 구분하여 그에 적합한 해석상의 가설을 형성한다.

- T점수가 70 이상으로 상승하는 임상척도로서 가장 높은 2개의 척도를 하나의 상승척도 쌍으로 묶어 분석을 수행하는 것이 가장 일반적이다.
- 척도의 동반 상승은 물론 척도의 분산도 중요하다. 척도 간 분산이 크면 클수록 상승된 척도들이 나타내는 특징은 보다 뚜렷해진다.

⑤ 제5단계 – 낮은 임상척도에 대한 검토
- 상승척도쌍이나 높이 상승된 척도에만 주의를 기울여서는 안 된다. 즉, 점수가 매우 낮은 임상척도에 대해서도 검토해야 한다.
- 표준적인 프로파일은 T점수가 50의 범위이며, T점수가 30~70인 경우 '정상'의 범위에 있는 것으로 간주한다. 그러나 만약 어떠한 프로파일이 정상 범위의 하한선에 위치한 경우, 오히려 수검자의 병적 상태를 나타내는 등 임상적으로 유의미한 것일 수 있다.
- 다만, 낮은 점수가 반드시 높은 점수와 상반되는 측면을 나타내는 것은 아니며, 낮은 점수 나름대로 특별한 의미가 있을 수 있음을 염두에 두어야 한다.

⑥ 제6단계 – 형태적 분석
- 타당도척도 및 임상척도들을 집단으로 묶어 형태 분석을 수행한다.
- 3개 척도의 상승 정도는 물론 다른 척도 집단과의 상대적인 차이를 고려하며, 세 쌍 내에서 각 척도의 상대적인 상승 정도 또한 고려한다.
- 척도 형태 내에서 각 척도의 상승 정도에 따른 임상적, 행동적 특성을 고찰한 후 이를 전체적인 척도 형태의 해석으로 종합시키며, 이와 같은 형태분석을 통해 얻은 추론들이 수검자의 개인적 신상자료 등 지금까지 알려진 다른 정보들과 일치하는지의 여부를 검토한다.

⑦ 제7단계 – 전체 프로파일 형태에 대한 분석
- 타당도척도 및 임상척도의 전체 프로파일에 대한 형태분석을 수행한다.
- 프로파일의 상승도, 기울기, 굴곡 등과 수검자의 개인자료 등을 종합적으로 고려하여 총체적, 통합적인 해석을 내린다.
- MMPI 프로파일의 기울기에 대한 해석은 신경증과 연관된 3개 척도(척도 1, 2, 3)와 정신병과 연관된 4개 척도(척도 6, 7, 8, 9) 간의 관계를 토대로 한다. 즉, 정적 기울기는 정신병 관련 척도의 상대적인 상승에 따른 현실과의 관계 손상, 충동통제력 제한 등을 의미하는 반면, 부적 기울기는 신경증 관련 척도의 상대적인 상승에 따른 정신병적 왜곡현상이 없는 다양한 신경증적 상태(⑩ 불안, 우울, 무력감 등)를 의미한다.

보너스 가이드

MMPI의 2개 척도 상승형태 분석에서 4-9/9-4 형태
이 상승척도쌍의 주된 특징은 공격적이고 충동적인 행동의 외현화된 표출(acting-out)이다. 이러한 유형을 보이는 사람들의 전형적인 특징은 강한 적개심이나 공격성을 내면에 가지며 이를 외현적 행동으로 표현한다는 것이다. 또한 사회적 규범과 가치관에 대해 무관심하거나 이를 무시하고 권위상과의 문제가 흔히 나타나는 등 반사회적인 경향을 보이고, 피상적이고 착취적인 대인관계 행동을 보일 수도 있다. 이들은 외견상 불안이나 걱정 같은 것을 보이지 않으므로 활력이 넘치고 자신감에 차 있는 것으로 보이며 화술도 좋기 때문에 일시적으로는 좋은 인상을 준다. 그러나 시간이 갈수록 피상적인 대인관계를 보이거나 타인을 이용·착취하려 들기 때문에 무책임하고 신뢰할 수 없다는 것이 드러난다. 이들이 주로 쓰는 방어기제는 행동화(acting-out)와 합리화(rationalization)이다. 임상진단으로는 반사회성 성격장애가 흔하고 때로는 기분장애(양극성 장애)가 진단되기도 한다. 청소년 환자들의 경우 주된 문제로 반항적이고 도발적인 행동과 불복종, 무단결석 등이 나타난다.

15

고득점 모범답안

- 재범 우려가 있는 범죄자나 신체 노출, 강간 등의 성적 행동화를 보이는 사람, 결혼 문제나 법적 문제 등에 연루된 사람에서 종종 나타난다.
- 충동적·반항적 성격과 함께 과격하고 공격적인 행동을 특징으로 한다.
- 일시적으로 다른 사람에게 좋은 인상을 주기도 하지만, 자기중심적 성향과 다른 사람에 대한 불신으로 대인관계가 피상적이다.
- 자신의 행동에 대해 무책임하여 신뢰감을 주지 못하며, 사회적 가치를 무시하여 반사회적 범죄행위를 저지르기도 한다.
- 합리화의 방어기제를 사용하여 자신의 문제를 외면하며, 실패의 원인을 다른 사람에게 전가하기도 한다.
- 반사회성 성격장애(Antisocial Personality Disorder), 양극성 장애(Bipolar Disorder)의 진단이 가능하다.

16

고득점 모범답안

- 충분히 말할 시간을 제공한다.
- 충분한 주의를 기울인다.
- 필요한 질문만을 하고 불필요한 질문을 삼간다.
- 내담자의 말을 가로막지 않으며 내담자와의 논쟁을 피하지 않는다.
- 내담자가 할 말을 찾을 때 충분히 인내하고 기다린다.
- 즉각적인 충고를 삼간다.

17

고득점 모범답안

- 자주 화를 내고, 특히 화를 발끈 낸다.
- 어른과 말다툼을 자주 한다.
- 어른의 요구에 응하거나 규칙에 따르는 것을 자주 반항하거나 거절한다.
- 다른 사람이 화낼 일을 일부러 자주 한다.
- 자신의 실수나 나쁜 행실에 대해 다른 사람을 자주 비난한다.
- 다루기 힘들고, 다른 사람 때문에 쉽게 화를 낸다.
- 화를 내고 성질을 잘 부린다.
- 심술을 부리거나 복수심이 강하다.

보너스 가이드

적대성 반항장애
뚜렷하게 반항적이고, 불복종적이고, 도발적인 행동을 하지만, 규칙을 어기거나 타인의 권리를 침해하는 반사회적 행동이나 공격적인 행동은 두드러지게 나타나지 않는 질환이다. 대개 주의력 결핍, 과잉행동장애를 함께 갖고 있다. 합병증으로 주의력 결핍·과잉행동장애·학습장애·기분장애 등의 질환이 함께 올 수 있고, 수년 내에 행동장애로 발전할 수도 있다.
반항장애 아동의 약 4분의 1은 예후가 좋아서 수년 내에 상태가 많이 나아진다. 그러나 증세가 그대로 유지되고 다른 사람의 권리를 침해하는 행동장애로 이행되는 경우에는 그 예후가 나쁘다. 사춘기 이전에는 남아가 여아보다 비율이 더 높으나 청소년기에는 남녀의 비율이 거의 같아진다.

18

고득점 모범답안

(A) 초기 자문 : 일반적으로 환자가 왜 도움을 구하기로 결정했는지, 심리치료 경험으로부터 얻기를 희망하는 것이 무엇인지 논의한다.
(B) 치료 목표 설정 : 문제의 본질에 대한 합리적 수준의 이해를 확립하여 치료 목표 및 목적을 설정한다.
(C) 치료 평가 : 치료 계획이 효과가 있는지, 환자에게 유용한지를 정규적으로 평가한다.
(D) 추적 회기 : 치료가 종결된 후에 치료 과정 동안 성취된 변화들이 유지되고 있는지를 확인하기 위해 제공한다.

보너스 가이드

심리평가 과정
① 초기 자문 : 일반적으로 환자가 왜 도움을 구하기로 결정했는지, 심리치료 경험으로부터 얻기를 희망하는 것이 무엇인지 논의
② 문제 및 상황 평가 : 치료 프로그램을 계획하기 위하여 진단 및 방향에 관한 합리적인 수준의 이해를 발달시키기 위해 환자와 상황을 파악
③ 치료 목표 설정 : 문제의 본질에 대한 합리적 수준의 이해를 확립하여 치료 목표 및 목적 설정
④ 치료 실시 : 치료 목표에 도달할 수 있는 희망과 함께 치료를 제공하며 환자에 따라 치료 계획의 다양한 조합과 변경이 가능
⑤ 치료 평가 : 치료 계획이 효과가 있는지, 환자에게 유용한지를 정규적으로 평가
⑥ 치료 종결 : 일반적으로 성공적으로 치료 목표에 도달하게 되면 종결
⑦ 추적 회기 : 치료가 종결된 후에 치료 과정 동안 성취된 변화들이 유지되고 있는지를 확인하기 위해 제공
  ※ 사례관리 : 접수 → 사정 → 계획 → 개입 → 점검 → 평가 및 종결
  ※ 심리치료 : 초기 자문 → 평가 → 목표 설정 → 치료 실시 → 치료 평가 → 종결 → 추적
  ※ 자문 : 자문 질문의 이해 → 평가 → 중재 → 종결 → 추적 조사

19

고득점 모범답안

- 심리평가의 사유 : 내담자의 부적응 문제 및 의뢰된 사유, 내담자의 문제와 관련된 환경 및 생활 상황에 관한 정보를 수집하고 구체적 특징과 발생 경과, 영향, 대처 노력, 치료 경험 등으로 잠정적 가설을 설정한다.
- 발달사적 정보 : 역사적, 사회적, 가족적 및 발달사적 정보 등을 수집한다.
- 정신 상태 평가 : 내담자의 말, 표정, 자세, 동작, 태도 등을 토대로 정신 상태 평가를 한다.

보너스 가이드

심리 면담 시 대상별 유의사항	
이해문제	• 면담 과정에서 내담자가 평가자의 질문을 잘 이해하고 있는지 체크해야 한다. • 내담자의 이해 수준에 맞는 어휘와 문장, 내용을 각 상황에 맞춰 구사해야 한다.
심리적 불안	• 면담을 계속해서 강행해야 할지에 대해 신중히 재고해야 한다. • 이러한 심리적 불안감이 있는 경우 면담을 하더라도 생산적으로 자료가 수집되기 어렵기 때문에 일단 안정 상태로 돌아간 후 시행하는 것이 바람직하다.
심하게 공격적이거나 평소에는 유순하지만 갑자기 공격적으로 돌변할 가능성이 있는 내담자와의 심리면담	• 만일을 위해 면담자의 신체적 안전을 확보해 두는 것이 중요하다. • 면담 도중 내담자의 공격성 징후가 나타나는 경우 그러한 행동은 허용할 수 없다고 확실히 경고해야 하며, 심한 흥분을 드러내는 경우 면담을 중지한다. • 질문을 할 때 흥분을 야기하지 않도록 주의할 필요가 있다.

20

고득점 모범답안

모두 전두엽의 기능을 평가하는 검사들로, 전두엽(Frontal lobe)은 뇌의 앞부분에 위치하며 체계화를 하거나(organizing), 계획을 짜고(planning), 생각을 제어(control thinking)하는 등의 집행기능(executive function)과 관련되어 있다.

보너스 가이드

전두엽 기능을 측정하는 주요 검사
- Constrasting Program : 검사자가 둘째 손가락만 올리면 환자는 두 번째-세 번째 손가락을 올리고, 검사자가 두 번째-세 번째 손가락을 올리면 환자가 둘째 손가락을 올리는 검사이다.
- Go Nogo test : 검사자가 둘째 손가락만 올리면 환자는 두 번째-세 번째 손가락을 올리고, 검사자가 두 번째-세 번째 손가락을 올리면 환자가 주먹을 내는(손가락을 올리지 않는) 검사이다.
- 상기 검사들은 외래에서 간단하게 시행할 수 있으며, 젊은 성인의 경우 대부분 실수 없이 수행할 수 있는 검사지만 뇌의 기질적 이상, 심한 집행기능의 저하 등이 있으면 정반응을 잘 나타내지 못하는 경우도 있다.

임상심리사 2급 실기 [초단기완성]
참고문헌

강진령, 상담과 심리치료, 양서원, 2009
곽금주, 아동심리평가와 검사, 학지사, 2002
권석만, 현대 이상심리학, 학지사, 2013
권석만, 현대 심리치료와 상담 이론, 학지사
김도연 외, 임상심리사 2급 필기핵심분석종합본, 서원각, 2016
김재환 외, 임상심리검사의 이해, 학지사, 2014
김정규, 성폭력 피해의 심리상담, 2014
김중술, 다면적 인성검사, 서울대학교출판부, 2004
김중술 외, 사례로 읽는 임상심리학, 서울대학교출판부, 2004
김현택 외, 인간의 이해 : 심리학, 학지사, 2010
남종호, 심리학연구방법, 시그마프레스, 2001
민성길, 최신정신의학, 일조각, 2015
민정원 외(2012), 주의력결핍 과잉행동장애 환아 평가시 지능검사의 유용성에 관한 예비연구, 학술논문 23권,
박영숙, 심리평가의 실제, 하나의학사, 1998
박영숙, 투사적 검사와 치료적 활용, 하나의학사, 2004
심리학 용어사전, 한국심리학회
심리학회 윤리규정, 한국심리학회
윤가현 외, 심리학의 이해, 학지사, 2008
이우경 외, 심리평가의 최신 흐름, 학지사, 2012
이장호, 상담심리학, 박영사, 2005
이정모 외, 인지심리학, 학지사, 2010
이현수, 임상심리학, 박영사, 2000
정미경 외, 심리학개론, 양서원, 2010
정순례·양미진·손재환, 청소년상담 이론과 실제, 학지사, 2012
정신질환의 진단 및 통계편람 제5판, APA, 대표역자 권준수, 학지사, 2015
정애자, 임상 신경심리 검사, 성원사, 1993
정종진, BGT 심리진단법, 학지사, 2003
최정윤, 심리검사의 이해, 시그마프레스, 2010
한광희, 인지과학, 학지사, 2000
한수미, 청소년상담사 3급, 정훈사, 2014
한수미·황연미·이우경, 청소년상담사 2급, 정훈사, 2014
현선용 외, 현대 심리학 입문, 학지사 2008
홍기원 외, 알기 쉬운 심리학, 양서원 2008
한국임상심리학회 www.kcp.or.kr
Chance. P(2012), 김문수, 박소현 역, 학습과 행동, 센게이지러닝코리아
Gerald Corey(2011), 조현춘 외 2명 역, 심리상담과 치료의 이론과 실제, 센게이지러닝코리
Graham J. R.(2007), 이훈진 외 2명 역, MMPI-2, 시그마프레스
Jeremy Holmes(2005), 이경숙 역, 존 볼비와 애착이론, 학지사
John E. Exner. Jr(2008). 김영환 외 2명 역, 로르샤하 해석 입문, 학지사
Mark A. Gluck, Eduardo Mercado, CHTHERINE E. MYERS(2011), 최준석 외 2명 역, 학습과 기억, 시그마프레스
Neil R. Carlson(2008), 정봉교 역, 생리심리학, 박학사
Timothy J. Trull(2008), 권정혜 외 4명 역, 임상심리학, 시그마프레스

임상심리사 2급 실기 [초단기완성]

초 판 발 행	2019년 01월 25일
개정6판1쇄	2025년 03월 10일

편 저 자	이은주
발 행 인	정용수
발 행 처	(주)예문아카이브
주 소	서울시 마포구 동교로 18길 10 2층
T E L	02) 2038-7597
F A X	031) 955-0660
등 록 번 호	제2016-000240호
정 가	26,000원

- 이 책의 어느 부분도 저작권자나 발행인의 승인 없이 무단 복제하여 이용할 수 없습니다.
- 파본 및 낙장은 구입하신 서점에서 교환하여 드립니다.

홈페이지 http://www.yeamoonedu.com

ISBN   979-11-6386-433-2   [13180]